역락 국어교육학 총서 2

[개정판]

화법 교육론

역락 국어교육학 총서 2

2015 개정 국어과 교육과정에 따라 새롭게 집필한

개정판 화법 교육론

이창덕 · 임칠성 · 심영택 · 원진숙 · 박재현

역락

21세기는 인터넷과 스마트폰으로 상징되는 지식 정보화 사회이다. 사회가 4차 산업혁명이라 불리는 지식정보화 사회로 급격히 변화함에 따라 국어 교육도 변화할 필요가 생겼다. 새로운 교육과정이 만들어졌고, 국어교과도 '미래 사회가 요구하는 핵심역량을 함양하여 바른 인성을 갖춘 창의융합형 인재를 양성하는 데'에 중점을 두고 국가 핵심역량을 강화하는 것으로 교육과정의 초점이 바뀌었다. '자기관리, 지식정보 처리, 창의적 사고, 심미적 감성, 의사소통, 공동체 역량'으로 교육과정 총론 핵심 역량을 정하고, 국어교과 핵심 역량으로 비판적·창의적 사고, 자료·정보 활용, 의사소통, 공동체·대인관계, 문화 향유, 자기 성찰·계발 역량을 설정하고 이들 역량 강화를 위한 2015개정 국어과 교육과정을 만들었다.

이런 흐름에 맞추어 『화법 교육론』도 화법교육의 관점을 새롭게 하고 내용을 보강할 필요가 생겼다. 듣기·말하기의 '실제, 지식, 기능, 태도'로 나누어진 기존 교육과정 영역이 새 교육과정에서는 '핵심 개념, 일반화된 지식, 학년(군)별 내용 요소, 기능'으로 조정되고, 학년(군)별 학습 내용이나 분량도 조정이 이루어졌다. 핵심 개념에 듣기·말하기의 본질, 목적에 따른 담화 유형, 매체, 구성 요소, 과정, 전략, 태도를 포함시키고 학년(군)별 내용 요소에서 각 담화 유형에 필요한 지식과 기능과 태도를 수준별로 배치하는 방식을 취하였다. 필자들은 『화법교육론』을 완전히 새로운 내용으로 집필하려고 생각했지만 여러 가지 여건과 상황을 고려하여 새 교육과정에 따라 일부 개정하는 쪽으로 방향을 바꾸었다. 새 교육과정이 기존 교육과정 체계를 완전히 바꾼 것이 아니라 담화 유형 별 '핵심 개념과 지식, 기능, 태도' 등의 내용체계를 유지하고 있고, 담화 유형도 대화, 면담(면접), 토의, 토론, 협상, 발표(연설) 등으로 기존 『화법 교육론』에서 다루고 있는 담화 유형과 크게 다르지 않아 고쳐 쓰는 것이 좋겠다는 판단을 했기 때문이다.

이 책은 대학 학부 과정에서 국어교육을 전공하는 학생들을 위한 화법교육 교재로 씌어졌다. 화법교육을 가르치는 분들뿐만 아니라 대학원 과정이나 임용고사를 준비하는 과정에 있는 학생들도 참고할 수 있도록 내용 체계를 구성하고 수준을 맞추었다. 2015 개정 국어과 교육과정의 내용을 반영하여 기존의 목차를 조정하고 내용을 보강하였다. 제1부는 '화법의 이론적 기초'로 하고 인간 의사소통, 화법의 성격, 구성 요소, 유형, 매체를 다루고, 제2부는 '화법 교육의 이해'로 하고 수용과 생산 과정으로서 화법, 사회적 상호작용, 의사소통 점검과 조정, 화법 교육과정의 내용 체계, 화법 교수 학습과 평가로 나누어 다루고, 제3부는 '담화 유형과 화법'으로 정하고 새 교육과정의 화법 유형에 따라 대화 교육, 면접(면담) 교육, 토의 교육, 토론 교육, 협상 교육, 발표(연설) 교육으로 싣고, 최근에 관심이 높아지고 있는 이야기 화법(스토리텔링) 교육으로 담화 유형 중심으로 내용 요소를 다루었다.

빠른 시대 변화와 다양한 국가적, 사회적 요구에 정규 학교 교육이 부응하기가 점점 어려워지고 있다. 국가 차원에서 교육과정을 새롭게 하고 새 교과서를 만들고 교사를 양성하고 훈련하지만 항상 시대를 이끌기보다는 좇아가기에 급급하고 근본적 해결책을 제시하지 못하고 있다는 아쉬움을 금할 수 없다. 공동체 구성원 사이에도 얼굴을 맞대고 말로 소통하는 것이 점점 줄어들고 컴퓨터 화면이나 스마트폰만 들여다보는 시간이 많아지고 있다. 급격한 가치관의 변화와 세대 간 소통의 단절을 걱정하는 사람들도 많아지고 있다. 사람이 사람답게 살기 위해서는 함께 어우러져 서로 이해하고 배려하면서 사는 것이 중요하고, 그 과정에 입말 의사소통이 핵심 역할을 한다는 것을 생각하면 화법 연구나 화법 교육 영역에서 할 일이 너무나 많다. 미래 사회를 내다보는 선각자로서 화법 연구자와 교육자들이 많이 나와 새로운 흐름을 만들고 우리 사회를 좀 더 나은 품격 높은 사회로 이끌 수 있기를 바라마지 않는다.

필자들이 집필 과정에 미처 생각하지 못했지만 화법 교육 영역에서 빠진 내용이나 잘못된 부분이 있다면 그것은 전적으로 필자들의 불찰이고 잘못이다. 화법 교육에 관심을 두고 공부하고 가르치는 분들의 관심과 질정(叱正)을 기대하며 미흡한 개정판 원고를 넘긴다. 어려운 경제 사정에도 불구하고 집필에 물심양면으로 집필과 출판을 지원해 주신 도서출판 역락 이대현 사장님과 원고를 꼼꼼히 읽고 편집해 주신 편집부 선생님들께 감사의 인사를 드린다.

2017. 7.
저자 일동

머리말

　고대 호머(Homer) 시대에 사람들을 감동시켰던 구술 전통을 굳이 이야기하지 않아도 인류 역사에서 말하기는 글쓰기보다 훨씬 더 오래전부터 사람들을 감동시키고, 움직이게 하는 강력한 수단이었다. 동서양을 막론하고 역사적으로 중요한 인물들이 사람들을 감동시키고 리더십을 발휘하는 데 이런 말하기의 힘을 이용했음은 역사 연구가들에 의해 확인되고 있다. 고대사회로부터 지도자가 지도력을 발휘하기 위해서는 말을 잘해야 했으며, 말을 잘하는 사람이 지도자가 되었다.

　현대생활에서 말하기와 듣기가 얼마나 중요한지 새삼 설명할 필요가 없다. 후진타오 중국 국가주석, 메르켈 독일 총리 등 현재의 세계 지도자들이 이공계인 점이 언론의 주목을 받았다. 그들이 이공계 출신이면서 국가 최고 지도자가 된 이유는, 젊은 시절부터 많은 사람들 앞에서 토론하고, 발표하는 경험을 많이 가졌고, 또 현재도 대중 앞에서 말하기를 즐겨하고 잘하기 때문이라고 한다. 이것은 전통적으로 말을 잘하는 것을 훌륭한 능력으로 인정하지 않는 분위기가 강하고, 이공계 출신들이 토론이나 발표를 즐기지 않는 것을 고려할 때 한국의 언어문화와 말하기 교육에 시사하는 바가 크다.

　사람들은 깨어 있는 대부분의 시간을 듣고 말하면서 보내고 있고, 말하기와 듣기를 잘하고 싶어 한다. 그런데 대부분의 사람들이 여러 사람 앞에 나서서 말하기를 어려워할 뿐만 아니라 일상에서도 듣기와 말하기 과정에서 많은 어려움을 겪고 있다고 토로한다. 대부분의 사람들이 공적, 사적 상황에서 화법 능력이 모자라 어려움을 당하고, 말로 상처 받고, 상처 주고 또 그런 것 때문에 힘들어 한다. 우리는 왜 그렇게 많은 시간 교육을 받았는데도 왜 말하기와 듣기 능력은 개선되지 않을까? 그 이유는 첫째, 어려서부터 배우고 일상생활에서 사용해 온 말하기와 듣기는 별도로 배울 필요가 없다고 생각하는 사람이 많기 때문이다. 둘째, 말하기와 듣기가 중요하다고 여기는 사람도 제대로 교육 받을 기회가 없기 때문이다. 현재 한국사회 성인들의 경우에는 듣기와 말하기를 체계적으로 교육 받은 경험이 거의 없다. 셋째, 교육을 하려고 해도 무엇을 어떻게 가르치고 배워야 하는지 체계적으로 안내하는 이론서와 실제 훈련을 위한 교재가 없기 때문이다.

이런 문제들을 해결하기 위해서는 우선 사람들의 말하기와 말하기 교육에 대한 인식을 바꾸어야 한다. 어릴 적부터 배우고 써온 모국어라도 체계적으로 듣기 말하기 교육을 받아야 한다는 인식을 강화할 필요가 있다. 사람들이 자신들이 어릴 적부터 배우고 사용해 온 듣기와 말하기가 중요하다는 인식을 하지 못하는 것은 개인적으로, 사회적으로 심각한 결과를 초래하는 경우가 많다. 말 때문에 금전적 손해나 인간관계의 상처를 입는 경우가 많고, 어떤 사람들은 평생 말로 받은 상처를 안고 살아가기도 한다. 말하기와 듣기 문제는 그것으로 인한 어려움이 일회성으로 그치는 것이 아니라 반복적이고 경우에 따라 확대된다는 점에서 더욱 문제가 심각하다. 이런 점을 고려할 때, 우리 사회 구성원 모두가 화법을 제대로 구사하도록 하는 것이 대단히 중요하다. 학교에서 듣기와 말하기를 제대로 교육하는 것은 국민의 삶을 개선한다는 면에서도 대단히 중요한 의미를 갖는다. 사람들의 삶은 물질적 풍요로만 행복해지는 것이 아니라 관계적 소통에 의해서 가치를 높이고, 풍성해질 수 있기 때문이다. 지금까지 어릴 적부터 수행해 온 자신의 듣기 태도를 반성하고, 다양한 상황에서 적절하게 대처할 수 있는 자신의 말하기 능력을 향상시키는 것은 각자의 삶을 풍요롭고 행복하게 할 뿐만 아니라 함께 살아가는 사람들의 삶도 풍성하고 행복하게 만들기 때문이다.

학교나 사회에서 화법을 배울 교육과정이나 다양한 기회를 마련하고, 좋은 교사를 양성하고, 효과적인 화법 교육 교재를 만들 필요가 있다. 모국어 교육으로서 화법 교육은 학습자들이 처음 학교에 와서 지식이나 기능을 배우는 다른 영역과 비교하면 교육적으로 어려운 점이 많다. 학생들은 학교에 처음 올 때 이미 나름대로 기본적인 의사소통 능력으로서 듣기와 말하기 능력을 갖추고 있을 뿐 아니라 교육을 하더라도 무엇을 어떻게 해야 듣기와 말하기 능력이 향상될 것인지 명확히 제시하기 어렵고, 교육하더라도 단기간에 뚜렷한 개선 결과를 보여주기가 쉽지 않다. 새로운 교육과정의 화법 교육 내용을 보면, 일상의 말하기와 듣기에 관련되는 화법 유형을 중심으로 지식을 배우고, 기능을 익히며, 사회 문화적 맥락을 익히며, 화법 수행 과정에서 무엇이 잘못되고 어떤 점을 개선해야 하는지 점검하고 조정하도록 하고 있다. 선택 과정으로서 '화법(듣기·말하기)'은 국민 공통 교육과정에서 다룬 화법 유형 가운데 특별히 중요하고, 교육적 의미가 크다고 생각되는 일곱 가지 담화를 선정하여 교육하도록 하고 있다. 다행히 개정 국어교육과정에서 화법 영역에서 다룰 담화 유형을 정하고, 각 담화 유형에서 다루어야 할 지식과 기능, 전략 등을 체계화한 것은 대단히 잘 된 일이다.

이 책은 대학의 교양 과정으로서 '화법'을 가르치거나, 교육대학이나 사범대학에서 듣기·말하기 교육론이나 화법 교육론을 가르칠 때 기본 교재나 보조 교재로 사용할 수 있도록 만들었다. 지금까지 화법 교재와 차별성을 고려하고, 개정 화법 교육과정의 성격과 목표, 내용 체계를 반영한 화법 교육론이 되도록 노력하였다. 1부에서는 인간의사소통과 화법에 관한 일반 지식을 주로 다루고, 2부에서는 화법 교육과정을 중심으로 한 화법 교육에 대해서 전반적으로 이해할 수 있도록 화법과 화법 교육과정 관련 지식을 다루고, 3부에서는 화법 교육과정에서 다루고 있는 화법 유형을 각각 하나의 장으로 분할해서 다루었다. 각 장의 구성은 동기와 흥미를 유발할 수 있는 짧은 이야기를 시작으로 해서, 교육과정에서 다루고 있는 그 장의 화법 유형 관련 성취 기준과 내용 요소, 교수-학습 방법과 평가에 관한 내용을 다루고, 그 유형 관련 지식을 체계적으로 제시한 후에 관련 기능을 훈련하는 학습활동을 편성하는 방식으로 꾸렸다. 대화, 면접, 토의, 토론, 협상, 발표, 연설이 차례로 다루었고, 최근 교육적 의미가 강조되고 있는 스토리텔링 기법의 교육적 의미와 활용 방법을 정리하였다.

지금까지 그 중요성에도 불구하고 여러 가지 어려움을 겪고 있는 화법(듣기·말하기)교육에 이 교재가 조금이라도 도움이 되기를 바라는 마음 간절하다. 이 책을 교재로 사용하는 선생님들이나 학생들의 기탄없는 질정과 도움말을 기대한다. 나라 안팎의 어려운 경제사정으로 형편이 어려운데도 불구하고 이 책을 출판할 수 있도록 지원해 주신 도서출판 역락 이대현 사장님과 번거로운 편집 일을 꼼꼼히 처리해 주신 편집부 이태곤 부장님을 비롯한 여러 선생님들께 감사를 드린다.

2010. 2. 17.

저자 일동

제2부 화법 교육의 이해

제3부 담화 유형과 화법 교육

제 1 부 화법의 이론적 기초

제1장

인간 의사소통

1. 인간 의사소통의 특성

"의사소통은 우리를 둘러싸고 있는 세계와 우리 의식 속의 세계를 향해 의미를 전달하기 위해 문화적 맥락 안에서 기호를 사용하는 과정이다."

— G. Bruton & R. Dimbleby

사람과 사람이 만나서 말은 안 할 수 있지만 의사소통은 안 할 수 없다. 인간은 태어나면서부터 본능적으로 자신의 의사를 표현하고, 다른 사람이 표현한 것을 해석하고 수용하면서 살아가게 된다. 태어나면 울음소리나 표정, 몸짓 등으로 의사소통을 하지만 성장과정에서 점차 의사소통의 가장 중심 수단으로 말과 글을 배워 사용하게 된다. 자신의 느낌과 생각하는 것의 대부분을 말을 통해서 표현하고, 다른 사람의 생각과 느낌을 언어를 통해서 정확하게 이해한다는 점에서 인간은 분명 언어적 동물이다. 말이 다른 동물과 인간을 확연히 구분한다는 점에서 언어천부설과 선험적 언어관은 설득력이 크다. 진화론을 받아들이더라도 인간에게만 특별히 발달된 최고의 소통 능력이 언어 사용 능력이라는 것을 부인할 수 없다.

　인간 의사소통은 근본적으로 한 개인이 자신의 정보, 느낌, 생각을 외부 세계와 주고받으면서 공통의 의미를 구성하고 조정해 가는 과정이다. 개인의 소통 방식은 개인과 사회의 특성에 따라 달라지고, 상황 맥락에 따라 달라진다. 각 개인의 경험과 느낌, 사회 문화적 전통과 가치관 등이 소통에 영향을 끼친다. 소통의 차원도 개인 내적 의사소통, 대인 의사소통, 집단 의사소통, 방송 등의 대량 의사소통의 차원으로 달라진다. 개인 내적 차원은 인간 의사소통은 먼저 개인이 자아를 어떻게 형성하고 관리하며, 남들이 자신을 바라보는 것을 인식하고 조정하는 과정이다. 실제 삶의 상황에서 개인이 무엇을 인식하고, 무엇을 중요하게 여기는가, 무엇을 인식하는가 등이 개인 내적 소통에서 중요한 변인으로 작용한다. 개인과 개인 차원으로서 대인 소통은 개인 간의 교류와 그 방식과 목적 등이 중요한 요인이 된다. 각 개인의 소통은 각자의 경험과 지식, 가치관 등이 교류 내용과 방식을 선택하는 기준이 된다. 그런데 대부분의 개인 소통은 완전히 새로운 내용, 새로운 방식으로 이루어지는 것이 아니라 그 개인을 둘러싸고 있는 사회적 배경과 문화의 영향을 받게 된다. 대량 의사소통은 개인과 대중, 대중과 대중 간의 소통을 말하는데, 집단 안에서 결속과 분열, 협동과 갈등 등의 요소들이 소통 내용과 방식을 결정하게 된다. 한 사회의 집단 의사소통은 한 개인에 의해서 일시적으로 이루어지는 것이 아니라 여러 사람들의 소통이 오랜 시간 축적된 문화적 토양을 바탕으로 하고 또 그 집단의 소통 방식이 그 사회의 문화가 된다.

　지금까지 학자들은 대체로 인간 의사소통은 다음과 같은 몇 가지 특성과 원리가 있다고 본다. 첫째, 전인격적으로 소통한다는 전인성(全人性)의 원리다. 인간 소통은 단순히 말과 동작으로 이루어지는 것이 아니라 그의 인간 전체로 이루어진다는 원리다. 둘째, 상황이나 사회 등의 맥락에 절대적으로 의존하게 된다는 맥락 의존의 원리다. 같은 말이라도 상황과 맥락에 따라 전혀 다른 의미로 소통되는 것을 말한다. 셋째, 소통이 제대로 이루어지려면 문법적 결속성(結束性, cohesion)과 함께, 의미적 결속성(結束性, relevance)을 갖추어야 한다는 결속의 원리다. 의사소통 과정에 메시지의 형식과 의미의 일관성과 응집성이 없으면 혼란이 생겨 소통이 어려워지는 것을 말한다. 넷째, 소통하는 사람의 지식에 의존한다는 지식 의존의 원리다. 스키마(schema), 프레임(frame), 플랜(plan), 스크립트(script) 등 다양한 층위의 지식이 바탕이 되지 않으면 제대로 된 소통이 어려워지는 것을 말한다. 스키마는 통합적, 백과사전적 차원의 지식을 말하고, 프레임은 가치판단과 우선순위가 적용되는 차원의 지식을 말하고, 플랜은 구체적 장소와 시간을 확인할 수 있는 사실적 차원의 지식을 말하고, 스크립트는 특정 장소와 시간에 대화와 행위로 실현되는 실행 차원의 지식을 말한다. 예를 들어, 어느 한 가족이 외식을 하기로 하고 구체적 결정을 할 때, 외식의 사전적 의미인 '외식(外食)'의 스키만만 알아서는 안 된다. 양식, 중식, 한식 등의 식단, 가격, 선호, 접근성 등 프레임을 알아야 하고, 그 중 한 가지를 선택하더라도 어디에 있는 어느 식당으로 갈 것인지 플랜을 알아야 하고, 그 식당에 도착해서는 입구에서 어떻게 말하고 어떻게 주문하는 말을 할 것인지 스크립트를 알아야 한다.

또 사람들은 말을 할 때 항상 두 가지 전략을 사용한다. 첫째는 경제성 극대화 전략이다. 가능하면 편하고 간단하게 말하려고 하는 전략이다. 경제성 극대화 책략은 발음, 형태소, 문장, 담화 표현 여러 층위에서 작용한다. 같은 전달 효과라면 가능하면 쉽고 간단한 표현 방식을 사용하려고 하는 전략이 경제성 극대화 전략이다. 둘째, 표현성 극대화 전략이다. 가능하면 많은 의미를 전달하려고 하는 전략이다. 이 두 전략은 항상 길항(拮抗)관계를 형성한다. 경제성이 좋아지면 표현성이 나빠지고, 표현성을 좋게 하려면 경제성이 떨어진다. 우리가 일상에서 사용하는 많은 표현은 경제성 전략과 표현성 전략이 합쳐서 가장 적합한 형태로 우리 사회에 통용되는 것이라고 볼 수 있다. 예를 들어, '서.'라고 하면 경제성은 좋지만 존경의 의미, 공손의 의미를 표현할 수 없다. 그래서 그런 의미를 표현하려면 경제성이 다소 떨어지더라도 '잠깐 서 주시겠습니까?'처럼 말할 수밖에 없다.

말을 논리적이고 조리 있게 하며, 말을 할 때 상대의 입장과 처지를 배려하는 말하기를 하는 사람은 업무 수행 능력이나 인관관계 형성과 발전 측면에서 다른 사람보다 더 훌륭한 결과를 낼 수 있다. 업무를 효과적으로 수행하고 인간관계를 원만히 형성하려면 개인 차원에서 의사소통 과정의 '협력의 원리', '공손성(예절)의 원리'나 '체면 유지의 원리' 등은 누구나 지켜야 할 중요한 원리이다. 개인뿐만 아니라 사회나 국가 차원에서도 개인 간, 집단 간 의사소통이 원활하고 합리적이어야 그 사회나 국가가 선진 민주 사회로 나아갈 수 있다. 우리 사회 구성원 간의 대화나 의사소통이 잘 이루어지지 않거나 문제가 생기는 것은 대화 참여자의 개인적 건강, 심리 상태, 태도 때문이기도 하고, 화자와 청자의 독특한 이해관계에 관련되기도 하고, 우리 사회가 안고 있는 사회적 환경과 역사와 문화 관련 문제 요소 때문이기도 하다. 우리 사회를 구성하는 각 개인의 의사소통 지식과 기능 수준을 높이는 것도 중요하지만 의사소통의 단절과 문제 해결을 위한 공감대를 넓히고, 구성원들이 함께 성장하면서 발전하도록 소통하는 문화를 형성하는 것은 국가 교육적으로도 중요한 과제가 된다.

2. 인간 의사소통에 대한 관점

20세기 들어서 언어를 객관적 연구 대상으로 보고 그 형태와 구조를 중심으로 연구하려는 구조주의의 물결과 1920년대에 시작된 또 하나의 객관주의 사조인 행동주의의 영향은 인간 의사소통 연구를 언어의 객관적 외적 표현에 초점을 맞추게 했다. 교육에서도 정확한 언어형식과 구조로 표현하고 이해하는 훈련을 강조하였다. 객관성을 강조하는 구조주의와 행동주의 흐름에서는 자신의 생각과 느낌을 정확한 표현을 사용하여 논리적이고 조리 있게 표현하는 것이 의사소통의 핵심이라고 생각했다. 이 시기에는 인간 의사소통은 객관적이고 정확한 정보를 주고받는 것이 핵심이라고 보았다.

20세기 중반에 언어를 인간과 분리해서 객관적 대상으로만 바라보던 관점과는 다른 관점들이 생겨났다. 오스틴(Austin)과 썰(Searle)을 비롯한 일련의 학자들이 주창한 언어 행위(speech act) 이론이 등장하고, 이런 경향은 실용주의(pragmatism)를 바탕으로 한 화용론으로 이어지고, 언어 연구의 단위가 문장(sentence)을 넘어 텍스트(text)나 담화(discourse)로 확장됨에 따라 언어 연구의 대상과 초점도 언어의 객관적 형식 체계보다는 언어를 사용하는 사용자와 그것을 둘러싼 상황과 맥락을 중요시하게 되었다. 특히 게슈탈트 심리학이 등장하고 1960년대에 접어들면서 피아제(Piaget)나 비고츠키(Vygotsky)와 같은 학자들의 영향으로 지식을 인식하는 중심 틀이 객관주의에서 구성주의(constructivism)로 변함에 따라 의사소통에 대한 관점도 크게 변하였다. 인간 의사소통을 화자가 일방적으로 의미를 전달하는 것이 아니라 화자와 청자가 상호작용하면서 의미를 창조해 가는 역동적 의미 구성 과정으로 인식하게 되었다. 따라서 언어 연구도 언어 내적 형식 체계보다는 화자와 청자, 그리고 그들을 둘러싸고 있는 사회적 맥락 등 의사소통 체계에 관심을 가지게 되었고, '정확성'보다는 '적절성'이 중요한 개념이 되었다. 언어 사용의 목적이 단순히 개인의 의사와 가진 정보를 주고받는 차원을 넘어 화자와 청자, 나아가서 사회 구성원 사이에 의미를 공동으로 구성하고 교섭하는 과정이라고 보기 시작하였다.

20세기 후반 들어 사회학자와 심리학자들은 인간 의사소통을 단순한 언어적 정보를 주고받는 것이 아니라 사람들이 속한 사회적 관계 속에서 상호작용하는 것이며 그 과정에는 언어적 표현과 이해뿐만 아니라 인간 심리의 복잡한 과정을 거친다는 것을 주장했다. 의사소통은 개인의 생각과 느낌뿐 아니라 소통 참여자의 사회적, 역사적 맥락의 영향을 받는다는 것을 강조하기 시작했다. 인간은 자신의 삶 속에서 다른 사람과 의사소통 하는 과정을 통해 자아 정체성을 확립하고, 사회적 관계를 형성하고 다른 사람과 영향을 주고받는데, 그 중심에 의사소통이 관여한다는 것이다. 이런 관점에서 보면, 한 사회에 속한 각 사람들이 말을 한다는 것은 각 개인의 삶의 교환이며, 의사소통은 이제 단순한 삶의 도구가 아니라 삶의 질을 결정짓는 가장 중요한 요소이다. 이제 인간 의사소통은 언어학의 연구 문제뿐만 아니라, 철학, 심리학, 사회학, 교육학 등 여러 학문 분야가 공동의 관심을 갖는 통섭(通攝)의 학문으로서 의미를 갖게 되었다.

지금까지 인간 의사소통에 대해 접근하는 방식은 크게 세 가지로 나눌 수 있다. 첫째, 소통 과정 접근법, 둘째, 기호학적 분석법, 셋째, 민족지학적 접근법이다. 소통 과정 접근법은 인간의 의사소통은 어떤 과정을 통해 이루어지며, 의사소통 과정에 어떤 요인들이 변인으로 작용하는가를 연구하는 방식이다. 인간의 의사소통은 인간 세계의 모든 일들과 연관되어 있으므로 그 과정은 복잡하고 각 단계마다 작용하는 변인은 너무나 다양하다. 소통 과정 접근법에서는 복잡한 의사소통 과정을 의사소통 맥락이나 참여자의 관계와 의도 등과 같이 한정된 요소들로 나누어 설명하고자 하는 방식이다. 다시 말해서 인간의 의사소통이 왜, 그리고 어떤 방식으로 이루어지는지 간단한 몇 가지 요소들로 나누어 설명하고자 하는 방식이다. 의사소통의 참여자, 메시지, 기호, 코드, 매체, 맥락 등 관련 요소로 나누어 의사소통 과정을 표현과 해석 과정으로 설명하고자 한다.

기호학적 접근법은 인간의 의사소통은 의미를 발생시키기 위해 만들어내는 기호의 생성과 그 기호의 해석에 의해 이루어진다고 본다. 의사소통 상황에서 기호의 선택은 개인이 선택하는 것이지만 그 생성과 사용 방법은 개인이 결정하는 것이 아니라 사회가 정하는 것이다. 개인의 상호작용도 시각을 넓혀서 보면 사회적 관습과 문화의 지배를 받는다. 한편 의사소통에 사용하는 기호는 사용하는 그 사람의 사회적 지위와 힘을 상징하기도 한다. 기호학적 접근은 인간 의사소통에 사용되는 기호의 생성과 사용에 관여하는 요소들과 그것들이 작동하는 방식에 초점을 두고 의사소통을 연구한다.

민족지학적 접근법은 사회학적 접근법의 하나다. 의사소통은 집단과 민족에 따라 다르며, 그 집단과 민족의 이데올로기가 작용한다고 본다. 민족지학적 문화 접근법은 개인 의사소통보다는 집단과 민족의 소통 방식이나 그 사회의 주류 문화에 대한 기술을 추구한다. 개인의 소통은 그 사람이 속한 집단이나 사회, 민족의 지배를 받는다고 보고, 한 민족이나 사회 구성 집단의 관계와 소통 방식의 특성을 밝히고자 한다. 나아가 그 민족이나 사회 구성원 사이의 관계나 계층이나 집단의 인식이나 문제에 관심을 가진다. 그런 차이들이 사회적 갈등의 생성을 합리적으로 설명하거나 갈등과 문제에 대해서 더 나은 해결책을 제시하는 실용적 목표를 추구하기도 한다.

이러한 세 접근법은 각각의 연구 영역이나 방식이 완전히 다른 것이 아니며 서로 관련되거나 중첩되어 있다. 인간의 의사소통은 다양한 요소가 복합적으로 작용하는 역동적 과정이며, 그 과정은 소통 참여자들이 의미를 구성하거나 주고받는 기호의 생성과 해석에 관련되는 것이고, 이 모든 것은 소통에 참여하는 사람들이 구성하는 사회의 규범과 문화의 특성에 따라 달라지는 것은 분명하다.

▌참고문헌

김진우(1994), 언어와 의사소통, 한국문화사.

구현정·전영옥 저(2005), 의사소통의 기법, 박이정.

박재현(2013), 국어교육을 위한 의사소통 이론. 사회평론.

이창덕·임칠성·심영택·원진숙 저(2000), 삶과 화법, 박이정.

임태섭(1997), 스피치 커뮤니케이션. 연암사.

D. Bruton & R. Dimbleby 이주행 외 역(2005), 인간관계와 의사소통, 한국문화사.

J. Habermas 장춘익 옮김(2006), 의사소통행위이론. 나남.

D. Morris 과학세대 역(1994), 맨워칭:인간행동을 관찰한다. 까치.

G. E. Myers & M. T. Myers 임칠성 역(1995), 대인관계와 의사소통, 집문당.

제 2 장

화법 지식

1. 화법의 성격

화법이란 참여자들이 구두 언어 의사소통을 통해 삶을 나누는 언어 행위이다. 이러한 화법의 성격을 구어적 성격, 상호교섭적 성격, 관계적 성격, 사회문화적 성격 등으로 나누어 살펴보고자 한다.

가. 구어적 성격

구어적 성격은 화법이 구어 소통을 통해 사고의 힘을 기르는 것을 말한다. 훔볼트는 말은 세계에 다가가는 정신적 통로를 열어주며 사상을 표현할 수 있도록 해주는 정신의 영원한(Weisgerber, 1929:6) 활동이라 했다.

만일에 우리가 눈에 보이는 한 가지 색을 가령 '갈색'으로서 명명한다면, 우리는 눈에 띈 색의 인상을 명명하는 것이 아니라, 우리가 그 색의 인상을 조직적으로 분류하는 개념을 명명하는 것이다. 그러므로 그 과정은 눈으로 보고, 갈색으로서 파악하고, 그 인상을 포함하는 색깔의 개념이 명명이 된다.(Weisgerber, 1929; 허발 옮김, 1993:35)

농아학교의 학생들(12~16세)의 사유 능력이 비슷한 나이의 정상 학생들의 사유 능력과 차이가 있다는 것을 보여주는 실험 결과가 있다.(Weisgerber, 1929; 허발 옮김 1993:3) 구어 소통이 사고를 형성하고 발전시키는 것을 보여주는 실험이다.

흔히 사고 활동을 표현 활동과 이해 활동으로 나누어 말하기를 표현 활동에, 듣기를 이해 활동에만 국한하여 인식하는 경우가 있다. 이런 경우에는 말하기와 쓰기를, 듣기와 읽기를 같은 사고 활동이라고 인식하기도 한다. 그러나 이는 말하기와 듣기를 언어적 정보의 소통으로만 한정짓는 편협한 인식이다. 구어 소통은 단순하게 언어적 정보만을 소통하는 활동이 아니다. 구어 소통과 문어 소통은 그 본질이 서로 다르다.

우선 언어적 정보의 소통이라는 측면에서만 보더라도 말(구어 소통)과 글(문어 소통)은 [표 1]과 같은 차이를 보인다.(노명완 외, 1997:7~8)

[표 1] 말과 글의 비교(노명완 외, 1997:7-8)

	말	글
1. 매체	음성언어, 준언어, 비언어적 표현	문자언어, 텍스트 요소 (문장 부호 등)
2. 시간	시공간 공유	시공간 공유 없음
4. 기능 양태	언어적 및 비언어적 상호 작용	정보 이해가 일방적
5. 정보의 내용	구체적인 내용	추상적 내용
6. 정보의 구조	개방적	폐쇄적
7. 정보의 기능	정보 공유, 감정 표현과 감정이입 강함	객관적 정보 교환, 글과 독자의 상호 작용
8. 정보의 양	적은 양 주고받음	많은 양 정보제시, 수용
9. 내용 제시 규범	상호 작용의 사회적 규범. 전달 매체인 '말'에는 크게 관심이 가지 않음	글이라는 산물의 '생산'에 대한 규범. 매체인 '글'에 관심이 큼

10. 인지적 부담	비교적 쉬움, 기억력 요구됨	정보 처리가 쉽지 않음, 다시 볼 수 있음
11. 정보 처리 양식	자동적으로 처리됨	비자동적으로 처리됨
12. 학습 양식	비공식적(자연 상황)	공식적(인위적 교육 상황)
13. 발달	언어 경험, 사회적 상호 작용 중요	문자의 해독이 이해의 선행 조건

무엇보다 말과 글은 그 본성에서 다르다. 옹(Ong, 1982; 이기우·임명진 역, 1997:144)은, "시각은 토막 나는 감각임에 반해서 소리는 통합하는 감각이다. 시각의 전형적인 이상은 명확성과 명료성, 즉 나누어 보는 일이다. 이에 반해서 청각의 이상은 하모니, 즉 하나로 통합하는 것이다."라고 지적하고 있다. 글자 읽기와 말 듣기가 그 본성이 다르다는 것이다.

말하기는 쓰기와도 본성이 다르다. 소크라테스는 쓰기에 대해 매우 부정적이었는데 그의 이야기를 통해 말하기와 글쓰기의 차이를 비교해 보자.

플라톤의 "파이드로스"에서 첫째로 소크라테스는, 현실적으로 정신 속에 있는 것을 정신 밖에 설정하려고 한다는 점에서, 쓰기는 비인간적이고 또 쓰기는 하나의 사물이며 만들어낸 제품이라고 말한다. 당연히 컴퓨터에도 마찬가지가 해당된다. 둘째로 플라톤의 그 책에서 소크라테스는, 쓰기는 기억을 파괴한다고 언급한다. 쓰기를 사용하는 인간은 내적인 수단의 결핍으로 그 대신에 외적인 수단에 의지하기 때문에 망각하기 쉽다. 쓰기는 정신을 약하게 한다.(중략) 셋째로 씌어진 텍스트는 기본적으로 아무것도 대답하지 않는다.(중략) 넷째로 구술문화의 논쟁적인 속성을 아직도 버리지 않았던 소크라테스는, 자연스레 구술되는 말은 스스로를 변호할 수 있으나 씌어진 말은 그럴 수 없다는 점도 쓰기에 대한 반론으로 생각하였다. 즉 실제의 말과 사고는 본질적으로 언제나 실제 인간끼리 주고받는 컨텍스트 안에 존재하는데, 쓰기는 그러한 맥락을 떠나서 비현실적, 비자연적인 세계 속에서 수동적으로 이루어진다. 컴퓨터에 의해서도 마찬가지 말을 할 수 있다.(Ong, 1982; 이기

우·임명진 역, 1997:125)

읽기가 분절적이고 명료성을 지향하는 반면 듣기는 통합을 지향한다. 쓰기가 인간 정신 밖에서 인간 삶의 맥락을 떠나 수동적으로 존재한다면 말하기는 인간 삶의 맥락 속에서 현실적이고 자연적으로 존재한다. 우즈베크 공화국과 키르기스 공화국의 오지에서 읽고 쓸 수 없는 사람들을 대상으로 1931년과 1932년에 한 실험은 이런 차이를 잘 보여준다. 피험집단에게 '해머, 톱, 나무, 손도끼'가 그려진 그림을 주고 이들을 분류해 보라고 했다. 그러자 이들은 네 가지 종류를 '나무'와 도구인 '해머, 톱, 손도끼'와 같이 범주화하지 않았다. 대신 실천적이고 상황 의존적인 사고를 통해 이들을 분류했다. 목수라면 나무와 나무에 필요한 도구를 분리하려고 하지 않는 것처럼 사고한 것이다. 나무가 없으면 연장이 아무 필요가 없다는 것이다.(Ong, 1982: 이기우·임명진 역, 1997:82)

눈과 얼음의 상태를 보면서 일상 행동을 결정하는 라프랜드인들은 눈에 대해 21개의 명사와 21개의 동사를 구사한다. 낙타가 중요한 삶의 수단인 아랍어에서는 낙타와 관련된 단어가 6천 개가 넘는다. 우리의 삶에서는 친족 관계가 매우 중요하기 때문에 서구의 언어보다 친족 용어가 매우 많고 체계적이다. 이런 언어 현상들도 말이 삶이라는 맥락 속에 존재한다는 것을 보여주는 사례들이다.

구어는 문어와 달리 영혼을 움직이는 힘이 있다. 그래서 예수, 소크라테스, 공자, 석가모니는 모두 문자가 아니라 말을 통해서 도를 전했다. 플라톤은 소크라테스의 '말'을 '글'로 옮기면서 '살아 숨 쉬는 말이 글이라는 수단을 통해 생명력을 잃지 않게' 안간힘을 썼다.(이강서, 2007:127) 설교나 설법을 듣고 가슴에 울림이 일어나는 것은 말의 힘 때문이다. 우리말의 전통에서 보자면 말은 품성 함양의 방편이 되었는데, 말이 품성을 기르는 방편이 될 수 있었던 것은 바로 이런 말의 힘 때문이다. 법정(2008:120)의 다음 표현도 영혼을 움직이는 말의 본성에 기댄 것이다.

이 기회에 한 가지 권하고 싶은 말은 어떤 종교의 경전이든지 경전은 소리 내어 읽어야 한다. 그저 눈으로 스치지만 말고 소리 내어 읽을 때 그 울림에 신비한 기운이 스며 있어 그 경전을 말한 분의 음성을 들을 수 있다.

나. 상호교섭적 성격

상호교섭적 성격이란 화법은 참여자들이 각각 의미를 전달하는 언어 행위가 아니라 어떤 주제를 중심으로 상호교섭을 통해 의미를 구성해 가는 과정임을 가리킨다. 다른 측면에서는 화법은 화자와 청자는 물론 화법이 이루어지고 있는 장면이 서로 영향을 미치면서 의미를 구성해 가는 역동적인 과정임을 가리킬 수 있다.

화법에서 화자는 메시지를 전달하는 우편배달부가 아니며 청자는 우편물을 단순히 받아들이는 수취인이 아니다. 그렇다고 화법이 탁구 게임처럼 화자와 청자가 역할을 교대하면서 생각과 느낌을 서로 주고받는 과정도 아니다. 화법은 축구 경기와 같이 한 사람의 움직임이 다른 사람의 움직임에 영향을 끼치는 게임과 같은 것이다. 화법 참여자들은 상대에게 무엇을 하는 것이 아니라 상대와 더불어 무엇을 한다.

상호교섭은 (1) 네가 무언가를 하고 있고, (2) 상대방이 무언가를 하고 있고, (3) 네가 상대방의 행동을 지각하고, (4) 결과적으로 상대방이 너의 행동을 지각하고, (5) 상대방이 너를 지각하고 있다는 것을 네가 지각하고, (6) 네가 상대방을 지각하고 있다는 것을 상대방이 지각할 때 발생한다.(임칠성 역 1995:331) 상호교섭이란 상대에게 내가 무엇을 하느냐를 알리는 것에 초점이 있는 것이 아니라 서로 더불어 무엇을 하느냐에 초점이 있다.

화법의 상호교섭성 때문에 화법의 응집성은 문자 언어 텍스트의 응집성과 다른 면이 있다. 화법에서는 문자 언어와 다른 응집 장치, 혹은 응집 전략을 적절하게 사용하기도 한다. 예를 들어, "방금 네 말을 듣다보니 생각나는데……"는 응집력을 계속 유지하면서 새로운 대화의 방향을 제시할 수 있다. 이런 응집 장치들을 사용하여 서로 아무런 관련도 없어 보이는 별개의 말들에 의미 있는 관계를 부여한다.(Readon, 1987; 임칠성 역, 1997 : 38)

대화 중 오해가 발생하거나 적절하지 못하게 화제를 바꾸어 대화가 궤도를 벗어났을 경우 참여자들은 해명을 하거나 거절을 하여 대화를 재정렬할 수 있다. 부적절한 행위로 대화가 위협에 처했을 때, "미안해, 네 말이 끝났다고 생각했어."와 같은 해명을 통해 대화를 재정렬할 수 있다. "예의 없어 보일지 모르겠지만 다른 이야기를 하는 게 좋겠어."는 거절의 예이다. 이것은 문제의 행동을 수행하는 사람이 자신의 행동이 부정적으로 해석되는 것을 거절하는 것이다.

화법 참여자들이 상호교섭적으로 언어적 의미만 구성하는 것은 아니다. 말은 참여자들의 정체성을 상호교섭한다. 스튜어트와 로건(Stewart & Logan, 1998)은 모든 말에는 정체성에 대한 협상이 포함되며, 이러한 정체성에 대한 의미가 가장 중요한 의미 중 하나라고 지적한다. 그런데 말은 이처럼 정체성을 상호교섭하면서 참여자들을 결속시킨다.

목소리로 된 말은 소리라는 물리적인 상태로 인간의 내부에서 생겨나서 의식을 가진 내면, 즉 인격을 인간 상호간에 표명한다. 그러므로 목소리로 된 말은 사람들을 굳게 결속하는 집단을 형성한다. 한 사람의 화자가 청중에게 말을 하고 있을 때, 청중 사이에 그리고 화자와 청중 사이에도 일체가 형성된다. 그런데 만약 화자가 청중에게 자료를 건네주어 읽도록 하여 청중의 한 사람이 홀로 독서의 세계에 들어가면, 청중의 일체성은 무너지고 재차 구술하는 이야기가 시작할 때까지는 그 일체성은 회복되지 않는다. 쓰기와 인쇄는 분리한다. 독자를 나타내는 말에는 '청중'에 대응하는 집합명사나 집합적인 개념이 없다. (Ong, 1982; 이기우 · 임명진 역, 1997:117)

이처럼 화법이 참여자들을 결속시키는 힘은 화법 참여자들의 관계를 형성하고 발전시키는 관계적 성격의 바탕이 된다.

다. 관계적 성격

관계적 성격은 사회 구성원들이 화법을 통해 관계를 형성하고 유지하며 발전시킨다는 것을 가리킨다. 말은 내용을 전달하거나 소통하려는 언어적 목적을 지니기도 하지만 이 말을 통해 상대와의 관계를 더욱 돈독히 하고자 하는 관계적 목적도 동시에 지닌다.

화법에서 관계적 성격을 가장 잘 드러내는 방식은 호칭과 지칭이다. 호칭과 지칭은 참여자들 사이의 관계를 형성하거나 확인한다. 호칭과 지칭뿐만 아니라 서로의 관계를 직접적으로 표현하는 경우도 있다. 이런 직접적인 표현은 가끔 참여자들의 관계에 새로운 국면을 형성하기도 한다. 예를 들어, 누군가를 사랑하고 있다고 해 보자. 사랑하는 사람에게 "난 널 사랑해."라고 말을 하게 되면 두 사람의 관계는 말하기 전의 관계와는 사뭇 달라진다. 화법 참여자들이 말을 통해 기쁨과 슬픔을 함께 나누거나, 혹은 위로와 애도의 말을 주고받는 것도 참여자들의 관계를 발전시키는 데 도움이 된다.

의사소통 과정에서 참여자들의 관계는 (1) 다른 사람을 고려하고, (2) 각자의 역할을 규정하고, (3) 일련의 규칙에 따라 행동하는 상호 교섭 과정을 통해 형성되어 유지되고 발전한다. 화법 참여자들은 참여자들의 역할을 규정하고 이 규정된 역할을 바탕으로 자신에게 기대되는 담화를 수행하고, 상대방에게도 역할에 걸맞은 담화를 기대한다. 역할은 화법 참여자들의 소통의 범위를 한정할 뿐만 아니라, 상대방에게 어떤 말과 행동을 기대할 수 있도록 해 주고, 주고받는 말들을 해석하고, 의미를 구축하는 데 있어 안내자가 된다. 그러므로 화법에서 참여자들의 관계는 무슨 말을 어떻게 하고, 주어진 메시지를 어떻게 해석할 것인가를 결정하는 데 매우 중요한 요인이다.

화법의 의미 구성에 영향을 미치는 관계는 참여자들만의 관계에 국한되지 않는다. 소통되는 메시지에 등장하는 대상이나 인물 또한 의미 구성에 영향을 미친다. "처남은 왜 그래?"라는 표현에서는 남편과 아내와 처남의 관계가 의미의 구성에 관여한다.

화법의 관계는 공적인 외적 관계와 사적인 내적 관계로 나누어 살펴볼 수 있다. 아버지와 딸, 스승과 제자, 사장과 직원, 선배와 후배 등은 외적 관계이다. 이런 외적 관계에서 이루어지는 화법에 대해서는 명시적이든 혹은 암묵적이든 사회적으로 일정한 규범이나 예절이 그 소통 방식을 규정한다. 뜻이 맞는 사이, 서로 싫어하는 사이, 잘 아는 사이 등은 사적인 내적 관계이다. 내적 관계에 있는 참여자들이 담화를 나눌 경우에 지켜야 할 규범이나 예절은 참여자들 사이에 암묵적으로 존재한다. 모든 담화는 이러한 내외적 관계를 고려하여 이루어진다.

화자와 청자가 화법을 운영하는 데 내재적인 규칙과 외재적인 규칙들이 있다. 이 규칙들은 어떻게 소통해야 하는지를 안내해 주는 행동의 표준이다. 내재적 규칙은 각각의 관계에 따라 나름대로 규정된다. 예를 들어, 서로 친구인 두 사람이 어떤 주제가 두 사람의 입장을 곤란하게 만들기 때문에 서로 피하려고 노력한다고 하자. 이 두 친구는 수용 가능한 이야기 주제와 수용 불가능한 이야기 주제에 대하여 내재적 규칙을 가지고 있다.

외재적 규칙은 외부에 의해 부여된 규칙으로 일종의 사회적인 규칙이다. 예를 들어, 그냥 안면이 있는 사람들은 아주 개인적인 문제에 대해서는 이야기를 하지 않는다. 서로 만난 지 얼마 되지 않는 사람들끼리 아주 개인적인 주제에 대해 이야기하는 것은 부적절하기 때문이다. 사회적 인사말이나 호칭이나 지칭도 외재적 규칙의 일부이다.

관계가 발전하게 되면 참여자들은 자기들 스스로 많은 규칙을 협상하여 규정한다. 그래서 관계가 발전함에 따라 외재적 규칙에 대한 내재적 규칙의 비율이 증가한다.

화법의 관계적 목표는 자기중심적이고 이기적으로 변하고 있는 현대 우리 사회에서 특별한 의미를 지닌다. 언제부터인가 우리 사회에서 상대를 고려하거나 배려하지 않고, 혹은 자기 입장만 생각하여 자기주장을 분명하고 논리적으로 내세워 참여자들을 곤혹스럽게 하는 경우가 많아졌다. 학교에서 이루어지는 토론도 상대의 의견을 진지하게 듣고서 함께 문제를 해결하고자 하는 태도는 보이지 않고 말싸움으로 일관하는 경우가 많아졌다. 집단 간의 갈등에서도 서로의 입장을 존중하면서 함께 문제를 해결하는 대신 자기 이익만 추구하여 자기 논리만 끝까지 내세우는 경우도 많아졌다. 화법의 궁극적인 목표가 삶의 공유라는 점을 생각해 보면 이것은 바람직한 화법이 아니다. 이기는 화법이 아니라 더불어 사는 화법을 가르쳐야 한다. 자기 이익을 챙기고, 자기주장만 내세우는 화법이 아니라 상대를 인정하고 배려하는 화법 교육은 우리의 삶을 보다 풍요롭게 할 것이다.

라. 사회문화적 성격

사회문화적 성격은 말 문화의 전통에 따라, 그리고 연령, 성 등 사회문화적 차이에 따라 소통 방식이 달리 형성된다는 것을 가리킨다. 화법은 삶을 배경으로 하기 때문에 한 집단의 삶의 유사성이나 동질성은 그 집단의 화법에 일정한 문화를 형성한다.

---

(1) "이리 와봐. 내가 이렇게 하지 말라고 했어, 안했어!
    내가 몇 번이나 말해야 알겠어?"
(2) "네, 알겠습니다."
    "그곳에 가야 하지 말입니다."

(1)은 교사들에게서 흔히 볼 수 있는 말투다. 교사들은 자식이나 부부 등과 같은 일상적인 회화에서도 이런 투의 말을 사용하기도 한다. 군대를 갓 제대한 학생들은 (2)와 같은 군대식 말투를 자주 사용한다.

사회적 차이에 의해서만 말 문화가 나타나는 것은 아니다. 역사적 배경에 의해서도 말 문화가 생성되고 계승된다. 화법은 과거에서 시작해서 미래로 계속된다. 민족이나 국가라는 집단의 현재 화법은 과거의 역사를 배경으로 하고 있으며, 현재의 화법은 미래의 화법의 기반이 된다.

화법의 전통은 일정한 규범성을 가지고 화법의 태도를 판단하는 기준이 되기도 한다. '말버릇이 좋지 않다'는 표현은 문화적 전통을 기반으로 한 지적이다.

전통적인 말 문화는 담화 행위의 방식, 즉 언어적 소통의 방식과 비언어적 소통의 방식에도 반영되어 있다. 우리 말 문화는 주장을 내세우는 것보다 상대의 말을 귀담아 듣는 것에 더 가치를 두었다. 우리 말 문화에서 '말을 잘 듣는다.'라는 표현은 언어적 메시지의 이해 차원을 의미하는 것이 아니라 들은 그대로 행한다는 것을 의미한다. 그리고 말을 삼가고 말보다는 행동으로 실천하는 것을 더 중요시하였다. 기실 '말 한 마디로 천 냥 빚도 갚는다.'라는 속담은 말을 잘 꾸려서 잘하라는 의미보다 천 냥 빚을 갚는 것과 같은 중요한 일도 말 '한 마디'로 해결한다는 의미라고 보아야 한다.

말 문화의 전통은 담화의 구조에서도 확인할 수 있다. 예를 들어, 우리 말에서는 처음 만나 인사를 할 때 상대의 이름과 고향, 그리고 나이를 묻는다. 또, 사회적 인사말에서도 우리 삶의 양식이 배어 있다.

말은 사유의 방식을 결정하게 되고, 사유의 방식은 삶의 방식을 결정하게 된다. 따라서 국어 화법은 한국인의 삶이 배어 있는 화법이다. 한국인의 삶이 배어 있는 화법 교육은 궁극적으로 한국인의 삶의 방식을 지도하게 되는 것이다.

화법의 성격을 살펴보면 화법의 기능이 단순히 의미의 소통에 그치지 않는다는 것을 알 수 있다. 화법은 개인의 생각과 느낌을 소통할 뿐만 아니라, 합리적인 절차를 통해 문제를 해결하고 대인 관계를 돈독히 하는 한편, 더 나아가 '무엇을 이루려고 하는 말의 힘'을 알게 하고, 말하는 이와 듣는 이의 품성을 다듬으며, 참여자들의 관계를 개선시키는 한편 우리 민족의 말 문화를 창조하는 데 기여하는 활동이다.

2. 화법의 요소

화법은 크게 화자, 청자, 메시지, 장면으로 구성된다. 이러한 구성 요소들이 동시적으로 작동하면서 담화를 이끌어 간다.

가. 화자

두 사람이 상반된 말을 하였다.(Lucas, 2004:428) 정치적인 의도가 없다고 전제한다면, 누구의 판단을 따르겠는가?

> (1) "미국의 정부 조직은 21세기의 요구에 대응하여 대대적인 변화를 하여야 합니다." — 미국 국무장관 콜린파월의 말
>
> (2) "미국 정부 조직은 곧 다가올 미래를 예측해 볼 때 대대적으로 변화할 필요가 없습니다." — 미국의 스릴러 소설작가 스테판킹의 말

대부분 스릴러 소설작가의 말보다 미국 정부 조직의 핵심 일원이면서 대통령과 함께 일하는 국무장관의 말이 더 옳다고 생각할 것이다. 어떤 말이든 화자의 영향을 받게 된다. 전달자에 대한 호감은 전달 내용에 대한 호감으로 작용하는 일관성 원리가 작용(한규석, 1995:191)하기 때문이다.

고대 그리스의 철학자 아리스토텔레스는 그의 『수사학』에서 설득의 세 가지 요인으로 인성(ethos), 감성(pathos), 이성(logos)을 들었다. 아리스토텔레스의 지적을 빌리지 않더라도 화자는 의미를 생성하는 핵심 주체라는 측면에서 화법에서 중요한 위상을 차지한다. 아리스토텔레스의 인성이나 현대 연구자들의 신뢰성은 모두 신뢰성은 모두 '좋은 화자'를 의미한다. '좋은 화자'는 관계를 중시하는 말 문화에서 중요한 역할을 한다.

밀러(G. Miller, 1972)는 실험적 결과를 토대로 좋은 화자의 요건을 '자신감(competence), 신임(trust-worthiness), 역동성(dynamism)'으로 정리하였다. 좋은 화자가 되려면 청자가 화자를 자신감 있고, 믿을 만한 사람으로 인식되어야 하며, 담화 수행의 과정을 역동적으로 대처해 가는 화자이어야 한다는 것이다. 화자의 자신감이나 신임은 화자가 어떤 위치에 있는 사람이며 그 주제에 대하여 얼마나 잘 알고 있는 전문가인가 아닌가에 따라 판단된다.(Lucas, 2004:429)

우리 사회에서 좋은 화자란 화자의 됨됨이와 관련되기도 한다. 공자에 나오는 이야기이다. 제나라 경공이 공자에게 정치를 잘하기 위한 비결을 물었을 때 공자는 '임금이 임금답고, 신하는 신하답고, 아버지는 아버지답고, 자식은 자식다워야 한다.(君君臣臣父父子子)'고 대답하였다. 이런 원리는 화법에도 통한다. 자신의 역할에 온전한 화자의 말은 그 영향력이 크기 때문이다. 예를 들어, 학생들에게 존경을 받는 교사와 그렇지 못한 교사의 의사소통은 그 효과가 다를 수밖에 없다. 밖에서는 아무리 훌륭한 교사라고 할지라도 자식에게 아버지다움을 상실하게 되면, 그 아버지의 말은 자식들에게 큰 영향력을 행사하지 못한다. 아버지다움, 교사다움, 학생다움 등과 같이 '다움'을 갖추는 것이 좋은 화자의 요건 중 하나이다.

나. 청자

자레프스키(Zarefsky, 2005)에는 음주 운전이라는 화제로 발표를 하기 위해 다음과 같이 계획하는 두 학생의 이야기가 나온다.

> (1) 이 화제에 대한 통계 자료가 엄청 많아서 딱 몇 개만 골라내기가 어렵네. 통계 자료가 엄청 더 나올 거야. 이 자료들을 시간 안에 발표할 수 있도록 잘 정리해야 하지만, 내가 엄청난 양의 이 연구 자료들을 모두 인용하게 되면 사람들은 이 화제가 중요한 화제라는 것을 알게 되고, 내가 준비를 참 잘했구나 하고 생각할 거야.
>
> (2) 맞아, 이 화제에는 자료가 많아. 그렇지만 청중은 대부분 학생이고, 대부분 음주 운전 가능성이 높은 이들이야. 통계 자료를 들이대도 자기에게는 그런 일이 일어나지 않을 거라 생각해서 자료를 무시할 거야. 자료는 간단히 언급한 다음에 작년에 캠퍼스에서 발생했던 끔찍한 음주 운전 사건에 대해 집중적으로 이야기해야지. 할 수 있으면 그 사건이 자신들과 연관이 있다는 것을 알게 해서, 내 발표가 자신들에 관한 이야기라는 것을 깨닫게 하고 싶어.

(1)의 내용이 더 충실하고 체계적일지 모른다. 그러나 (1)보다는 청중을 고려한 (2)의 발표가 더 설득력이 있을 것이다.

담화는 청자와 더불어 하는 것이지 화자의 일방적인 전달 행위가 아니다. 담화는 청자 지향적인 행위이다. 따라서 모든 담화는 청자를 고려하여, 담화 수행 이전에 청자를 분석하여 담화 운영 전략을 세워야 하며, 또 담화 수행 중에는 청자의 반응을 계속 관찰하고 해석하여 청자의 반응에 따라 그 전략을 역동적으로 수정해 가야 한다. 사회가 자기중심적으로 흐를수록 청자를 존중하고 배려하는 화법 능력을 교육하는 것이 중요한 의미를 갖는다.

청자 분석은 대화와 같이 역동성이 강조되는 담화 유형뿐만 아니라 연설과 같이 비교적 화자 중심적인 담화 유형에서도 중요하다. 청자가 듣지 않는 연설은 아무도 듣지 않는 라디오 방송과 마찬가지가 되기 때문이다.

다. 메시지

화법의 의사소통은 크게 언어적 의사소통과 비언어적 의사소통으로 나뉘는데, 언어적 의사소통은 음성 언어를 의미의 매체로 활용하는 반면 비언어적 의사소통은 다양한 의미의 매체를 활용한다.

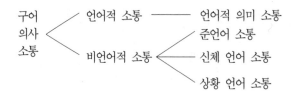

- ▶ 준언어(vocal behavior) - 억양, 어조, 강세, 속도, 휴지, 침묵 등
- ▶ 신체 언어 - 표정, 시선, 제스처, 몸자세 등
- ▶ 상황 언어 - 시간, 공간, 거리, 스테레오타입, 좌석 배치, 환경 등

화법의 성격에서 보듯이 화법을 통해 소통되는 메시지는 언어적 메시지 외에 화법 참여자들의 정체성과 서로 간의 관계와 관련된 메시지도 포함된다. 구어 소통을 하다 보면 상대가 어떤 사람인지 알 수 있다. 이 것이 정체성 메시지이다. 그리고 예를 들어, "제 아버지는 술을 잘 마십니다."라고 말하는 경우와 "제 아버님은 약주를 즐기십니다."라고 말하는 경우 비록 그 언어적 메시지는 같지만 이 메시지를 통해 말하는 아들이 아버지를 어떤 관계로 인식하는지 알 수 있다. 이것이 관계 메시지이다.

모든 말에는 이런 메시지들이 동시에 담겨 있지만 화자의 의도에 따라, 혹은 상황에 따라 특정 메시지가 강조되어 나타나기도 한다. 동일한 언어 메시지가 비언어적 요소에 의해 언어 메시지 중심으로 해석되기도 하고 관계 메시지 중심으로 해석되기도 한다.

> (1) **어디** 가냐?
> (2) 어디 **가냐?** (굵은 표시는 강세)

(1)은 가는 곳을 알고자 하는 의문을 표시하는 물음으로서 언어 메시지 중심이다. '학교에 가.'와 같이 구체적인 장소를 들어 물음에 대답한다. (2)는 청자가 가고 있는 것을 이미 알고 있는 상황에서 그냥 건네는 인사이다. "밥 먹었냐?"와 같은 유형이다. 물음이 아니기 때문에 구체적인 장소를 언급하지 않고 '응.' 하고 맞장구친다.

다음으로 메시지의 소통 방식에 대해 살펴보자. 윤진·최상진역(1992: 126-152)에서는 실험을 근거로 설득을 할 때 메시지의 내용만큼 메시지를 어떤 형태로 제시하느냐에 따라 설득의 효과가 달라진다고 소개하고 있다. 메시지를 제시하는 방법은 다음 다섯 가지 주요 변인을 고려하여야 한다.

1) 논리적으로 호소할 것인가 감정적으로 호소할 것인가?
2) 통계적 자료를 근거로 할 것인가 개인적 경험을 근거로 할 것인가?
3) 상반되는 의견을 양면적으로 제시할 것인가 일면적으로 제시할 것인가?
4) 상대보다 먼저 의견을 제시할 것인가 나중에 할 것인가?
5) 청자의 본래 의견과 차이가 크게 할 것인가 작게 할 것인가?

예를 들어, 같은 주제일지라도 논리적으로 호소하는 것보다 감정에 호소하는 쪽이 설득 효과를 더 높일 수 있다.

몇 년 전에 필자가 살던 지역에서 재미있는 투표가 있었다. 이 투표는 이(齒)가 썩는 것을 방지하는 방편으로 수돗물에 불소를 타는 아이디어에 대해 찬성, 반대를 묻는 투표였다. 이 투표에서 승리하기 위해 양측은 캠페인을 벌였다. 먼저, 불소 사용의 제안자들은 아주 논리적이며 합리적인 것처럼 보이는 정보 캠페인을 벌였다. 이들이 사용한 메시지 형태는 다음과 같다. 저명한 치과 의사가 나와 불소 사용의 이점을 설명하면서 불소 함유 수돗물을 사용한 다른 지역의 아동들이 치아 부식에서의 큰 감소를 나타냈다는 실증 자료를 제시하고 난 후, 다시 내과 의사와 보건 전문의들이 나와 수돗물에 섞는 불소가 인체에 해롭지 않다고 증언하는 내용을 담고 있다. 반면 이에 대해 반대의 주장을 펴고 있는(수돗물에 불소 함유를 반대하는) 사람들은 감정적 정취를 띤 호소 방법을 사용했다. 예컨대, 이들이 제작한 한 전단에는 '마시는 수돗물 속에 쥐약을 넣지 못하게 합시다'라는 제명(題銘)과 더불어 흉하게 생긴 쥐 한 마리를 그려 넣었다. 지역 사회 주민의 투표에서 '물에 불소를 넣자'는 주장은 상당한 표차로 부결되었다.(Aronson; 윤진·최상진 역, 1992:127)

다른 조건이 동일하다면 사람들은 일반적으로 여러 가지의 통계적 자료보다는 개인적 경험에 더 의존하는 경향이 있다. 예를 들어, 차를 사려고 한다면 차에 관한 잡다한 통계를 통해 구입할 차를 결정하기보다는 이미 차를 사서 운행하고 있는 친구의 경험이 더 효과적일 수 있다.

청자가 주제에 대해 사전에 많은 내용을 알고 있으면 양면적인 의견 제시가 낫고, 사전 지식이 적은 사람에게는 일면적 의견 제시가 더 설득적일 수 있다.

의견 제시의 순서는 학습과 파지라는 두 가지 측면과 관련된다. 학습의 입장에서 보면 가장 먼저 제시되는 것이 효과적이어서 초두 효과(primacy effect)를 보이지만, 파지의 측면에서 보자면 마지막에 제시되는 것이 효과적이어서 근시 효과(recency effect)를 보인다.

이러한 추론은 Norman Miller와 Donald Campbell이 행한 한 재치 있는 실험에서 확인되었다. 이 실험에서는 모의적으로 꾸민 배심원 공판에서, 피험자들이 배심원이 되어 고소인 측과 피고 측의 주장이 담긴 공판 기록을 보고 판결을 내리는 실험 절차로 구성되었다. 손해배상청구소송의 피고 측은 불량 가습기를 판매한 한 가습기 생산업체였으며, 고소인 측은 이 불량 가습기 구입으로 손해를 보았다고 주장하는 한 소비자로서 양측 주장의 시나리오는 실제 있었던 사건을 압축해서 모의 실험의 형태에 맞도록 재구성한 것이었다. 시나리오의 내용은 고소인 측의 주장을 지지하는 찬성 쪽 주장과 고소인 측의 주장에 반대하는 피고 측의 반대 주장으로 구성되었다. 찬성 쪽 주장은 원고 측 증인의 증언, 원고 측 변호사의 피고 측 증인에 대한 반대 심문, 그리고 원고 측 변호사가 심문 전후에 행하는 변호인의 의견 진술로 구성되었다. 이와 마찬가지로 피고 측의 반대 주장은 피고 측 증인의 증언, 피고 측 변호사의 반대 심문, 그리고 피고 측 변호사가 심문한 전후에 행하는 의견 진술로 구성되었다. 이 양쪽의 여러 주장들은 각기 찬성 쪽 발언과 반대 쪽 발언으로 묶어 두 개의 압축된 시나리오를 만들어, 배심원인 피험자들에게 배포하여 읽어 보도록 하였다. 이때 연구자들은 어느 한쪽 주장을 읽고 난 후 다른 한 쪽의 주장을 읽기 시작하기까지의 중간 휴지(休止) 시간의 길이와, 나중에 제시된 주장을 읽고 난 후 판결을 내리기까지의 중간 휴지 시간의 길이를 동시에 변화시켰다. 실험의 결과는 다음과 같았다. 즉 첫 번째 주장과 두 번째 주장을 읽는 중간에 개입된 휴지 시간 간격이 길고, 동시에 두 번째 주장을 읽고 난 후 판결을 내리기까지의 중간 휴지 시간 간격이 짧을 때, 근시성 효과가 나타났다. 다른 한편, 첫 번째 주장과 두 번째 주장을 읽는 중간에 개입된 휴지 시간이 짧고, 동시에 두 번째 주장을 읽고 난 후 판결을 내리기까지의 중간 휴지 시간 간격이 길 때, 초두 효과가 나타났다.(Aronson; 윤진·최상진역, 1992:142-3)

화자에 대한 신뢰도가 아주 높으면 화자의 견해와 청자의 견해 차이가 클수록 설득 효과가 있지만, 그렇지 않은 경우에는 적당한 정도의 견해 차이가 효과적이다. 화자의 주장을 찬성하는 청중에게는 일면 메시지가

효과적이지만 반대하는 청중에게는 양면 메시지가 효과적이다.(박재현, 2016:210)

라. 장면

담화의 수사적 상황과 구분하여 장면은 담화가 이루어지고 있는 배경을 주로 가리킨다. 장면은 시공간 및 사회·문화적 맥락으로 구체화된다. 같은 말일지라도 어떤 장면에서 행해지느냐에 따라 의미가 달라지기도 하고 영향력이 달라지기도 한다. 수업이 빨리 끝나기를 바라는 장면에서 "5분 남았네."라고 말하는 것의 의미가 수업이 흥미로워 계속되기를 원하는 장면에서 "5분 남았네."라고 하는 말의 의미가 같을 수 없다. 아무리 사랑하는 사람일지라도 비가 오는 어두컴컴한 화장실 앞은 사랑을 고백하기에 적절한 장소가 아니다. 또 화자가 직접적인 의도를 가지고 하는 말보다는 의도 없이 하는 말을 더 신뢰하는 경향이 있다. 다시 말해, 엿듣는 장면에서 들은 말을 직접 들은 말보다 더 믿을 수 있다는 것이다. 이른바 '엿듣기 효과'이다.

시공간 맥락이란 배경 상황을 의미하는 미시적 개념의 장면인 반면 사회 문화적 맥락이란 거시적 개념의 장면이다. 시공간 맥락은 쉽게 변하며 개별적이지만 사회문화적 맥락은 오랜 동안의 시간을 거쳐 형성된 것으로 쉽게 변하지 않으며 집단적이다. 장면은 담화의 의미 해석의 틀이 되기 때문에 의미를 교섭할 때는 장면의 의미를 고려하여야 한다. 또 담화의 의도와 내용에 걸맞은 장면을 택해야 한다.

사회가 전문화되고 다양화됨에 따라 사회적 배경이나 문화적 배경이 복잡하게 얽혀진 현대 사회에서 화법의 사회 문화적 장면은 큰 의미를 가진다. 사회문화적 배경이나 맥락을 어떻게 처리하느냐에 따라 화법의 언어적 목표와 관계적 목표에 성공할 수 있느냐 없느냐가 갈릴 수 있기 때문이다.

3. 화법의 유형

화법을 유형화하는 이유는 문학 작품들을 장르별로 나누는 것과 비슷하다. 시와 소설을 나누어서 시에 대한 성격과 소설의 성격을 파악하게 되면 시가 어떤 장면에 어울리는 장르이며 시를 어떻게 감상해야 하며 시를 어떻게 써야 하는지에 대해 쉽게 접근할 수 있다. 마찬가지로 화법의 유형들을 구분하여 놓으면 예를 들어, 토론의 성격을 파악하고, 어떤 장면에서 토론이 필요한지, 토론을 들 때 어떻게 들어야 하는지, 어떻게 토론에 참여하여 논쟁을 할 수 있는지에 쉽게 접근할 수 있다. 따라서 화법을 유형화하면 학교에서도 학생들에게 효과적이고 쉽게 교육을 할 수 있게 된다.

전통적으로 화법 유형을 대화, 토의, 연설과 같이 분류했다. 그러나 현대로 올수록 담화 유형이 세분화되고 전문화됨에 따라 전통적인 유형화로 각각의 담화들을 설명하는 데 한계가 있을 수밖에 없게 되었다. 또 담화의 특성들이 서로 얽혀서 새로운 담화 유형들을 등장시키고 있다. 예를 들어, 연설의 범주에 강의, 발표, 강연 등이 포함되는데, 이중 '발표'는 현대 사회적 요구에 따라 프레젠테이션(presentation)이라는 새로운 유형을 구축해 가고 있다.

화법이 다양한 측면들을 가지고 있기 때문에 어떤 기준으로 유형화하느냐에 따라 유형이 달라지지만, 담화를 참여자의 규모 등에 따라 다음과 같이 유형화하는 것이 일반적이다.

대인 화법(interpersonal communication)
집단 화법(group communication)
대중 화법(mass communication)

대인 화법이란 개인과 개인의 화법으로서, 참여자 개인들이 중요하게 반영되는 화법이다. 대화, 면담 등이 여기에 속한다. 집단 화법은 집단의 문제를 해결하기 위한 화법을 가리킨다. 집단이란 회사, 국어교육과 학생회와 같이 동일한 목적을 지향하는 일정한 구성원들이 체계적인 조직을 갖춘 모임을 가리킨다.(한덕웅 외, 2005) 집단의 문제를 해결하기 때문에 집단 화법 유형에는 각자 나름의 절차와 규칙이 존재하는 것이 일반적이다. 토의와 토론이 집단 화법에 속한다. 대중 화법이란 대규모 강연과 같이 대체로 한 명의 화자가 대중을 향하여 어떤 내용을 전달하거나 주장하는 화법을 말한다. 대중은 야구 경기장에 모인 군중 등과 같이 많은 수의 모임이지만 집단과 달리 일정한 조직을 가지고 있지는 않다. 연설, 발표 등이 대중화법에 속한다.

그러나 모든 담화를 일률적으로 이 세 가지로 유형화할 수는 없다. 예를 들어, 방송의 토크쇼와 같은 경우에는 방송이라는 측면에서 대중 화법이지만 토크쇼라는 측면에서 집단 화법 혹은 대인 화법에 속한다. 공적이지 않은 일상 토의의 장면에서는, 예를 들어, 동창회에서 동창회 모임에 대해 토의하면 집단화법이지만 그 중 친구 서너 명이 어느 식당이 더 맛있는지 이야기를 나누면 대인 화법이라고 할 수 있다.

2007개정 화법 교육과정에서는 담화의 특성에 기대어 화법을 '대화, 면접, 토의, 협상, 토론, 발표, 연설'이라는 일곱 가지로 유형화하였다. 이후 화법 교육에서는 대체로 이러한 유형을 따라 교육을 하고 있다. 이러한 화법 유형의 분류는 절대적인 것이 아니라 기준에 따라 달라질 수 있고 화법교육도 그에 따라 달라질 수 있다. 화법 교육은 교육 목적에 따라 토의나 토론, 면접이나 협상처럼 특정 담화 유형을 강조하여 교육하기도 하고, 프레젠테이션이나 발표 등에 초점을 두어 교육하기도 하고 각 유형의 특정 내용만 집중적으로 교육하기도 한다.

참고문헌

노명완 외(1997), '97 말하기·듣기 영역 교육과정 내용의 체계화 연구 보고서, 서울대학교 교육종합연구원 국어교육연구소.

이강서(2007), 서양 철학 이야기1, 책세상.

이창덕·임칠성·심영택·원진숙(2000), 삶과 화법, 박이정.

임칠성·박재현·심영택·원진숙·이창덕·전은주(2013), 공공화법, 태학사.

한규석(1995), 사회심리학의 이해, 학지사.

한덕웅 외(2005), 사회심리학, 학지사.

Aronson, Elliot, Social Psychology; 윤진·최상진 역(1992), 사회심리학, 탐구당.

Lucas, Stephen(2004), The Art of Public Speaking, McGraw-Hill.

Mayers & Mayers(1985), *The Dynamics of Human Communication: A Laboratory Approach*, McGraw Hill; 임칠성 역(1995), 대인관계와 의사소통, 집문당.

Miller, G.(1972), Speech : An Approach To Human Communication; Budd, R. W. & Ruben, B. D. ed.(1972), *Approach To Human Communication*, Hyden Book Co. Inc.

Ong, Walter(1982), *Orality and Literacy - The Technologizing of the Word*; 이기우·임명진 역(1997), 구술문화와 문자문화, 문예출판사.

Reardon(1987), *Interpersonal Communication* - Where Minds Meet, Wadsworth Company; 임칠성 역(1997), 대인의사소통, 한국문화사.

Richmond, McCroskey & Payne(1991, 2nd ed.), *Nonverbal Behavior in Interpersonal Relations*, Prentice Hall.

Samovar, Larry & Porter, Richard(2001 4th ed.), *Communication Between Cultures*, Wadsworth.

Stewart & Logan(1998 15th ed.), *Together - Communicating Interpersonally*, McGrow Hill.

Weisgerber(1929), *Muttersprache und Geistesbildung, Götingen*: Vandenhoeck & Ruprechr; 허발 옮김(1993), 모국어와 정신형성, 문예출판사.

Zarefsky, David(2005 4th ed.), *Public Speaking - strategies for success*, Pearson.

제2부 화법 교육의 이해

제3장

수용과 생산 과정으로서의 화법

1. 수용 과정으로서의 듣기

가. 의미 수용 과정으로서의 듣기

흔히 듣기의 중요성은 사람들이 하루의 언어 생활 중에서 가장 많은 시간을 듣는 데에 할애하고 있다는 점을 통해서 강조되고 있다. 좀 오래된 보고서이긴 하지만 랜킨(Rankin:1926)은 사람들이 하루 평균 듣기에 45%, 말하기에 30%, 읽기에 16%, 쓰기에 9%의 시간을 보낸다는 실증적인 연구 보고서로 이를 뒷받침한 바 있다. 이렇게 우리 일상 생활에서 가장 많은 비중을 차지하는 듣기는 학업적 성취를 이루는 일, 직장에서 업무를 수행하는 일, 원만한 인간 관계를 맺는 일 등과 직접적인 연관성을 갖고 있기 때문에 개인이 보다 행복한 삶을 살아가는 데 반드시 필요한 기능이 아닐 수 없다.

듣기란 일차적으로 청각기를 통해서 지각된 음성적 정보를 머릿속에서 의미로 변형하여 수용하는 매우 적극적이고 능동적인 과정이라 할 수 있다. 특히 우리가 교육의 대상으로 삼고 있는 의미 수용 과정으로서의 듣기는 단순히 외부에서 들려오는 물리적인 소리를 수동적으로 지각하는 활동이라기보다는 주의를 기울여 소리를 지각하고, 자신이 알고 있는 배경 지식과 관련하여 들은 정보를 조직화하고, 표현에 함축되어 있는 의미를 해석하고, 그 적절성을 평가하는 매우 능동적이고 적극적인 인지 과정이라 할 만하다.

듣기는 흔히 듣기 행위에 개입되는 사고의 수준에 따라 소리 듣기(hearing), 의미 듣기(listening), 청해(auding)로 분류된다. 소리 듣기(hearing)는 문자 그대로 외부에서 들려오는 물리적인 소리만을 수동적으로 지각하는 활동으로 자신의 사전 경험이나 언어적·상황적 배경 맥락을 고려하지 않고 들려오는 말을 축자적으로 이해하는 수준의 듣기이다. 이에 비해 의미 듣기(listening)는 주의를 기울여 소리를 지각하고 자신이 알고 있는 배경 지식과 관련하여 들은 정보를 조직화하고 해석하고 평가하는 일련의 인지적 과정이라 할 수 있다. 또한 청해(auding)는 가장 높은 수준의 사고를 요하는 듣기 행위로 듣기 과정의 처리 결과를 종합적으로 이해하고, 해석하며, 여기에 청자 자신의 가치 판단이나 정의적 반응까지 수반하는 보다 종합적인 과정이라 할 수 있다.

일반적으로 듣기는 우리의 지각 과정과 밀접한 관련이 있다. 지각이란 외부 세계로부터 주어지는 자극을 감각기를 통해서 수용하는 과정을 말한다. 지각이 일어나려면 우선 감각기를 통해서 정보를 수신하는 과정이 선행되어야 하는데 이러한 정보는 대개 청각적 메시지와 시각적 메시지의 형태로 유입된다. 사람들은 청각기와 시각기의 협응 과정을 통해서 청각적 메시지는 물론 얼굴 표정이나 몸짓과 같은 비언어적 메시지까지도 함께 수신하게 되는데, 이렇게 수신된 메시지는 주의 집중을 통한 선택적 지각에 의해 조직화되고 해석되는 과정을 거치게 된다.

사람들은 단기 기억의 제한된 용량 때문에 감각기를 통해 유입되는 모든 자극들을 한꺼번에 다 처리할 수 없기 때문에 선택적인 주의 집중을 할 수밖에 없다. 따라서 청자가 주의를 많이 기울이면 기울일수록 보다 많은 정보를 수신하고 기억할 수 있게 된다. 듣기에서 주의 집중이 중요한 까닭이다.

청자가 여러 가지 자극 가운데 특정한 정보를 선택하는 것은 여러 가지 환경적 요인이나 개인적인 심리적 요인 때문인데, 사람들은 자신에게 특히 필요하거나 익숙한 것, 혹은 흥미로운 것, 특별한 것 등에 대해 선택적으로 지각하고, 그것을 특정 구조나 틀로 조직화하고 해석하는 과정을 통해서 의미화 한다. 이런 맥락에서 본다면, 결국 듣기란 들려오는 모든 정보를 있는 그대로 다 수용하는 것이 아니라 편향적으로 특정 정보만을 선택적으로 지각해서 자신의 경험이나 지식과 관련지어 의미를 재구성하는 일련의 인지적 과정이라 할 수 있다.

드비토(Devito: 2007)는 이러한 듣기의 과정을 다음과 같이 다섯 단계로 나누어 설명한다. 즉 원활한 의사소통을 위해 반드시 필요한 진정한 듣기는 (1) 주의를 집중하면서 언어적 메시지와 비언어적 메시지를 수신하기 (2) 상대방 화자의 관점에서 발화의 의도와 핵심을 파악하기 (3) 중요한 내용을 기억하기 (4) 이해한 내용을 사실과 추론으로 구분하고, 편견 없이 객관적으로 판단하면서 듣기 (5) 적절하게 반응을 보이기 등과 같은 과정을 포함한다고 보았다.

2015 국어과 교육과정에서는 '의미 수용 과정으로서의 듣기' 관련 내용을 다음과 같이 제시하고 있다.

[초등학교 1~2학년]
[2국01-05] 말하는 이와 말의 내용에 집중하며 듣는다.

○ 학습 요소
주의 집중하며 듣기

○ 성취기준 해설
이 성취기준은 바른 듣기 방법과 태도를 배우고 연습함으로써 말하는 이를 존중하고 말의 내용을 정확하게 이해하는 능력을 기르기 위해 설정하였다. 말하는 이와 말의 내용에 주의를 집중하여 듣는 것은 내용을 이해하기 위해 필요할 뿐 아니라 상대를 배려하며 듣는 태도의 문제이며 언어 예절과도 관계가 있다. 눈 맞춤, 고개 끄덕임 등의 반응을 보임으로써 상대방의 말에 집중하며 듣고 있음을 상대가 알도록 하는 데 중점을 둔다.

○ 교수·학습 방법 및 유의 사항
집중하며 듣기를 지도할 때는 듣는 이의 반응에 따라 말하는 이의 기분이 어떻게 다른지 말해 보는 활동을 활용한다.

○ 평가 방법 및 유의 사항
바른 자세로 말하기와 집중하며 듣기를 연계하여 모든 학습자가 듣기와 말하기 활동에 고루 참여하도록 한다.

나. 추론적 듣기

추론적 듣기란 언어적 표현은 물론이고, 언어적 요소에 덧붙여서 의미를 전달하는 준언어적 표현과 몸짓언어 등의 비언어적 표현들을 단서로 활용하여 그 표현에 함축된 의미를 파악하면서 듣는 방법을 말한다.

준언어적 표현은 언어적 표현과 분리된 음성적 요소로서 목소리의 음조, 강세, 목소리 크기, 조음, 억양, 말의 빠르기 등을 가리킨다. 같은 언어 표현도 이러한 준언어적 요소 등의 변화에 따라 전혀 다른 의미가 전달되며, 이러한 준언어에는 말하는 사람의 감정이나 교양, 사회적 계층 정도가 반영되게 마련이다. 또한 비언어적(nonverbal) 표현은 언어 표현과는 독립적으로 의미 작용을 할 수 있는 자세, 손동작, 몸동작, 얼굴 표정, 눈빛(시선) 등을 가리킨다. 이러한 비언어적 표현들은 무의식의 언어인 까닭에 언어적 메시지 이면에 숨겨진 화자의 심리를 그대로 노출한다는 특징을 지니고 있다. 이러한 요소들은 언어적 표현을 보완, 대치, 강조하는 역할을 하게 되는데, 실제 의사소통 상황에서 사람들은 언어적 메시지 못지않게 이러한 준언어·비언어적 표현에서 드러나는 화자의 의도를 추론하면서 듣기를 할 수 있어야 한다.

언어적·준언어적·비언어적 표현에 함축된 의미나 화자의 의도를 제대로 파악하기 위해서는 온 마음과 정신을 집중해서 듣는 자세가 필요하다. 들은 내용을 올바로 이해하기 위해서는 또한 부분적인 정보들을 특정 구조나 틀로 조직화하고 이를 바탕으로 그 의미를 해석하기도 하고, 미처 언급되지 않은 가정이나 관련 내용을 추론할 수 있어야 한다.

또한 추론적 듣기를 위해서는 여러 가지 다양한 유형의 대화에 참여하는 사람들이 서로 어떤 방식으로 의미를 구성해 가는지를 파악할 필요가 있다. 의사소통 참여자들의 소통 방식이 직접적인지 간접적인지, 협력적인지 대립적인지, 정보 중심적인지 관계 중심적인지, 권위적인지 민주적인지, 화자 중심적인지 청자 중심적인지를 파악하고, 이들이 어떤 방식으로 소통하는지에 따라 의사소통 참여자의 의도 또한 다르게 해석될 수 있음을 인식해야 한다.

2015 국어과 교육과정에서 '추론적 듣기' 관련 내용은 다음과 같다.

[초등학교 5~6학년]
[6국01-06] 드러나지 않거나 생략된 내용을 추론하며 듣는다.

○ 학습 요소
추론하며 듣기
○ 교수·학습 방법 및 유의 사항
추론하며 듣기를 지도할 때는 드러나지 않은 화자의 의도나 관점을 생각하며 듣게 하거나 생략된 내용을 짐작하며 듣도록 지도한다.

다. 비판적 듣기

비판적 듣기란 청자 자신의 입장이나 관점을 견지하면서, 단순히 들은 정보를 이해하고 수용하는 데 그치지 않고 상대방의 입장이나 견해에 대하여 평가하고 판단하면서 듣는 데 그 목적이 있다. 이때 '비판적'이란 말은 무조건 상대의 말을 부정한다는 의미라기보다는 들은 내용을 확인하고, 그 내용에 대해 신뢰성, 타당성, 공정성 등을 판단하고 평가하면서 듣는다는 의미이다.

내용의 신뢰성이란 정보나 자료의 출처가 믿을 만한 것인지에 대한 것이다. 출처가 불확실하거나 정확하지 않은 정보, 또는 인정할 수 없는 권위에 기대어 어떤 말을 인용했을 경우, 그 내용을 신뢰하기는 어려울 것이다. 또한 내용의 타당성이란 그 말이 전후 맥락에서 자료나 근거로부터 결론을 이끌어 내는 방식이 합리적인지, 현실이나 삶의 이치에 부합되는지 등을 따짐으로써 평가할 수 있다. 또한 내용의 공정성이란 말의 내용이나 주장이 공평하고 정의로운가 하는 것이다.

이렇게 비판적 듣기 방법은 논의되고 있는 내용의 신뢰성, 타당성, 공정성 등을 면밀히 분석하고 비판적으로 검토하는 과정을 통해서 메시지 이면에 함축된 여러 가지 아이디어들을 면밀히 분석하고 비판적으로 평가하는 합리적인 과정을 강조함으로써 청자로 하여금 성급한 판단이나 왜곡된 이해를 피하고 보다 신중하게 반응할 수 있게 해 준다.

스프라규와 스튜어트(Sprague & Stuart: 2008)에서는 비판적 듣기를 위해서는 다음과 같은 질문들을 자문해 볼 필요가 있음을 제안해 주고 있다.

(1) 중심 내용들이 주장을 정당화하고 있는가?
(2) 주장이 타당한가?
(3) 이 주장은 사실 명제인가, 가치 명제인가, 정책 명제인가?
(4) 각 주장에 대한 증거들이 요점과 관련되는가?

(5) 예시, 근거, 통계의 증거들이 적절한가?

(6) 요점들 사이의 관계는 논리적인가?

(7) 진술되지 않고 당연한 것으로 전제되어 있는 것들이 과연
    타당한 것인가?

(8) 잘못된 생각이 제시되어 있지는 않은가?

(9) 감정적 호소를 잘못 사용하고 있지는 않은가?

2015 국어과 교육과정에서 '비판적 듣기' 관련 내용은 다음과 같다.

[중학교 1~3학년]
[9국 01-10] 내용의 타당성을 판단하며 듣는다.

○ 학습 요소
비판하며 듣기(내용의 타당성)

○ 평가 방법 및 유의 사항
내용의 타당성을 판단하며 듣기를 평가할 때에는 들은 말이 근거와 주장
간에 연관성이 있는지, 근거로부터 주장을 이끌어 내는 과정에 오류는 없
는지, 근거로부터 주장을 이끌어 내는 과정에 영향을 미치는 다른 정보는
없는지를 따져보는 능력을 평가하도록 한다.

라. 공감적 듣기

공감적 듣기란 내 입장에서 상대방의 말을 분석하거나 비판하는 데 목
적이 있는 것이 아니라 감정을 이입하여 상대방의 생각이나 감정을 이해
하려는 데 그 목적을 두는 '너 중심 듣기'라 할 수 있다. 공감적 듣기는
일단 일체의 판단을 유보하고 상대방 관점에서 문제를 바라볼 수 있을

때 가능해진다.

공감적 듣기의 핵심은 자신의 견해를 개입하지 않고 상대방의 말을 들어주는 '들어주기'에 있다. 들어주기에는 '소극적 들어주기'와 '적극적 들어주기'가 있는데 소극적 들어주기는 상대방에게 관심을 표명하면서 화자가 계속 이야기를 이어갈 수 있도록 화맥을 조절해 주는 격려하기 기술이 중심축을 이룬다. 격려하기 기술은 상대방과 눈을 맞추면서 고개를 끄덕여 주거나 다음과 같은 공감적 듣기의 표지들을 사용함으로써 상대방의 이야기를 이끌어내는 방법이다.

관심 표현: 그래서?, 그런데?
공감 표현: 그러게 말이야, 정말 그렇고 말고.
동정 표현: 저런, 쯧쯧, 저걸 어째?
기쁨 표현: 정말 잘됐다, 멋지다, 신난다.
놀라움 표현: 어머, 정말?

이에 비해 적극적 들어주기는 청자가 객관적인 관점에서 문제에 접근할 수 있도록 화자의 말을 요약, 정리해 주고 반영해 주는 역할을 통해서 화자 스스로 문제를 해결할 수 있도록 도와주는 것이다(김인자 역: 1984).

아들: 엄마, 오늘 학원 안 가면 안 돼요?.
엄마: 우리 아들이 몸이 안 좋은 모양이구나.
아들: 오늘은 몸이 안 좋아서 학원에 안 가면 좋겠어요.
　　　숙제도 안 했고……

위의 대화 상황에서 엄마는 일체의 판단을 유보한 채 감정이입을 통해서 아들의 마음 상태에 대해 추측을 한 뒤, 이 추측을 언어적으로 표현하고 있다. 이러한 엄마의 반응은 일단 아들에게 반발이나 거부감을 느끼지 않고 자신이 하고 싶은 말을 할 수 있게 해 준다는 점에서 대화를 자연스럽게 이어갈 수 있게 해 준다.

공감적 듣기는 이와 같이 화자가 말한 메시지를 다시 반복하거나 화자의 말을 확인하는 정도의 언어적 반응만으로도 상대방의 마음을 열 수 있게 해 주는 훌륭한 대화법이라 할 수 있다. 공감적 듣기를 위해서는 무엇보다 비판하거나 윤리적으로 판단하지 않는 수용적 분위기를 조성하고, 상대방의 말을 집중해서 들어줌으로써 상대방으로 하여금 기꺼이 자신의 이야기를 더 많이 할 수 있도록 격려해 주는 것이 필요하다.

공감적 듣기는 상대로 하여금 마음의 벽을 허물고 신뢰와 친밀감을 가지도록 하는 데 매우 중요한 구실을 한다. 상대의 말을 수용하면서 비판하지 않고 상대의 말을 집중하여 들음으로써 상대가 기꺼이 자신의 이야기를 더 많이 할 수 있도록 격려할 줄 아는 사람은 그 자체로 이미 매우 탁월한 의사소통능력을 갖춘 사람이라 할 수 있다.

2015 국어과 교육과정에서 '공감적 듣기' 관련 내용은 다음과 같다.

[초등학교 5~6학년]
[6국01-07] 상대가 처한 상황을 이해하고 공감하며 듣는 태도를 지닌다.

○ 학습 요소
공감하며 듣는 태도 갖기

[중학교 1~3학년]
[9국01-02] 상대의 감정에 공감하며 적절하게 반응하는 대화를 나눈다.

○ 학습 요소
대화하기(공감)

○ 성취기준 해설

이 성취기준은 대화 과정에서 상대방의 상황과 처지를 이해하며 듣고, 상대방에게 공감을 표시할 수 있는 내용을 선정하여 표현하는 능력을 기르기 위해 설정하였다. 공감적 듣기는 상대방의 감정을 깊이 있게 이해하고 상대방의 관점에서 문제를 바라보며 협력적으로 소통하기 위한 듣기이다. 여기에는 상대방과 눈을 맞추며 지속적으로 관심을 표현하는 소극적 들어주기와 대화 상대의 말을 요약·정리해 주며 반응하는 적극적 들어주기가 있는데, 이 성취기준에서는 적극적인 공감적 듣기의 방법을 익히는 데 중점을 둔다.

○ 평가 방법 및 유의 사항

상대방에게 공감하며 대화하기를 평가할 때에는 매체 자료를 활용하거나 인상 깊은 경험을 발표하는 등 다양한 듣기 상황에서 이루어지도록 한다.

2. 생산 과정으로서의 말하기

가. 화제 수집

유능한 화자가 갖추어야 할 조건 중의 하나는 화제가 다양하고 풍부해야 한다는 것이다. 화제가 다양하고 풍부한 사람은 다른 사람들로부터 관심과 호감을 이끌어낼 뿐만 아니라 어떤 문제를 효과적으로 해결하는 데에도 긍정적인 기여를 할 수 있다. 이를 위해서는 평소 자신이 직접 경험한 일, 대화나 독서를 통해 접하게 된 세상과 사람들에 대한 지식이나 화제를 정리해 둘 필요가 있다. 화제를 수집하고 정리하는 일은 구체적인 말하기 상황에 대한 준비 과정으로서뿐만 아니라 다양한 말하기 상황에 활용할 수 있는 말하기의 자원을 확보하는 차원에서도 매우 중요하다.

　화제를 선택할 때는 가급적 자신의 경험이나 전문 영역, 관심사 등을 바탕으로 이야깃거리를 찾는 것이 바람직하다. 자신만의 특별한 경험, 자신이 하고 있는 특정 분야의 일과 관련된 지식이나 기술, 매력적인 쟁점이나 사안에 대해 평소 확고한 신념을 가지고 있던 내용, 관심과 열정을 가지고 있는 내용, 궁금해 하던 분야의 호기심 등이 재미있는 화제를 찾을 수 있게 해 주는 출발점이 될 수 있기 때문이다.

나. 내용 생성

　말할 내용을 생성할 때는 의사소통의 목적이 무엇인가를 고려하는 것이 무엇보다 중요하다. 의사소통의 목적이 무엇인가에 따라 말하기의 내용, 방법, 절차, 전략 등이 결정되기 때문이다. 의사소통의 목적은 일반적으로 정보 전달, 설득, 문제 해결, 의사 결정, 사회적 상호작용, 정서 표현 등으로 나눌 수 있는데, 상황에 따라서는 두 가지 이상의 목적이 복합적으로 관여할 수도 있고 특정 목적이 구체적으로 상정될 수도 있다. 화자가 의사소통의 목적을 분명히 인식하면, 그 목적을 성취하는 데 가장 적절한 내용이 무엇인지를 판단할 수 있게 된다.

　내용 생성에서 중요하게 고려해야 할 또 다른 요인은 의사소통 참여자의 특성이다. 의사소통 참여자란 의사소통에 참여하는 주체들로서 화자와 청자를 통틀어서 일컫는 말이다. 말하는 사람은 자신의 입장이나 여건을 고려할 뿐만 아니라 청자의 형편과 처지, 기대와 요구 등을 두루 고려하면서 말할 내용을 선정해야 한다.

　모든 의사소통 행위가 진공 상태 속에서 이루어지는 것이 아니라 구체적인 상황 맥락 안에서 이루어진다는 점을 고려한다면, 발화가 언제, 어디에서 이루어지는가, 어떤 목적으로 이야기해야 하는가, 내 이야기를 들어줄 상대방은 어떤 사람인가, 청자의 요구와 기대는 무엇인가 등의 요인들을 보다 면밀히 분석할 필요가 있다. 특히 연설 등의 대중 화법의 경우라면 청중의 수준과 지식 정도, 요구와 기대, 태도 등을 철저히 고려할 필요가 있다. 아무리 좋은 의도를 가지고 준비한 내용의 이야기라도 발화 상황이나 청자의 요구에 부합되지 못하는 내용이라면 원래 의도한 소기의 성과를 거둘 수 없을 것이기 때문이다.

내용 생성하기 단계에서는 자신이 의도하는 바를 제대로 표현하기 위해서는 우선 자신의 배경 지식을 활성화시키는 것이 중요하다. 글쓰기와 마찬가지로 말하기에서 많은 사람들이 자신의 의견이나 주장을 분명하게 밝히지 못하는 가장 큰 이유 가운데 하나는 주제와 관련된 화자의 배경 지식이 부족하기 때문이다. 말할 내용을 생성하기 위해서는 필요한 관련 자료를 찾아서 정리하거나 브레인스토밍, 전문가와의 협의 등의 방법을 활용하도록 한다.

다. 내용 조직

일반적으로 말할 내용을 조직하는 방법은 담화 유형, 화제 특성, 말하기 상황에 따라 달라진다. 예컨대 대화에서는 대화 참여자 간의 자유로운 발화 순서 교환에 따라 내용이 조직되는 데 비해 토론은 일정한 규칙에 따라 발화 순서의 교환이 이루어진다. 또 발표나 연설의 경우는 화자가 청중을 대상으로 일방적으로 말할 내용을 전달하는 방식으로 내용이 조직된다.

말할 내용을 조직할 때 대개 도입부에서는 화제에 대한 청중의 주의를 끌면서 흥미와 관심을 유발하고, 청중과 우호적인 관계를 수립하여 청중으로 하여금 화자의 이야기를 듣고자 하는 자세를 갖도록 해 주는 것이 중요하다. 이를 위해서는 흥미로운 사례나 일화, 최근에 일어난 사건이나 재미있는 유머 등으로 가볍게 이야기를 시작하거나 청중들에게 주제와 관련해서 질문을 던지는 방법도 효과적이다.

전개부는 화법의 핵심 주제를 다루는 단계이며, 화제의 성격에 따라 말할 내용을 조직하는 방식이 달라질 수 있다. 예를 들어, 화제가 어떤 개념에 관한 것이라면 정의나 속성, 다른 개념과의 비교, 예시 등의 방법으로 내용을 조직해야 할 것이다. 대개 내용을 조직하는 방법으로는 주제에 따라 다르긴 하지만 시간적 순서에 의한 방법, 공간적 순서에 의한 방법, 점층식 방법, 문제 해결식 조직 방법 등이 있다. 또한 논리적 조직 방법으로는 비교와 대조에 의한 조직, 예시, 논증, 원인과 결과에 따른 조직하기 등을 들 수 있다. 시간적 순서에 의한 방법은 일어난 순서에 따라 내용을 배열하는 방법으로 사건의 경위를 설명하는 데 적합할 것이고, 공간적 순서에 의한 방법은 어떤 사물의 구조를 설명하는 데 적합할 것이다. 또한 문제해결식 조직 방법은 문제 요소를 먼저 제기하고 이에 대한 대안적 해결책을 제시하는 것으로 사고를 명료화해야 하거나 논리적인 설득을 시도해야 할 때 효과적인 방법이 될 수 있다.

말하기에서 가장 중요한 부분은 내용을 마무리하는 결론부이다. 결론부에서 정리된 내용이 듣는 사람의 기억 속에 남도록 해야 하기 때문이다. 결론부는 분명하고, 명쾌하고 간결하게 끝내는 것이 좋다. 정보전달적 말하기라면 앞에서 다루었던 내용의 핵심을 간단히 다시 정리하고 요약하여 강조함으로써 청중들이 내용을 명료하게 이해하고 기억할 수 있도록 해 주는 것이 중요하다. 또한 설득적 말하기라면 청중의 신념을 독려하고 실천을 강조하는 내용을 중심으로 결론부를 구성하는 것이 효과적이다.

2015 국어과 교육과정에 제시된 '내용 조직' 관련 내용은 다음과 같다.

[초등학교 5~6학년]
[6국01-04] 자료를 정리하여 말할 내용을 체계적으로 구성한다.
○ 학습 요소
발표할 내용 정리하기

라. 목적, 대상, 상황에 따라 적절하게 말하기

아무리 좋은 내용이라도 목적, 대상, 상황에 맞게 적절한 방식으로 표현되고 전달되지 않으면 아무 소용이 없다. 말하기에서 가장 중요한 것은 말하기 목적과 들을 대상, 말하기가 이루어지는 상황에 맞도록 효과적이고 정확한 표현 방법을 알고 이를 수행할 수 있어야 한다는 것이다.

1) 발음을 정확히 하라

발음이 정확하지 못하면 전하고자 하는 내용을 온전히 전달할 수도 없다. 특히 공식적인 석상에서 말을 해야 하는 경우라면 표준 발음의 정확한 음가와 원리에 따라 말할 수 있어야 한다. 표준 발음을 하기 위해서는 표준 발음의 원칙, 자모의 발음, 음의 길이, 받침의 발음, 음의 동화, 경음화, 음의 첨가 등 다양한 음운 현상의 원리와 표준말의 리듬과 억양 등을 익히고 이를 실제 발음 연습을 통해서 훈련해야 한다. 표준 발음을 구사하기 위해서는 평소에 의식적인 주의 집중과 호흡 조절 및 발음 훈련 등의 방법으로 자신의 발음을 교정해 나가려는 노력을 기울일 필요가 있다.

2) 내용과 상황에 어울리는 낱말을 선택하여 말하라

화자는 낱말을 선택할 때 언제나 이 낱말이 내용과 상황에 어울리는 적절한 것인지를 고려해야 한다. 낱말은 말하는 내용과 직결되기도 하지만 말하는 사람의 지식이나 교양 정도, 상대방에 대한 배려를 드러내는 척도가 되기도 한다. 말하기 상황에서는 가급적 어려운 낱말보다는 쉬운 낱말, 추상적인 낱말보다는 구체적인 낱말, 외래어보다는 고유어와 순화된 우리말을 사용하는 것이 좋다. 그리고 상대방의 감정을 자극하는 부정적이고 가치 판단적인 어휘보다는 긍정적인 의미를 지닌 낱말을 사용하는 것이 바람직하다.

3) 상황에 따라 표준어와 비표준어를 구별하여 말하라

우리나라에서는 표준어를 '교양 있는 사람들이 두루 쓰는 현대 서울말'로 규정하고 있다. 서로 다른 방언권의 화자가 만나서 각자의 방언으로 의사소통을 하게 되면 의미의 소통이 원활하지 않기 때문에 공식적인 상황에서는 가급적 표준어를 정확하게 사용함으로써 의사소통의 효율성을 도모하고 공동체적인 연대 의식을 형성할 필요가 있다. 그러나 비공식적인 대화 상황에서는 방언이 지니고 있는 표현의 풍부함과 개인의 언어적 주권을 존중하고 이를 통해서 우리말과 우리의 언어 생활을 더욱 풍요롭게 할 필요가 있다.

4) 의미가 분명히 드러나도록 어법에 맞게 말하라

아무리 좋은 내용이라도 어법에 맞지 않는 문장으로는 그 의미를 제대로 전달하기 어렵다. 실제 말하기 장면에서 이루어지는 대화를 글로 옮겨 적어보면 어법에 맞지 않는 문장들-문장 성분이 중첩되는 말, 어순에 맞지 않는 말, 지나치게 생략이나 간투사가 많은 말, 문법적 호응관계가 제대로 이루어지지 못한 말, 문장 길이가 지나치게 길고 복잡한 말-이 상당히 많음을 알 수 있다. 이렇게 어법에 맞지 않는 문장들은 의미의 명료한 전달을 어렵게 할 뿐만 아니라 말하는 사람의 교양 수준이나 품격에도 손상을 줄 수 있다는 점에서 문제가 된다. 따라서 평소 어법에 맞는 정확한 문장을 사용하는 습관과 태도를 갖는 것이 중요하다.

5) 목적, 대상, 상황에 따라 적절한 억양, 성량, 속도, 어조로 말하라

효과적인 말하기를 위해서는 '무엇을 말하는가'의 문제 못지않게 '어떻게 말하는가'의 문제도 매우 중요하다. 목소리와 억양, 성량, 속도, 어조와 같은 반언어적 요소들은 화자의 말하기 방식의 특징을 결정지을 뿐만 아니라 메시지에 변화를 줄 수 있다는 점에서 중요한 역할을 한다.

꼭같은 내용의 말이라도 말의 분위기인 어조(語調)에 따라, 음절이나 단어 또는 어절에 얹히는 고저에 의해 실현되는 강세에 따라, 말의 속도나 목소리 크기에 따라, 소리의 높낮이의 이어짐에 의해 이루어지는 억양에 따라 전혀 다른 의미로 해석될 수 있다. 이런 까닭에 의사소통의 목적, 대상, 상황에 따라서 반언어적 표현의 요소들을 적절하게 조절하면서 말하는 훈련은 효과적인 의사소통을 위해 매우 중요한 부분이다.

6) 목적, 대상, 상황에 따라 시선, 표정, 몸짓 등을 적절히 조절하라

사람들은 의사소통 과정에서 언어적 표현보다 시선, 표정, 몸짓 등의 비언어적 표현을 더 신뢰하는 경향이 있다. 언어적 표현에 비해 비언어적 표현은 무의식의 언어인 까닭에 내면의 심리를 자연스럽게 그대로 드러내 주기 때문이다. 이런 까닭에 사람들은 자신의 의도와 상관없이 비언어적 표현 방식 때문에 불필요한 오해를 받는 경우가 많다. 이는 화자가 표정이나 몸짓 등을 적절하게 표현하지 못했기 때문이거나 상대방이 이러한 비언어적 행위를 통해서 드러난 의도와 다르게 해석했기 때문이다.

시선은 상대를 바라보는 눈길이다. 상대방의 눈을 자연스러우면서도 따뜻하게 응시하는 것은 서로간의 교감을 형성해 주는 기능을 한다. 누구나 상대와 대화를 하기 위해선 일단 상대방의 눈을 쳐다보고 서로 간에 눈길이 이어져야 하기 때문이다. 또한 눈을 통한 시선 처리는 상대방에게 말 순서를 넘겨주기 위한 신호나 상대방의 관심을 끌기 위한 신호로 기능하기도 한다.

표정 역시 그 사람에 대한 일차적인 정보-나이, 건강 상태, 사회적 신분이나 성격 등의 대략적인 신상 정보는 물론 기본적인 감정 상태-를 드러내 주기 때문에 말할 때 어떤 표정을 짓는가는 상대방에게 심리적으로 상당한 영향을 미치게 된다. 얼굴 표정은 감정을 강화 또는 억제하거나 가장하는 등 다양한 모양으로 나타날 수 있다. 대개 말을 할 때의 얼굴 표정은 부드럽고 담담한 표정을 짓는 것이 무난하다.

몸동작을 이르는 몸짓은 보편적인 언어이기도 하지만 다분히 문화적인 특성이 강하기 때문에 똑같은 몸짓이라도 문화권에 따라 전혀 다른 의미로 해석될 수 있다. 무언의 몸짓은 자연스럽고 꾸밈이 없을 때, 또 언어적 메시지와 함께 조화를 이룰 때 가장 큰 영향력을 발휘한다.

다른 사람의 몸짓언어를 관찰하고 해석함으로써 말로 드러나지 않은 이면의 메시지를 파악할 수 있는 능력은 자신이 표출하는 몸짓을 객관화해서 인식하고 의사소통의 목적, 대상, 상황에 맞게 조절할 수 있는 바탕이 된다.

2015 국어과 교육과정에서 '몸짓언어' 관련 내용은 다음과 같다.

[초등학교 3~4학년]
[4국01-04] 적절한 표정, 몸짓, 말투로 말한다.

○ 학습 요소
효과적으로 표현하기(표정, 몸짓, 말투)

○ 교수·학습 방법 및 유의 사항
적절한 표정, 몸짓, 말투로 말하기를 지도할 때에는 부탁, 수락, 거절, 사과, 감사, 제안 같은 다양한 목적의 대화 상황에서 언어적 표현을 보강하는 표정, 몸짓, 말투를 선택해서 말해 보도록 지도한다.

○ 평가 방법 및 유의 사항
적절한 표정, 몸짓, 말투로 말하는지 평가할 때에는 연극 대본, 드라마나 애니메이션의 한 장면을 활용할 수 있다.

3. 비언어적 의사소통

가. 비언어적 의사소통의 개념과 기능

비언어적 의사소통(nonverbal communication)이란 담화에서 언어적 의사소통, 즉 음성언어를 통한 의사소통 이외의 모든 의사소통을 지칭한다. 사람들은 언어적 수단과 비언어적 수단을 함께 동원해서 의사소통을 한다. 그럼에도 불구하고 사람들은 의사소통 과정에서 자신이 하는 말에만 관심을 두기 때문에 음성이나 얼굴 표정, 눈빛, 자세, 몸짓 등을 통해서 자신을 노출시키고 있다는 것을 거의 의식하지 못한다. 그렇지만 정작 상대방은 말을 통해 전달되는 언어적 메시지보다는 목소리나 억양, 얼굴 표정, 몸짓, 말하는 자세와 태도 등에서 전달되는 비언어적 메시지에 주목해서 의미를 파악하는 경향이 높다.

미국의 사회학자 메러비안(A. Mehrabian)이 조사한 바에 의하면, 메시지 전달에서 말이 차지하는 비중이 7%, 목소리(음조, 억양, 크기) 등이 38%, 비언어적인 태도가 55%에 달한다고 한다. 이 주장을 그대로 받아들인다면 의사소통에서 언어적 메시지가 차지하는 비중은 겨우 7%밖에 되지 않는다. 이러한 연구 결과는 인간의 몸짓 언어에 대한 과학적 연구를 집대성하여 동작학(kinesics)이라는 새로운 학문 분야를 창시한 버드휘스텔(Birdwhistell, 1952)의 보고서에 의해서도 지지되고 있다. 버드휘스텔이 연구한 바에 의하면 의사소통에 있어서 동작언어가 전달하는 정보의 양이 65-70%에 해당되고 음성언어는 불과 30-35%에 불과하다는 것이다. 정도의 차이는 있을지언정 이들의 주장을 받아들인다면 실제 의사소통에서 비언어적인 의사소통이 차지하는 비중은 언어적 의사소통이 차지하는 비중에 비해 훨씬 더 크다는 것을 알 수 있다.

뿐만 아니라 사람들은 언어적 메시지와 비언어적 메시지가 서로 상충될 때 비언어적 메시지를 더욱 신뢰하는 경향이 있음은 이미 여러 연구 결과에 의해 입증된 바 있다. 실제로 아무리 거짓말에 능한 사람이라도 온몸으로 거짓말을 하기는 어렵다. 비언어적 메시지는 무의식의 언어이기 때문이다. 바로 이러한 이유로 사람들은 언어적 메시지보다는 비언어적 메시지를 신뢰하는 것인지도 모른다.

일단 의사소통이 성립하기 위해서는 화자는 무언가 메시지를 보내야만 하고 청자는 그것을 해석해야만 한다. 화자가 의도적으로 어떤 메시지를 보낼 수도 있지만 종종 자신이 의도하지 않았지만 비언어적 의사소통의 수단에 의해 무의식적으로 의미 있는 메시지를 보낼 수 있다. 청자역시 대개는 메시지를 의식적으로 지각하지만 때로는 메시지 자체를 지각하지 못할 때가 있다. 리치몬드 외(Richmond, McCroskey & Payne(1991))에서는 이를 다음과 같은 표로 설명하고 있다.

	청자	
	메시지로 인식	메시지로 인식 못함
의도적 메시지	1 비언어적 의사소통	2 비언어적 행위
비의도적 메시지	3 비언어적 의사소통	4 비언어적 행위

(화자의 행위)

그림에서 상자1은 화자가 의도적으로 어떤 메시지를 보내고 청자가그것을 메시지라고 해석하는 경우이다. 이 경우에는 비언어적 의사소통이 일어난다. 물론 화자의 의도와 청자의 이해는 서로 다를 수도 있다.

상자2는 화자가 의도적인 메시지를 보냈지만 청자가 그것을 메시지로서 받아들이지 못한 경우다. 청자가 받아들이지 못한 것은 다른 곳을 보고 있다가 그 메시지를 보지 못한 경우도 있지만 청자가 화자의 행위를메시지 차원이 아닌 의미 없는 행위로 생각하는 경우이다. 예를 들면, 아내가 남편에게 이제 그만 일어서자고 탁자 밑으로 남편의 다리를 살짝

건드리는 경우에 남편은 그것이 우연히 부딪힌 것이라고 생각하고 무시할 수 있다.

상자3은 '우연한(accidental)' 의사소통을 나타낸다. 많은 비언어적 의사소통이 이 경우에 속한다. 사람들은 행위자와는 전혀 무관하게 화자의 행위에 어떤 의미를 부여한다. 이것은 화자가 자신이 그런 행위를 하고 있다는 것을 지각하고 있든 아니든 상관없이 일어난다. 화자가 아무 뜻 없이 한 행위가 상대방에게 의미 있는 행위로 받아들여지는 경우이다. 의미 부여를 하는 경우 예를 들어, 어떤 사람이 어쩌다 회의에 좀 늦었다. 이 사람은 그냥 조금 늦었을 뿐인데도 회의에 참석한 다른 사람들은 늦은 사람이 자신들을 무시하거나 아니면 회의 주제에 별다른 관심이 없다는 의미로 해석할 수도 있다.

상자4는 메시지에 별다른 의도가 개입되지 않은 행위로 의사소통 자체가 발생하지 않는 경우다. 이 경우 화자가 한 행위에 대해 청자는 아무런 관심을 가지지 않는다. 비언어적 의사소통에 대하여 잘 알지 못하는 사람들은 이 범주에 속하는 것을 지나칠 정도로 깨닫지 못하는 경우가 많다. 그런 사람들은 자신들이 뜻 없이 하는 행동들이 상대에게 어떤 식의 반응을 불러일으키게 될 지에 대해 둔감하다.

비언어적 의사소통의 메시지의 의미는 언어적 의사소통의 메시지의 의미와 관련하여 다음과 같은 기능을 한다.(Richmond, McCroskey & Payne(1991: 10-12))

① 보강 : 비언어적 메시지는 언어적 메시지에 수반되어 나타나서 의미를 보강하거나 명료하게 해 준다. '제발 저를 좀 도와주십시오.'라고 말을 하면서 간절한 몸짓을 하거나, 말을 하면서 취하는 권위 있는 몸자세 등은 언어적 메시지를 비언어적 메시지로 보강하는 것이다. 가령 '나는 너를 사랑해'라는 말을 무미건조한 어조와 눈빛으로 말한다고 생각해 보라. 아마도 '사랑한다'는 말은 진실된 것으로 받아들여지지도 않을 것이

고, 또 믿어서도 안 된다. 반면 이 말을 상대방을 향한 간절한 눈빛과 진정성 있는 목소리로 이야기하는 경우를 생각해 보라. 분명 상대방에게 이 절절한 마음이 전달될 것이다.

② 모순 : 비언어적 메시지가 언어적인 메시지의 의미와 모순이 되는 의미를 전달할 수 있다. "그래, 차분하게 이야기해 봐." 라고 말하면서 가방을 챙긴다든지, 진지하게 이야기하자고 하면서 시계를 들여다보거나 출입구를 자주 돌아보게 될 때, 상대방은 자신과 이야기하는 것보다 더 중요한 어떤 일이 있구나 하는 느낌을 갖게 된다. '자알~ 한다.'와 같이 빈정거리는 말은 이런 경우의 대표적인 예이다. 사람은 어렸을 때부터 비언어적 메시지를 통해 의사소통을 배우기 때문에 언어적 메시지보다는 비언어적 메시지에 더 민감한 반응을 보이게 된다.

③ 반복 : 제스처나 몸짓을 통해 언어적 메시지가 반복될 수 있다. 화가 나서 '이 방에서 나가'라고 말하면서 손가락으로 문을 가리키는 행동이 그런 예이다. 이 경우는 언어적 메시지 없이 비언어적 메시지만 가지고도 동일한 메시지를 전달할 수 있다.

④ 대체 : 비언어적 메시지가 언어적 메시지를 대신하는 경우이다. '이쪽으로 오라'고 손짓을 보내는 경우나 눈을 흘겨보는 것 등이 이 경우에 속한다. 이러한 대체는 서로가 잘 아는 관계에 있을 때 자주 발생한다.

⑤ 강조 : 비언어적 메시지는 언어적 메시지의 의미를 강조하기도 한다. 말을 하다가 중간에 약간 뜸을 들이는 것은 다음에 이어지는 말이 더 중요함을 나타낸다. 어떤 부분을 좀 더 큰 소리로 이야기하는 경우도 마찬가지다. 사랑을 고백하면서 그윽한 눈길을 보내는 것도 마찬가지다. '정말 반갑다.'라고 말만 하는 경우와 악수를 하고 악수한 손을 꽉 쥐고 위아래로 흔드는 경우나 힘을 내라고 하면서 상대의 어깨를 툭툭 치는 경우는 비언어적 메시지가 언어적 메시지를 강조하는 것이다.

⑥ 화맥 조절 : 비언어적 메시지는 이러한 다섯 가지에 추가하여 화맥을 조절하는 기능도 지니고 있다. 상대가 말을 하는 동안 고개를 끄덕거

린다든지, 관심을 표명하는 행위는 의사소통의 흐름을 조절하는 기능이라 할 수 있다.

나. 비언어적 의사소통의 유형

비언어적 의사소통은 대개 몸짓언어를 통해서 표출되는데 크게 사물을 가리키는 직시(直視) 기능, 감정을 표출하는 기능, 대상을 상징하는 기능을 수행한다. 본 절에서는 이 몸짓언어를 눈빛, 얼굴표정, 제스처, 자세의 네 가지 유형을 중심으로 정리해 보기로 한다.

이 몸짓언어에 대한 관심은 1960년대 경 동작학(kinesics)이라는 독립된 학문 분야가 대두되면서 활발해졌다. 인간의 몸짓언어에 대한 과학적 연구를 체계화하고 비언어적 의사소통의 행동 양식을 연구하는 동작학을 하나의 독립된 학문 분야로 발전시킨 버드휘스텔(Birdwhistell)은 우리의 몸짓언어에는 음성언어와 마찬가지로 일정한 단위와 체계와 규칙이 있을 뿐만 아니라 음성언어에 비해 그 수도 훨씬 더 많기 때문에 표현 능력 면에서 월등다고 보았다.

특히 이 몸짓언어는 무의식의 언어인 까닭에 언어적 메시지 이면에 숨겨진 심리를 그대로 노출한다는 특징을 가지고 있다. 누구나 화가 나면 자기도 모르게 얼굴이 굳어지고, 낙담하면 어깨가 처지는 것처럼 이 몸짓언어는 본능적인 측면이 강하다. 어떤 면에서 몸짓언어를 통해서 말로 표현되지 않은 이면의 메시지를 관찰하고 인식할 수 있는 능력이야말로 진정한 의미의 의사소통을 할 수 있는 토대라 할 것이다. 다른 사람의 몸짓언어를 관찰하고 해석할 줄 안다면 자신이 표출하는 몸짓을 객관화해서 인식할 수 있게 될 것이고 이러한 인식은 자신의 언어적·비언어적 의사소통 행위를 점검하고 평가하고 조절할 줄 아는 능력으로 전이될 수 있을 것이기 때문이다.

1) 눈빛(시선)

의사를 전달하는 인체의 모든 부분 가운데 가장 중요한 것은 눈이다. 에드워드 헤쓰(E. H. Hess)는 <이야기하는 눈(The Tell-Tale Eye)>이라는 저서에서 눈은 신체 중에서 초점이 가장 많이 모아지는 곳일 뿐만 아니라 가장 정확하게 감정 상태를 표현해 주는 부분이라고 지적하고 있다. 그는 사람들이 반가운 것을 볼 때 동공의 크기가 무의식적으로 커지는데 그 흥분의 강도가 높으면 최대한 4배까지도 팽창될 수 있음을 발견했다. 사람들은 낭만적인 사랑을 하거나 상대방이 매력적이라고 느끼게 되면 저절로 눈동자가 커지지만 반대로 상대방에게 적대감을 가지거나 부정적인 기분이 들 때는 동공이 작아지게 된다.

눈은 또한 사람의 감정이나 느낌의 변화를 가장 잘 드러내 주는 곳이기도 하다. 대화를 하면서 수시로 변화하는 감정이나 느낌을 가장 빠르고도 정확하게 반영해 주는 곳이 바로 눈이기 때문에 상대방의 눈을 보면서 이야기하는 것은 적극적이고 능동적인 대화에서 꼭 필요한 요소가 된다. 눈의 크기, 눈동자의 움직임뿐만 아니라 시선을 주는 눈빛, 시선을 주는 빈도수와 각도, 눈을 깜빡거리는 횟수 등을 통해서 눈은 거의 모든 종류의 의미를 전달할 수 있다.

눈을 사용하는 기술 가운데 가장 중요한 것은 시선이다. 상대방의 눈을 자연스러우면서도 따뜻하게 응시하는 것은 서로간의 교감을 형성시켜주는 데 결정적인 역할을 한다. 시선 처리는 말하는 사람의 자신감이나 상대방과의 교감 정도를 보여주는 징표가 될 수 있기 때문이다.

누구나 상대와 대화를 시작하려면 일단 상대방의 눈을 쳐다보고 서로간에 눈길이 이어져야 첫 마디를 끄집어낼 수 있다. 이렇게 눈을 통한 응시는 상대방에게 말 순서를 넘겨주기 위한 신호나 상대방의 관심을 끌기 위한 신호로 사용될 수 있다.

2) 얼굴 표정

사람들은 대개 상대방의 얼굴 표정을 보는 것으로부터 의사소통을 시작한다. 따라서 상대방에 대한 일차적인 정보는 대개 그 사람의 얼굴 표정을 통해서 얻게 된다. 사람의 얼굴 표정에는 연령대, 건강 상태, 사회적 신분 정도나 성격 등의 대략적인 신상 정보는 물론 희로애락과 같은 기본적인 감정 상태, 놀라움이나 두려움, 증오심, 질투, 혐오감, 수치감 등과 같은 복합적인 감정 상태까지도 그대로 나타난다. 또 사람의 얼굴은 그 마음을 비춰주는 거울과 같은 구실을 하고 있기 때문에 말을 하면서 상대방의 얼굴을 보면 그 사람이 자신의 말을 어느 정도로 열심히 경청하고 있는지 알 수 있다. 이런 맥락에서 본다면 상대방의 얼굴 표정은 음성언어의 의미를 제대로 파악할 수 있도록 도와주는 훌륭한 보조 수단이 된다.

오래 전부터 얼굴 표정은 그 사람의 감정 상태나 거짓 여부를 판단하는 데 주요한 고려 대상이 되어 왔다. 상대방과 좋은 관계를 맺기 위해선 미소를 짓는 얼굴 표정이 확실히 효과가 있지만 그렇다고 해서 언제나 웃음이 긍정적으로 인식되는 것은 아니다. 경우에 따라서 웃음이 상대방의 말이나 행동에 대한 불신을 표현하는 비아냥거림의 의미로 해석될 수도 있기 때문이다. 그런가 하면 상대방이 매우 심각한 상태에 있을 때 웃는 것 역시 적절하지 못한 행위가 된다. 자칫하면 상대방을 조소한다는 의미로 해석될 수가 있기 때문이다. 이렇게 똑같은 얼굴 표정이라도 상황에 따라 각기 다르게 해석될 수 있다는 것을 고려해야 할 필요가 있다. 또 무표정한 얼굴 표정보다는 상대적으로 표정이 풍부한 얼굴이 보다 긍정적인 이미지를 전달하는 것은 확실하지만 협상 테이블에서는 무표정한 포커페이스(porker face)가 훨씬 더 유리하다. 감정을 노출하지 않음으로써 발생할 수 있는 불이익을 최소화할 수 있기 때문이다. 이러한 점들을 고려한다면 의사소통 상황과 맥락에 맞게 얼굴 표정을 관리하는 것은 매우 중요하다.

3) 제스처

제스처란 상대방에게 시각적 신호를 보내는 갖가지 동작을 말한다. 대개 기본적인 의사전달의 제스처는 전 세계 어디서나 보편적인 양상을 띤다. 고개를 끄덕임은 거의 보편적으로 긍정을 표시하고 좌우로 머리를 흔드는 것은 부정이나 거부 의사를 표시한다. 또 어깨를 으쓱하는 제스처는 상대방이 무슨 말을 하는지 모르겠다거나 이해하지 못하겠음을 표현하는 데 사용되는 예라 할 것이다.

제스처는 이렇게 보편적인 언어이기도 하지만 다분히 문화적 산물이기도 하다. 똑같은 제스처라도 문화권에 따라서 전혀 다른 의미로 해석될 수 있기 때문이다, 예를 들어 미국인들은 OK 사인을 엄지손가락과 집게손가락으로 동그라미를 그려서 사용하면서 '완벽하다', '모든 게 잘 돼 간다', '좋다'라는 의미로 사용한다. 그렇지만 이 똑같은 기호가 일본에서는 돈을 상징하는 기호로 사용되고, 프랑스에서는 '아무 것도 없는 빈 털터리' 또는 '별 볼일 없음'이라는 의미로 사용되고 있다. 심지어 이 제스처는 몇몇 지중해 국가들에서 동성연애하는 남성을 나타내기 위해 사용되기도 한다. 이러한 사례들은 사람의 몸짓을 해석하기 위해서는 그 사람의 문화적 배경을 고려해야 한다는 것을 보여준다.

또 이 제스처는 자극에 대한 반응으로 무의식적이면서도 본능적으로 표현되는 몸짓언어이기도 하다. 예를 들어 거짓말을 할 때는 손짓의 횟수가 늘어나서 얼굴에 손을 대는 자기 접촉의 횟수가 증가하면서 코를 만지거나 입을 가리는 제스처가 많아진다. 또 뭔가가 의심스러우면 한쪽 눈을 치켜올리고, 상대방 말이 듣기 싫을 때는 귀를 만지작거리고, 뭔가에 대한 결정을 내리기 위해 고민 중일 때는 턱을 쓰다듬는 행동을 한다. 혼자 고립되었다거나 보호를 받고 싶다고 느낄 때 또는 절박한 위협이나 달갑지 않은 상황에 대한 방어적 태도를 취할 때는 자신도 모르게 팔짱을 낀다. 상대방에게 친근감을 나타낼 때는 한 쪽 눈을 찡긋하고, 뭔가를 깜빡 잊었다가 생각나면 손바닥으로 이마를 친다. 그런가 하면 상대방에게 뭔가 자신의 우월감이나 자신감을 표현하고 싶을 때는 손으로 산 모양을 만들어 올리는 자세를 취하기도 한다. 이러한 제스처들은 모두 본능적이고 무의식적으로 화자의 감정 상태를 드러내 주는 역할을 한다.

연구 결과에 의하면 이러한 비언어적 몸짓언어는 음성언어에 비해서 훨씬 더 큰 영향력을 가지며 이들이 서로 일치하지 않을 경우 사람들은 비언어적 몸짓언어를 보다 더 신뢰한다고 한다.

무언의 몸짓은 그것이 아주 자연스럽고 꾸밈이 없을 때, 또는 언어상의 메시지와 함께 고양되고 조화를 이룰 때 영향력을 발휘하게 된다. 불필요한 동작이나 경박한 몸짓을 하지 않도록 조심해야 하는데 특히 공식적인 자리나 웃어른 앞에서 말을 할 때는 더욱 정중하고 조심스럽게 행동해야 한다. 머리를 까딱댄다든지 손이나 몸 전체를 불필요하게 움직인다든지 하는 행동은 그 사람의 품위를 떨어뜨릴 뿐만 아니라 메시지를 효과적으로 전달하는 데도 방해가 되기 때문이다.

4) 자세

다른 몸짓언어와 마찬가지로 자세도 그 사람의 신상이나 마음가짐 등에 대해서 많은 정보를 전달해 준다. 우선 사람의 자세는 그의 신분이나 나이, 건강, 심리 상태 등에 대해서 꽤 많은 정보를 알 수 있게 해 준다. 대개 신분이 높은 사람은 고자세를 유지하는 데 반해서 그렇지 않은 사람은 저자세를 유지하고 있다. 또 성격이 적극적인 사람은 늘 진취적인 자세를 취하는데 반해서 성격이 소극적인 사람은 항상 불안하고 유동적인 자세를 취하고 있다.

메러비안(Meharabian 1971)은 사람들은 자세를 통해서 상대방에 대한 반응이나 호감 정도, 신분이나 지위를 노출하는데 대개 상대방에 대한 호감이 있을 때는 자세가 상대방 정면을 향하면서 편안하고 열린 자세를 취하면서 상대방에게 보다 가까이 다가가면서 신체적 접촉을 자연스럽게 취하는 경향이 높음을 지적하고 있다. 또 높은 신분이나 지위에 있는 사람일수록 머리를 치켜드는 고자세이면서도 편안하게 이완된 자세를 취하는 반면에 지위가 낮은 사람들은 머리를 낮추고 안절부절하는 저자세로 방어적이고 긴장된 모습을 보여주고 있음을 보고하고 있다.

그런가 하면 아이다 랄프(Ida Ralf)는 심리적인 태도가 몸의 자세에 상당한 영향을 미칠 수 있음을 지적하고 있다. 사람의 감정이나 심리적인 태도가 그 사람의 자세를 고정화시키는 역할을 한다는 것이다. 등이 굽은 자세를 지닌 사람에게서 등이 꼿꼿하게 곧은 사람의 강한 자존감을 찾아보기 힘들고, 마찬가지로 등이 곧은 자세를 지닌 사람에게서 융통성을 찾아보기란 쉽지 않다.

우리 말 문화에서는 특히 몸의 자세를 중시해서 어른이 말할 때는 바른 자세로 들어야 한다거나 어른에게는 공손한 자세로 말해야 한다는 등의 암묵적인 규약이 많다. 이는 몸의 자세가 그 자체로 상대방에게 많은 메시지를 전달하기 때문이다.

2015 국어과 교육과정에서 '말하기 자세' 관련 내용은 다음과 같다.

> [초등학교 1~2학년]
> [2국01-04] 듣는 이를 바라보며 바른 자세로 자신 있게 말한다.
>
> ○ 학습 요소
> 자신 있게 말하기, 바른 자세로 말하기
>
> ○ 교수·학습 방법 및 유의 사항
> 바른 자세로 말하기를 지도할 때에는 말하기 자세와 관련된 매체 자료를 활용하여 바른 자세, 자신 있게 말하기의 특징을 파악하도록 한다.
>
> ○ 평가 방법 및 유의 사항
> 바른 자세로 말하기와 집중하며 듣기를 연계하여 모든 학습자가 듣기와 말하기 활동에 고루 참여하도록 한다.

▌참고문헌

구현정(1997), 대화의 기법, 한국문화사.

김상준(2007), 스피치 커뮤니케이션, 역락.

김영임(1998), 스피치 커뮤니케이션, 나남출판.

김인자 역(1982), Adler, R. B. 인간관계와 자기표현, 중앙적성출판사.

이창덕·임칠성·심영택·원진숙(2000), 삶과 화법, 박이정.

이창덕 외 공역(2008), Jo Sprague·Douglas Stuart, The Speaker's Handbook (7th edition), 발표와 연설의 핵심 기법, 박이정.

임칠성 역(1995), 대인관계와 의사소통, 집문당.

임칠성·원진숙·심영택·이창덕(2004), 말꽝에서 말짱되기, 태학사.

윤진·최상진 역(1992), 사회심리학, 탐구당.

전영우(2003), 화법개설. 역락.

전은주(1999), 말하기 듣기 교육론, 박이정.

정현숙 역. 바디랭귀지, 을지서적.

조신영·박현찬(2007), 경청, 위즈덤하우스.

Devito Joseph A.(2007), *Essentials of Human Communication*(6th edition), Allyn & Bacon.

Littlejohn Sephen W.(1999), *Theories of Human Communication*(6th edition), Wads-worth Publishing Company.

Richmond, McCroskey & Payne(1991), *Nonverbal Communication in interpersonal relationships*, Prentice Hall.

Wood Julia T.(1995), *Communiation Theories in Action*, Wadsworth.

제 4 장

사회적 상호 작용

1. 참여자 인식

구어 의사소통의 특징은 실시간으로 상대를 마주 대해야 한다는 것이다. 이때 중요한 것이 전할 내용의 완벽한 준비만이 아니라 의사소통 참여자를 명확히 인식하고, 실제 의사소통 장면에서 발생하는 다양한 상황 요인을 적절히 대처해 나가는 능력이 필요하다. 의사소통 상황에서 인식해야 할 참여자는 크게 청자와 화자로 구분할 수 있다. 물론 화자와 청자가 서로 역할을 교대하며 말을 주고받는 경우도 있지만, 여기서는 연설, 발표, 토론, 토의 등 주로 공적인 맥락에서의 참여자 인식에 대해 논의하고자 한다.

화자에 대한 인식은 말하는 주체로서의 '나'에 대한 인식을 의미한다. 여기서 나에 대한 인식에는 화자로서의 정체성, 의사소통 상황에서 요구되는 역할, 의사소통 목적의 달성을 위해 감당해야 할 기여 등이 포함된다. 청자에 대한 인식은 일반적으로 알려진 '청자 분석'에 관한 것이다. 말할 내용의 전달은 결국 청자의 지식 변화, 태도 변화, 행동 변화 등 말을 듣는 사람의 변화를 목적으로 한다. 이렇듯 의사소통의 목적을 효과적으로 달성하기 위해서는 말을 듣는 상대에 대한 분석이 필수적이다.

참여자 인식에서 화자와 청자에 대한 개별적인 인식과 더불어 반드시 포함되어야 할 것이 화자와 청자의 관계에 대한 인식이다. 의사소통 장면에서 화자와 청자는 개별적으로 존재하는 것이 아니라 관계의 틀 안에서 함께 존재하기 때문이다. 그리고 이 참여자 간의 관계는 의사소통의 전 과정에서 중요한 역할을 하기 때문이다.

가. 청자에 대한 인식

1) 청자 분석의 중요성

청자를 분석하는 것을 의례적으로 행해지는 말하기 준비 단계 중의 하나라고 생각해서는 안 된다. 화법을 지도하는 교사조차 실제 말하기 수행에서 청자를 심도 있게 분석하는 경우가 드물기 때문에 '청자 분석'의 중요성에 대해 간과하여, 그냥 지나쳐도 좋을 간단한 학습 활동 정도로 여기기 쉽다. 청자 분석은 생략해도 좋을 화법 준비 단계의 하나가 아니라, 의사소통 상대를 면밀히 분석하여 말할 내용을 효과적으로 생성·조직하고, 자신의 표현과 전달 방식을 조정하는 데 필요한 필수적인 화법 능력 그 자체이다.

이와 관련하여 청자 분석에 대한 지도에서 유념해야 할 것은 청자를 분석하는 것만으로 끝나서는 안 된다는 것이다. 청자 분석을 통해 얻은 정보를 내용 구성에 적용하는 과정과, 표현과 전달 전략을 조정하는 과정에 적용하는 것이 중요하다. 청자의 연령 분포와 성별 현황에 대한 피상적인 정보를 파악하는 것이 최종 목표가 아니라, 파악한 정보를 화법 수행에 어떻게 적용하는가가 최종 목표이기 때문이다.

2) 청자 분석의 내용

정확한 청자 분석을 위해서는 인구통계학적인 분석과 인지적·심리적 특성에 대한 분석이 모두 필요하다. 이 중에서 연령이나 성별과 같은 인구통계학적인 정보보다 청자의 인지적·심리적 특성에 대한 분석이 더욱 중요하다. 인구통계학적인 정보는 성별이나 연령 등을 표현 차원에서 고려해야 하는 정도이지 실제로는 내용 전반에 커다란 영향을 미치지 않기 때문이다. 이러한 관점에서 청자의 특성 중 분석해야 할 다섯 가지 핵심 요인은 청자의 요구, 지적 수준, 주제에 대한 사전 지식, 주제 관련 입장, 개인적 관련성이다.

요구

우선 청자의 요구를 파악해야 한다. 청자가 원하는 것이 무엇인지에 대한 정확한 예측이 의사소통의 성공을 결정하는 중요한 열쇠가 된다. 청자는 주제와 관련된 정보를 얻고자 할 수도 있고, 구체적인 행동에 대해 이유와 방법을 알고 싶을 수도 있다. 성공적인 의사소통이 되려면, 화자가 준비한 정보를 일방적으로 나열하여 제시하는 것이 아니라, 청자가 얻고자 하는 필요에 따라 내용을 구성하고 전달하여야 한다. 이와 더불어 청자의 흥미를 유발하고, 청자가 내용에 집중하게 하는 데도 청자의 요구를 세심하게 고려해야 한다.

지적 수준

청자의 지적 수준은 말할 내용의 난이도를 결정한다. 지적 수준이 낮을 경우에는 제공하고자 하는 정보를 단순하고 명료하게 제시하고, 구체적인 사례를 들어 청자의 이해를 돕기 위한 내용 구성이 필요하다. 청자의 지적 수준이 높을 경우에는 주제와 관련된 구체적인 자료, 긍정적 측면과 부정적 측면의 양면을 심도 있게 분석한 내용 등을 함께 제시하는 것이 효과적이다. 충분하고 심도 있는 정보 제공을 통해 말하기의 효과를 극대화할 수 있고, 화자에 대한 공신력도 높일 수 있기 때문이다.

사전 지식

청자가 주제에 대해 가지고 있는 사전 지식의 정도를 분석해야 한다.

지적 수준이 높더라도 주제 자체가 낯설 경우 사전 지식이 부족할 수 있다. 사전 지식의 많고 적음은 특히 도입부의 내용 구성에 영향을 미친다. 사전 지식이 적을 경우는 도입부에서 사안에 대해 배경 설명을 충분히 해야 하며, 전개부에서 제시할 용어와 개념을 설명하는 부분을 포함해야 한다. 이와 더불어 전문 용어의 노출에도 세심한 신경을 써야 한다. 전문 용어의 노출은, 청자의 사전 지식이 충분할 경우는 화자의 공신력을 높여 유리하게 작용하나, 반대의 경우에는 화자와 청자의 심리적 거리를 넓혀 전체 화법 수행에 불리하게 작용될 소지가 있다.

■ 기존 입장

주제에 대해 청자가 갖고 있는 기존 입장을 예측해야 한다. 이는 특히 설득을 목적으로 화법에서 주의해야 할 부분이다. 물론 청자 모두가 반감을 갖거나 호의적인 것이 아니라 다양한 입장이 혼재되어 있고, 심지어 입장이 특별히 정해지지 않은 경우도 있을 것이다. 발표장에 미리 도착하여 청자와 자연스럽게 얘기를 나누며 심리적 태도를 파악할 수도 있겠지만, 대부분의 경우는 구성원의 특성을 고려하여 예측을 하게 된다.

주제에 대해 청자의 입장이 호의적일 경우에는 주장하고자 하는 내용을 선명하게 드러내어 시종을 일관되게 구성하면 된다. 하지만 화자의 주장에 대해 청자의 대다수가 반감을 갖는 경우라면 내용 구성과 전달에 세심한 주의가 요구된다. 도입부에서는 의견을 달리하는 쟁점보다는 의견이 일치하는 부분을 먼저 논의하여 청자와 공감대를 형성하여 심리적 저항감을 약화하여야 한다. 즉, 공감대가 형성된 부분과 그렇지 않은 부분을 구분하여, 이를 점진적으로 논의하는 것이 효과적이다.

■ 개인적 관련성

주제에 대해서 청자가 느끼는 개인적 관련성의 정도를 파악해야 한다. '이 주제와 나는 별로 상관이 없구나.'라고 느낄 경우, 전체 내용 구성이 아무리 논리적이고 설득적이더라도 화자의 목적이 달성되기 어렵다. 청자가 주제에 대해 관련성을 크게 느끼지 못하거나 무관심할 경우는, 도입부에서 흥미를 유발하고, 말할 내용이 청자와 관련 있음을 적극적으로 설명해야 한다.

화자가 가장 어려움을 겪는 경우는 개인적 관련성이 높으면서 화자의 주장과 반대의 입장을 취하는 경우이다. 이 경우는 도입부에서 민감한 사안을 직접적으로 드러내는 것보다는 공공의 선(善)을 강조하여 화자의 사적인 의도보다는 대의(大義)를 기반으로 하여 논의를 전개하는 것이 효과적이다.

이 외에도 청자의 일반적 특성 중 성별, 세대, 지역, 인종, 민족, 종교 등을 고려하여 차별적 표현이 없도록 하며, 청자의 구성에 가장 적합한 표현을 하도록 노력해야 한다. 더불어 청자가 화자를 어느 정도 신뢰하는지, 가치관에는 어떤 차이가 있는지도 확인해야 한다. 또한 청자 간의 관계나 서로 사고방식이 어떻게 다른지도 파악해야 한다. 즉, 청자를 설명이나 설득의 대상으로서 독립된 객체로 인식하는 것만이 아니라, 화자와 청자의 관계, 청자와 청자의 관계 등 서로 다양한 관계가 형성되어 있음에 주목할 필요가 있다. 이러한 관점을 통해서만 화자와 청자가 서로의 관계 속에서 교감하는 의사소통, 청자와 청자의 관계가 세심하게 배려되는 의사소통이 될 수 있기 때문이다.

2015 국어과 교육과정에서 '청중 분석' 관련 내용은 다음과 같다.

[중학교 1~3학년]
[9국01-06] 청중의 관심과 요구를 고려하여 말한다.
○ 학습 요소
청중 분석하기

나. 화자에 대한 인식

화법 지도에서 청자 분석만 하고 화자에 대한 분석은 하지 않는 경우가 일반적이다. 의사소통 상황에서의 자신감 결여나 말하기 불안 증세 등의 근본적인 원인은 화자인 자신을 어떻게 인식하느냐와 관련된 '자아 정체성'에 해당하는 경우가 많다. 이 장의 뒷부분에서 논의하겠지만, 말하기 불안이 있는 학습자에게 "자신감을 갖고 큰 소리를 내라."는 것은 근본적인 해결책이 되지 못한다. 화자로서의 자아에 대한 인식을 재구성해 주는 작업이 선행되어야 한다. 화법을 지도할 때, 특히 말하기 불안 증세가 있는 학습자에게는 화자로서 말할 자격이 충분히 있음을 상기시켜 주어, 떳떳하고 자신감 있는 화자의 정체성을 인식하게 하는 것이 효과적이다. 이와 더불어 화자의 인식에서 중요한 것은 다양한 의사소통 상황에서 화자에게 요구되는 역할이나 기여이다.

■ 연설, 발표

연설이나 발표의 화자는 의사소통의 주도자로서 자신의 역할을 충실히 수행해야 한다. 연설이나 발표는 모든 청자가 화자 한 명이 말하는 것을 듣는 일대다의 의사소통 상황이므로, 화자가 준비가 덜 되어 있거나, 청자가 기대하는 내용을 전달하지 못할 경우, 원래 의도했던 의사소통의 목적을 달성하기 어렵다. 의사소통의 성공 여부가 화자에게 달려 있는 연설이나 발표에서는 청자 분석을 철저히 하고, 내용에 대한 준비를 확실히 해야 한다.

■ 토의, 회의

토의나 회의와 같이 소집단 의사소통의 경우에는 화자의 역할을 단순 참여자와 사회자로 구분할 필요가 있다. 토의나 회의의 사회자를 맡았을 경우에는 사회자의 역할에 충실하여 집단 의사결정의 목적을 달성할 수 있도록 사전에 충분한 준비를 해야 한다. 사안에 대한 충분한 지식을 습득하고, 예상되는 대안이 무엇이며 각각의 장단점은 무엇인지에 대해서도 미리 살펴볼 필요가 있다. 이와 더불어 토의나 회의를 효과적으로 진행하기 위해 필요한 규칙과 절차에 대해서도 명확히 알고 있어야 한다. 토의나 회의가 시작되면, 논의가 공정하면서도 생산적으로 진행될 수 있도록 참여자의 의사소통을 활발하게 이끌어야 한다.

사회자 외에 토의나 회의의 참여자는 집단 의사결정의 각 단계에 충실하게 기여해야 한다. 대안을 생성하는 단계에서는 아이디어를 제시하는 데 소극적이어서는 안 되며, 대안을 평가하는 단계에서는 비판적 안목으로 각 대안의 장점과 예상되는 문제점에 대해 분석하는 작업에 적극적으로 참여해야 한다. 자신이 제시한 대안이 검토되지 않는다고 다른 대안의 평가 과정에 관여하지 않거나 타인의 대안을 무조건적으로 비판하는 것은 옳지 않다. 이와 더불어 사회자의 진행에 따라 규칙과 절차를 준수하는 태도도 중요하다.

다. 화자와 청자의 관계에 대한 인식

청자에 대한 인식이나 화자에 대한 인식과 더불어 중요한 것은 청자와 화자의 관계에 대한 인식이다. Kelly & Watson(1986)에서는 관계 유형을 친밀함과 평등함의 두 차원으로 구분하고 각 유형별 의사소통 방식에 대해 논의하였다. 이 두 차원은 이분법적으로 구분된 것이 아니라 연속선상에서 정도의 차이로 보는 것이 타당하다.

① 친밀하고 평등한 경우: 절친한 친구 사이에 해당한다. 일반적인 화법 규칙보다 서로에게 익숙해진 개인화된 규칙이 적용된다. 일반화된 규칙보다는 상대에게 적합한 의사소통 방식에 관심을 가져야 한다.
② 친밀하나 평등하지 않은 경우: 의사-환자 관계에 해당한다. 개인화된 규칙과 일반적인 규칙을 동시에 신경 써야 한다. 상하관계가 평등하지 않음을 인정하고, 상급자의 주도를 존중해야 한다.

③ 친밀하지 않으나 평등한 경우: 대부분의 동료 관계에 해당한다. 다양한 상황별 특성에 따라 의사소통 규칙에 따라야 한다. 상대에 대한 정보가 거의 없으므로 일반적인 상황에 합당한 의사소통 방식을 선택해야 한다.

④ 친밀하지도 않고, 평등하지도 않은 경우: 고용자-피고용자 관계에 해당한다. 의사소통의 일반적인 규칙을 고려해야 하며, 상급자의 주도를 인정하고, 격식 있는 언어를 사용해야 한다. 이야기하는 화제도 제한된다.

이렇듯 서로의 관계 유형마다 존중해야 할 규칙과 적합한 의사소통 방식이 존재한다. 가족, 친구, 부부처럼 일상에서 격식 없이 대화하는 관계에서도, 이러한 친밀성과 평등성에 대한 서로의 인식이 다르면 갈등이 발생하기 마련이다. 친하다고 생각해서 혼자 주도적으로 의사결정을 하는 친구 관계가 그렇고, 평등에 대한 서로의 인식이 다르고 서로의 역할에 대한 기대가 다른 부부 관계가 그렇다. 서로 친숙해질수록 일반적인 의사소통 규칙에 대한 엄격함이 줄어들고, 서로에게 익숙한 의사소통 규칙을 공유하게 되어 의사소통이 편해지게 되는 것이다. 이렇게 되면 자연스럽게 서로의 관계성도 증진된다. 올바른 관계성이 형성되려면 서로에 대한 친밀성과 평등성에 대한 인식을 공유하면서 서로 조정해 갈 필요가 있다. 이 과정은 상호간에 수많은 의사소통을 통해서 이루어지는데, 여기서 상대나 자신에 대한 인식 또는 서로의 관계에 대한 인식이 부족하면, 올바른 관계로 진전되기 전에 갈등이 발생하여 관계가 단절될 가능성이 있다.

화자와 청자의 관계에 대한 인식을 지도할 때는, 이러한 인식이 의사소통 규칙에 대해 서로가 공유하는 정도를 확대하여 서로에게 적합한 의사소통 방식을 찾아가는 과정임을 알게 해야 한다. 또 이 과정이 서로에게 무리 없이 진행되어야 친밀한 관계로 발전된다는 관점을 갖도록 하여 일방적인 의사소통 방식, 자기 편한 대로 하는 의사소통 태도를 주의하도록 해야 한다.

2. 대인 관계의 형성과 발전

앞에서 살펴보았듯이 대인 관계에서 가장 핵심적인 요소는 의사소통이다. 인간은 의사소통을 통해서 서로의 관계를 형성하고 유지하고 발전시키기 때문이다. 여기서는 의사소통과 대인 관계의 관련성을 알아보고, 대인 관계를 형성·유지·발전시키는 것과 관련된 중요한 개념들을 살펴보기로 한다.

가. 자아 개념

자아 개념이란 개인의 내부에 있는 것이지만, 개인의 내부에서 자생한 것이 아니라, 타인에게서 자신에 대해 들어온 메시지에 의해 형성된 것이다. 사람들은 타인의 말에 의해 형성된 자아 개념으로 다시 타인과 의사소통을 한다. 이 자아 개념은 타인과 의사소통하는 방식에 영향을 미친다. 즉, 긍정적인 메시지를 많이 들어서 건강한 자아 개념을 가진 사람은 자신을 적극적으로 드러내며 타인의 반응을 능동적으로 수용하지만, 부정적인 메시지를 주로 들어서 건강하지 못한 자아 개념을 가진 사람은 타인과 의사소통하는 데 소극적이다.

Myers & Myers(1985, 임칠성 역, 1995:93)에서 긍정적 자아 개념을 가진 사람과 부정적 자아 개념을 가진 사람의 의사소통 방식에 대해 논의한 내용 중 핵심적인 것만 간추리면 다음과 같다.

긍정적 자아 개념을 가진 사람	부정적 자아 개념을 가진 사람
독창적인 표현을 사용하고, 풍부한 어휘력을 바탕으로 상황에 적절한 어휘를 사용한다.	자기가 독창적이라고 생각하지 않으므로, 상투적인 표현을 사용한다. ("아시다시피", "-것 같아요")
다른 사람의 인정에 연연하지 않고, 업적에 대해 자기보다는 남을 내세운다.	자신에 대해 비난조로 이야기하거나 자신은 나약한 사람이라고 이야기 한다. ("나는 손재주가 없어")

칭찬을 있는 그대로 적절하게 수용한다.	칭찬을 제대로 받아들이지 못하고 "왜 그래?"라고 묻는 식으로 피상적인 부인을 표현한다.
비난을 모면하는 길을 찾는 데 시간을 소모하지 않는다.	추진한 일의 성과보다 그 결과로 누가 신임을 얻는지 누가 비난을 받는지에 관심을 쏟고, 비난에 지극히 방어적인 태도를 취한다.
오만하지 않지만 자신 있는 태도를 취한다. 모르는 것에 대해서는 "모르겠다."라고, 잘못한 것에 대해서는 "틀렸다."라고 솔직하게 말한다.	자신이나 타인의 성공에 대해 끊임없이 투덜거리거나 비웃는 태도를 취한다.
타인의 감정을 폭넓게 수용하며, 독단적이지 않고, 편견이나 선입견에 사로잡히지 않는다.	타인의 성과나 결정을 객관적으로 수용하지 않고, 혹평함으로써 상대를 비꼰다.

이렇듯 자아 개념에 따라 개인이 선택하는 의사소통 방식에 차이가 나타난다. 자아 개념과 의사소통 방식에 대한 차이가 화법 교육에 주는 시사점은 자아 개념의 형성이 반복적으로 순환한다는 것이다. 타인이 나에게 한 말이 나의 자아 개념에 영향을 미치며, 이 자아 개념으로 나는 또 타인과 의사소통한다는 것이다. 즉, 부정적인 메시지를 계속 받아서 부정적인 자아 개념이 형성된 사람은, 부정적인 자아 개념을 가진 사람의 의사소통 방식으로 소극적이고 비관적으로 상대를 대하게 된다. 상대는 이러한 의사소통 방식에서 그 사람을 부정적인 사람으로 규정하고, 다시 부정적인 메시지를 전달하게 된다. 이 과정이 순환하면서 부정적인 자아 개념은 확고해지게 된다.

화법 교육은 이 부정적인 자아 개념이 형성되는 악순환의 고리에서, 긍정적인 자아 개념이 형성되는 선순환의 고리로 옮겨주는 역할을 해야 한다. 화법은 단순히 오류를 지적한다고 해서 고쳐지는 '기술' 차원의 문제가 아니라 개인의 심리 깊은 곳의 정체성과 관련 있는 것이기 때문에, 교수학습 방법이나 교사의 피드백 방식도 이에 대한 세심한 배려가 필요하다. 오류를 교정해 주는 과정은 반드시 필요하지만, 학습자의 자아 개념에 상처를 준다면 역효과가 클 수 있다. 화법의 수행 차원에서는 오류를 지적하지만 자아 개념을 규정하는 말은 특별히 조심할 필요가 있다. 부정적인 피드백을 하더라도, 칭찬할 부분을 찾아 가능하면 긍정적인 피드백과 병행하는 것이 바람직하다.

나. 자기 노출

자기 노출(Self-disclosure)과 관련된 이론에 의하면 인간관계의 발전은 서로에게 자아를 노출하는 정도에 비례한다. 즉, 처음 관계가 형성된 후 사람들은 대화를 통해 자신에 대한 정보를 알림으로써, 자기를 노출하기 시작하는데, 이 노출의 정도가 관계의 깊이를 결정하게 된다는 것이다.

자기 노출이 적정 수준에서 진행될수록 인간관계가 발전하는 원리는 다음과 같다. 서로가 공유하는 정보가 많을수록 의사소통의 일반 규칙보다 상대와 나에게 적합한 개인화된 의사소통 규칙에 따르게 된다. 서로에게 자신을 드러내어 다양한 의사소통 상황에서 상대의 반응에 대한 예측이 쉬워지고, 의사소통 규칙을 위배하는 범위를 서로 공유할 수 있게 되면, 대화에 소모되는 인지적·심리적 부담이 경감된다. 이러한 과정이 지속되면 서로를 더욱 편하게 느끼게 되고, 자기 노출을 더 많이 하게 됨으로써 관계가 더욱 깊어지게 되는 것이다.

이 자기 노출의 정도는 관계마다 다른데, 매일 만나는 친구라도 주말에 본 드라마나 야구 경기 정도를 얘기하는 경우는 자기 노출이 거의 되지 않는 경우이다. 반면에 일 년에 한 번 만난 고향 친구에게 자신의 내면의 갈등을 털어놓는다면 자기를 상당히 많이 노출한 것이다. 이렇듯 인간의 관계는 만남의 빈도보다 자신의 내면을 어디까지 보일 수 있는지와 관련된 자기 노출의 수위에 따라 결정된다.

자기 노출의 성격에도 차이가 있다. 보통 초기에는 학교, 직장, 직업 등 사회적 차원을 드러내고, 친해질수록 의견이나 느낌 등 개인적 차원을 드러내게 된다. 이 자기 노출은 상호 작용적으로 진행된다. 예를 들어

한 사람이 자기 노출을 1만큼 하게 되면, 상대도 1만큼하고, 다시 2만큼 하면, 상대도 2만큼 하는 식으로 의사소통을 통해 점진적으로 이루어진다.

그렇다고 만난 지 얼마 되지 않은 사람에게 자기 노출을 심하게 하는 것은 바람직하지 않다. 자기 노출 이론에 의하면 노출의 정도가 관계의 깊이를 결정하지만 여기에는 노출에 따른 위험이 수반된다. 자기를 드러내는 속도가 서로 받아들이기에 적절해야 한다. 어느 정도의 관계가 형성되기 전에 일방적으로 심한 자기 노출을 하게 되면 상대 입장에서는 원하지 않았던 부정적인 정보를 너무 많이 알게 되어 관계를 꺼려할 수도 있고, 자신은 그만큼 노출하지 못하기 때문에 곤란해 할 수도 있다. 이렇게 되면, 둘 사이의 관계는 다른 노력이 없는 한 이 지점에서 고착되는 것이 일반적이다. 그러므로 관계에 따라 노출의 수위도 적절해야 하며, 노출이 진행되는 속도도 서로가 받아들이기에 적절해야 건강한 관계로 발전할 수 있다.

이러한 자기 노출은 화법 교육에서 초기의 인간관계 형성을 위한 자기소개나 인사말 하기 등의 이론적 기초가 될 수 있다. 처음 만난 사람에게 자신을 소개하는 상황에서 어떤 정보를 제공해야 하는지, 서로의 자아를 적정 수준에서 노출하기 위해 질문은 어떠해야 하는지 등에서 자기 노출의 개념이 적용될 필요가 있다. 즉, 관계의 형성을 위해서 자신을 드러내는 전략, 상대의 자기 노출을 돕기 위해 질문하는 전략, 자기 노출에 따르는 위험을 피하는 전략, 자기 노출에 필요한 정보의 순서를 결정하는 전략, 관계의 발전을 위해 자기 노출의 속도를 조절하는 전략 등이 학습 내용이 될 수 있다.

2015 국어과 교육과정에서 '자아 개념'과 '자기 노출' 관련 내용은 다음과 같다.

[고등학교 선택 화법과 작문]
[12화작02-01] 대화 방식에 영향을 미치는 자아를 인식하고 관계 형성에 적절한 방법으로 자기를 표현한다.
  ○ 학습 요소
  대화(자아 인식, 자기표현, 관계 형성, 갈등 조정)
  ○ 성취기준 해설
  이 성취기준은 자아 개념과 자기표현이 대인 관계에 미치는 영향을 이해하고 대화를 통해 타인과의 관계를 원만히 형성하는 능력을 기르기 위해 설정하였다. 자아 개념은 의사소통의 과정에서 타인이 주는 메시지에 의해 형성된다. 긍정적 자아 개념을 가진 사람과 그렇지 못한 자아 개념을 가진 사람의 대화 방식에는 차이가 있다. 자기표현은 타인에게 자신에 대한 정보를 알리는 것이다. 관계에 따라 표현의 수위도 적절해야 하며 관계가 진행되는 속도도 서로가 받아들이기에 적절해야 건강한 관계로 발전할 수 있다. 타인과 교류하는 일상적 소통 방식으로서 대화의 가치를 이해하여 자신의 대화 습관을 반성해 보는 것과 자아 개념·자기표현이 대화와 대인 관계에 미치는 영향을 생각하여 개선을 모색해 보는 것에 중점을 둔다.

3. 주도와 협력

앞서 화자와 청자에 대한 인식이 의사소통에서 중요함을 논의하였다. 의사소통 참여자의 속성을, 말을 하는 사람과 말을 듣는 사람으로 구분하는 것은 보편적인 상황에서 적용이 가능한 장점이 있지만, 구체적이지 못한 한계가 있다. 실제 의사소통 상황에서는 집단에서의 역할에 따라 주도자와 협력자가 있기 마련이므로, 화법 교육에서도 '주도자'와 '협력자'로 참여자의 속성을 설정하는 것은 의미가 있다.

특히 평등한 친구 관계에서 일대일로 대화하는 경우는 조금 덜 하지만, 집단 의사소통 상황에서는 집단의 장(長), 사회자, 중재자, 책임자, 조력자 등 다양한 역할이 설정된 상태에서 의사소통을 하게 된다. 그러므로 평등하고 수평적인 관계의 보편적 설정과 더불어 수직적 위계가 있거나, 주도적 역할이 필요한 의사소통 장면의 설정도 필요하다.

실제 학생들은 초등학교 때부터 학급 회장, 동아리 회장, 모둠의 조장, 학생회장 등 다양한 집단에서 리더의 역할을 수행한다. 리더뿐만 아니라 부회장, 부장, 회원 등 다양한 모습의 참여자 역할도 수행한다. 학교는 물론이거니와 사회인이 되면, 가정, 군대, 직장, 종교 단체, 동호회, 친목 단체, 지역 단체, 시민 단체 등 다양한 사회 공동체에서 리더나 집단 구성원으로 참여하게 된다. 여기서는 지도력(리더십)과 의사소통 능력의 관계에 초점을 두어 살펴보도록 하겠다.

가. 리더십에 대한 관점

리더십에 대한 전통적 관점에서는 리더를 집단의 최상위에 존재하는 한 명의 관리자와 동일시하였다. 그러므로 리더십은 집단 내의 공식적 계급 구조 내에서 특정 역할을 수행하는 한 사람과 동일시되었다. 최근 리더십 이론이 발전하면서 리더를 집단의 정상에 있는 '관리자'로만 보는 편협한 관점에서 벗어나 다양한 관점으로 그 위치와 역할을 재조명하고 있다.

리더십은 의사소통과 밀접한 관계가 있다. 버지(Barge, 1994)에서는 리더에 대한 관점의 변화를 '통제자', '관리자', '지배자'에서, 외부 환경과 조직 구성원의 '중재자(medium)'로 설명하여, 의사소통의 중요성을 강조하였다. 그는 리더십을 '집단 구성원의 외적 환경 관리에 기여하는 리더와 구성원의 상호 작용적 과정'으로 인식하였으며 "리더십의 성공은 주어진 상황에 맞게 특정한 개인에게 적합한 참신한 의사소통 메시지를 창안하는 능력의 정도에 달려 있다."라고 주장하였다. 그는 리더의 기본 소양으로 환경의 변화에 대한 인식과 이를 구성원들에게 이해시킬 수 있는 의사소통 능력을 중시하였다. 그러므로 리더십을 학급 회장 등을 수행하면서 저절로 길러지는 모호한 개념으로 받아들일 것이 아니라, 리더십의 발휘에 필수적인 의사소통 능력을 구체화하여 이를 화법 교육에서 적극 수용하는 것이 필요하다.

리더십에 대한 이러한 새로운 관점에서는 통제와 지시 등 일방적 의사소통 방식이 아닌 상호 작용적 의사소통이 중시된다. 즉, 규칙과 규정 중심의 통제자라기보다는, 조직의 목표를 설정하고 그에 맞는 비전을 창안하여 전달함으로써 구성원의 동기를 부여하는 의사소통자로서의 리더의 역할이 강조되었다. 중재자로 리더를 바라보는 것이나 리더와 조직 구성원의 상호 작용 과정에 초점을 둔 리더십 이론의 변천 과정을 주시하면 '의사소통(communication)'이 리더십 작용 기제(機制)의 핵심으로 부각된 것을 알 수 있다. 특히 새로운 리더십 이론이 환경 변화를 해석하여 조직의 비전을 창안하고 이것을 구성원들에게 전달하는 것을 리더의 핵심 능력으로 설정하면서 리더십 이론에서 '의사소통'의 역할이 주목 받게 된 것이다(박재현, 2007).

나. 리더십과 화법 교육

개정 교육과정에서는 주로 집단 의사소통 상황에서 사회자와 참여자를 주도자와 협력자의 관계로 설정하여 설명하고 있다. 여기서는 토론 사회자의 주도적 역할과 토론 참여자의 협력적인 역할보다, 더욱 포괄적으로 지도력(리더십)과 의사소통 능력의 관계에 대해 살펴보았다. 화법을 지도할 때, 의사소통 능력은 학습자들이 지도력(리더십)을 발휘하는 데 핵심이 되므로, 화법 교육도 이런 방향성을 가질 필요가 있다는 관점이 필요하다. 학생들이 수행할 역할을 구체적으로 상정하지 않은 채, 말을 '잘' 하는 방법에 대해 지도하는 것은 지금껏 화법 교육이 학생들의 삶에 구체적인 보탬이 되는 지식과 기능을 가르치지 못했다는 비판에 직면한 원인이 되었음을 인식해야 한다.

이러한 화법 교육의 무색무취성에 대해 민현식(2006)에서는 탈지식·탈가치적이라고 비판한 바 있다. 현행 교육과정이 담화 유형별로 되어 있는 것은, 담화 유형 자체가 학생들이 수행해야 할 구체적인 의사소통 맥락을 규정해 주므로, 화법 교육에서 참여자의 성격을 설정하거나 해당 맥락을 구체화하기에 용이하다. 담화 유형에 따른 참여자의 성격을 '연사', '기자', '의사', '정치인' 등으로 모든 역할을 세분화하는 것은 한계가 있으나, 주도적 역할을 감당하는 사람과 보조적이고 협력적 역할을 감당해야 하는 사람으로 구분하여 해당 역할을 구체화해 주는 것은 매우 필요한 일이다. 이런 경우 주로 경영학이나 행정학 등에서 연구되어 온 '리더십 이론'을 적절한 범위 내에서 수용하여 의사소통적 관점에서 재해석하여 교육 내용을 마련하는 것은 화법 교육에서 필요한 부분이다. 이런 관점에서 화법 교사는 십대의 학생에게만 필요한 협소한 지식과 기능을 가르치는 것에 그치지 않아야 한다. 학생들이 장래 수행할 지도자의 역할을 상정하여, 의사소통 능력을 배양하여 잠재적인 지도력을 길러 줘야 한다는 인식이 필요하다.

4. 말하기 불안 해소

가. 말하기 불안의 원인

말하기 불안은 '무대 공포, 수줍음, 부끄러움과 같이 여러 사람 앞에서 말을 하기에 앞서 또는 말을 하는 과정에서 개인이 경험하는 불안 증상'이다. 말하기 불안 증상을 개선하려면, 정확한 원인을 파악하여 그 원인에 대한 대책을 마련해야 한다. 지금껏 화법 교육에서 말하기 불안에 대한 언급은 많았지만, 구체적인 원인을 밝히고 이에 대한 실제적인 지도 내용을 구성하여 교육 현장에 적용한 연구는 많지 않다. 말하기 불안의 원인은 하나의 차원으로 설명될 수 없다. 인지적·정서적·생리적 차원의 문제가 말하기 불안 증상에 복합적으로 작용한다.

말하기 불안의 원인은 일반적으로 다음과 같은 것들이 있다.

- ◆ 자아 개념이 부정적이거나 지나치게 성격이 소극적이고 부끄러움을 잘 타는 사람은 말하기 불안을 더 심하게 경험할 수 있다.
- ◆ 대중 앞에서 말을 해 본 경험이 적거나, 청자를 포함한 말하기 환경에 친숙하지 않을 경우 말하기 불안이 높아질 수 있다.
- ◆ 자신이 말할 내용이 충분히 준비되어 있지 않거나 화제와 관련한 입장이나 내용에 확신이 서지 않을 때 말하기 불안이 생긴다.
- ◆ 청자가 자신의 말을 어떻게 평가하고 반응할 것인가에 대한 염려, 특히 자신의 말을 부정적으로 평가하거나 자신을 무능력한 사람이라고 평가할지 모른다는 막연한 불안 심리가 말하기 불안을 유발한다.

즉, 말하기 준비 상태뿐 아니라, 개인의 성격이나 성향, 청자에 대한 불안감, 상황에 대한 인식 등이 총체적으로 화자의 말하기 불안을 유발한다. 말하기 불안의 원인을 구체적으로 살피기 위해 이를 성격적인 것과 상황적인 것으로 구분해서 접근할 필요가 있다. 우선 성격적 불안증은 말하기에 대한 과거의 실패 경험, 부정적 자아 개념 등 개인의 내적인 면에 관련된 것으로 개인별 차이가 크다. 상황적 불안증은 정도의 차이는 있지만 보편적인 것으로, 공식적인 자리에서 대중 앞에서 말할 경우 누구나 경험하는 것이다(McCroskey, Richmond & Stewart, 1986, 임태섭(2003: 35) 재인용).

말하기 불안에 대해 지도할 때에는, 상황적 불안증에 대해서는 학습자들로 하여금 누구나 겪는 자연스러운 현상임을 인식하게 하여 그 정도를 차츰 줄이도록 하는 접근을 해야 한다. 반면에 성격적 불안증에 대해서는 표면적인 숙달 훈련만으로는 그 근본 원인을 제거하기 힘들므로, 부정적인 자아 개념을 변화시키는 등 내면적인 차원에 중점을 두어 접근하는 것이 바람직하다.

나. 말하기 불안의 대처 방법

말하기 불안의 원인이 복합적이므로, 이에 대한 대처 방법도 여러 측면에서 이루어져야 한다. 말하기 불안을 자연스러운 것으로 받아들이고 말하기 불안 증상을 구체적으로 분석해 볼 필요가 있다. 말하기 불안에 대처하는 방법은 다음과 같다.

- 불안을 이길 수 있도록 긍정적인 자기 암시를 한다. 성공하는 장면을 그려 보든가, 부정적인 생각을 긍정적으로 바꾸어 본다.
- 몸의 긴장을 이완시키는 기법을 이용한다.
- 철저한 준비와 연습을 통해서 자신감을 가져야 한다.

첫째는 화자인 자아에 대한 인식과 관련된 것이고, 둘째는 감정적 차원과 관련된 생리적 문제이고, 셋째는 실제 말하기 행위와 관련된 것이다. 여기서도 말하기 불안에 대한 대처 방법을 '인식 문제의 대처 방법, 감정적·생리적 문제의 대처 방법, 말하기 행위에 대한 준비'의 세 가지 차원으로 구분하여 살펴보겠다.

1) 인식 문제의 대처 방법

말하기 불안에 대한 인식 극복은 말하기 불안과 관련된 부정적인 인식을 긍정적인 인식으로 전환하는 것이다.

▪▪ 말하기 상황에 대한 인식 전환

말하기 상황을 꺼려하는 인식을 바꾸어야 한다. 우선 '이 발표가 나를 이처럼 불안하게 만들 만큼 대단한 것인가?'라는 불안의 이유에 대한 근본적인 질문을 해 볼 필요가 있다. 그 다음은 상황 자체가 괴롭고 어렵다고 부정적으로만 생각하는 것이 아니라, '자신을 부각할 수 있는 좋은 기회'라고 긍정적으로 생각해 본다. 더불어 '사람들에게 고전 읽기의 중요성에 대해 강조해야지.'와 같이 말하기의 의의에 생각을 집중하는 것도 중요하다.

■■ 자신에 대한 인식 전환

'나는 내일 발표를 망칠거야. 나는 여러 사람 앞에서 말을 잘 하지 못해. 내가 말하면 다른 사람들이 지루해 하고 싫어 할 거야.' 등과 같은 자신에 대한 부정적인 자아 개념과, '내일 발표는 완벽해야 해. 청자에게 감동을 주지 못한 연설은 실패한 거야. 절대 실수를 용납할 수 없어.'와 같은 강박관념을 바꾸어야 한다.

우선 지나친 강박관념이 생기지 않도록 화법 교실에서는 어느 정도의 자연스러운 실수는 수용하는 분위기를 조성할 필요가 있다. 임태섭(2003)에서도 스스로를 과소평가하지 말고, 강박감을 버리고, 유창성보다 자신의 능력, 진실함, 정열을 보여 주기 위해 노력하는 것이 도움이 된다고 하였다. 작은 실수에 집착하면 말하기 불안이 커질 수 있으므로, 화자의 열정과 진실성을 보이는 것을 강조한다.

부정적 자아개념의 변화는 과거의 말하기 실패 경험에 얽매이지 말고, 운동선수가 이미지트레이닝을 하듯이 성공적으로 발표하는 장면을 상상해 보는 것이 도움이 된다. 이는 '자신의 미래를 밝은 것으로 내다보면 의식적이건 무의식적이건 이를 실현하는 방향으로 노력하고, 반대로 자신이 결국은 실패자가 되고 말리라는 생각을 가지면 의식적으로나 무의식적으로 실패자가 되는 방향으로 행동하게 된다.'는 로젠탈(Rosenthal, 1967)의 '자기 실현적 예언(self-fulfilling prophecies)'으로 설명이 가능하다. 부정적인 결과와 실패한 자신의 모습을 상상하면 실제 상황에서 그런 방식으로 의사소통하고, 성공적인 자신의 모습을 상상하면 실제 상황에서 성공적이고 자신감 있는 방식으로 의사소통하게 된다.

■■ 불안에 대한 인식 전환

불안에 대한 인식 변화를 위해 우선 필요한 것은 불안 심리가 단계적으로 진행되는 현상을 이해해야 한다. 우선 화자는 준비 과정에서 불안을 예감하게 되고, 말하기 시작 전후해서 강한 불안감에 직면하게 되지만, 말하는 중에는 심리적으로 적응하게 되어, 끝날 때는 불안감에서 해방된다. 여기서 주목해야 할 점이 말하는 과정에서 일어나는 불안감에 대한 심리적 적응 과정이다. 불안감은 일시적인 현상이라고 생각하고, 심리적으로 적응되는 것을 아는 것이 도움이 된다(임태섭, 2003:42).

이와 더불어 불안 자체를 두렵고 당혹스러운 것으로 받아들이는 것이 아니라, 두려움을 극복하라는 신호로 정상적이고 긍정적인 것으로 여길 필요가 있다(Ayres & Hopf, 1993, 전은주 역, 2008). 즉, 불안 자체를 긍정적인 신호로 인식하고, '불안해 미치겠네. 정말 초조하다.'와 같은 극단적인 표현이 아니라 '어, 제법 흥분되는데.'와 같이 긍정적으로 표현하는 것이 도움이 된다(임태섭, 2003).

2) 감정적·생리적 문제의 대처 방법

말하기 불안은 인식적 차원의 문제뿐 아니라, 두려움에 대한 감정으로 인해 생리적 반응의 문제를 야기한다. 식은땀이 나고, 다리가 떨리며, 호흡이 가빠지는 것 등이다. 이러한 생리적 반응은 위기 상황이나 긴장해야 할 상황에서 자연스럽게 일어나는 생물체의 생물학적 기능과 작용이다. 지극히 자연스러운 현상이지만, 생리적 반응이 과도하여 의사소통을 원활하게 못한다면 문제가 될 수 있다.

■■ 체계적 둔감화

생리적 반응에 대한 대표적인 대처 방법은 '체계적 둔감화(systematic desensitization)'이다. 이 방법은 1950년대 초반에 고소 공포증이나 비행 공포증과 같은 다양한 공포증에 대한 처치를 위해 개발되었다. 1960년대 중반에는 이 방법이 대중 연설에서 공포증을 경감하기 위한 방법으로 도입되었다. 그 후로 다양한 실험을 통해 체계적 둔감화 방법이 학생들의 말하기 불안 정도를 낮추는 데 효과적임이 입증되었다.

체계적 둔감화는 불안한 감정과 상반되는 반응이 불안 반응에 대신하여 일어나도록 조건을 만드는 상호억제의 원칙이 이론적 기반이다. 이것은 불안보다 이완을 느끼도록 점진적인 단계를 거치게 설계되었다. 첫 단계는 '심부 근육 이완 훈련'에 대한 이론적 설명을 듣는 것이다. 그 다음은 이론적 설명에 따라 긴장 완화 훈련을 하는데, 기초적인 숨쉬기부터, 손, 어깨, 이마, 목 등 한 부분의 근육의 긴장과 이완, 얼굴-목, 팔·몸통 등 여러 부분의 동시적 긴장과 이완 훈련으로 이어진다. 그 다음은 특정 말하기 상황을 떠올리며 긴장을 이완하는 연습을 하게 된다. 처음에는 '연설에 대한 책을 읽는 것이나 연설에 대해 친구와 이야기하는 장면' 등 긴장감이 덜 한 장면을 떠올리고, 차츰 '위원회에서 구체적인 대상을 설명하기, 유식한 집단 앞에서 연설하기, 비우호적인 사람 앞에서 연설하기' 등 긴장의 강도가 심한 말하기 상황을 떠올리며 긴장 이완 훈련을 한다(Ayres & Hopf, 1993, 전은주 역, 2008).

불안증 극복 체조

말하기를 앞두고 긴장이 고조될 때 유용하도록 개발된 체조가 있는데, 이 체조를 익혀 발표 차례를 기다리는 동안 사용하면 말하기 불안에 수반하는 생리적 반응을 줄일 수 있다. 체계적 둔감화를 적용하는 단계마다 불안증 극복 체조를 하면 효과적이다.

■ 불안증 극복 체조(Bertram-Cox, 1965, 임태섭(2003:48) 재인용)
심호흡을 천천히 여러 차례 반복한다.
혀와 턱을 풀어준다.
바른 자세를 유지한다.
손과 손목의 힘을 빼고 풀어준다.
어깨와 등을 똑바로 하고 앉은 다음 배를 당긴다.
머리와 목에 힘을 빼고, 천천히 좌우로 그리고 아래위로 돌린다.

▪▪ 실제 상황 노출법

체계적 둔감화가 '불안' 대신 '이완'을 느끼도록 점진적으로 유도하는 방법이라면, '실제 상황 노출법'은 두려워하는 말하기 상황을 직접적으로 상상하게 하는 방법이다. 이는 상상했지만 예상했던 끔찍한 결과는 일어나지 않는다는 사실에 초점을 둔다. 이 방법의 전제는 '실제 두려워하는 대상을 접하였는데도 아무런 해로운 결과가 나타나지 않게 되면 불안 반응은 소멸되며, 연설을 하는 데 있어서, 실제 위협적인 것은 아무것도 없다.'는 것이다. 실제 말하기 상황에 학습자를 노출하는 과정은 필요하지만, 극도의 반작용이 있으므로 이 방법을 사용할 때는 학습 대상에 대한 세심한 배려가 필요하다(Ayres & Hopf, 1993, 전은주 역, 2008).

3) 말하기 행위에 대한 준비

실제 말하기 상황에서 말을 더듬거나 유창하게 말하지 못하는 것은, 인지적, 감정적 차원의 불안에 대한 인식과 더불어 말하기에 대한 준비가 소홀하거나 말하기 기술 자체가 미숙한 것이 원인일 수 있다. 이런 경우에는 의사소통 기술 자체에 대한 지도를 통해 말하기에 능숙하게 하면 이와 관련된 말하기 불안을 줄일 수 있다.

말하기에 대한 숙달도를 높여 불안을 낮추기 위해서는 준비 단계부터 실행 단계까지 말하기 불안에 직접적인 영향을 미치는 말하기 기술에 대한 훈련이 필요하다. 우선 준비 단계에서는 자신에게 친숙하며 열정을 가지고 전달할 수 있는 주제를 선택하여, 자료를 치밀하게 수집하고, 전달하기 편하도록 내용을 효과적으로 조직한 후, 사전 연습을 철저히 해야 한다. 실행 단계에서는 시선 접촉, 손동작, 자세 등이 자연스럽도록 연습한다.

다. 말하기 불안과 교실 환경

앞에서 논의한 말하기 불안의 대처 방법 중에는 특별하게 마련된 프로그램에 적합할 뿐, 현재 화법 교육에 배당된 시간과 교실 환경을 고려하면, 학교 교육에 그대로 도입하는 데는 한계가 있는 경우가 있다. 말하기 불안은 개인 내면의 인식, 감정, 생리적 반응, 기술의 부족 등 다차원적 원인이 존재하므로, 짧은 시간에 대형 강의 등을 통해서는 개선되기 어렵다. 학습자 개인의 내면에 대한 세심한 관찰과 배려가 필요하며, 교사와 동료 학습자들의 우호적인 분위기 조성과, 이에 적합한 물리적인 교실 환경이 필수적이다.

현실적으로 학교교육에서는 이런 제한 사항으로 인해 말하기 불안에 대한 지도가 어려운데, 이에 대해 두 가지의 접근이 가능하다. 첫째는, '말하기 행위에 대한 준비'에서 설명한 것처럼, 화법 교육의 각 단계에서 자연스럽게 말하기 불안 지도를 병행하는 것이다. 말하기 기술의 숙달뿐 아니라 말하기 준비 단계에서의 부정적 인식 전환, 실행 전 대기 단계에서의 불안 감정 둔감화나 불안 극복 체조 실시, 지속적인 말하기 시도로 두려움 극복 등 일련의 화법 교육 단계에서 필요한 대처 방법을 선별적으로 적용한다.

둘째는 교실 분위기를 의사소통 친화적으로 조성하는 것이다. 학생들의 말하기 불안을 줄이기 위한 의사소통 친화적 교실의 중요성에 대해서는 샤니와 버크(Chaney & Burk, 1998)에서 자세히 논의하고 있다. 우선 학생들은 '다른 사람이 말할 때는 듣는다. 말하기에서 모두에게 차례가 돌아간다. 동료에게 존중을 표하라. 다른 사람의 참여를 독려하라.'와 같은 기본 규칙을 지켜야 한다. 교사는 말하기 불안의 신호를 인식하고 학습자를 배려해야 하며, 협조적 분위기를 유지해야 한다. 토론에서는 개방적 분위기가 필요하며, 교사의 질문과 피드백에서도 학생들의 반응을 독려하는 노력이 필요하다. 말하기 불안에 대한 체계적인 지도가 이루어지더라도 교실 분위기 자체가 경직되어 있고, 실수가 허용되지 않는다면, 학생들의 말하기 불안 증세의 호전을 기대하기 어렵다. 일상적인 수업 의사소통 상황에서도 교사는 학생들이 의사소통으로 인한 부담을 덜 느끼는 편안한 분위기를 조성할 때 말하기 불안의 경감을 기대할 수 있을 것이다.

2015 국어과 교육과정에서 '말하기 불안' 관련 내용은 다음과 같다.

[중학교 1~3학년]
[9국01-07] 여러 사람 앞에서 말할 때 부딪히는 어려움에 효과적으로 대처한다.
○ 학습 요소
말하기 불안에 대처하기
○ 성취기준 해설
이 성취기준은 말하기 불안에 대처함으로써 자연스럽고 분명하게 말하는 능력과 태도를 기르기 위해 설정하였다. 많은 사람은 말하기 준비를 제대로 하지 않았거나, 공식적인 상황에 익숙하지 않거나, 상대방 혹은 말하기 과제에 대하여 과도한 부담을 느낄 때 말하기 불안을 경험한다. 말하기에 대하여 자신이 느끼는 어려움이 무엇인지 점검하고 '유창한 말하기'에 대하여 가지고 있는 잘못된 생각을 바꾸며 불안감을 완화할 수 있는 동작을 익혀 사용함으로써 말하기 불안을 완화할 수 있다. 이를 바탕으로 하여 자신의 의견을 분명하고 자신감 있게 말하도록 하는 데 중점을 둔다.
○ 교수・학습 방법 및 유의 사항
말하기 불안에 대해 대처하는 방법을 지도할 때에는 학습자의 말하기 활동에 대하여 긍정적인 피드백을 구체적으로 제공함으로써 말하기에 자신감을 가질 수 있게 하고, 공식적 말하기 상황에서 느끼는 심리적 불편함을 완화할 수 있는 여러 방법을 실제로 연습해 보도록 한다.

참고문헌

박재현(2006), 설득 담화의 내용 조직 교육 연구, 서울대 박사 학위 논문.

임태섭(2003), 스피치 커뮤니케이션, 커뮤니케이션북스.

Ayres, J. & Hopf, T.(1993), Coping with Speech Anxiety, 전은주 역(2008), 말하기 불안, 어떻게 극복하는가?, 한국문화사.

Bertram-Cox, J. D.(1965), Relaxation: An Approach to Platform Poise, Speech Teacher, 14, 235-236.

Chaney, A. L. & Burk, T. L.(1998), Teaching Oral Communication in Grades K-8, Allyn & Bacon.

Kelly, L. & Watson, A. K.(1986), Speaking with confidence and skills, Harper & Row. 102-106.

Myers, G. E. & Myers, M. T.(1985), The Dynamics of Human Communication, 임칠성 역(1995), 대인관계와 의사소통, 집문당.

Rosenthal, R.(1967), Self-fulfilling prophecy, in Readings in Psychology Today, Del Mar, CA: CRM Books.

제 5 장

의사소통 점검과 조정

1. 의사소통의 점검 필요성

> 인간이여, 스스로를 알라. 모든 지혜는 그대 자신에게 모여 있다.
> (Man, know thyself. All wisdom centres there.)　　　　－ 서양 격언

　사람들이 실제 상황에서 의사소통하는 것은 아무런 규칙이나 질서가 없이 이루어지거나 전혀 예측하지 않은 방향으로 진행되는 것이 아니다. 한 사회의 의사소통은 그 사회 구성원들이 암묵적으로 동의하는 공통된 방식으로 이루어지며, 그때 사용하는 화법은 일정한 유형으로 구분된다. 화법을 효과적으로 학습하거나 교육하기 위해서는 화법의 목적, 상황, 전개 과정 등에 따라 분류하여 유형화하는 것이 대단히 중요하다. 한 인간이 수행하는 언어적 행위는 사회구성원 간에 합의된 방식으로 이루어지고, 그 사회에서 긴 세월을 두고 이루어진 소통 양식(담화 유형과 전개 과정)을 따르게 되어 있으므로 화법 교육도 담화 유형별 교육 요소를 기준으로 각 유형의 담화 전개 과정이 어떻게 이루지고 있는지 학습자 스스로 확인하고 점검하도록 하는 것이 바람직하다.

　의사소통 점검은 담화 유형의 구조, 전개 과정의 단계별 진행, 참여자의 심리, 대화의 주고받음, 인간관계와 사회적 맥락 등 다양한 요소를 점검하는 것이 중요하다. 그 가운데 화자 자신이 문제를 깨닫고, 해결 방법

을 알고, 실천함으로써 자신의 의사소통 능력을 점진적으로 개선해 나가는 것이 무엇보다 중요하다. 담화 관련 지식과 수행 기능, 심리적 태도 등에서 모르던 것을 새롭게 알게 되고, 하지 못하던 것을 할 수 있게 되고, 인간관계에서 문제되는 요소를 발견하고 해결함으로써 원만한 사회생활이 가능하게 되는 것은 화자가 자신의 의사소통을 점검하고 조정함으로써 목표를 달성할 수 있다.

2015교육과정에서도 점검과 조정은 듣기·말하기 영역에 교육과정 중요 요소로 포함되어 있다. 개심 개념의 듣기·말하기 전략의 상위인지 전략에 '의사소통 과정의 점검과 조정'으로 포함되어 있고, 기능 영역에 '점검·조정하기'가 들어있다. 실제 바람직한 의사소통은 상위인지 점검을 통하여서 화자/청자가 '내가, 지금, 여기서, 이 사람(들)에게, 이 내용을 이 방식으로 꼭 해야 하는가?'를 점검하지 않고는 제대로 이루어질 수 없는 종합적 상호 인지 구성 과정이다.

2. 담화 유형의 점검

우리가 의사소통을 통해 자신의 목적을 효과적으로 달성하려면 자신이 현재 수행하는 담화가 어떤 유형인지, 그 특성은 무엇인지 등을 먼저 점검해 보는 것이 필요하다. 담화는 목적, 대화 참여자의 역할이나 관계, 대화의 사회적 환경 조건 등에 따라서 나누어진다. 목적이나 주제에 따라서 과제 중심적 대화, 관계 중심적 대화, 행위 동반 대화로 나누어지고, 대화참가자의 이해 관계나 추구하는 방향에 따라 경쟁적 대화, 상보적 대화, 동반적 대화로 나누어지고, 사회적 환경 조건에 따라서 공적 대화, 사적 대화, 업무대화와 비업무대화로 나누어진다. 또 대화의 내용이나 주제가 지식이나 정보를 주고받는 것이 중심인가, 실제 상황에서 어떻게 행동할 것인가 하는 것이 중요한가, 아니면 위로 격려 등 대화참가자의 정신적, 심리적, 감정적 문제를 잘 다루는 것이 중요한가에 따라 정보중심 화법, 행위중심 화법, 정서중심 화법으로 갈린다. 또 진행 방식이 일방적인가, 상호작용적인가에 따라서 일방주도적 화법과 상호작용적 화법으로 유형이 달라진다. 연설과 같은 일방주도적 화법과 회의, 토의, 토론과 같은 상호작용적 화법은 그 소통의 양상이 전혀 다를 수밖에 없다. 화자 참여 형태에 따라 상황 전개 양상별로 발표, 진행, 참여, 대화 등으로 나눌 수 있다. 화법의 유형에 따라 다루는 내용뿐만 아니라 전개 구조, 참여자 사이의 상호작용, 말투나 어휘 심지어 표정이나 제스처까지도 달라진다.

지금까지는 화법의 유형을 주로 다음 네 가지 기준에 따라 분류해 왔다.

1) 대화의 목적과 사회적 기능
2) 대화참가자 수와 참가자 사이의 관계
3) 대화가 수행되는 사회적 영역(제도)
4) 대화의 외적 상황과 맥락

지금까지 화법 교육에서 가장 많이 사용되어 온 분류 방법은 말하기의 목적과 기능에 따라 분류하거나 참여자의 수와 역할에 따라 분류하는 것이었다. 먼저 대화 목적과 기능에 따라 정보전달, 설득, 친교와 오락, 정서 표현을 위한 말하기로 나눈다. 정보전달 화법은 다시 강의, 보고, 지시, 시범 보이기 등으로 분류된다. 정보전달 말하기 기법으로는 기술, 묘사, 개념정의, 분석, 예시와 예증, 비교와 대조 등의 방법이 주로 사용되고 있다. 설득적 말하기는 말하는 사람의 주장에 다른 사람이 공감하도록 하여 설득하기 위하여 구체적 증거제시, 다양한 사례 제시, 자기 낮추기, 상대체면 살리기, 권위와 공포심 이용 등 다양한 방법이 사용된다. 친교와 오락을 위한 말하기는 주로 비공식적 말하기에 많이 나타나는 말하기로서 유머, 잡담 등 다양한 형태가 존재하고 주로 친밀감이나 유대감을 강화하는 공감 표현, 유대감 강조 등 다양한 방법이 사용되고 있다. 이밖에도 의례적인 말하기가 있는데 격려사, 집단 축하, 후보 지지발언, 칭찬, 연사소개 등 다양한 형태의 말하기가 있으며, 그 구조와 기법이 비교적 정형화된 경우가 많다.

화법의 유형 분류가 이루어지고 나면, 각 대화 유형의 대화 원형을 찾아 재구성하는 것이 화법 연구와 교육에서 중요한 과제가 된다. 학교교육의 화법교육을 비롯한 일반적 화법교육에서도 화법의 유형별 특성을 제대로 파악하고 각 학생이 각각의 대화 유형을 능숙하게 수행할 수 있도록 지도하고 그 과정에 문제 점검과 조정이 이루어지도록 하는 것이 중요하다.

국어에 어떤 화법 유형이 존재하고 각 화법유형은 어떤 구성 원칙, 전개과정 등의 구조적 원칙을 갖고 있는지를 밝히는 것은 중요한 의의를 갖는다. 각 화법 유형의 원형(proto type)을 확인하고 원형의 구조와 생성원리를 찾는다면 우리 사회 구성원들의 삶을 조명하고 문제를 찾아 의사소통의 문제를 발견하고, 교육을 통해 그 문제를 해결하며 나아가 삶을 개선하는 데 크게 기여할 수 있을 것이다. 예를 들어, 소개 화법의 경우 (1) 인사와 함께 이름과 신분 밝히기 (2) 상대 인정하기 (3) 개인 정보 알리기, (4) 부탁하기와 같은 관용적 구조를 갖고 있으며, 신분 밝히기와 상대 인정하기는 상호 소개 구조에서 필수적으로 나타나는 요소이다. 수업화법의 경우, 거시적으로는 (1) 도입(복습과 본시 안내), (2) 전개(본시 주제 전개), (3) 정착(정리와 과제 부과, 차시 안내 등)의 구조를 갖는 것이 원형이다. 그밖에 상담화법, 토의화법, 위로화법, 토론화법, 협상화법, 화해화법, 심문화법, 논쟁화법, 다툼화법, 판매화법 등도 각기 원형을 설정할 수 있다. 물론 각 화법은 하나의 원형에 변인 요소에 따라 다양한 변이형을 가질 수 있다.

화법 교육에서 중요한 것은 우리 사회에 존재하는 다양한 담화 유형의 원형을 담화 자료 수집과 분석을 통해 확인하고, 그 원형을 학생들이 인지하고, 각 상황에서 그 화법의 다양한 변이형과 사용 유의점을 잘 익혀서 실제 생활에서 그 유형을 효과적으로 사용하도록 도와주는 것이다. 학생들이 아무리 발음이 정확하고, 단어를 많이 알고 있으며, 문법을 정확하게 익혔더라도 각 화법 상황이나 목적에 맞는 화법 전개 구조를 모르고 목적에 맞게 수행하지 못한다면 실제 의사소통은 원만히 이루어지기 어렵기 때문이다.

3. 담화 구조와 전개 과정 점검

인간이 언어를 사용한 역사가 인류의 역사만큼이나 길고 오래 되었지만, 수사학이나 형식적 언어학의 테두리를 벗어나 의사소통의 기본 도구로서 인간 화법에 대해서 체계적이고 구조적인 연구를 하게 된 것은 그 역사가 아주 짧다. 구조주의 언어학에서는 언어를 인간으로부터 분리해서 언어 자체의 추상적 구조와 의미 체계를 밝히는 데 힘을 쏟았지만 1960년대부터 민족지학, 사회언어학, 화용론, 대화문법론, 회화분석론 등 기능주의 언어학이 등장하면서 언어 사용의 실제적 자료를 수집하고 분석하는 것이 언어의 추상적 구조나 원리를 밝히는 것보다 언어의 실체를 밝히는 데 중요하다고 보기 시작했다.

이런 각성에서 출발한 학문들이 인간의 실제 삶에서 이루어지는 구체적 대화 연구에 관심을 기울이기 시작했다. 이들 분야에서 연구한 학자들은 인간이 일상적으로 쓰는 화법에도 일정한 형식과 구조가 존재한다는 것을 밝혀냈다. 화법에는 크게 두 가지 유형의 구조가 존재한다는 것이다. 즉 거시구조(대구조)와 미시구조(소구조)이다. 이 두 구조는 화법 교육에서도 중요한 교육 요소가 된다. 거시구조는 거시 차원에서 담화를 단지 시작, 중간, 종료 그리고 주변 단계로 나누었을 때 갖는 구조를 말한다. 시작 단계는 접촉 확인과 대화의 문을 열기 위한 간단한 인사 등 대화의 핵심으로 들어가기 전에 준비하는 말로 이루어진다. 중간 단계는 핵심 단계라고도 하며 대화의 주목적을 이루는 말들로 이루어진다. 종료 단계는 목적행위의 재확인과 대화의 문을 닫는 인사나 작별인사 등으로 구성된다. 담화 유형에 따라서는 시작 단계와 종료 단계는 생략되기도 한다. 미시구조는 거시구조의 각 단계마다 이루어지는 개별 대화 행위와 행위 연속체로 구성된다. 개별 발화는 화자가 수행하고자 하는 행위로 이루어지며, 발화행위들은 대화의 시작(initiate)-반응(response)-피드백(feedback) 의 기본 연속체로 구성되고 이들 연속체는 다시 이어져 더 큰 단위를 형성한다.

가. 담화의 거시구조와 전개 과정 점검

인간이 다른 사람과 의사소통을 위한 상호작용을 통해 이루어 가는 대부분의 담화는 대체로 시작 단계, 중간 단계, 종료 단계의 세 단계를 거치게 된다. 담화의 상황에 따라서는 시작이나 종료 단계가 생략되기도 하지만 생략이 되는 경우에도 비언어적 소통 수단 등을 통하여 이들 단계가 나타난다.

1) 준비 단계 점검

하나의 담화가 이루어지기 전에 여러 조건들이 충족되도록 대비하는 단계가 준비 단계이다. 준비 단계는 대화 참여자의 심리적 태도, 주제 관련 지식, 자기 분석력, 청중 분석력, 대화 전개를 위한 자료 발굴과 선정, 그리고 그 자료의 조직, 화자 자신의 생각의 정리, 그리고 정리된 내용의 메모 등이 이 단계에 속한다.

대체적으로 말을 잘 못한다고 생각하거나 실제로 말을 잘 못하는 사람의 경우, 심리적 태도에 문제가 있는 경우가 많다. 무대 공포증, 대인 기피증, 사물이나 사태의 진전이 항상 자신에게 불리하게 전개된다고 생각하는 피해망상증, 경우에 따라서는 항상 자신이 옳다고 믿고 다른 사람을 항상 무시하는 독선, 아무 준비 없이도 잘 말할 수 있다는 자기과신 등은 화자가 대화하기 전에 심각하게 점검하고, 준비해야 할 태도 요소들이다. 준비 단계에서 점검하고 준비할 요소는 화자의 심리적 태도, 주제 관련 지식, 자기 분석력, 청중 분석력, 상황 분석력, 화법 전략 등이다.

🔖 자기 심신을 점검하라

누구나 화자로서 성공적으로 화법을 수행하기 위해서는 무엇보다도 신체적 건강과 심리적 안정감을 확보하고, 평상심(平常心)을 유지하는 것이 중요하다. 평소에 건강을 단련하고, 화법 자체에 대한 불안이나 대화상대자에 대한 불안(무대공포증, 대인기피증)을 극복하는 훈련을 해 두는 것도 중요하다. 자기 자신에 대해서는 긍정적 자아관, 대화 상대자에 대해서는 긍정적 대인관을 확립하는 것도 중요하다.

말을 통해서 문제를 해결하는 능력이 부족하다고 하는 사람 중에는 문제를 발견하는 능력이 부족하거나 문제를 발견하고도 해결하려는 의지가 약한 경우가 많다. 자신의 삶에서 발생하는 문제에 대해서 그 문제를 해결하려는 적극적 자세를 견지하는 것이 중요하다. 말 잘하기를 원하는 사람은 어떤 문제를 해결하려고 하다가 해결책이 당장 보이지 않더라도 그 문제에 대해서 꼼꼼히 분석하고, 끝까지 해결책을 강구하려는 의지를 강화하는 것이 중요하다.

🔖 대화 주제를 점검하라

말을 잘하려면 평소에 풍부한 화제를 준비해 두는 것이 필요하다. 재미있고 가치 있는 소재들을 모아 메모하거나 평소에 주변에서 일어나는 일들에 대해서 다양한 아이디어를 찾아 정리해 두는 것도 좋다. 대화 주제가 정해지면 여러 가지 접근법이 가능하다. 첫째, 육하원칙 접근법이 있다. 주변 상황에서 일어나는 일들에 대해서 언제, 누가, 어디서, 무엇을, 어떻게, 왜의 육하원칙 하나하나에 주의를 기울여 그 특별함과 의미를 되새겨 정리해 두면 중요한 화법 자료가 된다. 둘째, 문제 발견과 대안 탐색법이 있다. 현재 이루어지고 있는 상황을 늘 면밀히 검토하여, 현재의 사물이나 사건에서 문제는 없는가, 그 문제는 누구에게 문제이며, 얼마나 심각한가, 그 문제는 왜 발생했는가, 문제 발생은 전반적이고 구조적인가, 아니면 개별적이고 우연적인가, 문제 해결을 위한 방안은 무엇인가, 그 방안 이외의 대안은 무엇인가, 각 방안의 부작용이나 문제점은 무엇인가 등을 차근차근 따져 정리해 두면 심도 있는 화법을 수행하는 바탕이 된다.

핵심 주제를 점검하라

다른 사람에게 감동을 주고 공감을 얻는 이야기를 하려면, 화법 참여자들이 관심 있어 하는 주제를 선택하는 능력이 있어야 한다. 또 그 주제에 대해서 풍부한 사전 지식이 있어야 한다. 사람들은 이미 알고 있는 내용을 다시 듣고 싶어 하지 않는다. 유능한 화자가 되려면 다루고자 하는 주제에 대해서 다른 사람보다 많이 생각하고, 관련되는 자료들을 체계적으로 모으고, 검토하고, 그것들을 분석하여 머릿속에 저장할 뿐만 아니라 주요 쟁점에 대해서 자신의 생각을 분명히 정리해 두는 것이 필요하다. 주제는 독립적으로 정하는 것이 아니라 화자 자신, 청자, 상황이나 맥락을 고려하여 신중하게 결정해야 함은 말할 것도 없다. 능숙한 화자가 되려면 일상적이고, 비공식적으로 이루어지는 화법이라도 핵심 주제를 정하고 여러 요소를 숙고하고 점검하는 것이 필요하다.

자신의 실태를 점검하라

성공적인 화자가 되기 위해서는 화자가 자신을 정확하게 파악하는 것이 무엇보다 중요하다. 자신을 정확하게 파악하고 있지 않으면 다양한 담화 상황에서 적절한 대응을 할 수가 없다. 자신이 말하는 목적, 자신의 주제에 대한 지식 정도, 자신의 말하는 스타일과 태도, 자신의 공신력,

참여자와 관계 등을 잘 파악하고 있어야 한다. 말을 잘 하려면 주제 또한 자신이 잘 아는 것, 자신의 관심과 정열이 있는 것, 자신이 확고한 신념을 가지고 있는 것으로 정해야 한다. 이런 원칙에 어긋나는 주제일 경우 주도적으로 나서지 말고 더 잘 아는 사람의 말에 귀 기울이고 필요하면 전문가의 도움을 받는 것이 좋다. 피할 수 없는 주제를 자주 다루어야 할 경우에는 그것에 대해 잘 알고, 좋아하고, 확신이 생기도록 자신을 평소에 갈고 다듬는 것이 중요하다. 사람이 살면서 무조건 자신이 잘 아는 것, 좋아하는 것, 확신하는 것만을 말할 수는 없으므로 평소에 끊임없이 지식을 쌓고, 좋아하는 영역을 개발하고, 자신이 하는 일에 확신이 생길 때까지 노력하는 것이 중요하다. 말을 잘하는 것은 생활과 분리된 것이 아니라 평소에 자신이 배우고, 좋아하고, 확신하는 일과 연관되어 이루어지는 것이다. 말은 삶의 반영이므로 삶 자체가 아는 것이 없어 천박하고, 확신이 없으며, 늘 부정적이고 비꼬는 태도로 살아가는 사람은 남을 감동시키는 화법을 구사할 수가 없다.

🖱 청자(청중)를 점검하라

화자가 자신을 파악하는 것 못지않게 중요한 것이 청자를 정확하게 파악하는 것이다. 화자가 아무리 좋은 의도와 적절한 주제를 가지고 말하더라도 청자가 그렇게 받아들이지 않으면 화법은 성공적으로 이루어지기 어렵기 때문이다. 화자는 청중의 물리적(시간적, 공간적) 특성, 청중의 사회적 특성과 지적 수준, 청중의 욕구, 청중의 현재 감정 상태를 파악하는 것이 중요하다.

말하는 사람이 아무리 사전 준비를 잘하고, 자신을 잘 파악하고 있더라도 청중을 정확하게 파악하고, 그들의 특성에 맞게 화법을 구사하지 않으면, 말의 효과는 떨어지고, 말하는 사람의 공신력도 손상을 입고, 원래 화자가 의도했던 목적도 달성하기가 어렵다. 화자는 자신이 말하고자 하는 바를 정확하게 전달하되 청중이 호응할 수 있는 방안을 모색해야 한다. 주제를 선택할 때, 청중에게 중요한, 청중에게 쓸모가 있는, 청중의 욕구나 기대에 부응하는 내용을 선택해야 한다. 또 사람들의 관심은 각기 다를 수 있으며, 상황에 따라 변할 수 있다는 것을 명심해야 한다. 사람들은 자신의 욕구나 기대에 관심을 많이 기울이게 되어 있으므로 항상 청자 중심의 주제를 선택하는 것이 중요하다. 청자의 입장에서 이야기의 주제나 방식을 고려하지 않으면 성공적인 설득과 소통은 어려울 수밖에 없다.

▣ 담화 상황을 점검하라

화법 수행은 가상의 공간이 아니라 실제 상황에서 이루어진다. 따라서 화자는 대화의 시간(시기와 폭), 장소(현장에 주제, 목적 등에 방해가 되는 요소가 없는가), 현장 환경과 분위기, 사회적 관습과 규칙, 만남의 목적과 성격을 고려하는 것이 중요하다. 말하기가 성공적으로 이루어지려면 화자와 청자 요소 이외에 시간과 장소, 모임(만남)의 성격에 이야기의 주제와 내용이 맞아야 한다. 말하는 사람은 항상 자신이 언제 어디서 누구에게, 어떤 목적으로 말을 하게 되었는가 등 종합적 상황을 고려하여야 성공적인 말하기를 할 수 있다.

2) 시작 단계 점검

담화의 시작은 어떤 목적, 어떤 장면, 어떤 화법의 유형에 상관없이 중요하다. 그것이 사적 화법이든, 공적 화법이든 상관없이, 일방주도 화법이든 상호작용 화법이든 상관없이, 가벼운 주제이든, 무거운 주제이든 상관없이 중요하다. 시작은 화법 내용의 시작이기도 하지만, 화자와 청자, 또는 대화 참여자 모두의 관계를 설정하고, 의사소통 체계를 점검하고 확인하고 조정하는 단계이기 때문에 시작의 성패는 화법 전개 전 과정에 영향을 끼친다. 담화의 시작 단계는 참여자의 외양을 살펴보고, 성격을 추측해 보고, 시작하는 목소리에 익숙해지며, 여러 화법 상황에 담화 참여자들이 자리매김을 하는 단계이다. 화자나 대화 참여자는 자신을 드러내고, 화법의 목적을 확인하고 일치시키며, 각자의 태도를 결정하고, 화법 전개의 전체적인 과정을 결정하는 단계이다. 담화 참여자는 시작 단계에서 자신을 드러내고, 청자와 관계를 설정하며, 다루고자 하는 내용에 대해서 안내하게 된다. 담화 전개의 방향이나 도달점 등에 대한 시사가 이루어지는 단계이므로 시작 단계의 점검들은 성공적인 화법 수행을 위해서 필수적이다.

🔵 도입 방식을 점검하라

화자가 시작 단계에서 점검할 내용 중 우선 점검할 부분이 도입 방식이다. 구체적 화법 수행은 사전에 준비가 잘 되어 있더라도 이야기의 도입이 잘못 되면 전체 말하기를 망치게 되는 경우가 많으므로 말하기 도입 부분에 특별히 유의해야 한다. 도입 단계에서는 자신 드러내기, 관계 설정하기, 주제 다루기, 목표와 방법 결정하기 등에 신경을 많이 써야 한다. 말을 잘하는 사람들은 모두 이야기의 도입 부분을 청자의 관심을 집중시키는 내용을 가지고, 자신만의 독특한 톤과 스타일로 시작할 뿐만 아니라 다양한 도입 방법을 사용하고 있다. 다음은 효과적인 시작을 위해 자주 사용되는 방법들이다.

(1) 청자의 관계를 강조하면서 시작하라
(2) 주제를 요약 제시하면서 시작하라
(3) 주제 관련 내용을 구분하면서 시작하라.
(4) 주제 관련 개념을 정의하면서 시작하라.
(5) 주제 관련 문제를 제기(청자가 관심을 가질 질문)하면서 시작하라
(6) 유명한 말이나 글을 인용하면서 시작하라
(7) 일화나 사건을 소개하면서 시작하라
(8) 준비한 보조물을 가지고 설명하면서 시작하라

(9) 최근 관심의 초점이 된 이야기나 뉴스를 가지고 시작하라.

역으로, 도입 부분에서 흔히 범하기 쉬운 일반인들의 실수들을 살펴보면 다음과 같다.

(1) 자신감 없는 변명으로부터 시작한다.
(2) 상황에 맞지 않는 유머나 우스갯소리를 한다.
(3) 중심 주제와 관련이 없거나 관련이 적은 내용을 쓸 데 없이 길게 말한다.
(4) 청자가 싫어하는 민감한 내용을 공격적인 어조로 시작한다.

■ 도입과 전개의 연결을 점검하라

말하기 경우에는 글쓰기와 달라서 도입부와 전개부가 확실하게 청자에게 구분되어 전달되지 않는 경우가 많다. 따라서 말하는 사람은 도입부에서 전개부로 넘어갈 때, 서론에서 본론으로 넘어갈 때, 여러 가지 방법을 사용해서 효과적으로 도입부와 전개부를 구분하고, 청자로 하여금 말하는 사람의 내용 전개 과정을 예측하고, 정리하도록 도와주는 것이 필요하다.

가) 도입부의 중심 내용을 다시 한 번 요약하라

도입부가 생략되거나 아주 간단한 경우에는 물론 도입부를 요약할 필요가 없지만, 도입부에서 전개부로 넘어갈 때 도입부에서 다룬 내용을 다시 한 번 정리하고 넘어가는 것이 좋다. "지금까지 서두에서 'OO'에 대해서 말씀드렸습니다. 본론으로 넘어가서 'OO'의 발생 원인과 해결 방안에 대해서 말씀드리겠습니다." 식으로 청자의 메타적 인식을 도와주는 발언을 하여 앞에서 말한 내용을 정리한 후에 다음으로 넘어가는 것이 효과적이다.

나) 전개부의 내용을 대별하여 예고해 주라

미리 나온 내용을 다시 정리하는 것과 함께 앞으로 다룰 내용을 예측하면서 들을 수 있도록 도와주는 것도 좋은 전개 방법의 하나이다. "지금까지 말을 잘 해야 하는 필요성에 대해서 말씀드렸고, 이어서 말을 잘하는 사람의 특징과 말을 잘 못하는 사람의 특징을 비교하여 살펴보고, 말을 잘 못하는 사람이 어떻게 하면 말을 잘 할 수 있을지 여러 가지 방법에 대해서 말씀드리도록 하겠습니다."처럼 예고해 주고 이야기를 전개하면 듣는 사람이 전체적인 흐름을 파악하고, 이해하는 데 도움이 된다.

다) 접속어나 연결어미를 적절하게 사용하라

도입부와 전개부의 이음 부분에만 적용되는 것이 아니지만, 말하는 가운데 접속어나 연결어미는 내용 흐름의 방향을 결정하는 중요한 코드가 되므로 화자는 이들 사용에 특별히 주의하고, 또 필요한 곳에서는 적절하게 사용하여 맥락의 흐름이 긴밀하고 무리가 없도록 하여야 한다.

"그의 얼굴은 두드러지게 잘 생긴 곳이 없었다. 그러나 그의 연설은 듣는 이의 마음을 감동시켰다."에서 '그러나'의 기능은 절대적이다. "그의 얼굴은 두드러지게 잘 생긴 곳이 없었다. 그래서 그의 연설은 듣는 이의 마음을 감동시켰다."라고 한다면 듣는 사람들이 감동한 것이 얼굴이 못 생겼다는 것과 연관이 있는 것처럼 해석이 될 수도 있다.

3) 전개 단계 점검

전개 단계는 화법의 핵심 주제를 다루는 단계이며, 화법의 본론에 해당하는 단계이다. 화법의 전개양상은 어떤 주제를 다루는가, 화법 진행은 일방 주도적인가 아닌가, 화자와 청자의 관계가 협력적인가, 경쟁적인가, 그리고 화법에서 다루는 내용이 인지적인가, 실제적인가, 심정적인가 등에 따라서 달라질 수 있다

🔖 시간 순서를 점검하라

시간은 항상 같은 방향으로 선조적으로 흘러가면서 전후 관계를 형성하고, 그 시간 흐름 속에서 사건이 일어나므로 사람들은 여러 가지 일의 일어난 것을 시간 순서대로 전개해서 말하면 쉽게 이해하게 된다. 특히 역사적 발달 과정이나 변천사 등을 다룰 때 효과적인 기법이다. '과거-현재-미래'식으로 내용을 조직하기도 하고, '초기-중기-말기'식으로 조직하기도 하고, '준비-시작-발전-성숙-쇠퇴'와 같은 발전단계로 조직하기도 하고, 전통적으로 사용되어 온 '기-승-전-결'의 방식을 사용하기도 한다.

🔖 공간 순서를 점검하라

공간적 위치에 따라 서술하는 방식은 듣는 사람으로 하여금 그 모습을 그려보기 쉽게 함으로써 이해를 돕고, 의사소통의 효과를 높이게 된다. 건물들의 위치와 자연지형 설명 등에 효과적으로 사용될 수 있고, 공간 이동에 따라 사건이 전개될 경우에도 진술 효과를 높일 수 있다.

예를 들어, 인종이나 언어 분포의 대륙별 특성이나 수출액의 가감을 설명할 때 국가별 전망 등을 설명한다면 공간 순서에 따라 내용을 조직하는 것이 효과적이다.

🔖 논리적 인과관계를 점검하라

인과관계에 의한 전개는 전개 방향에 따라서 연역적 전개 방식과 귀납적 전개 방식으로 나눌 수 있다. 연역적 전개방식은 먼저 주제의 핵심명제를 먼저 말하고, 그것을 토대로 새로운 사실들을 적용하여 결론에 이르는 방식이다.

> (1) 인공조미료의 과다한 사용은 국민 건강에 심각한 부작용을 낳습니다.
> (2) 현재 시중 식당에서 팔리고 있는 음식에 엄청나게 많은 인공조미료가 사용되고 있습니다.

(3) 따라서, 당국은 인공조미료 사용 기준을 정해서 시민들의 과다한 인공조미료 섭취를 시급히 막아야 합니다.

귀납적 전개는 여러 가지 구체적인 사건이나 정황을 설명한 후에 결론을 도출하는 방식이다. 귀납법을 사용할 경우에는 되도록 많은 사례를 수집하고, 사례 가운데 충분한 근거가 있는 전형적인 것들을 제시하고, 성급한 결론에 이르거나 부분을 전체로 오해하는 일이 없도록 주의해야 한다.

(1) 한국의 초대 대통령인 이승만 대통령은 4·19 학생 혁명에 의해서 하야하여, 남은 여생을 조국에 돌아오지 못하고 해외 망명지에서 보냈습니다.
(2) 윤보선 대통령은 5·16군사혁명에 의해서 대통령직에서 물러나 그 이후에는 죽을 때까지 정치적 영향력을 전혀 행사하지 못했습니다.
(3) 박정희 대통령은 경제 발전을 이룩하기는 했으나 장기집권과 유신 독재로 이어지는 과정에서 자신의 심복인 중앙정보부장에게 살해 되었습니다.
(4) 전두환 대통령은 대통령 임기를 마치기는 하였으나 자신의 친구인 노태우 대통령에 의해서 부정 부패 처단 대상이 되어 개인 재산을 헌납하고, 백담사로 숨어들었습니다.
(5) 노태우 대통령은 자신이 지명한 대통령 후보인 김영삼 대통령에 정권에 의해서 감옥에 갇히게 되었습니다.
(6) 김영삼 대통령은 임기도 마치기 전에 IMF구제금융지원을 받는 대통령이라는 오명을 쓰고 물러나고, 자신이 가장 신임했던 차남을 감옥에 보내게 되었습니다.
결론적으로 지금까지 한국의 대통령은 명예롭게 국민의 존경을 받으면서 은퇴한 사람이 없었습니다. 우리는 퇴임 후에도 존경 받는 대통령이 나오도록 온 국민이 노력해야 합니다.

📋 문제해결 순서를 점검하라

어떤 쟁점이 되는 사안을 다룰 때는 문제점을 진단하고, 그에 대한 해결책을 제시하고, 각각의 해결책이 갖는 장단점을 정리하는 방식이 효과적이다. 어떤 문제를 다룰 때, 보통 문제를 진단하는 과정과 해결책을 제시하는 과정으로 나누어진다. 문제 발생의 배경, 원인, 본질, 문제의 결과 등을 논의하는 부분이 문제 진단 과정이고, 다양한 해결책을 제시하고 각 해결책의 장단점 분석하는 것이 해결책 제시 과정이다. 현상 문제에 대한 해결책을 제시하는 경우, 시간 순서, 공간위치, 인과관계 등의 진술 방법보다도 문제제시, 원인분석, 해결방안 모색, 실천 방안 제시 등의 순서가 주로 사용된다.

---

(1) 문제 제시: 일선 초등학교 현장에 가르칠 교사가 모자란다.

(2) 원인 분석: 교육부가 교육개혁조치의 일환으로 교사정년을 단축하고, 20년 이상 근무한 교사들의 명퇴수당을 한시적으로 지급하기로 했기 때문이다.

(3) 해결 방안 모색: 해결 방안은 급증한 명퇴신청자를 줄이는 방안과 중등교사 자격증 소지자의 초등학교 배치, 한시적으로 학급당 인원수를 늘임

(4) 각 해결 방안의 장단점 검토: 명퇴자를 제한하는 것은 이미 명퇴한 사람과 형평성에 문제가 있고, 교육개혁 정신과 맞지 않으며, 중등교사 자격증 소지자의 초등배치는 중등과 초등의 차이를 무시하는 비교육적 교사 배치라는 비난을 받을 수 있고, 학급당 인원 수 조절은 그렇지 않아도 과밀한 초등학교 학급 운영을 어렵게 만들고, 교육효과를 떨어뜨리게 된다.

(5) 현실적으로 대처할 일들: 단기적으로는 명퇴자를 최소한으로 줄이는 방안을 강구하고, 중등교사 자격증 소지자 가운데 일정 교육을 받은 사람에 한하여 초등 교과전담 교사로 배치하고, 학급당 인원수가 다른 지역보다 많지 않은 경우 일시적으로 조정하는 등 복합적 대처 방안을 강구

하여 시행하고, 장기적으로는 초등학교 교사 수급을 전망하고 교육하고, 배치하는 종합적인 초등교사 양성 방안이 마련되어야 한다.

내용 구분과 전개 방식을 점검하라

전개할 내용을 구분하여 제시하면 말하는 사람이나 듣는 사람이 모두 다루는 내용의 범위와 대상이 분명해지고, 순서가 정해져서 내용 전달이 명확하게 이루어지게 된다.

모든 조직에는 세 가지 부류의 사람이 있습니다. 첫째는 그 조직을 위해서 꼭 필요한 사람입니다. 둘째는 그 조직에 있으나 마나 한 사람입니다. 셋째는 그 조직을 위해서 없어져야 할 사람입니다.

4) 종료 단계 점검

화법에서 가장 중요한 부분은 종료 단계인 마무리, 끝맺기 부분이다. 마지막에 종료하면서 정리된 내용이 가장 오래도록 청자의 기억 속에 남아 있기 때문이다. 결말이 좋으면 시작과 전개가 다소 미흡하더라도 좋은 평가를 받을 수 있지만, 결말이 나쁘면 역으로 시작과 전개의 효과를 떨어뜨리게 된다.

마무리 효과를 점검하라

말하기에서 끝맺을 때는 분명하고, 명쾌하게, 간결하게 끝내야 한다. 말하는 사람이 끝내려는 신호를 보내거나 끝맺는 말을 시작하면, 청중들은 정리된 결론이 빨리 나오기를 기대하며 박수와 함께 논평을 준비하게 된다. 끝낼 때는 청자의 기대보다 빨리 간결하게 끝내도록 하는 것이 좋다.

▣ 주제 일관성을 점검하라

결론은 내용이나 어조가 그 말하기의 전체 주제와 같아야 한다. 진지하게 이야기했다가 농담으로 결말을 맺거나 줄곧 농담이나 유머로 일관하다가 갑자기 진지한 끝맺음으로 마무리하는 것은 말하는 사람의 인간성을 의심하게 하거나 듣는 사람이 들은 내용을 어떻게 받아들일까 혼란스럽게 만들므로 중심 내용과 진술 태도의 일관성과 통일성을 유지하는 것이 중요하다. 새로운 내용이 첨가되어서도 안 되고, 갑작스런 진술 태도이 변화가 있어서도 곤란하다.

▣ 종료 후 남길 인상을 점검하라

결론은 말하기의 목적에 따라서 다른 양상을 띨 수 있다. 설명이나 정보 전달의 경우는 핵심 내용을 다시 정리하고 요약하는 것으로 끝맺을 수 있다. 그러나 설득하는 말하기의 경우 청중이 가지고 있는 믿음에 동기를 부여하고, 동기를 강화시켜주며, 행동으로 옮길 수 있는 힘을 불어넣어주어야 한다. 친교나 오락을 위한 말하기의 경우에는 그 대화가 참으로 즐겁고 서로 간의 관계를 돈독히 하는 데 도움이 되었다는 이미지가 남도록 대화의 즐거움, 유익함, 헤어짐의 아쉬움 등을 언급하면서 끝내는 것이 좋다.

나. 담화의 미시구조와 전개 과정 점검

미시구조는 개별 발화의 발화행위 구조를 말한다. 미시구조 점검에서는 개별 발화의 발화행위와 행위 연속체의 전개구조가 점검 대상이 된다. 화법행위는 말차례(turn)에 나타나는 발화행위다. 물론 발화행위는 명시적 발화행위(표면적, 일차적 행위)와 묵시적 발화행위(이면적, 이차적 행위)로 나누어질 수 있다. 대화연속체는 두 명이나 그 이상의 대화참가자들이 발화순서 교체를 통해서 만들어진 조건적 상관성이 긴밀한 대화의 기능적 단위이다. 미시차원에서는 발화의 말소리, 낱말, 문장, 수사(修辭) 그리고 비언어적 표정이나 몸짓 등을 분석한다.

발화의 실제 의미를 점검하라

우리가 일상적으로 사용하는 언어 표현은 그 자체의 의미만을 전달하는 것이 아니라 그와 함께 그 발화가 가지는 전제, 함의, 함축 등의 의미 내용이 함께 전달되고, 이런 의미들은 화자와 청자의 의사소통에 많은 영향을 주게 된다. 실제 화법에서 문제는 표현된 명제 내용 자체가 문제가 되는 경우보다는 대화가 전제, 함의, 함축하는 것들 때문에 생기는 오해나 불신 등에서 문제가 발생하는 경우가 많다. 우리가 말을 할 때는 전제, 함의, 함축 등 다양한 내용이 명제 내용과 함께 전달되며, 전달된 내용들은 관습적으로 또는 상황적, 논리적 추론의 단계를 거쳐서 여러 대화 행위를 수행하게 된다는 것을 염두에 두어야 한다. 상대가 화가 나서 '내가 바보냐?'라고 물을 때, '바보다/아니다'라고 대답하는 것은 담화 상의 전제를 무너뜨리게 되어 인간관계의 문제를 야기하게 된다.

우리가 실제 상황에서 말을 할 때 문법적 정확성보다 더 중요한 것은 발화 차원에서 그 발화의 실제 의미는 무엇이고 그 발화 행위가 적절한가 하는 점이다. 단언, 질문, 요구 등의 발화행위가 적절한 행위가 되려면 발화 상황의 조건들이 충족되어야 한다. 예를 들어 '문을 닫아라.'는 요구/명령 행위의 경우 위의 일반적 조건이 다 충족되더라도, 실제 문이 열려 있지 않은 상태라든지, 열려 있더라도 문을 닫을 수 없는 시간, 장소 등에서는 적절한 '요구/명령'의 효과가 생기지 않는다. 발화행위의 적절성은 발화가 이루어지는 시간, 장소, 참여자, 맥락과 상황 등에 의해서 결정된다. 예를 들어, '우리 집에 진돗개 두 마리가 있다.'라는 발화는 진돗개를 좋아하는 사람에게는 자랑하는 행위로, 개를 무서워하는 사람에게는 위협하는 행위로 받아들여진다.

발화행위의 적절성 조건은 화법 교육에서 단순히 명시적 언어 표현을 교육하는 것만으로는 언어행위를 설명할 수도 없고, 의사소통행위의 적절성을 개선시킬 수도 없음을 시사해 준다.

● 메타 언어행위를 점검하라

언어는 언어 자체나 언어 현상을 설명하는 데도 사용된다. 언어나 언어행위 자체를 언급하는 행위를 '메타언어 행위'라고 한다. 우리는 글을 쓰거나 말을 할 경우에, 대부분 일차적으로 목적 언어 행위를 수행하기 위한 내용들로 채워지지만, 메타언어 행위를 수행하기 위해서 말을 하고, 글을 쓰는 경우도 많다.

(1) ㄱ. '다른 사람을 내 몸처럼 사랑한다.'는 말이 무슨 의미입니까?
ㄴ. 오늘 제가 여러분에게 아주 중요한 정보를 하나 일러드리겠습니다.
ㄷ. 지금까지 우리 회사가 현재 처한 위기 상황에 대해서 말씀드렸습니다.

이들 문장이나 발화는 언어나 언어 현상을 대상으로 다룬 것들이다. 이런 것들을 '메타적 언어'이라고 하고, 또는 '언어에 대한 언어'라고 한다. 메타언어 행위와 관련된 개념으로 메타 커뮤니케이션이라는 용어가 있는데, 이는 '발화를 조정하고, 통제하기 위해서 이루어지는 상위 커뮤니케이션'이라는 뜻이다. 스터브즈(M. Stubbs)는 사람들이 사용하는 화법 자료를 분석하면, 쉽게 메타 커뮤니케이션 기능을 수행하는 발화와 일차적 커뮤니케이션 기능을 수행하는 발화를 구분할 수 있다고 주장한다. 메타 커뮤니케이션은 전달 과정에 대한 점검, 화자의 발화 내용이나 태도, 동기 등에 대한 언급하여 소통상의 문제를 예방하고, 화자가 말하는 것을 그치거나 상대방의 말 순서에 끼어드는 것을 알리기 위한 신호를 보내고, 또 전달 효과를 높이기 위해 메시지 내용을 조정하고, 메시지가 제대로 수신되고 이해되었나 등을 확인하는 등의 역할을 수행한다.

(2) ㄱ. 제 말이 잘 들립니까?
ㄴ. 제가 불쑥 이런 말을 꺼내는 것이 기분 나쁘게 들릴지 모르겠습니다.
ㄷ. 말씀 중에 죄송합니다만, 잠깐 제 말씀을 먼저 들어보십시오.
ㄹ. 할 말은 많지만 시간 관계상 여기서 맺겠습니다.
ㅁ. 제가 어디까지 말했죠?

메타 커뮤니케이션 행위들은 일차적 내용 전달 행위에서 보면, 새로운 내용 전달 기능은 없지만, 화자와 청자의 의사소통 과정을 순조롭게 하고, 의사소통의 과정이나 효율성 등을 점검하는 행위라는 점에서 아주 중요하다. 물론 지나치게 메타 커뮤니케이션 행위가 많으면 오히려 의사소통의 효율성을 떨어뜨릴 수 있으므로 주의할 필요가 있다.

말차례를 점검하라

사람들이 대화를 할 경우에 여러 사람이 동시에 말을 하게 되면 제대로 의사교환이 이루어지기 어렵다. 대화 참여자들은 한 번에 한 사람씩 말을 해야 효과적인 표현과 이해가 이루어지고, 한 사람이 말을 끝내면, 다음 사람이 말을 하는 것이 이상적이다. 대화 과정에서 어떤 사람이 대화에 참여하여 실제 말할 기회가 주어졌을 때, 그가 말을 할 수 있는 권리와 그 기회에 이루어진 언어적 표현 결과물을 '말차례(순서교대 turn)'라고 한다.

화법에서 가장 중요한 요소 가운데 하나가 누가 언제 얼마만큼 말할 것인가를 결정하는 것이다. 말할이의 태도나 말할 내용도 중요하지만 언제, 누가, 얼마만큼 말하는가는 대화의 성패를 좌우할 만큼 중요하다. 말차례에 관한 규칙은 말할 순서 배당, 화자의 자격 선택, 순서교대의 적정성 등과 관련이 있다. 화법 전개 과정에는 순서교대를 지배하는 규칙이 있다. 이 규칙은 대화 참여자들에게 말차례를 적정하게 배당해 주는 장치라고 볼 수 있다. 한 말차례에는 한 단어부터, 몇 개의 문장 연속체까지 발화가 이루어지고, 그 후 다음 화자의 말차례가 이어진다. 이 때 적절하게 말차례가 바뀌는 시점이 있는데, 이를 말차례 '교체적정지점(TRP: transition relevance place)'이라고 한다. 이 지점에서 화자가 바뀌는 것이 일반적이며, 적절하다는 것이다.

담화 과정에 화자가 순서를 다른 사람에게 넘겨주는 것은 반드시 직접 언어 표현으로 다음 화자를 지정함으로서 이루어지는 것은 아니다. 시선 등 대화에 사용되는 비언어적 신호에 의해서도 다음 화자가 지정될 수 있다. 많은 경우 언어적 장치와 비언어적 장치를 함께 사용하여 순서 교체가 이루어지게 된다. 또 서로 말차례를 갖고 싶어 할 경우에는 현재의 화자가 지정하지 않아도 서로 말차례 우선권을 가지려고 해서 교체 적정 지점이 아닌 경우에도 말차례가 바뀌기도 한다. 어떤 경우에는 두 사람이나 그 이상이 동시에 발화함으로써 말차례의 혼란이 빚어지기도 한다.

이상적인 대화 전개 구조는 참여자들이 적절하게 말차례를 교환하면서, 겹침이 없이, 끊어짐이 없이 이어지는 것이다. 그러나 어떤 화자가 어디까지 말을 하고 순서를 넘겨줄 것인지는 화자가 그것을 명시적으로 드러내기 전에는 알기 어렵다. 이상적인 말차례의 교대는 현재 화자의 순서 전환 의도와 청자의 예측이 일치하는 것인데, 화자의 의도와 청자의 예측이 가능하도록 하는 것은 언어적, 비언어적 장치들이다. 일반적으로 문장이 끝나는 지점이 교체적정지점이 된다. 그러나 문장이 끝나지 않고, 억양만으로도 현재 화자의 발화 순서가 끝났음을 알려주기도 한다.

일방적인 화법이 아니라 상호작용적 화법에서는 순서교대가 대화 진행을 지배하는 중요한 요소가 된다. 대화 참여자들은 순서교대와 관련지어 다음 사항을 유의해야 한다.

(1) 모든 대화참여자는 화법의 진행 방향과 말차례에 주의를 기울여야 한다.

(2) 모든 대화 참여자는 적절한 말차례 권리를 가져야 한다. 지나치게 말차례를 많이 갖거나 한 말차례에서 오래 이야기하지 않도록 하고, 반대로 지나치게 참여하지 않음으로써 다른 대화참여자들에게 부담을 주지 않도록 해야 한다.

(3) 현재의 화자는 말차례 중간에는 자신의 발화가 계속되고 있음을 나타내야 하고, 말차례가 끝났을 경우에는 비언어적 신호나, 언어적 신호를 다른 참여자에게 보내야 한다. 화법의 원만한 진행을 위해서는 다음 화자를 지목하는 것도 고려해야 한다.

(4) 아무도 말차례를 이어가지 않아 침묵이 길게 이어지는 것은 대화 진행을 어렵게 하고, 대화 분위기를 어렵게 만들 우려가 있으므로 대화 진행의 책임이 있는 사람이나, 그 자리의 가장 비중이 높은 사람은 말차례의 순서를 배당하는 발화를 하여, 적절한 순서 교대가 이루어지도록 하는 것이 바람직하다.

(5) 말차례 교체적정지점에서는 대화의 주제나 대화 참여자의 신분이나 지위 등 사회적 역할에 따라서 말차례 선택의 우선권이 있음을 고려해야 한다.

다. 담화 메타 분석과 점검

말하기 능력은 하루아침에 좋아지거나 한두 번의 활동 경험으로 좋아지기를 기대할 수 없다. 말하기 능력을 효과적으로 향상시키려면, 단순히 말하기를 해 보는 것이 아니라, 실제 자신이 말한 것, 사람들이 말한 것을 가지고 무엇을, 왜, 어떻게 말했는지, 문제점은 무엇인지, 어떻게 해야 말하기 능력이 좋아질 것인지에 대해 말하는 메타 분석과 점검 기능의 말하기를 자주 하는 것이 좋다. 사람들이 각자 자신들이 말한 자료를 가지고, 화법의 목적, 과정, 참여자의 자세와 반응 양식 등 자신들의 말하기 관련 요소를 정확하게 파악하고, 거기서 자신의 말하기의 문제점을 인식하고, 함께 화법 문제점 해결 방안을 모색하는 것은, 단순히 어떤 양식으로 말해 보기를 하는 것보다 더 효과적인 화법 향상 방법이 될 수 있다. 화자 자신이 문제를 깨닫지 못하고 단순 반복하는 것보다 자신의 화법 문제를 점검하여 정확히 문제점을 인식하는 것이 화법 능력 개선의 출발점이 될 수 있다.

● 담화 메타 분석의 개념과 중요성

'메타(meta)'는 원래 'after, beyond, among, behind'의 의미를 가진 접두사이다. 메타분석(meta-analysis)은 '화법 수행 후에 그것을 나중에(after), 너머에서(beyond), 뒤에서(behind) '분석한다'는 뜻으로 '일차적이고, 기본적인 대화 행위가 이루어지고 난 다음에 그것을 분석하는 것이다. 화법의 목적, 진행 구조, 참여자의 인지 심리적 특성 등 화법 관련 요소와 전개 과정상의 문제를 발견하고, 그 문제점을 바람직한 방향으로 조정하는 방안 등을 모색하는 과정'을 담화의 '메타분석'이라고 한다.

사람들은 일상 속에서 다양한 방식으로 화법을 사용하고, 그 화법에는 그 사람들의 사고 방식, 가치관, 행동 반응 양식 등 다양한 정보를 말 속에 담아낸다. 언어는 인간의 사회적 상호작용의 집합적 산물이기도 하지만, 우리 인간이 자신의 삶의 세계를 구성하는 본질적 도구이다. 언어는 인간 삶의 방식이며, 인간 세계 구성의 본질 요소이다. 인간 언어생활에서 가장 비중이 큰 것이 말하기이고, 말은 그 사람을 가장 잘 드러내는 수단이라고 볼 때, 한 인간을 이해하는 데 그 사람의 말을 분석해 보는 것보다 좋은 방법이 없다. 그런데 인간의 말은 상황 속에서 순간적으로 음성적으로 표현되고는 사라지므로 나중에 분석하기가 어렵다. 그런데 최근 말소리에 대한 녹음, 녹화 등의 기술이 발달해서 그것을 나중에 체계적으로 분석하는 것이 가능하게 되었다. 녹음, 녹화된 대화 자료를 가지고, 대화분석이 이루어지면 화법참가자들이 평소에 자각하지 못하는 여러 문제들을 발견할 수 있고, 문제 해결의 실마리를 찾을 수 있다. 대화 메타 분석을 통해서 우리 사회 구성원들의 삶의 방식을 알 수 있고, 우리 사회 제도와 사회 구성원들이 가지고 있는 특성, 사회와 개인의 문제점을 발견하고, 해결책을 찾을 수도 있다.

담화 메타 분석의 방법과 절차

실제 담화를 분석하려면 분석자가 화법의 기본 범주를 설정하고, 여러 단계의 준비와 과정을 거쳐야 한다. 먼저, 분석자는 분석하려는 담화 유형을 스스로 수행할 능력이 있어야 한다. 분석자가 알지 못하고 수행할 수 없는 담화를 분석할 수가 없는 것은 분명하다. 둘째, 화법 분석의 목적, 대상, 범위를 명확히 결정해야 한다. 의사소통 과정에서 발생하는 문제를 발견하고, 개선하고자 하는 구체적 시도로서 화법 분석이 이루어져야 한다는 것이다. 담화 분석은 실제 삶의 개선을 위해서, 실제 화법을 대상으로 인지적, 경험적, 설명적 과정으로 이루어져야 한다. 셋째, 분석자의 선험적 지식을 바탕으로 재구성한 화법의 구조나 전개 과정, 대화 참여자들의 의사소통 전략 등을 분석할 수 있는 이론과 방법론의 범주를 체계화하여야 한다. 넷째, 분석하고자 하는 화법 유형의 실제 수행된 화법 자료를 충분히 확보하여야 한다. 분석자의 선험적 지식을 검증할 수 있고, 이상적이라고 제시된 화법 원형의 구조의 오류를 수정할 수 있는 정보나 단서를 제공받을 수 있기 때문에 실제 화법 자료를 충분히 확보하는 것은 대단히 중요하다.

담화 분석의 기본 단위는 화행(speech act), 대화이동(move), 대화순서(turn), 대화연속체(sequence/exchange) 등이다. 담화 분석의 절차는 실제 자연언어의 자료를 녹음, 녹화, 관찰 등의 방법으로 수집하고, 그것을 문자화하여 텍스트로 전사(轉寫)하고, 그 다음 그 텍스트 자료를 세부 절차에 따라 분석하게 된다.

녹음이나 녹화된 자료를 전사하여 문자화 된 자료를 가지고, 대화행위, 대화이동(move), 대화연속체 등으로 나누어 놓고, 대화연속체의 결합체가 갖는 기능 단계와 부분별 용도를 규정하고, 그 전체 구조가 단순대화인지 복합대화인지 구분하고, 그런 작업을 통해서 대화의 목적을 추론해 낸다. 이런 과정을 거쳐서 담화 분석이 이루고자 하는 지향점은 대체로 세 가지다. 첫째, 자료에 반복적으로 나타나는 동일 형태와 거기서 발견되는 규칙성을 찾아내는 것이다. 둘째, 화법 자료를 통해서 대화 당사자들이 해결하고자 하는 문제, 직면하고 있는 문제, 일으키고 있는 문제를 자료에 담겨진 내용을 토대로 추론을 거쳐 재구성해 내는 것이다. 셋째, 대화 당사자들이 대화를 통한 상호작용에서 발생하는 구조적인 문제들을 어떻게 통제하고 조정하는가, 그 통제와 조정 장치를 찾아내어 기술하는 것이다. 담화 분석을 통한 화법 평가에서는 주로 둘째, 셋째 단계가 중심이 되게 된다.

담화 메타 분석을 통한 효과적인 말하기 훈련이 이루어지려면, 우선적으로 사람들의 말하기 실태를 파악할 수 있는 광범위한 담화 자료 수집과 분석이 이루어져야 한다. 그 다음 그 분석 결과에 따라 일반적으로 자주 일어나는 화법의 문제점들을 정리하고, 훈련 조정할 내용 체계를 정비할 필요가 있다. 이런 과정이 원만히 이루어지려면 녹음기·캠코더·컴퓨터·휴대전화와 같은 화법 기록 장비들을 이용할 필요가 있다. 단순히 문자로 기록된 것만으로는 담화 상황이나 맥락을 파악하기가 어려우므로 다양한 시청각 자료가 확보되어야 하고, 이들 자료를 효과적으로 이용한 분석이 이루어져야 한다.

수집된 화법 자료 가운데 말하기 개선에 적절한 자료가 선별되고, 그것을 가지고 화법 점검표를 가지고 점검하면서 문제를 발견하고, 정리된 문제를 다른 사람과 같이 해결해 가는 메타 말하기를 수행하고, 다시 조정된 내용을 바탕으로 시험적으로 말하기를 해보는 방식으로 화법 교육이 이루어지는 것이 바람직하다.

담화 분석을 바탕으로 한 말하기 교육은, 학습자들에게 먼저 말하기 상황이나 유형에 대한 지식과 활동 목표와 과정에 대한 자세한 안내가 이루어지고, 수행을 하면서 어떤 요소들이 점검 대상이 되는지 말하기 과정별 중요 점검 사항을 인지하도록 하는 것이 중요하다.

① 화법 자료 수집과 선정

화법 교육이 효과적으로 이루어지기 위해서는 실제 담화 자료의 체계적인 수집과 분석, 정리가 이루어져 효과적인 화법 교육 자료 은행(corpus)이 구축되어야 한다. 이직까지 만족할 만한 자료 은행이 없으므로 담화 분석을 바탕으로 교실에서 화법 교육을 하려면 어떤 자료를 가지고 메타 분석을 할 것인가를 판단하고 화법 자료를 직접 수집해야 한다. 먼저 담화 유형을 선정하고 화법 교육에 참여하는 학습자의 특성이나 수준, 관심 영역에 맞게 담화 유형을 선정하는 것이 중요하다. 기존의 자료가 없으면 실제와 같은 상황을 설정하고 학습자들과 일차로 수행해 볼 수도 있다. 담화 수행이 이루어지면 간단한 대화연속체의 경우 직접 기억된 내용을 되살려 그것을 문자로 옮겨 쓰고, 그것을 토대로 메타 분석 활동을 할 수 있다. 녹음이나 녹화만큼 만족스럽지는 않지만 기억에 의존한 문자 자료도 메타분석 활동을 하는 사람들이 직접 경험하거나 본 상황이라면 활용 가능한 자료가 될 수 있다.

② 화법 이해 활동

자료 수집과 선정이 이루어지고 나면, 교실에서는 선정된 담화 자료를 가지고 화법 상황, 참여자, 내용(메시지), 화법유형(구조와 구성요소) 이해를 위한 분석 활동을 진행한다. 화법 유형에 따라서 이해를 위한 여러 가지 사용 체계 지식을 미리 안내해 줄 수도 있고, 참가자 스스로 협동하여 탐구하고, 발견하여 이해에 이르도록 할 수도 있다.

③ 화법 점검 활동

점검 활동은 수행한 것이나 전사된 자료를 가지고 하되, 효과적인 점검을 위해서 선택된 담화 자료에 알맞은 평가 질문들과 기준표를 작성하여 사용하는 것이 좋다.

　가) 인지심리영역 점검: 자아 정체성, 대상 인식 체계와 관점 점검, 문제
　　　발견 활동 등
　나) 표현 행위 영역 점검: 언어적, 비언어적 표현과 이해 점검, 대화 유형
　　　특성과 구조 점검 문제 발견 활동 등
　다) 사회적 상호작용 영역 점검: 상호 표현과 이해 과정에서 상대 존중,
　　　민주적 진행 등 상호작용 행위 과정의 인지·심리의 문제 발견. 공동
사회의 도덕이나 관습 등 문화 체계 존중 여부 점검 활동 등

④ 화법 조정 활동

화법 점검 활동을 통해서 드러난 문제를 해결하는 방법을 찾고, 조정하여 개선된 방식으로 대화하는 활동이 화법 조정 활동이다. 점검된 내용을 바탕으로 화법 내용을 조정한 후 조정된 말하기를 수행해 보는 과정으로 돌아갈 수 있고, 각 단계별 이해, 점검, 조정이 제대로 이루어지지 않았다고 판단(메타 점검과 메타조정)되면, 전 단계로 다시 돌아가 그 단계의 학습 활동을 강화한 후 다시 다음 단계로 넘어갈 수도 있다.

<자료 1> **초등학교 미술시간 대화 자료**

성곤: 나 크레파스 좀 빌려줘.

혜은: 싫어, 딴 애한테 빌려.

성곤: (주먹을 휘두르며) 안 빌려주면 죽어.

혜은: 너 그럼 건의함에 널 거야.

성곤: 알았어, 딴 애한테 빌리면 될 거 아냐. 치사하게

혜은: 진작 그럴 것이지.

성곤: 진짜 재수 없어. 패 버릴까 부다.

혜은: 선생님한테 이른다. 너.

성곤: 일러라.　　　(박창균1999:100)

가. 화법 이해를 위한 활동

ㄱ. 상황맥락에 대한 이해 활동

1. 언제, 어디서, 누가, 무엇에 대해서, 어떻게 말하고 있는 것인가?

2. 이런 화법이 주변에서 자주 발생하는가?

3. 우리 사회(언어 문화)는 이런 현상들은 어떻게 다루고 있는가?

4. 이 대화 내용을 보고 어떤 생각이 드는가?

ㄴ. 화법 내용에 대한 이해 활동

1. 각 대화이동(move)은 실제 어떤 행동을 하는 발화인가?

2. 위 대화는 하나의 발화연속체다, 연속체의 전체적 내용은 어떻게 요약할 수 있는가?

3. 대화에서 중심 화행과 주변 화행은 어떻게 구성되어 있는가?

4. (……)

ㄷ. 화법 참여자의 심리와 관계 이해 활동

1. 성곤은 대화를 통해서 보면 어떤 성격의 사람인가?

2. 혜은은 어떤 성격의 소유자인가?

3. 두 사람의 관계는 사회적으로 어떤 관계인가?

4. 지금 두 사람의 심리는 어떠한가, 서로를 어떻게 보고 있는가?

5. (……)

ㄹ. 화법 유형과 전개 방식에 대한 이해 활동

1. 위 대화는 어떤 내용이 어떤 방식으로 전개되고 있는가?

2. 두 사람의 화법 전개 방식은 점검자 자신의 경우에 비추어 어떤 차이점이 있는가?

3. 두 사람의 화법 전개 과정에 드러난 두 사람의 대화적 상호작용의 특성은 무엇인가?

    (상호 협동적, 경쟁적, 대립적(투쟁적))

4. 이런 전개 방식과 상호작용은 우리 사회에서 흔히 일어나고 있는가?

5.(……)

나. 문제 발견을 위한 점검 활동

ㄱ. 화법 참여자 각각의 인지, 심리의 특성과 문제 점검 활동

1. 위 대화중 화법 참여자의 가장 두드러진 문제점은 무엇인가?

2. 그 문제는 어느 사람에게 책임이 있는가?

3. 일반적으로 대화 심리에서 문제되는 것은 무엇인가?

4. (……)

ㄴ. 언어적, 비언어적 표현 방식에 대한 문제 점검 활동

1. 위 대화 가운데 가장 거슬리는 언어 표현은 무엇인가?

2. (비디오테이프 자료가 있거나 실제 수행이 이루어진 경우라면)
   대화 중 일어나는 비언어적 표현 가운데 가장 문제가 되는 부분은?

3. 위 대화에는 안 나오지만 문제되는 언어 표현들은 어떤 것이 있는
   가?

4. 일반적으로 문제되는 비언어적 표현들은 어떤 것들이 있는가?

5. (……)

ㄷ. 관계적 상호작용 과정(반응 양식)의 문제 점검 활동

1. 첫째 화자의 행동에 나타난 문제는 무엇인가?

2. 상대방의 반응 방식에 나타난 문제는 무엇인가?

3. 이런 경우에 나의 반응 양식은 어떻게 나타날까?

4. 우리 사회 구성원들의 반응 양식의 문제는 무엇인가?

5. (……)

다. 문제 해결을 위한 조정 활동

ㄱ. 화법 참여자 각각의 인지, 심리 영역의 문제 조정 해결 모색을 위
   한 활동

1. 이 문제(위 대화중 참여자의 인지·사고 영역의 문제)를 고치는 방법
   이 무엇인지 말해 보자.

2. 이 문제의 책임이 참여자만의 문제가 아니라면 어떻게 해결할 수 있는지 말해 보자.

3. 이런 문제를 근본적으로 발생하지 않도록 하려면 어떻게 해야 하는지 토의해 보자.

4. 이런 문제를 미리 인식하고 고친 경험이 있는가? 어떤 방법이 좋은가?

5. (······)

ㄴ. 언어적, 비언어적 표현 방식에 대한 문제 해결 모색을 위한 활동

1. 대화 중 문제가 되는 언어 표현(구체적 단어, 구, 절, 문장 등)은 어떻게 바꾸는 것이 바람직한가?

2. 대화 중 문제가 되는 비언어적 표현(구체적 행동)은 어떻게 바꾸는 것이 바람직한가?

3. ······

ㄷ. 관계적 상호작용 과정(반응 양식)의 문제 해결 모색을 위한 활동

1. 위 대화의 첫째 발화행위를 바람직하게 하는 방법은 어떤 것들이 있는가?

2. 성곤(또는 아이1)의 첫 발화행위에 대응하는 바람직한 방식은 어떤 것인가?

3. 일반적으로 참여자(구체적인 화법 참여자)의 반응을 좋게 하려면 어떤 방법이 있고, 반응 방식의 문제는 어떻게 교정이 가능할까 말해 보자.

4. 참여자간 상호에 문제가 생겼을 때 효과적으로 해결한 경험이 있는가?

5. (······)

〈자료2〉

　작년 한 해 동안 아빠를 따라 미국에서 살다 올해 한국으로 돌아왔다. 우리는 미국 보스턴 근교에서 살았고, 나는 집 근처 미국학교에 다녔다. 나는 지금 다니고 있는 초등학교에 1, 2학년을 다니다가 미국에서 돌아와 지금 4학년에 다니고 있다. 솔직히 말해 나는 지금 초등학교보다 미국에서 다닌 학교가 좋다. 학교 시설이나 배우는 것이 좋아서 그런 것만은 아니다. 지금 다니는 한국학교에 비하면 미국의 그 학교는 건물도 작고, 시설도 제대로 갖추어져 있지 않다.

　1, 2학년 때 한국에서 학교 다닐 때, 같은 반 남자아이들이 나를 '뚱보', 또는 '돼지'라고 많이 놀려댔다. 나는 그 말이 정말 싫었다. 그래서 미국에 간다고 들었을 때 해방감을 느꼈다. 그러면서도 '미국 남자아이들이 나를 보고 놀려대면 어쩌나' 걱정이 됐다. 그러나 미국에 살았던 1년 동안 같은 학교 남자아이들로부터 뚱뚱하다고 놀림 받은 적은 한 번도 없었다. 치마를 입고 가도 치마를 들추어보려는 한국남자아이들 같은 친구는 한 명도 없었다. 오히려 "Nicely dressed up!(옷 예쁘다!)" 하며 격려해 주었다. 예의 바르고 친절한 남자아이들의 태도가 무척 기분 좋았다. 남의 약점을 들추어내어 마음의 상처를 주는 짓은 절대로 하지 않았다.

　그러나 1년이 지나 다시 본교로 돌아온 뒤 나는 예전과 똑 같이 시달림을 받고 있다. 우리 남자아이들에게도 멋있게 말하고 행동하는 예절을 가르쳐 주었으면 좋겠다.

이연아(초등학교 4년: ○○일보 '글로벌에티켓)

1) 위 글을 읽고 실제 상황에서 일어날 수 있는 대화를 재구성해 보자. 조별 활동을 통해서 각자 대화를 작성하고, 작성하여 조원들끼리 협의하여 가장 자연스러운 화법 내용으로 재구성해 보자.

2) 재구성된 대화 내용을 가지고, 대화 메타 분석 절차에 따라서 활동을 해보자.

3) 위와 같은 상황에서 화법 문제 점검과 조정이 이루어지면 어떤 결과가 나타날 것인지 토의해 보자.

활동평가 초점

1. 화법 메타 분석 과정을 충분히 숙지하고 있는가?

2. 화법 메타 분석 활동에 적극적으로 참여하였는가?

3. 재구성된 화법 구성은 실제적이고 자연스러운가?

4. 화법 메타 분석 결과를 자신의 화법에 적용하여 보았는가?

5. 화법 조정 후 자신의 화법 개선 방향에 대해서 구체적으로 말할 수 있는가?

▌참고문헌

박용익(1998), 대화분석론, 한국문화사.

이창덕 · 임칠성 · 심영택 · 원진숙(2000), 삶과 화법, 박이정.

이창덕 외 옮김(2008), 발표와 연설의 핵심 기법, 박이정.

John L. Austin(1962), 김영진 옮김(1977), 말과 행위, 서광사.

G. Lucius-Hoene & A. Deppermann(2004), 박용익 역(2006), 이야기 분석. 역락.

Jacob Mey(1993), 이성범 옮김(1997), 화용론, 한신문화사.

Jaques Moeschler & Anne Reboul(2000) 최재호 · 홍종화 · 김종을 옮김(2004), 화용론
백과사전, 한국문화사.

John Searle(1969), 이건원 역(1987), 언화행위(言話行爲), 한신문화사.

M. Stubbs 저, 송영주 옮김(1993), 담화분석, 한국문화사.

제6장

화법 교육 내용

1. '국어'의 듣기 · 말하기 교육 내용

국어교육에서 듣기와 말하기 교육은 우리나라에서 처음으로 근대식 학교 교육이 시작된 개화기부터 시작되었고, 이후 해방 후 제1차 교육과 정부터 지금까지 국어과의 중심 영역으로 자리를 잡고 있다. 제1차 국어과 교육과정에서는 종래의 문어 중심 교육에 대한 비판과 함께 구어 교육을 문어 교육과 동등하게 교육해야 한다는 것을 역설하고 있다.

종래의 국어 교육의 형태를 보면, 국어 교육을 주로 문자로써 표현된 문장을 대상으로 하는 것 인양 생각하여 왔고, 따라서 문예 중심의 교육으로 흐르는 경향이 있었음을 부인할 수 없다. 그러한 종래의 폐단을 시정하기 위하여, 무엇보다도 먼저 국어 교육에서 다루어 져야 하는 것이 무엇인가에 대한 검토가 필요하다고 보는 것이다.   (중략)

여기서 또 한 가지 지적하고 싶은 것은 음성으로서의 언어 활동과 문자에 의한 언어 활동이 똑같은 무게로 다루어 져야 한다는 것이다. 앞서도 말한 바와 같이 종래의 국어 교육에서는 문자로서 표현된 문장을 다루는데 지나치게 중점을 두어 왔던 까닭에, 음성 언어에 대한 지도가 소홀히 되어 왔었다. 우리의 언어 생활에 있어서 음성 언어에 의한 의사의 발표가 대부분이라는 점을 생각할 때에, 국어 교육에 있어서 그것이 등한히 생각될 성질의 것이 아님은 새삼스럽게 말할 필요도 없다.

국어과 교육과정의 이러한 모습은 제2차, 제3차, 이른바 학문적 교육과정이라 일컬어지는 제4차 교육과정 때까지 계속 이어졌지만 정작 교실에서는 듣기와 말하기가 제대로 교육되지 못했다. 당시에는 교실에서 국어과 교육과정보다는 구시대적인 국어교육의 관습에 따라 수업이 이루어졌다. 그러다가 국어교육이 듣기와 말하기를 의미 있게 교육하기 시작한 것은 제5차 교육과정 때 국어과 교육 영역을 '듣기, 말하기, 읽기, 쓰기, 문학, 문법'이라는 여섯 가지 영역으로 구분하고 이를 교과서에 그대로 반영하면서부터이다. 그러다가 2009년 개정 교육과정의 후속 교육과정이라 할 수 있는 2012 고시 교육과정에서 '듣기'와 '말하기'가 '듣기 · 말하기'라는 하나의 영역으로 통합되었다. 이러한 통합은 듣기와 말하기를 따로 떼어 교육하는 것이 효과적이지 못하다는 구어 교육의 특성에 기인한 것이다. 이러한 통합을 통해 국어교육의 의사소통 교육에서 구어 교육 대 문어 교육이라는 틀을 갖출 수 있게 되었다고 볼 수 있다. 하지만 이때 듣기 · 말하기 교육 내용이 대폭 축소되었다.

말하기와 듣기의 교육 내용 체계도 교육과정에 따라 변화하였다. 제1차 국어과 교육과정부터 제5차 교육과정까지는 교육 내용 체계가 없이 교육 내용이 제시되다가 제6차 국어과 교육과정 때부터는 내용 체계가 제시되었다. 그리고 2009 개정 교육과정의 2012 고시본에서는 중학교 1~3학년을 모두 묶어 학교급별 교육 내용을 제시하였다. 각 교육과정별 듣기와 말하기의 구체적인 교육 내용은 "국가교육과정정보센터(http://ncic. kice.re.kr)를 통해 확인할 수 있다.

2015 개정 교육과정에서도 초등학교를 세 개 학년군(1~2학년, 3~4학년, 5~6학년)으로 나누고, 중학교 1~3학년을 하나의 군으로 설정하고, 여기에 고등학교 1학년을 추가하여 교육 내용을 단계화하였다. 2015 개정 교육과정의 듣기·말하기 교육 내용 체계는 다음과 같다.

핵심 개념	일반화된 지식	학년(군)별 내용 요소					기능
		초등학교			중학교 1~3학년	고등학교 1학년	
		1~2학년	3~4학년	5~6학년			
▶듣기·말하기의 본질	듣기·말하기는 화자와 청자가 구어로 상호 교섭하며 의미를 공유하는 과정이다.			•구어 의사 소통	•의미 공유 과정	•사회문화성	•맥락 이해·활용하기 •청자 분석하기 •내용 생성하기 •내용 조직하기 •자료·매체 활용하기 •표현·전달하기 •내용 확인하기 •추론하기 •평가·감상하기 •경청·공감하기 •상호 교섭하기 •점검·조정하기
▶목적에 따른 담화의 유형 •정보 전달 •설득 •친교·정서 표현 ▶듣기·말하기와 매체	의사소통의 목적, 상황, 매체 등에 따라 다양한 담화 유형이 있으며, 유형에 따라 듣기와 말하기의 방법이 다르다.	•인사말 •대화〔감정표현〕	•대화〔즐거움〕 •회의	•토의〔의견조정〕 •토론〔절차와 규칙, 근거〕 •발표〔매체활용〕	•대화〔공감과 반응〕 •면담 •토의〔문제 해결〕 •토론〔논리적 반박〕 •발표〔내용 구성〕 •매체 자료의 효과	•대화〔언어예절〕 •토론〔논증 구성〕 •협상	
▶듣기·말하기의 구성 요소 •화자·청자·맥락 ▶듣기·말하기의 과정 ▶듣기·말하기의 전략 •표현 전략 •상위 인지 전략	화자와 청자는 의사소통의 목적과 상황, 매체에 따라 적절한 전략과 방법을 사용하여 듣기·말하기 과정에서의 문제를 해결하며 소통한다.	•일의 순서 •자신 있게 말하기 •집중하며 듣기	•인과 관계 •표정, 몸짓, 말투 •요약하며 듣기	•체계적 내용 구성 •추론하며 듣기	•청중 고려 •말하기 불안에의 대처 •설득 전략 분석 •비판하며 듣기	•의사소통 과정의 점검과 조정	
▶듣기·말하기의 태도 ▶듣기·말하기의 윤리 •공감적 소통의 생활화	듣기·말하기의 가치를 인식하고 공감·협력하며 소통할 때 듣기·말하기를 효과적으로 수행할 수 있다.	•바르고 고운 말 사용	•예의를 지켜 듣고 말하기	•공감하며 듣기	•배려하며 말하기	•담화 관습의 성찰	

2015 개정 교육과정에서는 '핵심 개념'으로 '1) 듣기·말하기의 본질, 2) 목적에 따른 담화의 유형, 듣기 말하기와 매체, 3) 듣기·말하기의 구성

요소, 듣기·말하기의 과정, 듣기·말하기의 전략, 4) 듣기·말하기의 태도'를 설정하고, 이에 따라 '일반화된 지식'과 '학년(군)별 내용 요소'를 제시하고 듣기·말하기 전반에 필요한 '기능'을 따로 제시하였다.

핵심 개념에서 '1) 듣기·말하기의 본질'은 구어 의사소통의 기본 원리적인 성격을 '국어'에 맞게 제시한 것이다. 그 교육 요소로서는 읽기나 쓰기와 같은 문어 의사소통과 구별되는 구어 의사소통의 성격, 구어 의사소통이 선조적으로 의미를 전달하고 수용하는 과정이 아니라 상호 교섭적으로 의미를 공유해 간다는 과정적 성격, 그리고 구어 의사소통은 사회적이고 문화적인 배경을 바탕으로 한다는 배경적 성격을 제시하고 있다.

'2) 목적에 따른 담화의 유형, 듣기 말하기와 매체'는 담화 유형에 따른 구어 의사소통의 방법을 매체와 통합하여 제시하고 있다. 초등에서는 '인사말과 감정 표현 대화(1~2학년군), 대화의 즐거움과 회의(3~4학년군), 토의를 통한 의견 조정, 토론의 절차와 규칙 및 근거, 매체를 활용한 발표(5~6학년군)'를 교육 요소로 제시하고 있다. 중등에서는 중학교에서 '공감과 반응 대화, 면담, 토의를 통한 문제 해결, 토론의 논리적 반박, 발표의 내용 구성, 그리고 매체 자료의 효과'를 제시하고 있다. 고1에서는 '대화의 언어 예절, 토론의 논증 구성, 협상'을 교육 요소로 제시하고 있다.

이러한 요소들을 살펴보면 담화 유형을 모두 포괄하거나 혹은 담화 유형에 따른 전반적인 소통 능력을 요소로 제시하는 것보다는 학령에 맞게 필요한 구어 의사소통 능력을 담화 유형별로 제시하였다고 할 수 있다. 특히 매체를 초등과 중등 모두 제시하여 매체를 활용한 구어 의사소통 능력을 강조하고 있음을 알 수 있다. 또 '인사말, 감정 표현 대화, 공감과 반응, 언어 예절' 등의 교육 요소를 볼 때 구어 의사소통을 통해 관계 능력을 신장시키는 데에도 이번 교육과정의 중점이 놓인 것을 알 수 있다.

'3) 듣기·말하기의 구성 요소, 듣기·말하기의 과정, 듣기·말하기의 전략'에서는 '일의 순서 - 인과 관계 - 체계적인 내용 구성 / 집중하며 듣기 - 요약하며 듣기 - 추론하며 듣기 - 비판하며 듣기와 설득 전략 분석 / 말하기 자신감 - 비언어적 의사소통 - 청중 고려와 말하기 불안'과 같이 구어 의사소통의 구성 요소에 해당하는 과정별 전략을 '말하기 / 듣기 / 맥락'에 견주어 내용 요소로 제시하고, 마지막에 '의사소통 과정의 점검과 조정'이라는 구어 의사소통에 대한 메타적 점검을 내용 요소로 제시하고 있다.

'4) 듣기·말하기의 태도'는 '바르고 고운 말 사용, 구어 의사소통의 예의, 공감하며 듣기, 배려하며 말하기 그리고 담화 관습의 성찰'을 내용 요소로 제시하고 있다. 구어 의사소통을 통해 공감과 협력을 바탕으로 더불어 살아갈 수 있는 사회 공동체 구성원으로서의 바람직한 가치를 함양할 수 있는 능력을 기르는 데에도 중점을 두고 있다는 것을 알 수 있다. 구어 의사소통이 전통 문화적 배경을 지닌다는 점을 고려하면 이러한 사회 공동체적 가치는 우리 화법의 전통을 계승하고 창조하는 측면에서 접근해야 할 것이다.

핵심 개념과 별도로 제시된 기능에서는 '내용 생성하기, 내용 조직하기, 표현·전달하기 / 내용 확인하기, 추론하기, 평가·감상하기 / 맥락이해·활용하기, 청자 분석하기, 자료·매체 활용하기 / 경청·공감하기, 상호 교섭하기 / 점검·조정하기'와 같이 구어 의사소통의 구성 요소로 제시된 화자(말하기)·청자(듣기)·맥락과 더불어 구어 의사소통 전반에 필요한 기능을 신장시킬 수 있는 기능들을 제시하고 있다.

2015 개정 국어과 교육과정에서는 각 단계마다 '국어'의 목표에 따라 교육의 주안점을 제시하여 교육의 위계화를 꾀했다.

학년군	주안점
1~2	다른 사람의 말을 경청하고 자신의 감정이나 경험을 자신 있게 말하는 활동을 바탕으로 하여 듣기 · 말하기의 습관과 태도를 바르게 형성하는 데 주안점을 둔다.
3~4	생활 중심의 친숙한 국어 활동을 바탕으로 하여 자신의 의견을 효과적으로 표현하고 상대방의 감정을 고려하며 예의바르게 듣고 말하는 능력과 태도를 기르는 데 주안점을 둔다.
5~6	발표 · 토의 · 토론 등 공동체 중심의 담화 수행 및 추론하며 듣기와 짜임새 있게 말하기를 연습하고, 듣기 · 말하기에서 지켜야 할 절차와 규칙, 태도를 학습함으로써 기본적인 의사소통과 관계 형성의 능력을 기르는 데 주안점을 둔다.
중	목적과 맥락을 고려하며 다양한 유형의 듣기·말하기를 수행하고, 듣기 · 말하기를 통해 의사소통 능력과 문제 해결 능력을 기르는 데 주안점을 둔다.
고1	자신의 듣기 · 말하기 과정을 점검하고 조정하면서 다양한 유형의 듣기·말하기를 효과적으로 수행하는 능력과 바람직한 의사소통 문화 발전에 기여하는 태도를 기르는 데 주안점을 둔다.

2015 개정 교육과정에서는 각 단계마다 영역별로 성취기준을 제시한 다음, 영역의 하위 범주별로 교수 · 학습과 평가에 관한 사항을 덧붙였다. 학년(군)의 끝에 '국어 자료의 예'를 첨부하였다. 그리고 성취기준과 관련된 내용의 범위와 수준을 명료하게 제시하기 위하여 '학습 요소'를 제시하였다.

2015 개정 국어과 교육과정은 예전처럼 따로 교육과정 해설을 제시하지 않고 설정의 취지나 학습 요소에 대해 오해의 소지가 있거나 상세한 설명이 필요한 경우에 한하여 '성취기준 해설'을 성취기준에 따라 제시하였는데, 해설의 제시 여부가 학습 내용의 경중을 의미하지는 않는다.

2. 선택 과목 '화법'의 교육 내용

'화법' 과목이 처음 등장한 제6차 교육과정에서는 '내용 선정, 내용 조직, 표현 및 전달, 내용 이해'와 같이 작문이나 독서와 같이 주로 사고 과정에 교육의 중점을 두었다. 제7차 교육과정에 와서는 화법의 사회·문화적 배경, 화법의 전략에서 보듯이 화법 고유의 영역을 확보하기 시작해 가기 시작하였다. 그리고 2007개정 교육과정에서 화법이 그 고유한 특성에 따라 나름의 안정적인 틀을 확보하였다. 이후에는 작문과 과목 통합에 따른 학습 내용 축소(2009 개정 교육과정), 이렇게 축소된 학습 내용을 핵심 역량에 따라 재배치하면서(2015 개정 교육과정) 교육 내용이 얼마간 차이를 보이지만(2015 개정 교육과정에서는 제7차와 같이 화법의 태도가 영역에 포함되었다.) 그 기본은 2007 개정 교육과정에 두고 있다고 할 수 있다. 그래서 화법 교육에서 대화, 면접, 토의, 토론, 협상, 발표, 연설이라는 담화 유형을 주로 교육하도록 하였다.

2015 개정 화법 교육과정의 내용 체계를 '화법과 작문' 교육과정에서 화법 관련 내용만 정리하여 제시하면 다음과 같다.

영역	핵심개념	내용 요소
화법의 본질	‣ 자아 인식 ‣ 대인 관계 ‣ 사회적 상호작용	‣ 화법의 특성 ‣ 화법의 기능 ‣ 화법의 맥락
화법의 원리와 실제	‣ 화법의 구성 요소 ‣ 담화의 맥락 ‣ 담화의 유형 ‣ 화법의 전략 ‣ 화법의 표현과 전달 방법	‣ 대화〔자아 인식과 자기표현, 갈등 조정〕 ‣ 토론〔반대 신문〕 ‣ 협상〔상황 분석, 협상 전략〕 ‣ 면접〔답변 전략〕 ‣ 발표〔청자 고려〕 ‣ 연설〔설득 전략〕 ‣ 상황에 맞는 화행 ‣ 언어적·준언어적·비언어적 표현 전략
화법의 태도	‣ 배려·공감 ‣ 진정성·책임감	‣ 화법의 윤리 ‣ 화법의 가치 ‣ 화법의 관습과 문화

'국어'의 듣기·말하기 영역과 달리 화법의 교육 내용 체계에서는 그 구체적인 내용보다는 대체로 해당 항목을 내용 요소로 제시하고 있다. 그러나 구어 의사소통의 본질, 담화 유형별 담화 전략, 공동체적 가치를 중심으로 하고 있다는 점에서는 '국어'의 듣기·말하기와 맥을 같이 하고 있다.

2015 개정 화법 교육과정에서는 '영역'에 따라 교육의 주안점을 제시하고 있다.

영역	주안점
본질	화법의 특성, 의사소통을 통한 자아 성장과 공동체 발전에의 기여, 소통 맥락의 중요성을 이해하도록 하는 데 주안점을 둔다.
원리와 실제	다양한 유형의 담화를 활용하여 상황 분석, 내용 구성, 표현 및 전달의 원리를 학습함으로써 듣기·말하기 능력을 심화하는 데 주안점을 둔다.
태도	화법 활동에서 진정성과 책임감이 중요함을 이해하고 사회적 영향력을 고려하여 의사소통하도록 하는 데 주안점을 둔다.

2015 개정 교육과정은 미래 사회에 대비하여 핵심 역량을 기르기 위한 교육과정으로 짜였다. 화법 교육에서는 2015 개정 교육과정에서 '공동체의 가치와 공동체 구성원의 다양성을 존중하고 상호 협력하며 관계를 맺고 갈등을 조정하는 능력'인 공동체·대인관계 역량을 전 학년(군)에 걸쳐서 학습할 수 있도록 하였다. 이 역량을 위한 성취기준들의 기반이 되는 학습 요소들은 다음과 같다.(전은주, 2016:41)

[초1-2학년] 인사나누기, 감정 표현, 바르고 고운 말 사용
[초3-4학년] 대화의 즐거움, 예의를 지켜 듣고 말하기
[초5-6학년] 공감하며 듣기(소극적 들어주기)

[중1-3학년] 적극적 들어주기, 배려하며 듣기
[고1학년] 사회·문화성, 언어 예절을 갖추어 대화하기, 담화 관습의
　　　　성찰
[화법과 작문] 화법의 윤리, 화법의 관습과 문화

　2015 개정 교육과정에서는 담화 유형 학습의 위계성과 연계성을 다음
과 같이 확보하고 있다.(전은주, 2016:47을 재구성)

학년	학습 요소				
	대화	면담/ 면접	발표/ 연설	회의/토의/ 협상	토론
초1~2	▸ 인사 나누기 ▸ 감정 표현				
초3~4	▸ 대화의 즐거움			▸ 의견 교환	▸ 규칙, 근거 제시
초5~6	▸ 공감 (소극적 들어주기)	▸ 목적에 맞는 질문	▸ 매체 자료 활용	▸ 의사 결정	▸ 논리적 반박
중1~3	▸ 공감 (적극적 들어주기)	▸ 목적에 맞는 질문	▸ 청중 분석 ▸ 말하기 불안 대처 ▸ 핵심 정보 전달	▸ 의사 결정	▸ 논리적 반박
고1	▸ (상황과 대상에 맞는) 언어 예절			▸ 대안 탐색, 의사 결정	▸ 쟁점별 논증 구성
화법 (화법의 원리와 실제)	▸ 자기 인식, 자기 표현 ▸ 갈등 조정 ▸ 상황에 맞는 화행	▸ 답변 전략	▸ 청자 고려 ▸ 설득 전략	▸ 협상 전략	▸ 반대 신문

참고문헌

김윤옥(2007), 상호주관성에 바탕을 둔 화법 교육 연구, 한국교원대 박사논문.

류성기(2003), 초등 말하기 듣기 교육론, 박이정.

민병곤(2006), 말하기·듣기 교육 내용으로서의 '지식'에 대한 고찰, 국어교육학
연구 25.

박중훈(2007), 국어 표현교육의 문제들, 월인.

이도영(2006), 말하기 교육 목표를 어떻게 설정한 것인가, 국어교육학연구 25.

이주행 외(2004), 화법 교육의 이해, 박이정.

임칠성·최승권·김정희·심윤희(2002), 국어선생님 듣기 수업 어떻게 하십니까,
역락.

전은주(2016), 2015 개정 국어과 교육과정의 실상과 과제 - 화법, 국어교육학연구
51.

최미숙 외(2008), 국어교육의 이해, 사회평론.

Brown Gillian and Yule George(1983), *Teaching the Spoken Language*, Cambrige University
Press.

Underwood Mary(1993), *Teaching Listening*, Longman Inc.; 입말교육연구모임 옮김
(1999), 듣기교육, 나라말.

제7장

화법 교수 · 학습과 평가

1. 교수 · 학습 방법

가. 화법 교육의 목표

화법의 교수 · 학습은 화법 능력을 신장시켜 화법 교육의 목표에 도달하도록 해야 하고, 화법 평가는 화법 능력과 목표 달성을 기준으로 해야 한다.

2015 개정 교육과정에서는 화법의 성격을 "화법은 말을 통해 생각과 느낌, 경험을 교류하며 의미를 구성하고 공유하는 행위이다. 학습자는 듣기 · 말하기를 통하여 자아를 표현하고 지식과 정보를 습득하며 일상생활에서 부딪히는 문제를 해결할 수 있다. 또한 정서를 교감하며 원만한 대인 관계를 형성 · 유지하고 창조적인 말 문화를 계승 · 발전시킬 수 있다. 학습자는 화법의 원리에 대한 이해를 바탕으로 하여 화법의 기능을 체계적으로 익히고 바람직한 듣기 · 말하기의 태도를 갖춤으로써 화법의 목적과 의의를 달성할 수 있다."라고 제시하고 있다. 화법을 언어적인 소통을 넘어, 삶을 공유하고, 관계를 생성하여 발전시키고, 문제를 해결하며, 말 문화를 계승하여 발전시키는 행위로 규정한 것이다.

이러한 성격에 따라 화법 과목의 목표를 다음과 같이 제시하고 있다.

> 일상생활과 학습 상황에서 필요한 화법 능력을 기르고, 사회적 소통 행위로서의 화법의 특성을 바탕으로 하여 바람직한 화법의 태도를 함양하며, 이를 통하여 바람직한 의사소통 문화의 발전에 기여한다.
>
> 가. 화법의 본질과 원리를 체계적으로 이해한다.
> 나. 효과적으로 내용을 구성하여 전달하고 설득하는 능력을 기른다.
> 다. 효과적으로 자신을 표현하며 바람직한 인간관계를 형성하는 능력을 기른다.
> 라. 공감과 배려를 바탕으로 바람직한 의사소통 문화를 형성하는 태도를 기른다.

화법의 성격에서 보았듯이 화법은 사고, 정체성, 관계, 사회문화 등 다차원적이다. 그리고 2015 교육과정은 내용 체계를 화법의 본질, 화법의 원리와 실제, 화법의 태도의 세 가지 영역으로 구분하여 놓았다. 그렇지만 비록 화법이 다차원적이고 내용 체계가 어떻게 구분이 되었든 간에 화법 수업은 화법 교과의 목표를 달성하는 데 그 지향을 두어야 한다. 앞서 지적하였듯이 2015 개정 교육과정에서는 화법의 본질과 원리의 이해, 언어적 정보의 전달과 설득 능력 신장, 인간관계 형성 능력, 바람직한 의사소통 문화 형성을 화법 교육의 목표로 설정하고 있다.

궁극적으로 화법 교육의 목적은 화법 능력을 신장시키는 데 있다. 화법 능력이란 화법의 본질에 대한 이해를 바탕으로 화법의 원리를 익혀 올바른 태도로 언어적 소통을 하고, 관계를 생성하여 발전시키며, 문제를 해결하고, 문화를 계승하여 발전시키는 것이다. 이를 위해 교육과정에서는 지식, 기능, 태도 등을 따로 구분하여 내용 요소를 제시하고 있지만 이런 모든 요소들은 실제 담화를 수행할 수 있는 화법 수행 능력을 신장시키는 것으로 귀결되어야 한다.

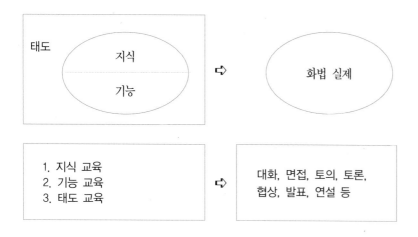

나. 화법 기능의 교수·학습 방법

대체로 사회교과나 과학교과 같은 내용 지식은 외적인 교육에 의해 깨닫게 되고 체계화된다. 그리고 이것을 일상생활에 적용하기도 한다. 그런데 다른 국어 능력과 마찬가지로 구어 의사소통 능력은 외적인 교육이 없이도 일상생활을 통해 어느 정도 자연스럽게 습득이 되는 성격을 지니고 있으며 교육을 통하여 그 기능을 효과적으로 신장시키게 된다. 그리고 학습자가 원하든 원하지 아니하든 일상생활에서 익힌 능력을 적용해야 하는 경우가 많다. 화법의 기능 교육은 이런 점을 고려해야 한다.

예를 들어, 회의 규칙은 배워야 하고, 이를 연습하여 익혀야 하지만 일상생활 속에서도 자기주장을 펴고, 상대의 주장에 반박을 하는 경험을 할 때가 많다. 그러나 회의를 잘 하기 위해서는 회의가 많은 이들의 의견을 통해 합리적인 대안을 찾는 합의의 과정이며, 여기에는 일정한 규칙이 있다는 것을 교육을 통해 배워야 한다. 다음 이를 모의 상황에서 연습하여 회의 수행 기능을 신장시켜야 한다. 그리고 일상생활에서 부딪히는 회의 상황에서 이 능력을 발휘하되, 회의 활동에 참여한 자신의 능력을 성찰하여 스스로 회의 능력을 신장시켜 나갈 수 있도록 해야 한다.

따라서 다른 국어 능력과 마찬가지로 구어 의사소통을 교육은 학습자가 아무것도 모르는 백지 상태에서 시작되는 것도 아니고, 필요한 모든 기능을 다 익혀야 하나의 완전한 국어 능력에 도달하는 것도 아니다. 학습자가 지니고 있는 국어 능력 가운데 미숙한 능력을 능숙하게 교육하거나 새로운 방법을 숙지하도록 한 다음 기존에 가지고 있는 국어 능력을 더 효과적으로 발휘할 수 있도록 교수·학습의 방법을 개발해야 한다. 또 국어 능력은 능력 자체의 신장과 아울러 국어를 사용하는 바람직한 태도를 교육해야 한다.

　　이러한 점을 고려하여 화법의 능력을 신장시키기 위한 교수·학습 모형을 다음과 같이 설정할 수 있다.

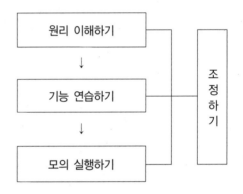

　　이 교수·학습 모형을 협상을 예로 들어가며 각 단계마다 교수·학습 전략을 소개하고자 한다. 원리 이해하기 단계에서는 교육 대상이 되는 담화 유형의 방법과 규칙을 포함하여 화법의 원리를 이해한다. 협상에서는 협상의 기본 개념과 방법 및 전략 등과 같은 협상의 원리를 이해한다.

　　기능 연습하기 단계에서는 기능들의 위계적 속성에 따라 협상의 기능들을 교육한다. 학습자들은 이미 협상 능력을 어느 정도 가지고 있다. 그러므로 이 단계에서 어떤 기능을 아무것도 없는 상태에서 가르치려 하지 말고 학습자들에게 교육이 필요한 기능이 무엇인지 파악하여 그 기능을 집중적으로 교육하는 것이 효과적일 것이다.

화법의 기능을 교육할 때는 직접교수법을 활용하는 것이 효과적이라 할 수 있다. '설명하기-시범보이기-질문하기-활동하기'라는 기본 틀을 수업의 환경과 조건에 맞추어 적절히 조정해 가면서 학생들에게 목표 기능을 익히도록 하여야 한다. 시범보이기 단계에서는 해당 기능이 포함된 담화 동영상 등을 활용하는 것이 효과적이다. 그리고 기능이 탈맥락적인 속성을 지니고 있기 때문에 기능을 지도할 때는 실제 상황을 제공하여 학생들이 실제와 연관하여 기능을 익히도록 지도해야 한다.

기능 연습하기 단계에서 주의해야 할 점은 기능이 소통 행동에만 그치지 않고 소통 내용을 포함해야 한다는 것이다. 공감적 듣기의 경우를 예로 들어 설명해 보자. 공감적 듣기를 수행하기 위해서는 무엇보다 상대에 대한 공감하기가 중요하고, 이것이 바탕 내용이 되어야 한다. 다시 말해, 공감적 듣기는 공감적 듣기의 원리를 이해하고, 공감을 한 다음에 이 공감이라는 내용을 소통 행위로 표현해야 한다는 것이다. 따라서 공감적 듣기를 교육하기 위해서는 공감적 소통 행위와 함께 공감하기 기능을 연습해야 한다.

모의 실행하기 단계는 담화 활동을 실행을 통하여 익히는 단계이다. 학습자들이 감당할 수 있는 주제와 상황을 제시하고 위에서 익힌 기능들을 효과적으로 발휘하여 실제 담화 활동을 하도록 할 수 있다. 학습자들이 감당할 수 있는 주제와 상황이란 비계적 담화 주제와 상황을 가리킨다. 기업의 이익 협상보다는 학생들이 주제와 상황을 비교적 잘 이해할 수 있는 청소 영역 분담 협상 등이 이에 해당할 것이다.

모의 실행하기 단계에서는 교육 연극(Educational Theatre)을 활용하는 것이 효과적이다. 교육 연극은 연극 혹은 드라마, 연극적 놀이, 연극적 게임과 같은 수단을 통하여 교육의 목표를 달성하는 교수·학습의 한 유형으로서, 교육 연극은 놀이나 드라마의 요소뿐만 아니라 실제 장면과 과정을 포함한다.(정성희, 2006:33~35) 이러한 교육 연극의 성격은 담화 능력을 실제 상황에서 적용할 수 있도록 하는 데 효과적이다. 예를 들어, 실제 상황과 같은 장면에서 각 학습자들이 실제 협상자 역할을 담당하여 실제의 문제를 해결하는 것 같이 연출하여 교육하는 것이 효과적이라 할 수 있다.

교육 연극에도 몇 가지 종류가 있는데 화법 교육을 위해서는 일종의 교육적 워크숍이라고 할 수 있는 DIE(Drama - in - Education) 방법이 효과적이라 할 수 있다. 이 방법은 참여한 학습자들이 다른 사람과의 공동 작업을 통하여 문제 해결 방안을 발견하고, 그 과정의 이면에 있는 의미를 고찰하게 하는 성격을 지니고 있다. 이 방법은 참여자들이 허구 세계를 경험하는 드라마적인 행위를 통하여 목표가 되는 교육 내용을 배우는 것을 강조한다.(정성희, 2006:37~38)

심상교(2004:223)에서는 다음과 같이 교육 연극을 활용한 교수·학습 모형을 제시하고 있다.

대상인지		인지투사		구성하기		구체화하기		거리두기
학습 분위기 조성 학습 문제 파악	⇨	등장인물 되어보기 분석해보기	⇨	표현활동 준비하기 갖가지 상황 가정 토론하기	⇨	표현활동 하기 실연하기 시행착오 과정	⇨	확인 및 평가 비판적 인식의 단계

이 모형을 토대로 협상하기 수업을 다음과 같이 구안할 수 있다.

단계	수업 활동
대상인지	‣ 연극 활동 모둠 편성하기 ‣ 협상 과제 분석하기
인지투사	‣ 역할 나누기 ‣ 협상에서 담당할 각자의 역할 과제 인식하기
구성하기	‣ 같은 협상팀끼리 전략 모색하기

구체화하기	▸ 협상 전략을 사용하여 협상하기
거리두기	▸ 협상 과정의 문제점 파악하기 ▸ 피드백하기

조정하기 단계는 담화 수행 과정을 전체적으로 점검하고 부족한 난계를 강화하는 활동이다. 조정하기 단계는 담화 수행을 메타적으로 점검하여 분석하고 드러난 문제를 해결하는 단계인데, 담화 수행을 메타적으로 분석하기 위해서는 이 책의 5장에 나와 있는 담화의 메타적인 분석 방법을 활용하는 것이 효과적이다.

다. 화법 태도의 교수·학습 방법

화법의 태도는 문제 해결은 물론 인간관계의 형성과 발전에서, 나아가 더불어 살아가기 위한 공동체적 가치 함양에서 매우 중요한 교육 요소이다. 부모 자녀 사이의 대화나 교사와 학생 사이의 대화에서 실제 문제가 되는 것은 대화 내용보다는 대화 태도이다. 언어 예절이나 언어 윤리에서도 결국은 화법의 태도가 핵심 역할을 하게 된다. 우리가 전통적으로 화법을 통해 품성을 교육할 수 있었던 것은 화법의 태도가 품성 교육과 직결되기 때문이기도 하다. 2015 개정 교육과정에서 화법의 태도 교육을 강조하고 있는 것은 이러한 점 때문이다.

태도는 태도에 대한 바람직한 인식을 바탕으로 해야 내면화될 수 있다. 그러므로 태도를 교육하기 위해서는 태도 형성 이전에 학습자들이 태도에 대해 긍정적인 가치를 갖도록 해야 한다. 그리고 태도를 반복 연습하여 익히도록 하여 태도에 대한 긍정적인 가치가 화법 행위로 내면화될 수 있도록 해야 한다.

화법의 태도를 함양하기 위한 교수·학습 모형을 다음과 같이 설정할

수 있다.(이주행 외, 2004: 372~374)

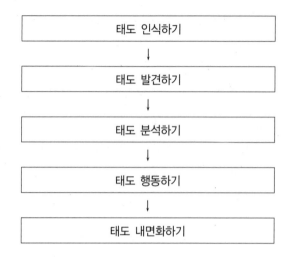

태도 인식하기 단계에서는 학습 대상이 되는 태도 개념에 대해 긍정적인 가치를 확인하고 대상 태도의 원리를 알도록 한다. 협상 활동이라면 함께 문제를 해결하고자 하는 태도에 대해 긍정적 가치를 인식하고 문제 해결적인 태도로 협상에 임해야 한다는 협상의 원리를 깨닫도록 지도할 수 있다.

태도 발견하기 단계에서는 구체적인 담화 상황에서 목표가 되는 태도를 학습자들이 스스로 발견하도록 한다. 학습자들이 태도를 스스로 발견하도록 하는 것은 학습자들이 태도에 대해 관심을 가지고 지켜볼 수 있도록 하는 효과가 있다. 동영상을 통해 협상의 과정을 살펴보면서 자기주장만 되풀이 한다든지 하는 행동을 발견하도록 할 수 있다.

태도 분석하기 단계에서는 발견한 태도를 분석하여 그 문제점을 발견하고 이를 해결할 수 있는 태도를 행동 모형화 하도록 한다. 자기주장만 되풀이하는 태도가 협상에 어떤 영향을 미치는지를 구체적인 상황과 함께 분석하고, 이런 문제를 해결하고, 윈-윈의 결과를 얻기 위해 구체적으로 어떤 행동을 취해야 하는지를 찾아내도록 한다. 예를 들어, 자기주장을 하기 전에 먼저 상대의 입장과 상대의 주장을 요약하여 제시하도록 하는 등이 그 예이다. 이 단계에서 주의할 점은 구체적인 태도 행동을 학습자들이 스스로 결정하도록 해야 한다는 것이다. 그렇지 않으면 태도 교육이 자칫 구시대의 질서를 강요할 수 있기 때문이다.

태도 행동하기 단계는 학습자들이 결정된 태도 행동 양식을 연습하여 몸에 익히도록 하는 단계이다. 태도는 긍정적인 가치를 함양하는 것만으로 내면화되지 않는다. 태도는 반복된 행동을 통해서만 효과적으로 내면화될 수 있다. 학습자들에게 구체적인 협상 상황을 제시하고 그 상황에서 문제 해결적인 태도 행동을 반복 연습하도록 할 수 있다.

태도 내면화하기 단계는 행동의 반복을 통해 태도를 습관화하여 실제적인 상황에 적용하도록 하는 단계이다.

2. 평가

화법 평가란 학습자의 화법 능력을 판단하는 것이다. 이것을 판단하는 기준은 구체적으로 학습 목표이고 나아가 성취 기준이며 궁극적으로 화법 교육의 목표이다.

여기에서는 화법 평가의 도구들의 원리와 절차에 대해 살펴보고자 한다. 이어 듣기 평가와 말하기 평가를 제시한 다음, 2015 개정 국어과 교육과정의 '평가 방법 및 유의 사항'을 학년(군)별로 정리하여 제시하고자 한다.

가. 평가 도구

교육평가에는 형성적 기능(formative function), 총괄적 기능(summative function), 과 함께 학습 동기를 유발하거나 학부모 등에게 교육의 방향을 홍보하기 위한 전략적 기능(strategical function)이 있다. 화법 교육과정의 내용에 따르면 화법 평가의 목적은 주로 형성적 기능과 총괄적 기능을 담당하지만 화법 평가가 학생들의 학습 동기를 유발시키기 위한 목적도 있다는 것을 유념하여야 한다. 화법 수업이 제대로 이루어지지 않은 우리 교실에서 학생들에게 말하기 교육의 필요성을 강조하고자 할 때는 평가의 전략적 기능을 사용하여 학생들의 화법 실태를 있는 그대로 보여주고 교육을 통해 발달이 가능하다는 것을 확인시켜 줌으로써 학습 동기를 촉진시키고, 학부모의 지원을 받을 수도 있을 것이다.

교육 평가는 평가 대상이 어떤 특성이나 능력을 지니느냐에 따라 세 가지 평가, 즉 '지적 영역 평가, 정의적 영역 평가, 심동적 영역 평가'로 구분한다. 화법 평가를 평가의 영역에 따라 살펴보면 이 세 가지 영역 모두에 해당한다고 할 수 있다. 문자 언어가 사고를 손으로 표현하고 눈으로 소통하는 것과 달리 구어는 입은 물론이고 몸과 상황 전체를 활용하여 소통하기 때문이다. 소통의 사고 측면을 평가하자면 지적 영역이 중심이 되고, 소통을 통한 관계 목적과 태도의 측면을 평가하자면 정의적 영역이 중심이 되고, 비언어적 소통과 관련이 되면 심리 동작 영역이 포함될 것이다.

화법의 능력을 간접적으로 평가하느냐 혹은 직접적으로 평가하느냐에 따라 화법 평가 도구는 간접 평가와 직접 평가로 나뉜다. 화법의 능력을 간접 평가하는 도구의 유형으로 (1) 선택형: 진위형, 배합형, 선다형; (2) 서답형: 단답형, 완성형, 서술형이 있다. 간접 평가 도구 중에서 어떤 평가 유형을 택할 것인가는 평가 목표, 수험자의 특성과 수준, 검사 결과의 활용 목적, 검사 실시 상황에 따라 결정하여야 한다. 그리고 좋은 문항은 평가 목표와 일치하여야 하고, 단순 사고가 아니라 고등 사고 능력을 물어야 하고, 참신하되 지나치게 생소하지 않아야 하며, 문항이 모호하지 않도록 구조화되어야 한다.

간접 평가는 우리가 일반적으로 말하는 지필 평가 형식인데 이 평가 방식으로는 학생들의 능력을 직접 평가할 수 없다. 그래서 화법 평가에서는 화법의 능력을 직접 평가할 수 있는 직접 평가 도구를 사용하는 것이 좋다. 직접 평가 방법으로는 크게 관찰법과 포트폴리오 방법이 있다. 관찰법의 도구는 '일화 기록, 평정 표시, 목록 검색'으로 나뉜다. 이제 이러한 직접 평가의 도구 몇 가지에 대해 구체적으로 살펴보자.

(1) 관찰법

관찰법(observation method)은 관찰을 통해 다양한 정보를 수집하는 방법으로서, 주로 학생의 행동에 대하여 심리학적 판단을 내릴 경우에 많이 사용한다. 학생들의 정의적 영역이나 심동적 영역의 평가, 수행 평가 등에서 관찰법이 활용된다.

화법 평가에서 보자면 자신의 듣기 장애, 말하기 불안, 주도와 협력, 대인관계의 형성과 발전 등에 관해서 판단을 확인하고자 할 때 주로 사용할 수 있다. 혹은 교사가 학생의 화법을 지속적으로 관찰하여 누가 기록하고 이를 자료로 학생의 화법 능력을 판단할 수도 있을 것이고, 학생들이 상호 평가하거나 혹은 주변에서 좋은 화법을 선정하여 관찰하여 기록하도록 할 수 있다. 나아가 학생이 주어진 화법 과제를 어떻게 수행하는지 관찰하여 평가할 수 있다.

관찰법은 관찰 상황의 통제 여하에 따라 자연적 관찰과 통제적 관찰로, 관찰자와 피관찰자의 참여 여하에 따라 참여 관찰과 비참여 관찰로 나눌 수 있다.

관찰의 도구로는 다음과 같은 것들이 있다.

(ㄱ) 일화 기록

일화 기록(anecdotal record)은 자연스러운 장면에서 의미 있고 중요하다고 생각되는 것을 구체적으로 기록하는 도구이다. 일화 기록을 사용할 때 유의할 점은 다음과 같다.

① 어떤 행동이 언제 그리고 어떤 조건에서 나타났는가를 사실적이고

구체적으로 기록해야 한다.

② 하나의 일화 기록에는 한 개의 사건만 기록한다.

③ 학생의 성장 및 발달을 이해하는 데 유의미한 행동을 기록한다.

④ 행동이 발생한 즉시 기록한다.

⑤ 특정 시점에서 가장 전형적인 행동을 기록한다.

⑥ 필요한 경우 참고사항과 그 행동에 대한 해석 및 대처 방안을 별로로 기록한다.

<예시>

- 관찰자_____
- 관찰 목적(혹은 관련 단원)_____
- 관찰 내용

- 참고 사항

(ㄴ) **평정 표시**(rating)

평정 표시는 평정 척도가 문항으로 구성된 관찰 기록 용지를 가지고 관찰하고자 하는 대상의 빈도나 강도를 질적으로 또는 양적으로 평정, 기록하는 도구이다.

- 관찰자_____
- 관찰 목적(혹은 관련 단원) 3) 말하기 불안
- 관찰 내용

```
1. 언어 표현
   • 말을 더듬는다.                    ① ② ③ ④ ⑤
   • 불필요하게 군더더기말을 사용한다.    ① ② ③ ④ ⑤
                   …
2. 준언어 표현
                   …
3. 비언어 표현
                   …
• 참고 사항
```

(ㄷ) 목록 검색

목록 검색은 체크리스트를 이용하여 관찰하고자 하는 행동, 조건, 상황, 실태 등의 존재 또는 출현 여부를 열거된 목록에 체크하는 도구이다.

<예시>

```
              듣기 왜곡 점검표

• 관찰자_____
• 관찰 목적(혹은 관련 단원)  2) 듣기 왜곡
· 왜곡의 원인(해당 사항에 O표)

    •_____ 나는 꼭 들었어야 할 내용을 듣지 못했다.
    •_____ 내 기준에 맞추어 일방적으로 판단했다.
    •_____ 화자가 하지 않은 말을 했다고 생각했다.
    •_____ 다음에 내가 할 말을 생각하고 내 할 말에 비추어 판단했다.
                   …
• 참고 사항
```

자기 보고법(self-report method)도 일종의 자기 관찰에 대한 보고이다. 주로 '의사소통의 점검과 조정'에서 많이 활용될 수 있다. 자기 보고법은 흔히 일련의 진술문에 대해 대상자가 읽고 답하게 하는 것으로서 질문지법, 척도법, 검사 등이 모두 이에 포함된다. 예를 들어, 자신의 듣기 태도에 대한 점검표를 목록 검색의 방법으로 다음과 같이 활용할 수 있다.

듣기 태도 자기 점검표

• 들은 시간과 장소:
• 화자와 주제:
• 들은 목적:
※ 자신의 듣기 태도에 해당하는 항목의 번호에 O표를 하시오.

	10가지 좋은 듣기 태도		10가지 나쁜 듣기 태도
1	뭔가 도움이 될 만한 것을 찾고자 함	1	흥미 없는 주제라고 여김
2	화자보다는 메시지 자체에 신경을 씀	2	화자의 말재간, 용모, 복장 따위에 크게 신경을 씀
3	화자의 말을 넘겨짚기에 앞서 끝까지 들음	3	넘겨짚고서 반박을 준비함
4	중심 생각, 원리, 개념에 귀를 기울임	4	사실에만 귀를 기울임
5	구조를 생각하면서 2, 3분 단위로 메모함	5	한 마디도 놓치지 않고 모두 기억하려고 함
6	듣는 동안 긴장을 풀지 않고 주의를 집중함	6	화자에게 관심을 표명하는 체함
7	주의 산만 요인을 제거하려고 함	7	주의 산만의 요인을 방치함
8	어려운 내용을 듣기 위해 학습함	8	어려운 내용은 모르고 넘어감
9	내가 어떤 표현에 신경을 쓰는지 알고 영향을 받지 않으려고 함	9	사소한 표현에 영향을 받음
10	다음 이야기를 예측하고, 대조하고, 요약하고, 비판하면서 들음	10	그냥 사실적인 내용만 들음

평정 표시나 목록 검색에서도 점검표를 사용할 수 있다. 점검표는 점 검자에 따라 자신, 학생 개인, 학생 집단, 교사, 교사 집단 등으로 나뉠 수 있다. 점검표는 목표가 구체적이어야 하고, 점검의 방법과 내용이 타 당성과 신뢰성을 획득할 수 있도록 하여야 한다. 학생에 의한 점검일 경 우 점검의 방법을 구체적으로 안내하고 시범을 보인 다음, 몇 개의 대상 을 대상으로 학생의 점검을 확인 수정하는 방식을 택하는 방법을 사용할 수도 있다. 점검표형의 화법 평가에서 유의해야 할 것은 점검표가 유목 적적으로 세분화되어야 한다는 점이다.

화법 능력 평가를 통합적으로 평가하고자 할 때는 다음과 같은 점검표 를 사용할 수 있다.(교육과학기술부, 2008:185)

		평가 내용
내용		‣ 청중에게 알맞은 화제를 선택했는가? ‣ 전달하고자 하는 내용이 분명히 드러나는가? ‣ 독창적인 내용을 담고 있는가? ‣ 선정된 내용은 목적과 맥락에 적절한가?
조직		‣ 내용 요소의 배열 순서가 논리적이고 체계적인가?
표현	언어적/ 반언어적/ 비언어적	‣ 표준어와 표준 발음을 사용하는가? ‣ 사용하는 어휘와 어법이 적절한가? ‣ 어조, 성량이 적절한가? ‣ 효과적인 표정, 동작, 몸짓을 활용하고 있는가? ‣ 공간 이용과 이동은 적절한가? ‣ 말차례 교환 규칙과 말하는 적정 시간을 잘 지켰는가?
	매체	‣ 담화 유형에 적절한 매체를 효과적으로 활용하고 있는가?
태도		‣ 적극적이고 능동적인 태도를 보이는가? ‣ 상대를 배려하고 협동적인 태도를 보이는가?

교육과정의 화법 교육 내용에 따라 이 표에 들어갈 항목들은 달라져야 할 것이다. 예를 들어, 2015교육과정에서는 태도 영역에서 그 내용 요소로, '화법의 윤리, 화법의 가치, 화법의 관습과 문화'를 제시하고 있으므로 이에 걸맞은 평가 항목을 제시하여야 할 것이다.

그러나 이러한 점검표는 화법의 모든 요소를 한꺼번에 평가하기 위한 것으로서 기말 평가와 같은 총괄평가에서 시행하는 평가에 적절하며, 담화 유형에 따라 수정되고 보완되어야 한다. 또 이처럼 모든 평가 요소를 평가하기 위해서는 녹화나 녹음을 한 학생의 자료가 필요하다. 수행 평가나 정규 수업 시간에 이루어지는 평가는 학습 목표와 관련하여 선정되고 지도된 필수 학습 요소만을 평가하는 것이 바람직하다는 점에 유의하여야 한다.

점검표의 활용은 통합평가에 그치지 않는다. 오히려 통합평가보다 수업 시간에도 학습 요소를 구체화한 점검표를 활용하는 편이 더 효과적일 수 있다. 수업 시간에는 필수 학습 요소에 따라, 혹은 수업 시간에 배운 기능을 가능한 한 구체적으로 관찰 가능한 행동으로 제시하여 점검표를 만들어 활용할 수 있다.

(2) 포트폴리오(portfolio)

포트폴리오는 학생 개개인이 수행한 일련의 과제 중에서 대표적인 몇 가지를 의도적으로 선정하여 이것들을 교사 또는 평가자에게 평가받는 평가의 일종이다.

다음은 포트폴리오의 한 예로서 듣기 기록장을 예시한 것이다.

듣기 기록장

- 들은 때 :
- 들은 장소(장면) :

- 화자 :
- 주제 :
- 들은 목적 :
- 제목을 보고 떠올랐던 생각 5가지
- 내용 구조와 요점
- 착상, 질문, 비판 등의 메모
- 유익했거나 감동 깊었던 내용

나. 듣기 평가

듣기 능력을 체계적으로 지도하기 시작한 것이 비교적 최근인 반면 듣기 능력에 대한 평가는 그리스 시대부터 있어 왔다. 그리스 이래 1960년대 초반까지의 듣기 평가는 주로 구두로 전해들은 내용을 회상하는 '구술 강의 회상 중심의 듣기(lecture listening)' 평가였다. 이후 화자와 청자의 관계(relationship)를 중심으로 화자의 숨겨진 의도를 파악하는 등 '대인 관계 중심의 듣기(interpersonal listening)' 평가가 주축을 이루다가, 1980년대에 이르러 듣기가 이루어지는 문화, 비언어적 상황, 사전 경험 체계 등의 배경을 바탕으로 한 '배경·문화 중심의 듣기(schematic or cultural listening)' 평가가 이루어지고 있다(Bostrom, 1997:21-25). 그러나 듣기 평가에 대한 오랜 역사에도 불구하고 학교의 모국어 교육에서 듣기 능력을 체계적으로 평가하기 시작한 것은 매우 최근의 일이다.

듣기 능력은 말하기나 읽기 능력과 직접적인 관련을 가질 뿐만 아니라 쓰기 능력과도 관련된다. 청각 장애인 아동은 그렇지 않은 아동보다 쓰기 능력이 뒤떨어진다(Lundsteen, 1979:14). 이러한 사실은 우리 듣기 교육의 현실에 대한 반성을 요구하고 있다. 지금 우리의 듣기 교육은 체계적인 교육 활동의 틀을 제대로 갖추지 못한 채, 일방적인 듣기에만 초점을 맞추어, 말하기 교육의 부산물처럼 취급되어 이루어지고 있는 것이 사실이다. 다음에 제시하는 듣기 평가 방법은 내용 이해 중심의 듣기 평가 방법이다. 공감적 듣기, 듣기 태도 등 내용 이해 외의 듣기에 대한 평가는 이와 다른 방식을 취해야 할 것이다.

1) 평가의 시간과 장소

평가의 시간은 평가를 시행하는 시간과 평가에 소요되는 시간 두 가지를 의미한다. 일반적으로 일정한 평가 기간 내에 듣기 평가 시간을 지정하거나 국어과 수업 시간의 일부를 평가 시간으로 할애하고 있지만, 특히 수행 평가를 위해서는 수업 과정 중이나, 학교 내 교육 활동 이외의 시간에도 듣기 평가는 시행될 수 있다.

평가에 소요되는 시간도 일정하게 정할 수 없다. 다음은 한 학기나 일정한 기간 동안의 준비가 필요한 평가이거나, 이야기를 듣기 전에 시작해서 듣고 난 후에 끝나거나, 듣는 중간에 시작해서 듣고 난 후에 끝나는 평가 문제의 예시이다.

- 자신의 듣기 태도의 문제점을 분석하고, 이를 개선하기 위한 방법을 세워 실천하고 다음의 자기 점검표에 해당 내용을 기록하여 제출하라.
- 들려 줄 녹음 자료를 듣기 전에 제목을 보고 떠오르는 단어 다섯 개를 적어라. 그리고 녹음 자료를 듣고 난 후에 제목을 보고 떠오르는 단어 다섯 개를 적어라. 그리고 이들이 어떤 점에서 차이가 나며 들은 내용 중에 어떤 내용이 그러한 차이가 나도록 했는지에 대해 적어라.
- 여기까지의 이야기를 듣고 다음에 이어질 이야기의 내용이 무엇인지 예측하여 적고, 무엇에 근거하여 그러한 예측을 하였는지도 적어라.
- 그리고 듣고 난 후 나의 예측과 이야기의 내용이 어떤 부분에서 차이가 났는지에 대해 적고 왜 그런 차이가 났는지에 대해 적어라.

평가는 교사의 눈앞에서만 이루어지지 않는다. 때에 따라서는 학생들이 평가를 위한 자료를 녹화하여 올 수도 있으며, 학생들이 생활하는 환경 속에서 평가를 시행할 수도 있다. 일정한 답이 있는 평가가 아닌 경우에는 어떤 평가이든 평가의 과정 자체가 듣기 능력 신장을 위한 한 장치가 될 수 있다. 따라서 이러한 유형의 평가에서는 듣기 평가의 준비 과정에서 외부의 도움을 받는 것을 굳이 제재할 필요가 없다고 생각된다. 예를 들어, 자신의 듣기 문제점을 분석하여 그 극복 방안을 제시하도록 하는 문제는 해결하는 과정에서 부모나 전문가와 상의할 수도 있을 것이고, 그러한 상의 과정은 곧 듣기 능력 신장을 위한 한 장치로서 기능할 수 있다. 토론의 장면을 녹화하는 경우에도 토론의 과정에서 상대의 말을 잘 듣기 위해 많은 자료를 준비하고, 상대방에 대한 반박 질문을 만들기 위해 질문을 미리 구성하였더라도 토론이 그 본질상 준비한 자료를 낭독하거나 암기하는 수준이 아니라 역동적인 상황 속에서 진행되는 것이기 때문에 오히려 권장해야 할 활동의 과정이다. 듣기 평가가 학생들의 듣기 능력 신장을 위한 훈련의 기능을 할 수 있다는 것이다.

듣기 평가에서 제시되는 자료에는 상황이 포함되어야 하므로 기존의 교실 환경과는 달리 듣기 평가를 시행하는 장소는 듣기 상황을 구현할 수 있는 매체가 갖추어져 있는 곳이어야 한다. 예를 들어, 컴퓨터를 통한 대형 프로젝션이 가능하다든지, 비디오테이프를 재생하여 제시하여 줄 수 있는 곳이어야 한다.

2) 평가의 구두 언어 재료

듣기 평가에 사용되는 구두 언어 자료가 녹음 자료, 녹화 자료, 현장 자료이든 여기에는 반드시 듣기가 이루어지는 상황이 포함되어야 한다. 듣기 평가에 사용되는 구두 언어 자료는 구두 언어의 특성이 반영된 것이어야 한다. 장면을 포함한 비언어적 요소들이나 억양과 같은 준언어적 요소들이 의미 있게 작용하여야 하며, 허드렛말, 일탈, 반복 등 구두 언어적 특성들이 의미 있게 작용하는 재료이어야 한다는 것이다. 여기에 덧붙여, 문화적 배경이 의미 있게 작용하는 것이 바람직한 구두 언어 재료이다. 구두 언어 재료는 강의, 연설, 대화, 토론, 토의 등 다양한 구두 언어 활동 장면의 재료로 구성되어야 하며, 이 재료는 듣기 평가의 목표에 따라 재구성되어야 한다.

평가를 위해 제공되는 구두 언어 재료는 교사가 제작한 자료, 학생들이 스스로 제작한 자료, 현장 자료로 구분할 수 있다. 교사가 제작한 자료는 그 자료를 통해서 과제를 부여하는 자료이지만 학생들이 스스로 제작한 자료는 부여된 과제를 수행한 자료이다.

말하기가 이루어지고 있는 현장을 자료로 사용할 수도 있을 것이다. 현장 자료는 학생의 말하기 연출 상황, 교사의 말하기 연출 상황, 강의나 연설 등 외부인의 말하기 연출 상황을 평가의 자료로 삼을 수 있을 것이다. 교사의 말하기 연출 상황이란 교사가 평가를 위해 의도적으로 강의나 연설 등을 연출하는 상황을 가리킨다. 현장에서 직접 제공되는 자료를 사용할 경우에는 평가의 구체적인 목표와 무관한 요소들이 듣기 과정에 작용할 수 있기 때문에 대단한 주의가 필요하다. 현장에서 직접 제공되는 자료, 예를 들면, 학생의 말하기 등은 평가의 목표가 명확히 인식되고, 그 평가의 목표에 대한 평가의 기준이 명확히 인식된 다음에 사용되어야 한다.

3) 평가자

평가자는 교사 집단이나 교사 개인일 수 있지만 동료 학생 집단이거나 동료 학생 개인, 혹은 피평가자 학생 자신일 수도 있다. 바람직한 평가는 듣기 능력을 평가할 수 있는 국어 교사 집단에 의한 평가일 것이나 이것은 현실적으로 어렵다. 이런 현실적인 여건과 듣기 교육의 효율성에 비추어볼 때 자기 평가와 학생 상호 평가는 유용한 평가 방식이라고 본다.

자기 평가는 주로 태도 평가나 자신의 문제점을 스스로 분석하고 극복하기 위한 평가에 활용될 수 있다. 자기 평가는 일정한 기준 달성 여부보다는 자신의 듣기 능력을 반성하고 신장시키고자 하는 동기를 부여하고 기회를 제공하고자 하는 차원에서 이루어져야 할 것이다. 따라서 능력의 정도보다는 수행의 성실성과 발달의 정도에 초점을 맞추어야 할 것이다. 학생 상호 평가는 평가 항목을 명확히 제시한 다음 평가에 대한 교육을 실시하고 학생들이 서로 평가하도록 하는 방법이다.

다. 말하기 평가

말하기 평가가 실제로 이루어졌던 적은 별로 없지만, 그나마 말하기 평가가 이루어지더라도 작문이 문장의 문법적 오류나 정서법을 중심으로 평가되었던 것처럼 말하기도 문법적 오류나 발음의 부정확성이 평가의 중심이 된 적이 있었다. 그러나 국어 교육이 사고 중심 교육으로 바뀌면서 표현의 정확성보다는 내용의 풍부함과 유창성과 같은 능숙도로 평가의 중심이 옮겨졌다. 그런데 평가의 중심이 정확함보다는 능숙도로 초점이 옮겨지자 교사들은 무엇을 어떻게 평가해야 하는지에 대해 고민하게 되었다. 능숙도 평가는 시간을 많이 필요로 했고, 높은 신뢰성을 확보할 수도 없었다. 말하기의 중요성에도 불구하고 국어의 말하기 수행 평가는 특별한 열정을 가진 교사들만 시도해 보는 거대한 장벽처럼 느껴진다.

말하기 평가가 안고 있는 문제는 크게 세 가지이다. 첫째, 시간 부족이다. 말하기 평가를 하기 위해서는 교사가 많은 시간을 할애해야 한다. 둘째, 신뢰성 부족이다. 지필 평가처럼 명확한 답이 있는 것이 아니라 정도를 평가해야 하기 때문에 평가자의 주관이 개입될 수밖에 없다. 셋째, 효과적인 평가 방법의 부재이다. 많은 교사들이 말하기 평가에 도전하지만 그저 통합적인 평가에 따라 말하기의 모든 내용을 점검표를 가지고 평가하는, 거의 단 한 가지의 평가 방법만을 사용한다. 한 번에 내용, 표현,

태도를 모두 평가한다.

이러한 말하기 평가의 문제점은 앞서 지적한 학습 요소 중심의 평가, 학생 상호 평가를 통해 어느 정도 해결할 수 있다. 예를 들어, 말할 내용 조직하기를 수업했다면 평가 시간에는 구체적인 담화 상황 속에서 말할 내용 조직하기만을 학생 상호 평가 방식을 통해 처리하는 방식이다. 그러나 이런 평가 방식으로는 요구되는 신뢰도를 확보할 수 없고, 행정적으로 필요한 성적을 산출하기 어렵다. 이런 평가는 수업의 피드백을 위한 평가이고, 실제로 성적에서 크게 변별력을 가질 수 없는 평가이다.

그렇다면 우리 교실에서 총괄평가 용으로 사용할 수 있는 이른바 통합형 평가는 불가능한 것인가? 몇 시간에 걸쳐 학생들에게 하나씩 일일이 발표하게 하고 그것을 몇 날 며칠이고 평가해야만 하는 것인가? 좀 더 효과적인 평가 방법은 없는가? 브라운과 율(G. Brown & G. Yule, 1983)이 소개하고 있는 테이프를 활용한 말하기 평가 방식은 비록 내용 전달에 초점을 평가이기는 하지만 이런 고민에 하나의 답을 제공해 주고 있다. 이 방식은 평가를 목적으로 일정하게 조정된 말하기 수행 과제를 학생들에게 부과하고, 학생들이 과제를 수행한 결과를 테이프에 녹음한 다음, 그 테이프를 분석하여 평가하는 비교적 간단한 방법이다.

테이프를 활용한 방법은 몇 가지 문제점이 있지만 그나마 행정적인 필요와 교육적인 필요를 충족시킬 수 있는 대안적인 평가 방법이다. 아니면 캠코더를 활용하여 동영상을 녹화하도록 할 수 있다. 예를 들어, 평가 교실에 캠코더를 고정시켜 놓고, 평가 장면을 녹음하기를 원하는 개인 학생이나 학생 모둠이 녹화 버튼을 누르는 간단한 조작을 통해 자신들의 담화 수행 장면을 녹화하도록 하고 그 결과물에 필요한 인적 사항을 기입하여 제출하도록 하는 것이다. 혹은 컴퓨터를 이용하여 녹음한 결과물을 면접시험을 보듯이 인적 사항을 포함한 녹음 결과물을 파일로 저장하여 이메일로 보내도록 할 수 있다.

▋ 참고문헌

강현석·주동범(2004), 현대 교육과정과 교육평가, 학지사.

김대현·김석우(2005), 교육과정 및 교육평가(2판), 학지사.

민병곤(2006), 말하기·듣기 교육 내용으로서의 '지식'에 대한 고찰, 국어교육학
　　　　연구 25호.

박도순·홍후조(2008), 교육과정과 교육평가(3판), 문음사.

심상교(2004), 교육 연극, 연극과 인간.

이주행 외(2004), 화법 교육의 이해, 박이정.

전은주(2016), 2015 개정 국어과 교육과정의 실상과 과제 - 화법, 국어교육학연구
　　　　제 51집, 국어교육학회.

정성희(2006), 교육연극의 이해, 연극과 인간.

교육과학기술부(2008), 고등학교 교육과정 해설 2 - 국어, 교육과학기술부.

Underwood, Mary(1989), *Teaching Listening, Longman*; 입말교육연구회 옮김(1999), 듣
　　　　기교육, 나랏말.

제3부 담화 유형과 화법 교육

제8장

대화 교육

1. 대화의 특성

가. 대화의 개념과 유형

대화란 <국어 대사전>에 의하면 '서로 마주 대하여 주고받는 말'이라 정의되어 있다. 음성 언어에 의한 여러 가지 의사소통 유형 가운데 대화는 가장 기본적인 의사소통 방법으로 흔히 '일상생활에서 비공식적으로 구어를 통하여 이루어지는, 둘 이상의 사람 사이에서 이루어지는 상호작용적인 언어 행위'(전은주, 1999: 80)를 지칭한다. 즉, 대화란 두 사람 이상의 대화 참여자가 형식에 얽매이지 않고 자유롭게 화자와 청자의 역할을 순서 교대에 의해 바꾸어가며 언어적인 상호작용을 하는 것으로 정보 전달, 설득, 사회적 상호 작용, 정서 표현 등을 목적으로 이루어진다.

대화의 유형은 일반적으로 대화 상황에 따라 가족이나 친구 등 주변사람과 스스럼없이 주고받는 사적인 대화와 방송 대담, 회견, 정상 회담 등의 공적인 대화로 나뉜다. 또한 대화는 대화 참여자의 관계에 따라 부모와 자녀간의 대화, 부부간의 대화, 동료 간의 대화, 상사와 부하 직원간의 대화, 연인간의 대화, 낯선 사람간의 대화 등으로 나뉘기도 하는데 이각각의 관계에 따라 언어적으로 적절히 대응하는 대화 능력을 가지지 못한다면 원활한 사회생활을 해 나가기가 어려울 것이다.

그런가 하면 박용익(1998:218-219)에서 소개한 테히트 마이어의 대화 유형학에 의하면 대화는 사회적 중요성과 대화 기능 및 대화 참여자의 사회적 관계, 대화 영역과 대화의 외적 상황이라는 네 가지 기준에 의해 다음과 같이 분류되기도 한다(구현정·전영옥, 2005:43).

1) 사회적 중요성과 대화 기능의 기준

(1) 실제적이고 구체적인 행위의 실현을 위해 수행되며, 그러한 행위의 한 부분인 대화:
  예) 자동차를 고칠 때나 공장에서 수행되는 대화

(2) 공동의 행위를 기획, 사전 조정, 사후평가하기 위한 대화:
  예) 업무 협의

(3) 직무 수행 대화: 예) 판매 대화, 관공서 대화

(4) 지식 전달을 위한 대화: 예) 수업 대화, 인터뷰

(5) 지식 탐구를 위한 대화: 예) 학문적 토론

(6) 지식 시험을 위한 대화: 예) 구두 시험

(7) 설득 대화: 예) 개인적 설득, 매체 토론회

(8) 인간 관계 설정과 관리를 위한 대화: 예) 연회 대화, 주점 대화

(9) 심리 상태를 이완하기 위한 대화

(10) 예술 차원의 미적 효과를 위한 대화: 예) 연극 대화, 문학 작품 속의 대화

2) 대화 참여자 사이의 관계 설정에 따른 기준

(1) 의사소통 목적의 동일성과 상이성: 협력 대화, 다툼 대화

(2) 대화 과정에 참여하는 정도, 발화 기회의 평등한 부여: 평등 대화, 불평등 대화

(3) 대화 참여자들의 견해 일치 여부: 비논쟁적 대화와 논쟁적 대화

3) 대화가 수행되는 행위 영역의 기준

(1) 경제 영역에서의 대화

(2) 교육 영역에서의 대화

(3) 법률 영역에서의 대화

(4) 대중매체에서의 대화

(5) 사회적 기구의 틀 안에서의 대화

(6) 가정 내에서의 대화

4) 대화의 외적 기준

(1) 2인 대화와 다인 대화

(2) 즉흥적 대화와 조정된 대화

또한 대화는 관점에 따라 사람과 사람 사이의 사회적 관계 유지를 위한 관계 중심적 대화, 행위를 동반하는 행위 동반적 대화, 과제 해결에 초점을 두는 과제 중심적 대화로 유형화되기도 한다(박용익 1998:220). 이 가운데 과제 중심적 대화는 대화를 시작할 때 대화 참여자 사이의 이해가 서로 상치되는가에 따라 상보적 대화와 협력적 대화, 그리고 경쟁적 대화로 구분되기도 한다.

[초등학교 1~2학년]
[2국01-03] 자신의 감정을 표현하며 대화를 나눈다.

○ 학습 요소
대화하기(감정 표현)
○ 성취기준 해설
이 성취기준은 대화를 나눌 때 자신의 감정을 적절하게 표현함으로써 타인과의 관계를 유지하고 발전시키는 능력을 기르기 위해 설정하였다. 자신의 감정을 이해하고 상황에 적절하게 감정을 표현하는 것은 자기를 이해하고 대인 관계를 형성하는 데 도움이 된다는 점을 알도록 하고, 기쁨, 슬픔, 사랑, 미움 등 다양한 종류의 감정을 자연스럽게 표현하도록 하는 데 중점을 둔다.

○ 교수·학습 방법 및 유의 사항
감정을 표현하는 말하기를 지도할 때에는 자신의 감정을 직접 표현하거나 역할극 등을 활용하여 다양하게 표현해 보게 한다.

○ 평가 방법 및 유의 사항
인사말, 감정 표현하기, 바른 자세로 말하기, 바른 말을 사용하는 태도 지니기 등의 학습 요소는 학습자가 학교뿐 아니라 가정에서의 말하기에서도 잘 실천하고 있는지 점검하여, 학교 안팎에서 듣기·말하기 능력이 균형 있게 발달할 수 있도록 한다.

[초등학교 3~4학년]
[4국 01-01] 대화의 즐거움을 알고 대화를 나눈다.

○ 학습 요소
대화하기(경험 나누기, 대화의 즐거움)

○ 성취기준 해설
이 성취기준은 자신의 생각과 느낌, 경험을 다른 사람과 공유하면서 대화의 즐거움을 깨닫고 능동적으로 대인 의사소통에 참여하는 태도를 기르기 위해 설정하였다. 대화에서 상대가 나의 말을 귀담아 듣고 흥미를 보이며, 서로 말의 내용과 감정을 공유하는 과정에서 대화의 즐거움을 느끼게 하는 데 중점을 둔다. 거창하거나 대단한 경험이 아닌 소박하고 친숙한 일상의 경험도 화제로 활용하게 하며, 경험과 함께 감정도 나눌 수 있도록 지도한다.

○ 교수·학습 방법 및 유의 사항

일상생활이나 학교생활에서 자연스럽게 이루어지는 대화 상황을 선정하여 듣기 말하기 활동이 이루어지도록 한다.

○ 평가 방법 및 유의 사항

일상 대화나 수업에서 이루어지는 듣기·말하기 활동을 직접 점검하거나 교사 또는 동료 학습자가 기록할 수 있는 점검표나 관찰 기록표 등을 활용할 수 있다.

나. 대화의 구조

대화는 다른 의사소통 유형에 비해 상대적으로 형식면에서 자유롭지만 그렇다고 대화에 구조가 없는 것은 아니다. 대화 역시 기본적인 구조적 틀이 있어서 어떻게 시작하고, 이어가고, 끝맺는가에 대한 일정한 규칙이 존재한다.

모든 대화는 반드시 말하는 사람과 듣는 사람으로 이루어진다. 그러나 이 역할은 고정된 것이 아니라 끊임없이 화자가 청자가 되고, 청자가 화자가 되는 순서 교대(turn taking)에 의해 순환된다. 따라서 대화에서 가장 중요한 것은 누가 언제 말할 것인지를 결정하는 기술이다. Sacks, Shegloff & Jefferson(1974, 1977)에서는 순서 교대를 지배하는 규칙을 다음과 같이 정리하여 제시한 바 있다.

규칙1: 어떤 순서의 교체 적정 지점에서 적용된다.

(a) 만일 현재의 화자가 다음 화자를 선택하고 나면, 현재 화자는 말하기를 멈추어야 하며, 다음 화자가 말을 해야 한다. 순서가 바뀌는 것은

다음 화자를 선택한 다음 처음 나타나는 교체 적정 지점에서 일어난다.

(b) 만일 현재 화자가 다음 화자를 선택하지 않으면, 대화 참여자 가운데 누구라도 다음 화자로 나설 수가 있다. 제일 먼저 나선 화자가 다음 순서에 대한 권리를 갖는다.

(c) 만일 현재 화자가 다음 화자를 선택하지 않고, 다른 사람이 아무도 나서지 않으면, 현재 화자는 말을 계속 할 수 있다. 그러나 반드시 그래야만 하는 것은 아니다.

규칙2: 다음에 계속 이어지는 순서 교대는 모든 교체 적정 지점에서 적용된다. 현재 화자에 의해 규칙 1(c)가 적용되면, 다음 교체 적정 지점에서 규칙1(a)-(c)가 적용되고, 또 다음 교체 적정 지점에서 순환적으로 적용되는데, 이 순환은 화자가 바뀔 때까지 반복된다.

대개 순서 교대는 교체 적정 지점에서 이루어지는데 이 교체 적정 지점은 현재의 화자가 다음 화자를 선택하여 호칭하거나 고갯짓이나 시선, 억양과 같은 신호를 보냄으로써 말할 권한을 넘겨주는 방식으로 이루어진다. 대화는 기본적으로 순서 교대에 의해 이루어지기 때문에 자신의 말을 너무 길게 하거나 대화를 독점하는 것은 바람직하지 않다.

화자와 청자의 순환적인 순서 교대에 의해 진행되는 대화의 구조는 일반적으로 '시작부-중심부-종결부'의 세 부분으로 이루어진다. 시작부는 대화의 통로를 여는 부분이고, 중심부는 이야기하고자 하는 내용들을 주고받는 부분이며, 종결부는 대화를 마무리짓는 부분이다.(구현정·전영옥, 2005: 155)

시작부는 대화를 시작하는 부분으로 일단 대화가 시작되기 위해서는 한 사람이 다른 사람의 주의를 끌면서 대화하기를 원한다는 신호를 보내야 한다. 대개 시작부는 '호출-응답-연결'의 순서로 이어진다. 시작부는 보통 상대방 이름을 부르거나 인사말 건네기에 이어서 화제를 꺼내는 방식으로 이루어진다.

시작부에 이어서 본격적인 대화가 이루어지는 중심부는 일정한 목적에 도달하기 위한 용무를 수행하는 부분으로서 길이도 길고 정형화되어 있지 않다는 특징을 보인다. 일단 화제가 선정되어 대화가 펼쳐지게 되면, 적어도 그 화제를 중심으로 이야기되고 있는 동안에는 그 화제와 관련되는 이야기가 이어져야 한다는 제약이 준수될 필요가 있다. 지금 이야기되고 있는 화제와 무관한 이야기를 끌어들이면 대화의 결속력이 깨지게 되기 때문이다. 또한 듣는 사람 역시 "그래서요", "그러게 말이야", "저런", "정말이니?"와 같은 말로 맞장구를 쳐 줌으로써 대화를 이어가는 노력을 함께 해야 한다.

그리고 이야기되고 있는 화제가 충분히 이야기되어 더 이상 나올 만한 내용이 없다면 다른 화제로 바꾸어야 하는데 이러한 경우 화자는 "그런데", "그러나 저러나", 등의 대화 표지를 제시함으로써 화제를 전환할 것이라는 신호를 보내주어야 한다.

대화를 끝맺는 종결부는 너무 서둘러 마무리하거나 오래 이야기를 끌지 않도록 적절한 시간 안에 매듭을 지을 수 있도록 하되, 대화 참여자 상호간에 대화 종결 의사가 있음을 확인하는 것이 중요하다. 대개는 대화를 시작한 사람이 이제까지 주고받았던 내용을 정리하거나 마무리하는 인사를 교환하는 방식으로 대화를 맺는 것이 보편적이다.

2. 대화의 원리

가. 협력의 원리

사람들이 원활하게 대화를 이어갈 수 있는 까닭은 구체적인 상황과 맥락에 묵시적으로 작용하는 대화의 원리가 존재하고 있기 때문이다. 이러한 대화 원리를 규명하고자 하는 노력은 여러 학자들에 의해 시도되어 왔는데, 그 가운데에서도 대표적인 업적으로 그라이스(Grice, 1975)를 들수 있다. 그라이스는 대화는 상호성을 전제로 하는데, 사람들은 대화를하면서 반드시 지금 하는 말이 이야기되고 있는 대화의 목적이나 요구에합치되도록 대화를 해야 한다는 '협력의 원리(Cooperative principle)'를 다음과 같이 제시하고 있다.

● 협력의 원리(Cooperative principle)

대화가 진행되는 각 단계에서 대화의 방향이나 목적에 의해 요구되는만큼 기여를 하라.

협력의 원리란 의사소통의 기본 전제인 상호성을 바탕으로 하는 것으로 사람들은 의사소통을 할 때 반드시 지금 이루어지고 있는 의사소통의흐름에 합치되도록 말을 하고, 듣는 사람 역시 지금 이루어지고 있는 대화의 목적이나 상황에 맞게 의미를 해석한다는 것이다. 즉, 화자는 지금이루어지고 있는 의사소통의 목적, 의사소통의 맥락이나 상황, 흐름과 일치되는 발화를 통해서 결속성(coherence)을 유지하고, 청자는 상대방의 발화를 지금 이루어지고 있는 의사소통의 목적이나 상황, 흐름과 관련하여의미를 추론하고 해석한다는 것이다(구현정 1997:101).

그라이스(Grice)는 문장 A가 주장됨으로써 A 자체의 귀결이 아닌 사실들이 유도될 수 있음을 지적하고 이를 '대화의 함축'이라 불렀다. 그는 대화가 일종의 협동 작업이라는 일반 원리에서 대화자들이 대화를 정상적으로 진행시키기 위해서 어떤 격률을 지킨다는 사실에 주목한 것이다. 그는 이것을 네 가지로 요약하여 다음과 같은 격률로 공식화하여 제시해주고 있다.

a. 양의 격률(The maxim of quantity)

- 지금 주고받는 대화의 목적에 필요한 만큼만 정보를 제공하라.
- 필요 이상의 정보를 제공하지 말라.

b. 질의 격률(The maxim of quality)

- 상위 격률: 진실한 정보만을 제공하도록 노력하라.
- 격률: 거짓이라고 생각되는 말은 하지 말라.
  증거가 불충분한 것은 말하지 말라.

c. 관련성의 격률(The maxim of relevance)

- 적합성이 있는 말을 하라.

d. 태도의 격률(The maxim of manner)

- 상위 격률: 명료하라.
- 격률: 모호한 표현은 피하라.
  중의성은 피하라.
  간결하게 말하라.
  조리있게 말하라.

위의 네 가지 격률 가운데 첫 번째 양의 격률은 필요한 만큼만 정보를 제공하라는 것이다. 필요 이상으로 많은 정보를 제공하거나 최소한의 정보도 주지 않으면 바람직한 대화를 가로막는 원인이 된다. 두 번째 질의 격률은 말하는 사람이 거짓이라고 생각하거나 타당한 증거를 갖고 있지 않은 것은 말하지 말라는 것이다. 이 질의 격률은 진실성과 관련이 있다. 질의 격률을 어기고 대화를 하게 되면 종종 관계에 부정적인 영향을 미치기 쉽다. 세 번째 관련성의 격률은 이야기되고 있는 화제와 관련되는 말을 하라는 것이다. 마지막으로 네 번째 태도의 격률은 모호한 표현이나 중의적인 표현을 피하고 간결하고 조리 있게 말을 해야 한다는 것이다.

① A: 진수야. 집이 어디니?
   B: 대한민국 서울시 서초구 반포4동 197-8 미도 아파트 309호에 살아.

② A: 정윤아, 기말 시험 범위 좀 가르쳐 줄래?
   B: (알고 있으면서) 나도 몰라.

③ A: 준영 씨. 이번 휴가는 어디로 계획하고 계세요?
   B: 프로젝트 준비 때문에 밤샘 작업을 해야 해요.

④ A: 오늘 저녁 같이 할까?
   B: 글쎄…… 난 집에서 좀 쉬려고 생각하고 있었는데….일도 바쁘고 머리도 아프고 피곤해서 말이야. 그런데 저녁 식사도 하긴 해야 하고……

위에서 예문 ①은 상대방이 원하는 정보보다 더 많은 정보를 불필요하게 제공해 줌으로써 양의 격률을 어긴 경우이고, ②는 전혀 진실되지 못한 답을 했으니 질의 격률을 어긴 경우이다. 또 예문 ③은 대화의 목적이나 주제와 동떨어진 반응을 함으로써 관련성의 격률을 어긴 경우이고 예문 ④는 간결하고 조리있게 말하지 않고 모호하게 말하고 있어 태도의 격률을 어긴 경우이다. 이상의 예문들에서와 같이 의사소통 과정에서 협력의 원리를 지키지 않으면, 말의 진실성이 없어지고 경제성이 없을 뿐 아니라 궁극적으로는 화자와 청자 간의 기본 이해의 불일치를 빚게 되어, 대화가 이루어지기 어렵다.

그라이스(Grice)가 제시한 협력 원리의 대화 격률들은 대화를 원활하게 하기 위해서나 정보 전달을 위한 대화 국면에서는 매우 타당하면서도 바람직한 지침으로 보인다. 그렇지만 이러한 지침들을 실제 모든 대화에 적용하는 데에는 적지 않은 문제들이 있다. 과연 어디까지가 필요한 말이고 적절한 말인지, 또 그 내용의 적절성을 판단할 수 있는 기준은 무엇인가에 대한 문제이다.

그런가 하면 실제 의사소통 과정에서 사람들은 의도적으로 이 대화의 격률들을 위반함으로써 자신의 발화 의도를 함축적으로 전달하기도 한다(이창덕 외 2000:97).

⑤ A: 아들아. 오늘 모의고사 잘 봤니?
　　B: 엄마. 나 좀 쉬고 싶어요.

예문 ⑤는 표면적인 의미로만 본다면 관련성의 격률을 어기는 것이 되지만 아들은 '좀 쉬고 싶다'는 말로 사실 시험을 잘 못 봐서 속상하니 그대로 좀 놔두라는 의미를 함축하고 있음으로 해서 실제적으로는 대화의 결속성에 기여하고 있다. 이와 같이 대화 함축(conversational implicature)은 발화 내용의 표면적인 의미를 넘어서 화자가 어떤 의도를 암시하거나 함의하고 있다는 전제에서 의미 해석이 이루어지게 한다. 즉, 대화 참여자들이 대화의 격률을 의도적으로 위배함으로써 의도한 발화 내용이 오히려 더 의미 있고 정확한 문장으로 표현되고 있다. 이러한 예에서 볼 수 있듯이 어떤 면에서 대화를 움직이는 진짜 힘은 각 문장의 표면적인 의미가 아니라 함축적인 의미라고 할 수 있다. 문장의 함축적인 의미란 대화 상황, 앞 뒤 문맥, 이야기 전체의 배경적 지식, 상대방에 대한 축적된 지식 정도 등의 제반 요인이 모두 작용해서 표현되고 전달되는 것이다.

나. 적절한 거리 유지의 원리

인간에게는 두 가지 서로 상반된 욕구가 있다. 그 하나는 다른 사람과 관계 맺고자 하는 연관성의 욕구이고 또 다른 하나는 누구에게도 자신의 개인적 영역을 침해받고 싶어하지 않는 독립성의 욕구다. 이 두 가지 욕구는 철학자 쇼펜하우어가 제시한 다음의 '고슴도치의 가시' 비유로 설명이 가능하다.

추운 겨울, 고슴도치들은 추위를 피하기 위해 한 곳으로 모여 서로에게 다가간다. 그런데 너무 가까이 다가가다 보면 그 날카로운 가시에 서로 찔리게 되니까 다시 멀리 떨어지게 된다. 그러다 보면 다시 추워진다. 서로에게 다시 다가간다. 이렇게 여러 차례를 반복하다 보면 가시에 찔리지 않을 만큼의 거리를 유지하면서도 추위를 적절히 피할 수 있는 만한 최적의 지점을 찾게 된다. 고슴도치의 가시는 서로간의 가장 적절한 거리를 결정해 주는 근거가 된다. (데보라 탄넨 / 신우인 역 1993: 34)

추위를 피하기 위하여 서로에게 다가가지만 이내 날카로운 가시에 찔리지 않기 위해 서로 거리를 유지하게 되는 고슴도치처럼 우리 인간도 소외감이나 외로움에서 벗어나기 위해 서로에게 다가가지만 이내 다른 사람에게 종속되기 싫어하는 독립성의 욕구 때문에 상대방과 거리를 두게 된다. 즉, 고슴도치가 서로 추위도 피하고 상대방의 가시에 의해서 찔리지 않을 만큼의 최적의 거리를 찾으려고 다가서고 물러섬을 반복하듯이 인간들도 의사소통 과정에서 연대감과 독립성이라는 서로 상반되는 두 가지 욕구 사이에서 균형을 유지하기 위해 '나와 너'와의 최적의 거리를 유지할 수 있도록 노력한다. 어떤 의미에서 의사소통의 긴장감과 역동성의 묘미는 사람들이 서로 외롭지도 않으면서 상처도 주고받지 않아도 될 만큼의 최적의 거리를 찾아내고 유지하려는 노력에 있다고 해도 과언이 아니다(이창덕 외, 2000:99).

바람직한 대화는 자기중심성의 욕망을 어떻게 상대방의 욕구를 충족시킬 수 있는 방향으로 전환하느냐 하는 문제와 직결된다. 상대방의 관점을 고려하는 대화는 상대방과 적절한 거리를 유지하는 것에서 출발한다. 독립성은 다른 사람과의 일정한 거리를 유지함으로써 가능해지고 연관성은 다른 사람에게 다가섬으로써 가능해진다. 독립을 유지하고 싶어하는 사람에게 가까워지고 싶다고 다가가는 것은 오히려 상대방을 더욱 움츠러들게 하는 결과를 가져 오기 쉽다.

미국의 언어학자 로빈 레이코프(Robin Rakoff)는 이 거리 유지 원리를 다음과 같은 지침으로 명쾌하게 정리하고 있다.

(1) 상대방과의 거리를 유지하라.
(2) 상대방에게 선택권을 주어라. 상대방으로 하여금 의견을 말하도록
    유도하라.
(3) 항상 우호적인 태도를 견지하라.

위의 세 가지 지침 가운데 상대방과 거리를 유지하라는 첫 번째 지침은 상대방의 독립성의 욕구를 존중해 줌으로써 상대방을 편안하게 해 주라는 것이고, 항상 우호적인 태도를 견지하라는 세 번째 지침은 상대방과의 연관성을 확보하라는 것이다. 이 가운데 거리 유지 원리의 핵심은 바로 상대방에게 선택권을 주라는 두 번째 지침에서 찾아볼 수 있다. 상대방으로 하여금 의견을 말하도록 유도하라는 이 두 번째 지침은 독립성과 연관성이라는 상반된 욕구 사이에서 균형을 잡고 적절한 거리를 유지할 수 있게 해 준다. 대화를 통해 상대방에게 선택권을 주는 방법은 대개 우회적이고 간접적인 표현을 통해서 실현된다. "창문을 여세요."라는 명령형의 문장보다 "좀 덥지 않으세요?"라는 질문 형태의 간접 대화 방식으로 상대방에게 선택권을 주게 되면 표면적으로는 상대방에게 요구하는 것이 없기 때문에 결과적으로 상대방의 부담을 줄여주는 표현이 되

는 것이다.

> ① 우리 이번 주말에 등산 가요.
> ② 주말에 바쁘지 않아요?

예문 ①과 ②는 주말에 등산이나 갔으면 하고 바라는 아내가 출근길을 나서는 남편에게 건넨 발화문이다. 이 두 예문은 '주말에 등산을 가고 싶다'라는 동일한 언어적 메시지를 전달하고 있지만 ①은 직접적인 대화 행위로 상대방에게 상당한 심리적 부담감을 줄 수 있는 반면 예문 ②는 간접적인 대화 행위로 단순한 질문의 형식을 취함으로써 상대방에게 전혀 심리적인 부담감을 주지 않는다. ①의 발화에 대해서 남편이 취할 수 있는 반응은 물론 '예'나 '아니오' 둘 중의 하나다. 남편이 시간을 낼 수 있는 상황이라면 물론 별 문제가 없겠지만 불가피한 사정으로 인해서 시간을 낼 수 없는 경우라면 이러한 표현법은 문제가 될 수 있다. 이 경우 남편은 모처럼 아내가 계획한 제안에 대해서 거절해야 한다는 부담감을 느껴야 하고 동시에 아내는 남편에게 자신의 제안이 거절당함으로써 연대감의 욕구에 손상을 입게 된다. 이에 비해 ②는 단순한 질문의 형식을 취함으로써 만약에 있을지도 모를 상대방의 거절로부터 자신을 방어할 수 있을 뿐만 아니라 상대방에게도 거절을 해야 하는 심리적 부담감을 최소화시킬 수 있다. 남편이 바쁘지 않다면 함께 등산을 갈 수 있어 좋고, 만약 바쁘다고 해도 자신의 제안이 직접 거절당한 것이 아니고 단지 바쁘지 않느냐는 질문에 대한 반응이기 때문에 전혀 연대감의 욕구나 자존심이 손상될 이유가 없기 때문이다.

이처럼 간접적이고 우회적인 표현은 상대방과의 정면충돌을 피할 수 있게 해 준다는 점에서 자기 방어의 효과가 있을 뿐만 아니라 상대방과의 연대감의 욕구를 손상시키지 않는다는 점에서 그 효용 가치가 높다.

상대방과 적절한 유대관계를 유지하면서 동시에 상대방으로부터 자기 방어를 할 수 있게 해 주는 간접적이고 우회적인 표현법은 의사소통의 동력으로 작용하는 연관성과 독립성이라는 상반된 두 가지 욕구 사이의 균형을 유지할 수 있게 해 주는 최상의 방편이 될 수 있다. 직접적인 표현법으로 인해 서로 충돌할 수 있는 불상사를 미연에 방지함으로써 상대방과 적절한 거리를 유지하면서도 인간적인 유대 관계를 지속시킬 수 있기 때문이다.(이창덕 외, 2000:102)

대개 사람들이 우회적인 표현을 즐겨 사용하는 이유는 자신의 생각을 표현하는 데만 관심을 두는 것이 아니라 그 말이 상대방에게 미치게 될 영향까지도 고려하기 때문이다. 대화의 주제나 목적이 아무리 중요하고 심각한 것이라 해도 최우선적으로 고려해야 할 것은 무엇보다 상대방과의 관계이다. 실제로 사람들 사이에서 이루어지는 대부분의 대화는 직접적이고 솔직한 표현보다는 간접적이고 우회적인 표현을 통해서 이루어진다. 최소한의 노력으로 최대한의 효용을 추구하는 경제성의 원리에도 위배되고 청자가 화자의 의도를 제대로 읽지 못할 경우 생길 수 있는 오해의 가능성에도 불구하고 우리가 간접적인 표현을 쓰는 이유는 바로 자신의 말이 상대방에게 줄 부담을 최소화하면서도 만약의 사태로부터 자신을 방어함으로써 연관성과 독립성 사이의 거리를 최대한 유지하기 위해서이다.

다. 공손성의 원리

공손성 원리(politeness principle)란 공손하고 예절바르게 주고받는 말의 태도를 기반으로 대화 참여자들 사이의 사회적인 관계를 형성하고 유지시키는 기능을 한다. 의사소통을 하는 대화 참여자들은 언제나 협력 원리에 의해서 효율적인 정보를 전달하는 데만 주력하는 것은 아니다.

다음 예문을 보자.

> ① a. 문 좀 닫아.
>   b. 바람 들어온다.
>   c. 문 좀 닫을래?
>   d. 문 좀 닫아 주겠니?

화자는 상대방에게 문을 닫아달라는 요청을 위의 예에서처럼 다양하게 표현할 수 있다. 협력 원리에 따른다면 단순히 "문 좀 닫아."라는 문장으로도 충분하다. 그렇지만 대개 사람들은 이러한 직접적인 명령형보다는 b와 같은 간접적인 표현이나 c나 d같은 공손형을 더 많이 사용한다. 자기 입장보다는 상대방의 입장을 먼저 고려하기 때문이다. 공손성 원리란 한 마디로 자기중심적인 생각을 상대방 관점에서 표현하려는 것으로 자신의 말이 상대방에게 미칠 영향을 고려하는 태도의 문제로 귀결된다. 대화 참여자들이 서로의 인격을 존중하고 예의를 갖추려고 노력하는 이 공손성 원리야말로 대화를 움직여가는 기본적인 원동력이라 할 수 있다. 이 공손성 원리를 기반으로 말을 정중하게 할 수 있는 사람은 원만한 대인 관계를 형성할 수 있고, 사회생활에서 겪게 되는 여러 가지 갈등 상황이나 문제 상황도 훨씬 유연하고 원만하게 해결해 나갈 수 있을 것이다.

리치(Leech:1983)는 공손성 원리를 상대방에게 정중하지 않은 표현은 최소화하고 정중한 표현은 최대화하라는 정중어법을 통해서 정리하고 있다. 리치는 이 정중어법을 이루는 원리를 다음과 같은 다섯 가지 격률-요령의 격률과 관용의 격률, 찬동의 격률, 겸양의 격률, 동의의 격률-로 나누어 제시하였다.

1) 요령의 격률(tact maxim)

요령의 격률이란 상대방에게 부담이 되는 표현은 최소화하고 상대방의 이익을 극대화시키는 표현을 최대화하라는 것이다. 이 격률은 말의 내용에 관한 것과 말하는 방법에 관한 것으로 나누어지는데 대화시 정중성의 크기는 말의 내용에 따라 달라진다. 상대방이 듣기 싫어하는 말을 하는 것보다는 상대방이 듣기 좋은 말을 하는 쪽이 훨씬 더 예의를 잘 갖춘 것이 되며, 상대방에게 수고로움이나 손해를 끼치는 말을 하는 것보다는 상대방에게 도움이나 이익이 되는 말을 하는 편이 훨씬 더 정중성을 높이는 방법이 된다.

② 거기서 가만히 있지 말고 이 짐 좀 옮겨라.
③ 미안하지만 손 좀 잠깐 빌려 줄 수 있겠니? 이것만 옮기면 되는데 힘에 좀 부치는구나.

위의 예문 ②는 청자에게 직접적으로 행동을 요구하는 것이라서 상당한 부담을 준다. 그러나 ③은 화자가 청자의 입장을 충분히 배려하면서 도움을 청하는 내용의 말을 간접적이고 우회적인 방법으로 표현함으로써 정중한 표현이라 할 만하다. 일단, 질문의 형식을 취함으로써 상대방에게 거절할 수 있는 선택의 여지를 허용해 줌으로써 상대방의 부담을 최대한 줄여주고 있다. 이와 같이 상대방의 부담을 줄여 줌과 동시에 혜택을 주는 방식으로 상대방을 배려하는 것이 요령의 격률이다.

2) 관용의 격률(generosity maxim)

관용의 격률이란 요령의 격률을 화자의 관점에서 말한 것으로 화자 자신에게 혜택을 주는 표현은 최소화하고 자신에게 부담을 주는 표현을 최대화하라는 것이다. 이 격률은 의사소통 상황에서 다른 사람이 지게 될 짐을 자신이 대신 지라는 것이다.

예문 ④는 상대방이 말을 작게 해서 잘 듣지 못했음을 전제로 하고 있
어서 상대방에게 자신이 못 알아들은 책임을 떠맡기는 것으로 상대방의
기분을 상하게 할 수 있는 무례한 표현법이다. 이에 비해서 예문 ⑤는 못
들은 책임을 자신의 탓으로 돌려서 자신의 부담을 최대화하는 대신 상대
방의 부담을 최소화하는 정중한 표현이 된다. 이와 같이 화자 자신의 부
담을 최대화하고 자신의 혜택은 최소화하는 것이 관용의 격률이다.

3) 찬동의 격률(approbation maxim)

찬동의 격률이란 다른 사람에 대한 비방을 최소화하고 칭찬을 극대화
하라는 것이다. 친구가 자신의 애인을 소개하는 자리에서 친구에게 "참
괜찮은 사람인 것 같다."라고 말해 주는 것은 찬동의 격률을 지키는 것이
된다. 그러나 친구의 애인이 자신의 마음에 들지 않는 사람이라면 그냥
아무 말도 하지 않고 조용히 있는 것이 찬동의 격률을 지키는 것이 된다.

예문 ⑥은 집들이에 초대받아서 간 모임에서 이루어진 대화이다. A의
대화는 집들이 초대에 감사하는 인사로 안주인의 깔끔한 살림 솜씨를 최
대화하여 찬동의 격률을 지키고 있는 정중한 어법이다. 대부분의 대화

상황에서 찬동의 격률을 지키는 것은 상대방과의 관계를 유지해 나가는 데 매우 중요한 기능을 한다.

4) 겸양의 격률(modesty maxim)

겸양의 격률이란 자신에 대한 칭찬은 최소화하고 자신에 대한 비방을 극대화하라는 것으로 찬동의 격률을 화자의 관점에서 말하는 것이다.

⑦ A: 박 교수는 언제나 열심이군. 토요일도 없이 말이야. 대단해요.
   B: 아닙니다. 제가 워낙 일을 못해서 나온 것뿐이랍니다.

예문 ⑦에서는 자신을 추켜세우는 선배 교수의 칭찬을 부정하고 자신을 낮춤으로써 겸양의 격률을 지키고 있다. 특히 우리의 말 문화 안에서는 상대방의 칭찬을 있는 그대로 받아들이기보다는 "천만에요, 별 말씀을 다하십니다." "당치 않은 말씀입니다." "여러 모로 부족합니다."와 같이 상대방의 칭찬을 부정하고 자신을 낮추어 겸양을 표현하는 것이 보편적인 표현법이다. 그러나 정도에 지나치게 상대방의 칭찬을 부정하거나 자신을 무분별하게 깎아 내리는 것도 바람직하지는 않으므로 그 적당한 수준에서 겸양의 격률을 지킬 필요가 있다.

5) 동의의 격률(agreement maxim)

동의의 격률이란 자신의 의견과 다른 사람의 의견 사이의 다른 점을 최소화하고 자신의 의견과 다른 사람의 의견 사이의 일치점을 극대화하라는 것이다.

⑧ A: 정윤아, 우리 날씨도 좋은데 놀이공원이나 갈래?

　　B: 놀이공원? 좋지. 재미있겠다.

　　　근데 나 뮤지컬 초대권 2장이 있는데 오늘이 마지막 날이라서…….

　　　뮤지컬 가는 것도 괜찮은데…….

　　A: 그래? 그러면 뮤지컬 가지 뭐. 놀이공원은 다음에 가도 되니까.

예문 ⑧에서 두 사람은 서로 다른 의견을 가지고 있지만 전혀 갈등이나 대립은 찾아볼 수 없다. 일단 상대방의 의견을 존중해 줌으로써 상대방과의 일치를 강조하고 나서 자신의 견해를 제시하는 동의의 격률을 지키고 있기 때문이다. 이러한 동의의 격률은 특히 상대방과 견해가 서로 다를 경우에 갈등이나 대립을 피하는 바람직한 방법이 될 수 있다.

위의 다섯 가지 격률을 기반으로 하고 있는 공손성 원리는 상대방이 듣기 싫어하는 말보다 듣기 좋은 말을 하고, 상대방에게 부담이나 손해를 끼치는 말보다 도움이나 이익이 되는 말을 하고, 상대방의 좋은 점을 자주 이야기하고 칭찬을 함으로써 좋은 관계를 유지하는데 기여하는 화법이다. 정중어법으로 실현되는 공손성 원리의 핵심은 마음에서 우러나오는 진실함과 정중함의 태도라 할 수 있다.

라. 체면 유지의 원리

언어학자 Leech가 상대방에게 정중하지 않은 표현은 최소화하고 정중한 표현은 최대화하라는 정중어법으로 공손성 원리를 설명한 데 비해서 Goffman(1956)은 한 사람이 다른 사람과의 사회적 접촉에서 투사하는 이미지를 의미하는 체면(face)이라는 개념을 도입하여 공손 현상의 연구에 통찰력을 제공하였다. 고프만은 사람들은 누구나 타인에 의해 인정받고자 하는 욕구와 함께 간섭을 받지 않고 자유롭고자 하는 욕구를 가진다고 보았다. 고프만의 영향을 받은 Brown & Levinson(1987)은 '체면'을 '모든 사회 구성원이 자신에 대해 주장하는 공적 자아상'으로 정의하고, 사람들은 대화를 통해서 이 체면을 지키고자 하는 '체면 욕구(face needs)'를 지닌다고 주장하였다.

박재현(2013)은 체면(體面)의 사전적 정의가 '남을 대하기에 떳떳한 도리나 얼굴'이며, 이 어휘가 주로 '체면이 서다, 체면을 차리다, 체면이 깎이다, 체면을 지키다' 등의 용례에서 보는 바와 같이 체면이란 차리고 세워야 할 측면과 깎이지 않고 지켜야 할 측면으로 구분됨을 통찰력있게 지적한 바 있다. 즉, 체면이란 자신의 자아 개념에 대한 외부의 평판으로 인한 감정 상태와 연관이 있는 바, 차리고 세워야 할 측면의 체면은 당당함, 떳떳함, 자랑스러움 등의 감정과 관련이 있고 깎이는 측면의 체면은 난처함, 당혹스러움, 부끄러움 등의 감정과 관련이 있다는 것이다.

Brown & Levinson(1987)은 이 체면 개념을 크게 '적극적 체면(positive face)'과 '소극적 체면(negative face)'으로 구분하였다. 적극적 체면이란 화자 자신이 바라는 것이 대화 상대자에게 수용되기를 원하는 것이며, 소극적 체면이란 화자 자신의 행위가 다른 사람에 의해 방해받지 않기를 바라는 것이다. 대화 참여자들은 대화를 하면서 가급적 상대의 체면을 손상시키는 '체면 위협 행위(FTA: Face Threatening Acts)'를 피하고 갈등을 최소화하려는 전략을 사용해야 한다. 예를 들어 상대방의 요청이나 부탁을 일언지하에 거절하거나 여러 사람이 보는 앞에서 상대방의 잘못을 지적하는 일은 상대에게 심각한 체면 위협 행위를 가하는 것이 된다.

Brown & Levinson(1987)은 체면 위협 정도에 따라 대화 참여자가 선택할 수 있는 다섯 가지 전략을 다음과 같이 제시하였다.

1) 전략 1: 체면 위협 전략(Bald on record)

체면 위협 전략은 화자가 예의를 전혀 갖추지 않고 상대방에게 단도직입적으로 체면 위협 행위를 가하는 것이다. 체면 위협 전략은 화자가 청자의 체면보다 자신이 바라는 것을 중시할 때 사용하는 것으로 상대보다 우월한 지위에 있거나 친구나 가족처럼 사회적 거리가 매우 가까운 관계에서 많이 사용된다. 이 전략은 화자가 자신의 우월적인 지위를 이용하여 체면 위협 행위를 함으로써 자신이 원하는 것을 효과적으로 얻을 수 있다고 판단할 때 사용된다.

2) 전략 2: 적극적 예의 전략(Positive politeness)

적극적 예의 전략은 화자 자신의 바람을 조금 덜 위협적인 방법으로 전할 때 사용된다. 직접적인 표현보다는 간접적인 표현을 사용하여 예의를 갖추고 상대방을 존중하는 표현을 사용함으로써 유대감을 드러낸다. Brown & Levinson(1987)은 적극적 예의를 위한 담화 전략으로 공통점 주장하기, 관심·승인·동정 등을 과장하기, 반대 의사 표현 피하기, 이유를 제시하고 요청하기 등을 들고 있다.

3) 전략 3: 소극적 예의 전략(Negative politeness)

소극적 예의 전략은 상대방에게 강요하거나 요구하지 않고, '정말 죄송합니다', '번거로우시겠지만' 등의 표현으로 상대방의 권리를 침해한 것에 대해 미안함을 표현하는 방식이다. 구현정(2009)는 소극적 예의 전략에 해당하는 담화 전략으로 간접 대화 행위로 요청을 표현하기, 말 사이에 주저할 때 사용하는 대화 표지 사용하기, 상대방의 부담을 줄이기 위한 표현 사용하기, 사과하는 말이나 용서를 구하는 말하기, 상대방 행동이 나에게 베풀어 주는 것임을 강조하는 말하기 등을 제시하고 있다.

4) 전략 4: 오프 레코드 전략(Off record)

오프 레코드 전략은 체면 위협을 통해 목적을 달성하고 싶지만, 상대방의 체면을 위협했을 때 생길 수 있는 책임을 회피하기 위해서 자신의 바람을 암시적으로 말함으로써 이에 대한 해석 여부를 상대방에게 전가하는 것이다. 즉, 자신의 행위가 체면 위협 행위로 인식되지 않도록 자신의 바람을 슬쩍 암시적인 방식으로 말하여 상대방으로 하여금 이에 대한 해석은 물론 수용 혹은 거절 가능성 여부를 모두 떠넘기는 것이다.

5) 전략 5: 체면 위협 행위 불이행 전략(don't do the FTA)

체면 위협 행위 불이행 전략은 요청할 내용이 있어도 상대방의 체면을 위협할 소지가 있으므로 아예 체면 위협 행위를 하지 않는 것이다. 이 경우, 상대방의 체면을 손상할 위험은 거의 없어서 대인 관계를 유지하는 데는 긍정적일 수 있지만 자신이 원하는 정보를 전혀 제공할 수 없으므로 의사소통 본래의 목적을 달성하기 어렵게 될 우려가 있다.

2015 국어과 교육과정에서 '대화 원리' 관련 내용은 다음과 같다.

[고등학교 1학년]
[10국01-02] 상황과 대상에 맞게 언어 예절을 갖추어 대화한다.

○ 학습 요소
대화하기(대화의 원리, 언어 예절)

○ 교수·학습 방법 및 유의 사항
언어 예절을 지도할 때에는 '부탁'이나 '건의'처럼 상대방이 부담을 가질 수 있는 상황이나 '사과'처럼 상대방의 기분을 살펴야 하는 담화 상황을 선정하고 완곡하고 차분하게 말하는 것이 상대방에게 정중하고 공손한 표현이 된다는 것을 실제 대화 자료를 활용하여 지도한다.

○ 평가 방법 및 유의 사항
학교 안팎에서 주고받는 대화가 언어 예절에 맞는 것인지에 대하여 점검표를 사용하여 지속적으로 돌아보고 성찰하게 함으로써 평가가 학습자의 삶과 연계되도록 한다.

3. 공감적 대화

가. 집중하기

의미 있는 대화는 상대방에 대한 집중에서 출발한다. 상대방에 대한 관심과 집중은 상대방으로 하여금 마음을 열게 하고 변화시키는 가장 강력한 힘이다. 대개 상대방에게 관심을 가져주는 일은 어떤 자세와 태도로 그 사람의 말을 들어주는가에 달려 있다고 해도 과언이 아니다. 듣기에서는 특히 자신이 상대방의 입장에서 상대방의 생각이나 느낌을 이해하고 받아들이려고 노력하고 있음을 인식시켜 줄 필요가 있다. 이를 위해서는 무엇보다도 상대방을 위해서 기꺼이 내 시간과 에너지를 투자하겠다는 내적인 결단과 함께 상대방이 하는 말을 집중해서 들어주는 태도가 중요하다. 이러한 태도야말로 상대방의 닫힌 마음의 문을 열어줄 수 있기 때문이다.

상대방이 전달하고자 하는 의미를 제대로 파악하고 의미 있는 대화를 하기 위해서는 우선 자신이 상대방에게 집중하고 있음을 말과 행동으로 표현하면서 적극적인 반응을 보여주어야 한다. 편안하고 자연스러운 듣기 자세, 적절한 눈맞춤, 미소 짓는 표정, 고개 끄덕임과 같은 신체적 반응과 맞장구 쳐주기 등을 통한 반응을 보여주면서 상대방의 말에 집중하는 기술을 가진 사람은 그렇지 않은 사람에 비해 훨씬 더 매력적이며 다가가고 싶은 사람이라는 인상을 준다. 또한 이러한 반응을 통해서 표현되는 관심은 상대로 하여금 자신이 가치로운 존재로 존중받고 있다는 느낌을 갖게 함으로써 대화 참여자들이 서로 좋은 관계로 발전할 수 있게 해 준다.

이러한 반응은 대부분 다음과 같은 비언어적인 몸동작과 즉각적인 언어적 응대로 표현된다.

1) 시선 접촉-부드러운 눈맞춤

상대방에 대한 관심을 표현하는 가장 보편적인 방법은 눈맞춤을 자연스럽게 유지하는 것이다. "눈은 마음의 창"이라는 말이 있듯이 사람의 눈은 많은 메시지를 전달해 준다. 우리는 눈빛과 시선만으로도 많은 대화를 할 수 있다. 경우에 따라서는 상대방의 눈을 바라보는 것만으로도 말로 전하는 메시지 이상의 것을 전달할 수 있다. 상대방의 눈을 바라봄으로써 상대방의 관심을 집중시키고, 상대방으로 하여금 자신의 말에 반응하고 존중하게 만들어준다.

2) 얼굴 표정-온화한 미소

대화를 할 때 온화한 미소를 띤 얼굴 표정은 가장 간단하면서도 효과적으로 상대방에 대한 관심을 표현하는 방법이다. 일반적으로 웃는 얼굴은 관계를 친근하게 만들어 주고 상대방을 격려해 준다. 누구나 미소 띤 얼굴에 대해서는 기분이 좋아지고 편안함을 느끼게 되기 때문이다. 그러나 대화를 하는 가운데 내용과 무관하게 너무 많이 미소를 지으면 자칫 진실되지 못하거나 상대방을 조롱하는 느낌을 줄 수도 있으므로 유의해야 한다.

3) 고개 끄덕임

상대방의 이야기를 들으면서 즉각적인 동적 반응으로서 고개를 끄덕여주는 행동은 상대방으로 하여금 우리가 자신의 말에 관심을 가지고 동조해 주고 있음을 느끼게 해 준다. 상체를 상대방 쪽으로 기울여서 이야기를 들으면서 고개를 가볍게 연속해서 위아래로 끄덕여주는 몸짓은 그 자체로 상대방에게 자신의 긍정적인 반응을 전달해 주는 매우 강력한 수단이다. 이 고개 끄덕임은 대화를 적극적이고 긍정적인 방향으로 이끌어 주는 힘이며, 가장 강력한 몸의 화술이기도 하다.

4) 편안하고 자연스러운 자세

어떤 자세로 듣는가는 상대와 나의 관계를 규정해 주며 화자에 대한 청자의 인격적 대우와 화자의 메시지에 대한 나의 태도를 드러내 준다. 상대의 말을 열심히 들어준다는 것은 그 자체로 "나는 당신에게 많은 관심을 가지고 있습니다. 당신의 생각과 의견은 나에게 아주 중요합니다." 라는 강력한 메시지를 상대방에게 전달해 주는 효과가 있다. 일반적으로 상대방의 말에 관심을 보여주는 바람직한 자세는 의자 등받이에 기대지 말고 약간 상대방 쪽으로 상체를 기울여서 앉으면서 신체적으로 이완되고 편안한 자세를 취하는 것이다.

5) 즉각적인 언어적 반응-간단한 응대 말

상대방의 이야기를 들으면서 "음", "그렇구나.", "그래서", "정말?"와 같은 간단한 비언어적 반응을 보임으로써 상대방에 대한 관심을 표현할 수 있다. 이러한 언어적 추임새는 상대방으로부터 더 많은 이야기를 이끌어 낼 수 있도록 격려해 주고 인정해 주는 기능을 갖는다.

나. 공감적 듣기

원래 '대화(dialogue)'라는 말의 어원은 희랍어 'dia-logus'에서 온 것으로 'logos'라는 말은 '의미' 혹은 '이해'를 뜻하고, 'dia'라는 말은 '둘'이 아니라 '-를 통해서'라는 뜻이다. 따라서 '대화(dialogue)'라는 말은 기본적으로 의미란 협력적으로 함께 구성해 나가는 것이라는 뜻이 된다.

상대방과 더불어 의미를 만들어가는 대화적 듣기를 방해하는 주된 장애 요인은 외부적인 요인이나 상대방이 아니라 대개 자기 자신일 경우가 많다. 상대방 입장보다는 자신의 입장이 더 중요하고, 상대방의 생각은 그르고 자신의 생각만 옳다는 생각을 가지고서는 결코 올바른 대화를 할 수 없다. 자신이 옳다는 말은 곧 상대방이 틀렸다는 말이 되기 때문이다.

상대방과 바람직한 인간 관계를 유지하면서 협력적으로 의미를 만들어 가는 공감적 대화를 하려면 자신의 생각만을 고수하기보다는 유보적인 관점을 취할 필요가 있다. 어떤 경우라도 자신이 옳다고 생각하는 사람은 다른 사람의 말을 경청해서 듣지 않지만 유보적인 입장을 취하는 사람은 대개 열려진 자세로 상대방의 이야기를 경청해서 들을 수 있기 때문이다.

공감적 듣기 기술을 개발한 칼 로저스(Carl Rogers)는 공감적 듣기란 "편견 없이 상대방의 개인적인 인식의 세계로 들어가서 그 사람에 대해 깊은 이해를 할 수 있게 되는 과정"이라 규정하고 있다. 상대방을 이해하려는 노력에서 비롯되는 감정이입은 일단 상대방의 관점에서 문제를 바라볼 수 있을 때 비로소 가능해진다. 일체의 판단을 유보하고 상대방의 입장에서 자신이 이해하려고 노력하고 있음을 보여주는 공감적 듣기는 상대방으로 하여금 방어벽을 허물고 신뢰와 친밀감을 갖도록 하는 데 매우 중요한 역할을 한다.

공감적 듣기의 핵심은 자신의 견해를 개입하지 않고 상대방의 말을 들어주는 '들어주기'에 있다. 들어주기에는 소극적인 들어주기와 적극적인 들어주기가 있는데 소극적인 들어주기는 상대방에게 관심을 표명하면서 화자가 계속 이야기를 이어갈 수 있도록 화맥을 조절해 주는 격려하기 기술이 중심축을 이룬다. 상대방을 격려하는 방법으로는 "좀 더 이야기해 봐." "계속 말해 봐." "좀 더 자세히 말해 주겠니?." "이를테면?"과 같은 말로, 계속 대화를 이끌어간다거나 상대방이 한 말 가운데 주요한 어휘나 표현들을 반복해 주거나 미진한 부분에 대해서 질문을 하는 방법 등이 있을 수 있다. 그리고 질문을 할 때는 질문의 의도가 단지 내용을 보다 분명히 이해하기 위한 것임을 상대방에게 분명히 인식시켜 주는 것이 중요하다. 또 질문을 할 때도 가능하면 "예/아니오"로 답해야 하는 닫힌 질문보다는 "-에 대한 네 생각은 어떠니?"와 같은 열려진 유형의 질문이 좋다. 대개 가치판단이 개입된 질문이나 "왜?"로 시작되는 질문은 상대방을 격려하기보다는 방어적인 태세를 취하게 할 염려가 있으므로 피하는 것이 좋다.

이에 비해 적극적인 들어주기란 청자가 객관적인 관점에서 문제에 접근할 수 있도록 화자의 말을 요약, 정리해주고 반영하기 기술을 통해서 화자가 스스로 문제를 해결할 수 있도록 도와주는 것이다(김인자 역 : 1984 참조). 반영하기 기술(reflecting skill)이란 의사소통 과정에서 상대방의 관점을 직접적으로 반영해 주는 것으로 공감적 듣기의 가장 핵심적인 부분을 이룬다. 상대방의 관점을 반영해 주기 위한 방법으로는 들은 내용을 자신이 이해한 자신의 말로 풀어서 재진술하기(paraphrase)가 있다. 이 방법은 상대방이 전달한 메시지를 자신이 어느 정도로 이해했는지를 나타내 주는 반응으로서의 의미가 있다. 그런가 하면 이 반영하기 기술은 상대방 견해를 뒷받침해 줄 만한 자신의 경험 사례를 제시하고 이에 대한 상대방의 의견을 물음으로써 공감적 듣기 과정을 촉진시켜 줄 수 있다는 점에서도 의미가 있다.

공감적 듣기를 위해서는 무엇보다 수용적이고 비판적이지 않으며 윤리적으로 판단되지 않는 분위기를 조성해 주고, 상대방의 말을 집중해서 들으면서 상대방으로 하여금 기꺼이 자신의 이야기를 더 많이 끌어낼 수 있도록 격려해 주고 반영해 주는 것이 필요하다. 또한 상대방에 대한 보다 깊이 있는 이해를 위해서는 단순히 표층적으로 전달되는 언어적 의미뿐만 아니라 몸짓 언어를 통해서 노출되는 비언어적 단서까지도 읽어낼 수 있어야 한다. 음성, 어조, 자세, 눈 움직임, 얼굴 표정 등은 표면에 드러난 언어적 표현에 의해 감춰진 많은 의미를 드러내 주기 마련이다. 효과적인 대화를 위해서는 표면에 드러나는 사실 이면에 있는 상대방이 전하고자 하는 내면의 메시지를 들을 수 있어야 한다.

2015 국어과 교육과정에서 '공감적 듣기' 관련 내용은 다음과 같다.

[초등학교 5~6학년]
[6국01-07] 상대가 처한 상황을 이해하고 공감하며 듣는 태도를 지닌다.

○ 학습 요소
공감하며 듣는 태도 갖기

다. 공감적 대화하기

공감이란 다른 사람의 경험을 존중하고 이해해 주는 것을 말한다. 중국의 철학자 장자는 진정한 공감이란 혼신의 힘을 다해 상대의 말을 들어주는 것이라고 말했다. 우리는 공감하는 대신 조언을 하거나 상대방을 안심시키고 싶은 강한 충동을 느끼며 우리의 생각을 말하고 싶어한다. 하지만 공감이란 우리의 모든 관심을 상대방이 말하는 것 그 자체에 두는 것이다. 그리고 상대방이 자신을 충분히 표현하고, 이해받았다고 느낄 수 있는 시간과 공간을 허용해 주는 것이다. 불교에서는 "무엇인가를 하려고 하지 말고 그냥 그곳에 있으라."고 우리에게 말해 주고 있다. 우리는 곧잘 상대방이 조언이 필요할 거라고 추측하고 행동하기 때문에 자칫 공감을 필요로 하는 사람에게 좌절감을 안겨주곤 한다(Rogenberg 2003).
예컨대 다음과 같은 경우들이다.

- 조언하기: "내 생각에 너는 - 하는 게 좋겠어.", "그때 왜 그렇게 하지 않았니?"
- 한 술 더 뜨기: "그건 아무 것도 아니야. 난 그보다 더한 일도 겪었었어."
- 가르치려 들기: "이번 일은 너한테 정말 좋은 경험이 될 거야."
- 위로하기: "그건 네 잘못이 아니야. 너는 최선을 다했어."

> • 다른 이야기 꺼내기: "그 말을 들으니 생각나는데…"
> • 단정해 버리기: "기운 내. 너무 나쁘게 생각하지 마."
> • 동정하기: "참 안 됐다."
> • 심문하기: "언제부터 그랬어?"
> • 설명하기: "내가 연락하려고 했는데……"
> • 정정하기: "그건 그렇게 일어난 일이 아니야."(캐서린 한 역 2004:141)

흔히 이러한 말들은 현 상황을 바로잡고 상대방의 문제를 해결해 주거나 위로를 해 주어야 한다는 생각 때문에 대화 상황에서 손쉽게 하기 쉽지만 자칫 공감적 대화 자체를 어렵게 만들 수 있기 때문에 유의할 필요가 있다.

상대의 공감을 이끌어 낼 수 있는 대화의 기본은 '역지사지(易地思之)' 즉, 상대방의 입장에서 생각하는 것에서 출발한다. 같은 이야기라도 상대방의 입장에서 공감대를 형성하면서 메시지를 전달할 때와 그렇지 않을 때의 차이는 크다. 상대방에 대한 배려나 '역지사지'의 태도 없이 그저 자신의 말만 늘어놓는다면 자칫 공허한 메아리가 될 뿐이다. 대화를 잘 하는 사람들은 예외 없이 상대방의 입장이 되어 생각하고 말할 뿐 아니라 상대방의 감정과 욕구에 귀를 기울이는 데 능한 사람들이다.

다음 대화 사례를 살펴보자.

> 민호: 선생님, 할 말이 있어요.
> 교사: 그래. 무슨 일이야?
> 민호: 영호가 매일 저를 놀리고 괴롭혀요.
> 　　오늘도 괜히 와서 절 약 올리고 툭 치고 가잖아요.
> 　　체육 시간에 제가 공을 놓쳐서 우리 팀이 졌다고 제 탓만 하면서 저보고 몸치래요.

교사: (고개를 끄덕여주면서) 그런 일이 있었구나.
　　　 우리 민호가 많이 속상했겠네. 얼마나 화가 났을까?
민호: 네. 정말 화가 나요. 그리고 영호가 정말 미워요.
　　　 선생님. 내일 영호 좀 혼내 주시면 안 돼요?
교사: 알았다. 영호가 정말 잘못한 것 같구나.
　　　 이제 선생님이 알았으니까 그만 마음 풀고 가거라.

　교사들은 흔히 이런 경우, 중립적인 입장에서 서로 싸우지 말고 사이좋게 지내라든가 상대편 아이도 나름대로 이유가 있었을 것이라는 식으로 시시비비를 가리고 성급하게 문제에 대한 해결책을 제시하게 마련이다. 그러나 위의 대화 상황에서 교사는 일방적인 해결책을 제시하기보다는 먼저 민호의 말을 공감적으로 들어주고 민호의 입장에서 민호의 마음을 이해해 주는 말로 대응한다. 억울하고 분한 마음으로 선생님을 찾은 민호는 "영호가 잘못했구나. 이제 선생님이 알았으니 그만 마음 풀고 가거라."라는 선생님의 따뜻한 말 한 마디로 마음의 응어리를 풀 수 있었을 것이다. 만약 이러한 대화 상황에서 교사가 공정해야 한다는 생각에서 영호도 나름대로 그런 행동을 한 이유가 있었을 것이라고 하면서 두둔을 한다거나 같은 반 친구끼리 싸우지 말고 사이좋게 지내야 한다는 이야기를 했다면 민호는 도리어 마음의 상처만 깊어졌을 것이다. 이 대화 상황에서 사실 민호가 원하는 것은 선생님이 영호를 혼내 주는 것이 아니라 자신의 억울한 사정을 자신의 입장에서 이해받고 위로받는 것이었기 때문이다.

　공감적 대화는 상대방에게 문제에 대한 해결책을 제시하거나 조언을 주는 것이 아니다. 사람들은 흔히 공감 대신에 섣부른 조언으로 상처나 좌절감을 줄 수 있기 때문에 주의해야 한다. 공감적 대화를 위해서는 상대방이 무엇을 생각하고 느끼고 필요로 하는지에 대해 귀 기울여 들을 수 있어야 한다. 어떤 사람의 비난, 공격, 모욕, 비판도 우리가 그 말 뒤에 숨은 느낌과 욕구에 귀를 기울일 수만 있다면 대화는 새로운 방향으로 물꼬를 틀 수 있게 된다.

다음 대화를 보자. 이 대화 상황에서 엄마는 성적 때문에 고민하는 고3아들의 이야기를 경청하면서 아들의 마음을 자신이 제대로 이해하고 있는지를 확인해 보기도 하고 아들의 말을 요약해 주기도 하면서 공감을 표현해 줌으로써 아들 스스로 문제에 대한 해법을 찾아 나갈 수 있도록 도움을 주고 있다. 만약 이 상황에서 엄마가 "잠만 자더니 결과가 이게 뭐냐?"라든가 "그렇게 해서 어디 네가 가려고 하는 대학에 들어갈 수 있겠니?"라는 말이나 "네 문제는 집중을 못하고 철저하게 공부를 하지 않는다는 것이니 집중력을 발휘해 보라."라는 식으로 섣부른 충고를 했다면 아들은 깊은 마음의 상처를 받고 반발만 했을 것이다.

아들: 엄마. 나 바보인가 봐.
엄마: 왜? 무슨 일 있었어?
아들: 오늘 시험에서 엉뚱한 문제들을 또 틀렸어요.
엄마: 아는 것을 틀려서 정말 속상했겠구나.(공감하기)
아들: 정말 울고 싶더라구요. 수학 공부만 진짜 많이 했는데 그렇게 많이 틀리고……
　　　진짜 수능 때도 이렇게 실수해서 틀리면 어떻게 하지?
엄마: 수능 때 성적이 안 나올까봐 걱정이 되는 모양이구나(나의 이해를 확인하기)
아들: 응. 엄마. 정말 걱정 돼요.
엄마: 엄마도 걱정이 되지만 다음에는 실수하지 않도록 더 꼼꼼히 공부하다 보면 잘 되지
　　　않겠니? 하늘은 노력하는 사람의 편이니까 너무 걱정하지 않으면 좋겠구나.(격려하기)
아들: 엄마. 고마워요. 이제부터 공부하는 방법을 좀 바꿔 봐야겠어요. 오답 노트를 중심으
　　　로 틀린 문제들을 집중적으로 반복해 볼래요.
엄마: 그것 참 좋은 생각인 것 같구나.(맞장구쳐 주기)

우리는 흔히 대화를 나누다가 상대방이 어떤 고충을 털어놓으면 그를 도와주고 싶은 마음에서 상대방이 요청하지 않았는데도 불구하고 함부로 충고하고 명령하고 지시하면서 해결사 노릇을 하려고 한다. 그러나 이러한 태도는 그 선한 의도와는 달리 진정한 대화를 가로막는 걸림돌이 되기 십상이다. 공감적 대화는 결코 상대방의 문제나 요구에 응해서 바로 처방책을 제시해 주는 것이 아니라 그 사람의 입장에서 생각하려는 배려이기 때문이다.

또 공감을 이끌어내는 대화를 위해서는 화자가 상대방에 대한 인격적 신뢰와 정서적 유대감을 형성하는 것도 매우 중요하다. 인격적 신뢰는 화자의 평소 언행과 태도에서 나오는 것으로 신뢰를 얻는 사람이 되기 위한 노력과 진정성을 가지고 대화에 임할 필요가 있다. 정서적 유대감은 공통의 경험과 가치 기반이 있을 때 형성되는 것이므로 대화에서는 우호적인 분위기와 태도를 견지할 필요가 있다. 대화 상대와 상황에 맞는 알맞은 표현을 사용하고 어조를 조절하는 것도 대화의 분위기를 유지하는 데 중요한 역할을 한다.

2015 국어과 교육과정에서 '공감적 대화' 관련 내용은 다음과 같다.

[중학교 1~3학년]
[9국01-02] 상대의 감정에 공감하며 적절하게 반응하는 대화를 나눈다.

○ 학습 요소
대화하기(공감)

○ 성취기준 해설
이 성취기준은 대화 과정에서 상대방의 상황과 처지를 이해하며 듣고, 상대방에게 공감을 표시할 수 있는 내용을 선정하여 표현하는 능력을 기르기 위해 설정하였다. 공감적 듣기는 상대방의 감정을 깊이 있게 이해하고 상대방의 관점에서 문제를 바라보며 협력적으로 소통하기 위한 듣기이다. 여기에는 상대방과 눈을 맞추며 지속적으로 관심을 표현하는 소극적 들어주기와 대화 상대의 말을 요약·정리해 주며 반응하는 적극적 들어주기가 있는데, 이 성취기준에서는 적극적인 공감적 듣기의 방법을 익히는 데 중점을 둔다.

○ 평가 방법 및 유의 사항
상대방에게 공감하며 대화하기를 평가할 때에는 매체 자료를 활용하거나 인상 깊은 경험을 발표하는 등 다양한 듣기 상황에서 이루어지도록 한다.

참고문헌

구현정(1997), 대화의 기법, 한국문화사.

구현정(2003), 대화, 인디북.

구현정·전영옥(2005), 의사소통의 기법, 박이정.

구현정·전정미(2007), 화법의 이론과 실제, 박이정.

박경현(1980), "듣기 교육에 관한 이론적 고찰", 한국국어교육연구회논문집 16, 한국국어교육연구학회.

박용익(1998), 대화분석론, 한국문화사.

박재현(2013), 국어교육을 위한 의사소통 이론, 사회평론.

신우인 역(1993), 데보라 태넌 지음, 말 잘하는 남자? 말 통하는 여자! 풀빛.

임칠성·심영택·원진숙·이창덕(2004), 교사화법 교육, 집문당.

전은주(1999), 말하기 듣기 교육론, 박이정.

최현섭 외(2005), 내 말에 상처받았니?, 커뮤니케이션북스

캐서린 한 역(2004), 마셜 B. 로젠버그 지음, 비폭력 대화, 바오.

Grice, H.P.(1975), "Logic and conversation", Cole, P. and Morgan, J. L. (eds), *Syntax and Semantics 3 Speech Acts*, New York, Academic Press. pp. 41-58.

Leech, G.(1983), *Principles of pragmatics*, London, Longman.

Richmond, V.P., McCroskey, J. & Payne, S. K.(1991), Nonverbal Communication in interpersonal relationships, Prentice Hall.

Sacks, H., Schegloff, E.A., and Jefferson, G.(1974), "A simplest systematics for the organization of turn-taking for conversation", *Language* 50.

Schefloff, E.A., Jefferson, G. and Sacks, H.(1977), "The preference for self-correction in the organization of repair in conversation.", *Language* 53:2.

제 9 장

면접 교육

1. 면접의 개념과 중요성

면접이란 기업 관계자와 입사 지원자 사이에 '특별한 목적'을 가지고 이루어지는 대화 또는 상호작용이며, 첫 대면의 장(場)이다(차대운 외, 2008:33). 최근의 연구 결과에 따르면 기업이 면접을 강조하는 이유는 다음과 같다. 첫째는 서류 전형이나 필기시험 위주로 일반 직원을 대규모로 채용하던 과거의 비효율성을 버리고, 각 업무에 적합한 소수 정예 입사자를 '면접'을 통해 선별하여, 빠른 시간 내에 적재적소에 투입하고자 한다는 점이다(서형준, 2008:26-27). 둘째는 기업에서 새롭게 중요시하는 요소들은 서류나 데이터로 평가할 수 있는 학력과 지식이 아니라, 헌신적인, 배려하는, 윤리적인, 협력적인 등과 같은 인간적인 매력과 자질들이라는 점이다(지석배 역, 2008:86). 셋째는 다양한 면접 형태를 시도한 결과, 면접으로 우수한 인력을 뽑을 예측력이 높아졌다는 점이다(서형준, 2008: 45).

하지만 기업자의 입장뿐만 아니라, 지원자 역시 왜 면접을 중요시해야 하는지, 나아가 학문적인 관점에서는 면접을 어떻게 새롭게 조명하는지 그 이유를 아는 것이 중요하다. 먼저 지원자의 입자에서 살펴보자. 인간의 뇌는 대뇌 신피질, 대뇌 변연계, 간뇌(소뇌 포함)로 크게 나눌 수 있는데, 신피질은 언어와 논리적 추론 같은 이성을, 변연계는 희로애락과 같은 감정을, 그리고 간뇌는 호흡, 혈압, 체온 등의 생명유지의 중추를 각각 주관한다고 한다. 최근 신경학 연구에 따르면 우리 뇌 중 감정적인 영역의 변연계가 이성적인 영역의 신피질보다 훨씬 강한 힘을 가지고 있다고 한다(하윤숙 역, 2011: 143). 비록 이력서에 쓸 내용이 없거나 흔히 말하는 스펙이 부족하더라도 면접을 보아야 하는 까닭은 면접관의 감정을 움직일 수 있기 때문이다. 이력서로 당신을 평가하던 면접관의 이성을 무너뜨리는 마지막 기회이기에 면접의 힘은 이력서보다 크다고 할 수 있다. 자신의 삶과 그 삶에 대한 성찰을 생생하게 전달하여 면접관의 생각을 움직이면 감정도 따라 움직이게 된다. 같은 음식이라도 병든 사람에게는 쓴맛이 나지만 건강한 사람에게는 단맛이 난다고 한다. 면접관의 감정을 지치게 만들어 듣기 싫게 만드는 것도, 그 감정을 요동치게 만들어 듣고 싶게 만드는 것도 면접에서 들려주는 지원자의 말과 생각이다.

끝으로 학문적인 입장에서 면접의 중요성을 살펴보면 다음과 같다. 면접은 면접관을 설득하는 화법 기술을 연마해야 한다는 점, 그리고 취업 성공이라는 실용성을 추구한다는 점에서 볼 때 수사학의 범주에 속한다. 특히 목표 설정에서부터 상황과 분위기 파악, 상대방과의 관계 설정, 논리 전개 방식, 마음 읽어내기 등 수사학에서 제시하는 공격 전략이나 방어 전략은 면접에서 지원자가 일반적으로 채택하는 전략과 매우 유사함을 알 수 있다. 자신의 삶과 가치관을 담은 지원자의 말이 면접관의 마음을 움직여 자신이 원하는 바를 달성할 수 있게 된다면 면접에서 행한 자신의 말하기는 수사학의 정신을 담은 현대식 웅변이라고 할 수 있다. 이런 점에 비추어 볼 때 면접은 현대의 수사학의 범주로 새롭게 조명할 가치가 있는 말하기 담화 유형이라고 할 수 있다.

2. 면접에 대한 관점

면접과 관련된 전문 참고 서적은 이제 누구나 손쉽게 구해 볼 수 있으며 그 종류도 다양할 만큼 대중적이다. 그리고 전문가 자신의 경험과 노하우를 친절하게 그리고 자세하게 설명하고 있어 초보 지원자나 낙방을 몇 번 경험한 지원자에게 실질적인 도움뿐만 아니라 심리적인 위로를 준다. 그런데 거시적인 관점으로 이들 전문 서적을 비교해 보면 전문가 사이에 관점의 차이가 있음을 알 수 있다. 그 관점은 피상적인 경험 차이에서 비롯된 것이 아니라, 접근법에서 본질적으로 차이가 있다. 지원자들 입장에서 이들 전문가들의 안목이 서로 어떻게 다른지 비교하며 읽으면, 전문적인 면접 지식을 습득하는 데 도움이 될 뿐만 아니라 다양한 양상으로 전개되는 실제 면접 상황을 효과적으로 대처하는 데에도 도움이 될 것이다. 이 절에서는 그러한 관점의 차이를 하나씩 대별해 보며 그 특성을 살펴보고자 한다.

가. 인상학적 관점

흔히 이 관점을 주먹구구식으로 보기도 하지만, 자세히 살펴보면 몇 가지 주목할 만한 특징이 있다(최봉학, 2008). 첫째, 혈액형이나 인상학, 사상 체질 등을 핵심적인 면접 요소로 삼고 있다. 면접관들이 이들 요소를 중시하는 까닭은 이들 요소가 지닌 특성은 선천적이며 불변적이기에 지원자가 도저히 숨기거나 속일 수가 없다고 본다.

둘째, 이들 요소에 일정한 패턴과 특징이 있다고 본다. 그래서 이들 요소가 어떤 재료나 물질로 구성되어 있는지 치밀하게 분석하고, 그 구성 물질 간의 차이점을 체계적으로 분류한다. 혈액형을 O, A, B, AB 형으로 나누고, 혈액형에 따른 외모와 표정, 말씨와 행동 특성 등을 분석한다. 지원자의 말과 행동은 결국 이러한 요소들의 패턴과 특징의 결과로 본다. 예를 들면 '갑'이라는 지원자가 어떤 행동을 하는 것은 그 사람의 사고 작용에 따른 것인데, 그 사고 작용도 알고 보면 결국 몸의 체질에 따른 것이라고 본다. 그래서 '갑'의 입에서 나오는 말보다는 그를 구성하는 혈액형이나 인상, 체질을 더 중시한다. 입에서 나오는 말보다 인상과 체질로 판단하는 것이 더 적합하다고 보기 때문이다.

셋째, 기업에 필요한 인재를 이들 요소로 선발할 수 있다고 본다. 혈액형과 기질, 그리고 이에 적합한 직업인을 일정한 틀로 분류해 놓고, 이 틀로 지원자를 면접한다. O형은 보통 체격이며 활발한 성격이나 급하기에 영업 사원이나 가수, 인기 강사가 적합하다는 식이다. 지원자 역시 이러한 관점에 맞추어 자신의 적성에 맞는 분야에 지원을 할 것을 권한다.

이러한 특성을 종합해 보면 이 관점은 결국 면접자 중심임을 알 수 있다. 지원자가 아무리 뛰어난 능력을 가지고 있다고 할지라도 면접자의 준거 틀, 즉 혈액형과 인상학, 사상체질이라는 틀에 어긋나게 되면 면접이라는 관문을 통과하기 힘들다. 선천적이며 불변적인 요소를 지니고 태어난 지원자 입장에서 보면 면접자의 기준 틀을 무조건 받아들이거나 아니면 무조건 거부하는 복종과 불복종이라는 양자택일이외에는 선택의 여지가 없는 운명에 놓이게 된다.

나. 기능적 관점

혈액형과 인상, 체질을 강조하는 복불복의 관점과는 달리 이 관점은 다음과 같은 특징을 지니고 있다. 첫째, 이 관점은 질문을 면접의 핵심 요소로 본다. 사실 지원자는 면접장에서 자신에게 어떠한 질문이 주어질지, 그리고 그 질문에 어떻게 답변해야 할지가 초미(焦眉)의 관심사이다. 이러한 질문에 대한 심적인 걱정과 불안은 면접에 임하기 전뿐만 아니라 면접장을 떠나서도 계속 머릿속에 맴돈다. '그 질문에 이렇게 대답했어야 했는데.' 하는 아쉬움이 지원자를 사로잡는다. 말하자면 이 관점은 질문을 '면접의 꽃'으로 간주한다.

둘째, 질문을 다양한 유형으로 분류한다(이시한, 2011). 사실 질문, 인성 질문, 시사 질문, 찬반 질문, 양자택일 질문 등이 그러하다. 그런 뒤 각 유형별 사례와 핵심 요소, 그리고 해결책이라고 할 수 있는 기법을 제시한다. 끝으로 지원자로 하여금 워크북 형태로 구성된 단계에 따라 직접 연습하게 하여 각 유형의 특성과 기법을 숙지하게 한다.

셋째, 그래서 이 관점은 원리 중심적이라고 할 수 있다. 브루너가 말한 지식 탐구 모형처럼 고기를 잡아주는 것이 아니라 고기 잡는 방법을 가르쳐 주는 식이다. 개별적인 지식이나 내용도 중요하지만 이 관점은 다양한 면접 상황과 맥락에 적용 가능한 유형별 질문에 따른 지식과 절차 등을 익힌 뒤, 그 기능을 연습하게 하는 원리 중심의 방법을 한층 더 강조하고 있다.

이러한 특성을 종합해 볼 때, 이 관점은 다른 어떤 관점보다 객관적이다. 면접관이나 지원자와 같은 인적 요인이나 회사나 직종과 같은 상황 요인은 매우 가변적이다. 다양한 면접 상황과 맥락에서 이들 인적 요인이나 상황 요인들을 객관화하기란 어렵다기보다는 불가능에 가깝다. 이와는 달리 질문 요인은 체계적인 그리고 분석적인 접근이 가능하다. 그래서 지원자가 누구이든지 이러한 유형에 관한 지식과 절차를 배우고 그 기능을 연습하면 그에 합당한 결과를 얻을 수가 있다고 본다. 그리고 그러한 지식과 절차는 논리적인 사고를 수반하기에 이 관점은 객관성을 충분히 담보하는 것으로 보인다. 비록 면접 상황에서 질문이 달라지더라도 지원자 입장에서 다양하게 변주가 가능하기에 그러한 접근법이 크게 요동치지 않게 된다.

다. 스토리텔링 관점

면접을 스토리텔링으로 보는 이 관점은 첫째, 지원자의 경험담을 면접의 핵심 요소로 본다. 1차 서류 전형을 통과했다면 이미 지원자에 대한 스펙은 어느 정도 검증을 받은 것이나 다름없다. 면접은 지원자가 그러한 스펙을 쌓으면서 겪은 경험에 대한 스토리를 전개하는 과정으로 본다. 지원자가 어떠한 사건을 경험했는지, 그러한 경험을 통해 얻은 깨달음이 무엇인지 면접관은 듣고 싶어 한다는 것이다. 따라서 면접관의 마음을 움직일 수 있는 스토리를 엮고 전달하는 데 그 목적이 있다.

둘째, 그래서 이 관점은 스토리가 지닌 기본 구조를 분석하고, 그 구조를 중심으로 지원자의 경험을 정리하기를 권장한다(임유경, 2011). 그 기본 구조는 'O-B-C 플롯'이나 '에피소드 플롯' 등이다. O-B-C 플롯이란 서론(opening), 본론(body), 결론(closing)을 말하며 스토리의 전체 틀에 해당한다. 자기소개, 지원 동기 등은 서론에, 성격의 장·단점, 자신의 경험담 등은 본론에, 마지막 한 마디 등은 결론에 배치한다. 그리고 서론, 본론, 결론에 바스법(BAAAS), 즉 상황 설정(background), 주인공(actor), 사건이나 사고(accident), 행동(action), 배움(study)으로 구조화된 '에피소드 플롯'을 하나씩 배치한다. 말하자면 지원자의 경험담을 이러한 구조로 분석한 뒤 면접에 임할 것을 권한다.

셋째, 그런데 이 관점의 발상과 표현 차원 등을 자세히 보면, 수사학적인 방법과 특징이 유사함을 알 수 있다. 키케로는 다섯 가지 설득 규범, 즉 구상, 배열, 표현 양식, 기억, 전달법으로 설득력 있게 말할 것을 강조하였는데, 이 관점에서 역시 이러한 규범을 변용하고 있다. 즉 면접관이 알아듣기 쉬운 언어와 어법을 구사하되, 비슷한 경험이 없는 면접관도 충분히 이해할 수 있도록 말할 것을 강조한다. 또 진심을 담아 스토리를 말하되, 면접관의 감각을 자극할 수 있는 다양한 표현법을 사용할 것을 권장한다.

이러한 특성을 종합해 볼 때, 이 관점은 결국 스토리가 주는 힘, 즉 공감적 소통을 강조한다. 지성이나 지적인 힘을 강조하는 기능적인 관점과는 달리 이 관점은 감성으로 면접관의 마음을 움직이고자 한다. 수많은 지원자들을 상대하면서 지친 면접관들을 흥미 있고 짜임새 있는 지원자의 경험담으로 관심과 감동을 불러일으키고자 한다. 최대한 많은 스토리를 준비하되, 진심을 담은, 그리고 드라마틱한 스토리로 면접관의 감성을 자극하고자 한다.

라. 성찰적 관점

이 관점은 첫째, 개성을 면접의 핵심 요소로 보고, 지원자의 패션과 행동 양식, 이미지, 자신의 열정과 비전 등을 중요시한다. 물론 스토리텔링에서도 개성적인 요소, 즉 개인의 경험과 같은 측면도 있지만 스토리와 그 구조, 그리고 전달 방식만을 강조하고 있기에 여기서 말하는 개성과 다소 성격이 다르다. 이 관점에서 말하는 개성은 무엇인가 다르다는 이미지, 다를 것 같은 느낌이나 기대감, 비슷비슷한 주장 속에 묻히지 않는 차별화된 주장과 같은 것이다. 심지어 자신의 약점, 예를 들면 낮은 토익 점수나 학점조차도 개성으로 부각시키기도 한다. 그래서 이러한 개성을 딱 한 가지 지니고 있는 지원자라면 떨어질 확률이 99.9%라고 하더라도 충분히 도전할 만한 가치가 있다고 본다.

둘째, 그래서 이 관점은 자신의 개성을 극대화하는 $y = ax + b$와 같은 일차함수 방정식을 제시한다.(정동수·백승우, 2009:136) y는 '합격률', a는 미래 가능성, b는 현재 위치(스펙)인데, 면접관이 관심을 갖는 것은 상수 b가 아니라, 기울기 a이다. 그리고 '최고가 아니라, 최초가 되는 방법', '성공담을 통해 자신의 꿈을 이루는 사람', '나는 내 모습으로, 내 방식대로 승부한다는 자신감', 그리고 '점수는 단지 숫자일 뿐이며, 약점이 강점이고 위기는 기회라는 발상의 전환'이 있다면 그 기울기가 긍정적인 방향으로 바뀐다고 본다.

셋째, 이 관점은 다분히 심리학적 접근법을 채택하고 있는데, 그 까닭은 다음과 같은 전략들(정동수·백승우, 2009)에서 엿볼 수 있다.

> ‣ 남들이 다 가위 낼 때 주먹을 내라.
> ‣ 주인공이 될 수 있는 강펀치를 준비하라.
> ‣ 자기 소개서를 지뢰밭으로 만들어라.
> ‣ 임팩트 있는 한 마디를 던져라.
> ‣ 하나의 이미지로 압축하라.

남과 다른 차별화된 이미지를 부각시키기 위해 고안된 이러한 심리적인 충격 요법은 자신과 자신이 처한 상황을 분석하고, 면접관의 주목을 끌 화제를 정하고, 이를 한 문장으로 요약한 뒤 이를 효과적으로 표현하는 네 단계의 성찰로 되어 있으며 지원자 스스로 적용하고 실천해 보기를 권장하고 있다.

이러한 특성을 종합해 보면, 결국 이 관점은 지원자 자신의 내면적 가치를 가장 우선시함을 알 수 있다. 면접관이 그 가치를 어떻게 판단하는가는 중요하지 않으며, 스스로 그 가치를 발견하고, 규정하고, 그 가치에 긍정적인 의미를 부여하기를 권한다. 자신의 정체성과 가치를 나타내는 기울기, 미래 가능성의 척도인 기울기는 "당신은 누구인가?"에 대한 답을 지원자 스스로 치열하게 구하는 과정에서 발견된다. 그러한 성찰의 과정을 강조하는 이 관점은 지원자로 하여금 자신의 미래를 더 아름답게 노래하라고 끊임없이 주문한다. 따라서 이 관점은 앞의 다른 관점들보다 미래 지향적이라고 할 수 있다.

3. 면접 질문의 유형과 특성

가. 지원자에 대한 질문

전문가들이 선별한 면접 질문들을 살펴보면 다음과 같다.

- 자신에 관한 질문: 자기소개, 자신의 성격 및 취미, 특기, 장단점 등
- 직장 생활에 관한 질문: 직업관, 희망 부서, 직장 동료와의 관계, 상사와의 관계 등
- 지원 동기에 관한 질문: 중소기업 지원 이유, 타 회사 지원 여부, 회사 정보 등
- 학창 시절에 관한 질문: 전공과목, 동아리 활동 여부, 학점, 아쉬운 대학 생활 등
- 교우 관계에 관한 질문: 친구의 유형, 내가 생각하는 친구, 친구가 생각하는 나 등
- 시사 상식에 관한 질문: 기업의 사회적 책임, 성장과 분배의 우선 관계, 노동 시장 등
- 기타 질문: 여성 응시자를 위한 질문, 돌발 질문 등

이러한 질문은 대체로 지원자의 인성이나 대인 관계, 그리고 업무 능력을 파악하기 위한 것들이다. 먼저 인성과 관련된 질문은 케네디의 연설문 내용처럼 회사가 무엇을 해 줄 것인지를 묻는 지원자가 아니라, 회사를 위해 무엇을 할 것인지를 찾는 지원자에 관한 것이다. 사적인 이익과 공적인 이익이 충돌했을 때 어떤 선택을 할 것인지 고민하게 하는 질문이다. 물론 양쪽 모두에게 이익이 되는 것이라면 아무런 문제가 없겠지만 대부분 양자택일을 해야 하는 상황이다. 인간적인 고민과 일에 대한 고민을 동시에 요구하는 것처럼 보이지만 그 선택의 방향을 미리 결정된 것이나 다름없다.

대인 관계와 관련된 질문은 인성 질문보다 질문의 범주가 한정적이다. 주로 업무 스타일과 관련된 질문이 대부분이다. 업무 스타일이 동일하면 좋겠지만 그렇다고 능률이 신장되는 것은 아니다. 이 질문은 직장 동료와 함께 일을 할 때, 어느 정도의 융통성을 지니고 있는지 알아보고자 한다. 공격적인 면모를 보이면서도 너무 심하지 않는 스타일, 주관(또는

고집)이 뚜렷하여 독자적인 면모를 보이면서도 타당하다고 판단이 되는 해결책을 수용할 줄 아는 스타일을 선호한다. 자신이 지원하고자 하는 회사와 그 업무의 스타일, 그리고 '나'는 어떤 스타일인지 미리 적정한 판단 지점을 정하고 면접에 임하는 것이 좋다.

업무 능력과 관련된 질문은 그러한 경험 여부가 중요하다. 하지만 동일하거나 유사한 경험이 없더라도 긴장하거나 불안해 할 필요가 없다. 어떤 경험을 하였든지 그 경험의 의미를 분석할 줄 아는 능력이 있으면 된다. 예를 들면, 자신의 성공 경험 스토리를 문제-해결책-결과(PSR)로 전개해도 좋다. 비교적 간단하고 기억이 용이한 이 PSR은 '문제'를 간결하게 진술하고, 그 문제에 대한 자신의 '해결책'을 기술한 뒤, 자신의 해결책이 가져다 준, 또는 줄 수 있는 유용한 '결과'를 대조하는 방식이다. 이 과정은 90초 이내에 할 수 있다(구체적인 적용 사례는 이창덕 외, 2008: 534-5를 참조). 이처럼 자신의 경험을 재구조하고 분석할 능력이 있다면 업무와 관련된 동일한, 비슷한 경험의 유무는 그다지 중요하지 않다. 말하자면 자신의 경험을 미래에 활용할 줄 아는 능력이 있느냐가 더 중요하다. 과거의 틀 속에 자신의 경험을 가두어 놓고 면접에서 그 경험을 자랑하는 것은 오히려 감점 요소가 된다. 업무 능력과 관련된 질문은 과거의 경험을 바탕으로 미래의 문제 상황을 해결할 줄 아는 실천적 지혜를 현재 지니고 있는지에 관한 것이다.

나. 상식에 관한 질문

면접 질문 중 상식에 관한 질문은 필수적이다. 여기서는 상식이란 무엇인지, 면접관은 왜 상식에 관한 질문을 하는지, 그리고 지원자는 그 질문에 대한 준비를 어떻게 해야 하는지 등을 살펴보자. 상식의 사전적인 정의는 일반적인 사람이 다 가지고 있거나 있어야 할 지식이나 판단력이다. 이를 더 엄밀하게 규정하면, 어떤 사회나 집단에 이로운 것이라고 대부분 사람들이 인정하는 공통적인 생각이다. 이러한 상식은 그 집단의 신념이나 태도, 가치 등으로 구체화되며 그 집단의 정체성을 형성하게 하는 기능을 지니기도 한다.

문제는 신문이나 텔레비전, 인터넷 등에서 이러한 상식적인 정보를 면접관이 손쉽게 검색할 수 있음에도 불구하고, 굳이 지원자의 입을 통해 확인하고자 하는가이다. 첫 번째 이유로, 상식에 관한 지식은 전문 지식과는 달리 체계화된 형태가 아니기에 지원자 '스스로 그 체계를 구축해 나가야 한다.'는 점이다. 바로 이 점이 지원자를 난감하게 만든다. 누구나 잘 알고 있는 듯하지만, 막상 그 상식에 대해 체계적으로 설명하기란 생각보다 쉽지 않다.

두 번째 이유로, 그 사회나 집단에서 통용되는 신념이나 태도, 가치 등을 포함한 상식은 일반적으로 속담이나 격언처럼 축약된 형태로 전수된다. 그런데 상식이 통용되는 상황이나 조건은 엄밀하지 않으며 통일되어 있지도 않다. 말하자면 상식이 통용되는 상황이나 조건은 그 집단의 특성만큼 다양하다고 할 수 있다. 상식에 관한 질문에 적절하게 답하려면 그 집단의 특성을 고려하면서 축약적인 형태를 다시 자신의 주장과 근거로 재해석해야 하는 이중적인 고충을 겪어야 한다.

면접자는 이러한 답변을 통해 지원자의 지식수준과 판단 능력, 그리고 집단의 정체성에 어울리는지 사람인지 파악하고자 한다. 다른 구성원들과 주어진 일을 해 나갈 때 신념이나 태도, 가치 등이 비슷하다면 비록 그 상황과 조건이 열악하게 되더라도 기본적인 인간관계와 신뢰가 쉽게 무너지지 않는 점도 있기 때문이다.

그런데 문제는 상식에 관한 질문을 어떻게 준비할 것인가이다. 상식도 전문 지식처럼 하루아침에 축적되는 것이 아니기에 꾸준히 노력하면 그 수준이 높아질 수 있다. 하지만 앞에서 말한 바와 같이 상식에 관한 지식은 체계화된 형태가 아니기에 스스로 그 체계를 구축해 나가야 한다. 이러한 상황을 효과적으로 돌파하는 방법은 그 집단에서 통용되는 상식이 무엇인지 미리 살펴보는 일이다. 집집마다 식사 예절이 다르듯이, 직장마다 그 집단에 통용되는 상식이 다르다.

가장 손쉬운 방법은 집단의 구성원들끼리 어떤 말이 오가는지 추적해 보는 일이다. 즉 그 집단에서 어떤 화제로 무슨 말을 주고받고 있는지 귀 담아 들으면 된다. 먼저 그 집단의 사이트를 검색하여 표방하고 있는 광고나 표어, 구호 등을 정리한다. 그리고 이를 자신의 신념이나 태도, 가치 등과 연계하여 몇 가지를 만들어 보면, 그 직장에서 통용되는 상식에 대한 감각을 어렴풋하게나마 파악할 수 있다.

한 걸음 더 나아가 광고나 표어, 구호 등을 뒤집어 그 집단의 상식을 재점검해 볼 필요도 있다. 상식은 집단의 생각이나 여론이지, 진리가 아니다. 국가나 인류 전체와 같은 거시적인 관점이나 개인적인 차원과 같은 미시적인 관점에서 그 집단에서 통용되는 상식을 한번 뒤집어 살펴볼 필요가 있다. 이러한 시도는 다소 무모해 보일 수도 있지만 그 집단의 상식을 더 적확하게 볼 수 있게 해 주기도 한다.

4. 효과적인 면접 답변 전략

가. 면접 답변 전략의 연습 목적

면접 전략을 왜 알아야 하는가? 그리고 왜 연습해야 하는가? 사람들은 이 질문에 대해 다음과 같이 대답할 것이다. 면접 시 생기는 불안과 두려움을 없애는 데 도움을 주기 때문이라고. 물론 면접 전략에 관한 지식을 알고 암기하고, 그 전략을 반복적으로 연습하면 심리적인 안정을 얻는 이점이 있다. 이러한 태도는 초중등 교육의 연장선상으로 보이며 지극히 상식적인 수준의 접근이다.

만약 면접관이 이 두 가지 질문을 당신에게 똑 같이 한다면 '실천적 지혜'를 얻기 위해서라고, 그리고 그 지혜란 면접 상황에서 올바른 결정을 하는 능력을 기르기 위해서라고 답변하는 것이 가장 현명하다. 상식 수준을 넘어선 당신의 답변으로 인해 면접관의 귀는 다시 쫑긋 열릴 것이다. 당신이 말하고자 하는 실천적 지혜와 능력이 무엇인지 너무나 궁금해지기 때문에.

여기서 말하는 실천적 지혜와 그 능력은 전문가들이 추천하는 다양한 면접 전략을 자신의 경험에 투영해 보아야만이 얻을 수 있는 그러한 지혜와 능력이다. 자신의 경험은 언어처럼 분화된 상태로 존재하는 것이 아니라 사고의 덩어리처럼 뭉쳐져 있다. 따라서 면접 전략이 지시하는 언어에 따라 자신의 경험을 재구성하고 구체적으로 표상해 보는 연습을 해야 한다.

그리고 이 지혜와 능력은 면접 전략의 단계와 규칙을 비판적인 태도로 대할 때 더 빨리 길러진다. 일반적으로 면접 전략의 단계와 규칙은 탈맥락적인 상태이기에 자신의 상황과 맥락에 맞게, 그리고 자신의 사고 습관이나 언어 습관에 맞게 다시 재단(裁斷)하면서 수용할 필요가 있다. 말하자면 면접 전략의 단계와 규칙을 무조건 그대로 외우고 따라할 필요는 없다.

끝으로 이 지혜와 능력은 중용의 태도를 취하면서 길러진다. 앞에서 본 바와 같이 면접에서 제기되는 질문은 유형뿐만 아니라 성격도 다양하다. 그 중 지원자를 가장 곤란하게 하는 것은 양자택일과 같은 논쟁적인 질문이다. 어느 시대나 마찬가지이겠지만 사람들은 본능적으로 양극단 사이에서 중도적인 결정을 선호한다. 면접관조차도 중용의 태도로 취한 결정을 합리적이라고 본다. 물론 그러한 결정을 내리기까지 과정과 판단도 중요하다. 다시 한 번 반복하지만 이후 소개하고자 하는 면접 전략은 지식의 암기나 기능의 반복 훈련에 그 목적이 있지 않다. 자신의 실천적 지혜와 문제 해결 능력을 기르는 데 있음을 염두에 두고 면접 전략을 대하는 것이 좋다. 다음 몇 가지 면접 전략은 수사학적 기법에서 차용할 수 있는 몇 가지 기법으로 기존 전략을 참조하면서 연습하면 실전 면접 상황에서 도움이 될 것이다.

나. 수사학적 답변 태도 전략

존 F. 케네디 연설을 아리스토텔레스의 도구 세 가지로 분석하면서 면접 답변 태도 전략을 살펴보자. 먼저 로고스이다. 누군가의 주장이나 의견을 '일단' 받아들이는 것은 논리 싸움에서 매우 중요하다. 케네디 연설의 경우, 그는 상대방, 즉 흑인 청중의 의견을 받아들임으로써 상대방의 흥분을 가라앉혔다. 즉 양보 기법을 사용하여 상대방의 주장이나 의견을 수용하였기 때문이다. 면접에서 마찬가지이다. 면접관이 자신의 약점을 집요하게 공격하며 나왔을 때 변명하려고 하지 말고, 그 지적을 '일단' 수용하는 태도로 받아들여라. 면접관과 논리 싸움에서 양보하는 순간 당신은 승리의 디딤돌 하나를 면접관의 마음에 놓은 것이나 다름없다. 그 까닭은 파토스로 이어진다.

파토스의 핵심은 공감인데, 그 공감의 여부는 언어적인 것보다 비언어적인 것일 때 더 강력한 힘을 발휘한다. 케네디는 상대방의 흥분된 주장을 받아들인 뒤 파토스, 즉 공감적인 태도를 보인다. 마틴 루터 킹 목사의 죽음에 대해 "참으로 슬픕니다." 하고 말하지 않고, '눈물을 닦으며' 자신의 슬픔을 표현하였다. 면접에서 면접관의 지적을 일단 수용한다는 것은 공감하는 태도로 면접관의 마음을 읽었음을 상대방에게 알려 주기 때문이다. 공감하는 태도를 보여주는 것과 더불어 "저도 그 때 왜 그랬는지 잘 모르겠습니다." 하거나 "지금 생각해 보니, 그 시간이 참으로 아까웠습니다." 하거나 "그런 행동은 누가 봐도 바보 같다고 할 것입니다." 하면서 솔직하게 자신의 과오를 언어적인 의사소통을 인정하는 태도를 보이면 더 확실하게 공감하는 것이 된다.

이제 마지막 단계는 에토스이다. 케네디는 흑인 청중을 상대로 공감하는 표현을 한 뒤 그 공감의 근거를 구체적으로 제시한다. "저도 백인 암살자에 의해 저희 아버지를 잃었습니다." 하면서 연설을 마친 것이다. 말하자면 흑인 청중 집단이 분노할 까닭을 구체적으로 대변해 준 것이다. 이러한 연설에서 에토스의 법칙을 추출할 수 있는데, 그것은 적정률의 법칙(하윤숙 역, 2011:84-88)이다. 적정률이란 누군가를 설득하기 위해서는 말, 몸짓, 어투, 이미지, 태도, 생각 면에서 그 상대방과 동일한 언어와 동일한 방식을 보여 주어야만 한다는 것이다.

에토스 단계는 자신의 삶을 성찰한 뒤, 이러저러한 생각과 삶을 살아가고 있음을 최후 변론을 하는 때이다. 그리고 그 모든 내용은 자신이 입사하고자 하는 회사의 적정률, 즉 회사 경영자의 철학과 정신, 경영 방침에 반드시 맞추어야 한다. 이러한 적정률을 벗어나면서 면접관을 설득하는 것은 불가능하다. 하지만 상황에 맞게 적정률을 쓰더라도 그 상황이 자신의 성격과 개성과 맞지 않는다면, 실패할 가능성이 높다. 누군가를 설득하기 위해 상황에 맞는 옷차림을 아무리 좋게 하더라도 자신의 성격과 개성을 숨기거나 가릴 수 없다.

다. 불리한 사실 답변 전략

이력서를 포함한 서류를 제출하다 보면 지원자의 입장에서 도저히 숨길 수 없는 불리한 객관적인 사실들이 있다. 학점을 포함한 다양한 스펙들이 면접에서 지적당할 가능성이 있을 경우, 어떻게 답변할 것인가?

첫째, 그 사실을 솔직하게 인정하는 것이다. 사실을 회피하지 않고 자신의 약점을 받아들이는 태도는 구구절절 변명하려는 모습보다 면접관들에게 더 좋은 인상을 준다. 말하자면 더 이상 감점 요소가 발생하지 않게 하는 방법이 된다.

둘째, 지적받은 그 사실과 다소 거리가 먼 활동과 쟁점을 부각시키는 것이다. 학점을 포함한 스펙이 대학 생활에서 중요하지만, 사회생활이나 직장생활에서는 그 비중이 달라진다. 인문서적 독서를 통한 교양 쌓기,

자전거나 도보로 여행하기, 집짓기와 같은 지역 봉사활동 등은 스펙과는 다소 거리가 먼 활동 등이다. 그럼에도 불구하고 이러한 활동은 무미건조한 직장생활에 활력소가 된다. 이러한 활동을 통해 깨달은 점을 새로운 쟁점으로 부각시켜 자신에게 불리한 사실이나 정보를 만회하는 것이다.

셋째, 그 사실이 발생하게 된 자초지종을 상세하게 밝히는 것이다. 천재지변과 같은 불가항력의 사태가 아니더라도 사람들에게 일어나는 예기치 않은 사건들은 무수히 많다. 다만 그 사건이 하필 '시험을 보는(또는 보러 가는) 그 시간과 그 장소'에서 발생하게 되어 어쩔 수 없이 지적받은 그 사실이 초래되었음을 밝히는 것이다. 핑계가 아니라 그러한 사실이 일어나게 된 사건을 진솔하게 이야기하는 것이 중요하다.

마지막으로 그러한 사실이 지금 자신의 삶에 아무런 영향을 미치지 못함을 이야기한다. 아니면 그 사실로 인해 자신의 삶이 180도 달라졌음을 이야기한다. 그 사실이 자신의 삶과 연관성은 있으나, 악순환이 아니라 선순환으로 작용하고 있음을 보여주면 된다.

대다수 지원자는 면접장에서 궁지에 몰리게 되는 경우가 많다. 피할 수 있는 방법은 생각보다 많지가 않다. 특히 객관적인 사실을 근거로 지원자의 불성실함이나 안이함을 면접자가 지적했을 때 이를 회피하는 태도는 바람직하지 않다. 어차피 그 사실은 숨길 수도 없으며 고쳐서도 안 되는 일이기에 이를 정직하게 그리고 정면으로 돌파하는 방법이 최선이다. 그 사실을 담담하게 그리고 솔직하게 받아들일 것인가, 그 사실보다 더 중요하게 생각하는 가치는 무엇인가, 그 사실이 일어나게 된 계기와 과정은 어떠한가, 그 사실이 자신의 삶에 어떤 영향을 주었는지 등에 대해 생각해 보면서 면접에 임하는 자세가 바람직하다.

라. 최후 변론 전략

엄청난 시간과 노력을 들인 결과 면접이 잘 마무리되어 간다면 좋겠지만, 일반적으로 그렇지 못한 상황으로 진행되는 경우가 대부분이다. 이러한 상황이 발생하게 되면 어떻게 할 것인가? 조금 전에 잘못 답하거나 미진한 답을 한 자신의 실수만을 자꾸 탓하면서 마칠 수는 없다. 이미 상황은 엎질러진 물이 되어, 면접관은 자신을 떨어뜨리려고 한다. 지원자의 입장에서 보면 대단히 불리하고 억울하다.

이 때 지원자는 불리한 상황과 조건을 뒤집을 새로운 돌파구를 찾을 필요가 있다. 바로 면접관의 최종 결정을 저지하는, 아니 적극적으로 방해하는 전략을 사용하는 것이다. 바로 '잠깐, 한 말씀 드려도 될까요?' 전략이다. 준비를 철저히 한 지원자 입장에서 마지막으로 쓸 수 있는 최후의 카드이다. 이 제안을 수용하지 않을 수도 있지만 어차피 밑져야 본전이라는 심정으로 내밀어야 한다.

하지만 면접관의 마음은 다소 다르다. 벌써 이 지원자를 탈락시키기로 잠정적으로 결정하였기에 긍휼한 마음으로 이 제안을 대부분 수용하게 된다. '잠깐, 한 말씀' 전략은 어쩌면 면접관에게 사전 동의를 구하기도 전에 지원자가 자유롭게 말할 수 있는 기회라고 보아도 무방하다. 법정에서 최후의 발언을 하는 피고처럼 자신의 철학과 가치관을 '잠깐, 한 말씀'에 담아 자신이 어떠한 사람인지 이미 마음이 돌아선 면접관에게 최선을 다해 피력해야 한다.

단 한두 마디의 말, 절제된 말이 면접관의 마음을 더 크게 흔들 수 있다. 키케로는 모자라게 표현해야 오히려 사람 마음을 잘 움직일 수 있다고 한다. '예수님이 물로 포도주를 만든 기적'의 의미를 중얼중얼 부연 설명하지 않고, '물이 그 주인을 만나자 얼굴이 붉어졌도다.'(시인 바이런)로 단 한 줄로 표현한 것처럼 감정이 담긴 주장을 펼 때는 이처럼 짧게 말해야 한다.

면접관이 당신의 이야기에 심취해 그 감정이 절정에 이르렀을 때 더 이상 부연 설명하지 말고 잠시 멈추어라. 그리고 당신의 삶을 한두 마디로 요약하며 끝을 맺어라. 가장 강한 감정을 일으키는 것은 대개 한두 마디의 말이다. 압축된 말이 면접관의 변연계에 머물며 오랫동안 감정의 파문을 일으키도록 마무리하는 말을 하는 것이 최후 변론 전략이다.

마. 어법 바꾸기 전략

사람들은 매일 아침 거울에 자신의 모습을 비추어 본다. 그리고 그날 기분에 따라 머리 모양과 옷맵시를 달리하기도 한다. 어떤 여자들은 기분 전환을 하기 위해 대폭 머리 모양을 손질하기도 한다. 사람들이 외양에 신경을 쓰는 이유는 자신의 생각과 느낌, 기분 등을 상대방에게 전하는 데 중요한 수단이 되기 때문이다.

그런데 정작 자신의 언어는 어떠한지 돌아보는 사람은 그다지 많지 않다. 머리 모양이나 옷 모양 이상 중요한 의사소통 수단임에도 불구하고. 하이데거가 '언어는 존재의 집'이라고 한 것은 어쩌면 그 사람의 내면, 즉 개성이나 사고방식을 가장 잘 엿볼 수 있는 것이 언어이기 때문일 것이다. 굳이 면접을 하는 이유는 지원자의 내면을 언어로 살펴보기 위함일 것이다.

따라서 면접 상황을 앞두고 자신의 어법은 어떠한지 꼼꼼하게 분석할 필요가 있다. 이 때 눈여겨 볼 사항은 리듬과 어조, 어휘, 표현법 등이다. 어휘 차원을 예로 들면 다음과 같다. 긍정적인 단어와 부정적인 단어 중 어느 쪽을 자주 사용하는가? '실패'와 '좌절' 같은 단어를 자주 사용한다면 자긍심도 낮고 부정적인 사고를 지닌 사람으로 낙인찍히기 쉽다. 그리고 비록 실제로 '실패'와 '좌절'을 많이 겪었더라도 '실패'와 '좌절'이라는 단어를 자주 사용하지 않는 것이 좋다. "나는 실패하지 않았다."라고 반복해서 말하게 되면 면접관의 머릿속에는 '실패'라는 단어가 더 강하게 남게 된다.

'실패'와 '좌절'이라는 단어를 언급하게 될 때 긍정적인 단어로 바꾸어 표현하는 것이 좋다. 이를 '뒤집기 어법'이라고 명명할 수 있는데, 자신을 비난하는 부정적인 면접 상황이라면 이러한 어법을 사용하는 것이 더 좋다.

> 면접관: 자기 소개서를 보니 인간관계가 소극적이네요.
> 지원자①: (큰소리로) 실제로는 소극적이지 않습니다.
> 지원자②: 네. 진정한 친구를 사귀는 데 남들보다 조금 오래 걸립니다.

지원자①처럼 대답했다면, 지원자는 자신의 표현에 대해 다시 부연 설명해야 한다. 짧은 면접 시간에 구구절절 이야기하다 보면 변명 아닌 변명을 하게 될 수도 있다. 반면 지원자②는 부정적인 상황을 뒤집어 표현하였다. 이러한 '뒤집기 어법'은 더 이상의 부연 설명이 필요 없을 뿐만 아니라 미래 지향적인 인간관계도 부각시켰기에 일석이조(一石二鳥)의 효과가 있다.

이미 습관이 되어 굳어 버린 리듬과 어조는 쉽게 바꿀 수 없겠지만 어휘 선택이나 표현 방식은 조금만 노력하기만 하면 충분히 개선이 가능하다. 자신의 언어를 마음의 거울에 비추어 보고 성찰하고 개선하려고 노력하다 보면 면접장에서도 달라진 자신의 어법을 발견하게 될 것이다.

2015 국어과 교육과정에서 '면접' 관련 내용은 다음과 같다.

> [고등학교 선택 화법과 작문]
> [12화작02-05] 면접에서의 답변 전략을 이해하고 질문의 의도를 파악하여 효과적으로 답변한다.

(가) 학습 요소
면접(답변 전략)

(나) 성취기준 해설
없음

(다) 교수·학습 방법 및 유의 사항
③ 면접을 지도할 때에는 내용 확인과 추론적 듣기가 제대로 이루어져야 질문자의 의도를 올바로 파악할 수 있고, 질문자의 의도는 면접의 궁극적 목적인 평가 및 선발을 고려해 해석되어야 함을 이해하도록 한다.
④ 면접에서 효과적으로 답변한다는 것은 질문자의 요구에 적합한 내용을 구성하여 어법에 맞게 표현하는 것이며 언어적 표현을 보강할 수 있는 준언어·비언어적 표현을 적절하게 사용하는 것임을 이해하고 적용하도록 한다.

(라) 평가 방법 및 유의 사항
② 면접에서 효과적으로 답변하기를 평가할 때에는 내용 및 표현의 적절성에 초점을 맞추고, 답변 시간에 제한을 두는 방법을 사용해 실제 면접에서 중요하게 여기는 순발력을 기르도록 한다.

▌참고문헌

노은희 외(2008), 고등학교 국어과 교육과정 해설 연구 개발, 교육과정평가원.

서형준(2008), 면접의 정석, 부키.

이병숙(2006), 차별화된 면접 경쟁력을 키워라, 팜파스

이창덕 외 공역(2008), 발표와 연섭의 핵심 기법, 박이정.

임칠성·원진숙·심영택·이창덕(2004), 말꽝에서 말짱되기, 태학사.

지석배 역(2008), 면접, 능력이 아니라 기술이다, 비즈니스맵.

차대운·안춘복·김성민(2008), 면접 스킬·클리닉, 법문사.

제 10 장

토의 교육

1. 토의의 성격과 토의 교육의 목표

가. 토의의 개념과 목적 및 특성

토의(討議)란, 어떤 공통된 문제에 대해 협력적 사고를 통해 최선의 해결책을 협의하는 담화 유형이다(임칠성, 2008:163). 토의는 대화의 일종이지만 '협력적 사고'와 '공통된 문제 해결'에 중점 의미가 있다. 토의에서는 공통된 하나의 문제에 대하여 다양한 의견이 교환되어야 하므로, 가능한 참가자 전원이 의견을 제시하고 여러 방안에 대한 검토와 협의, 그리고 합의가 이루어지는 것이 바람직하다.

하지만 이러한 개념을 토대로 토의의 목적을 무조건 '공동의 합의점 혹은 해결안 찾기'로 규정짓게 되면, 토의(담화)의 범위를 협소하게 한정하는 결과를 낳는다. 최영인(2007:20-21)은 토의를 통해 달성하고자 하는 궁극적 지향점에 따라 토의의 목적을 '문제 이해하기(understanding)', '문제 해결하기(problem-solving)', '집단의 의사결정하기(decision-making)'로 나누었다. 문제 이해하기를 목적으로 하는 토의에서는 참여자들이 현 상태를 바꾸는 데 필요한 정보를 공유하는 것이 주가 된다. 참여자들은 서로의 정보와 의견을 나눔으로써 문제와 문제 상황에 대한 이해를 높인다. 문제 해결하기를 목적으로 하는 토의에서는 이러한 문제 이해하기에서 나아가 실질적인 해결안을 모색하게 된다. 그 과정에서 다양한 의견뿐만 아니라 조정안(또는 해결안)이 도출된다. 집단의 의사결정하기를 목적으로 하는 토의에서는 가장 합리적이라고 판단되는 해결안을 최종적으로 선택하고 해결 방안 실행을 위한 구체적인 계획을 수립한다.

이러한 토의의 목적 세 가지를 달성하는 과정에서 다수의 의견을 좇는 것이 바람직하지만, 소수의 의견이라 해서 무조건 배척해서는 안 된다. 왜냐하면 토의에서는 해결안의 결정만이 중요한 것이 아니라, 합리적인 해결안에 이르는 과정도 중요하기 때문이다. 토의에 참가하는 사람은 집단 사고의 과정을 통해서 공동의 이익과 발전에 기여하겠다는 의식을 지녀야 한다. 또 상대방과 다른 의견을 가지고 있다 하더라도 일단 합의된 결정에는 승복할 줄 아는 민주 의식도 필요하다.

토론과 비교해 보면, 이러한 토의의 특성이 더욱 두드러진다(박경현, 2001).

① 토의는 서로 협력하여 대담이나 회의를 통해서 해답을 얻으려는 화법이고, 토론은 자신이 이미 가지고 있는 해답을 상대측에게 납득시키려는 화법이다. [선(先) 해답 확보 여부]

② 토의는 일종의 집단 사고의 일종이고, 토론은 이미 의견 대립을 전제로 하고 그 안에서 다음의 발전을 찾아내려는 변증법적 사고이다. [의견 대립 전제 여부]

③ 토의는 자유롭게 논의하는 것이지만, 토론은 일정한 규칙에 따라하는 논쟁이다. [확고부동한 규칙 존재 여부]

④ 특별한 이해관계(利害關係)가 있는 경우의 토의는 흉금을 터놓지 않는 한 진정한 합의를 얻기 힘들다. 그러나 토론은 흉금을 트든 안트든 관계가 없다. 오직 통하는 것은 사실과 논리뿐이며, 흥정이나 정실이 통하지 않는 과학적 화법이다. [흉금 터놓기의 중요성 여부]

물론 집단적 의사 결정 과정이라는 공통점을 토의나 토론 모두 지니고 있다. 하지만 토의는 어떤 문제에 대하여 여러 사람들이 다양한 생각이나 의견 등을 서로 나누어 그것에 대한 어떤 합의점이나 해결 방법을 찾는 협력적인 의사소통 과정이다. 반면 토론은 토의를 하다가 의견이 찬반 양쪽으로 갈릴 경우, 양쪽이 각각 자기편 주장을 받아들이도록 상대편을 설득하는 경쟁적 의사소통 과정이다. 이러한 집단적 의사 결정 과정과 방법 사이에 존재하는 차이점을 정리하면 다음과 같다.

구 분	토의·회의	토 론	대중 설득 연설
목 적	정보·의견 교환	주장과 설득	주장과 설득
주 장	다양한 주장	두 가지 주장	오직 한 쪽 주장
말하는 이	모든 참여자들	양편 주장자들	각 편 주장자 혼자
상호 관계	상호 협력적	상호 경쟁적	주로 일방적
핵심 사고력	문제해결적·협력적 사고	논리적·비판적 사고	논리적·비판적 사고
교육 목표	토의 능력 신장	토론 능력 신장	설득 능력 신장
범교과 교육	토의식 수업	토론식 수업	발표식 수업

나. 토의 교육의 필요성과 목표

토의 교육의 필요성은 사회적 차원, 범교과 차원, 국어 교과 차원, 학습자 차원으로 나누어 살펴볼 수 있다. 이인제 외(2005)에서 조사한 바에 의하면 학습자와 학부모는 물론 사회 각층의 지도자들까지도 현재 국어 교육에서 가장 필요한 능력은 토의 능력과 토론 능력이라고 응답하였는데, 이는 이해관계가 상충되는 복잡한 사회 문제를 합리적으로 해결하는 능력이 토의 능력과 토론 능력에 달려 있다고 보기 때문이다. 또한 타

교과의 수업 지도안을 보면, 수업 중 배워야 할 학습 내용에 대한 토의 활동뿐만 아니라, 수업 전과 수업 후 토의 활동이 약방의 감초처럼 빈번하게 언급되고 있다. 나아가 토의식 수업 기법을 적용한 연구를 이들 개별 교과 교육에서 쉽게 찾을 수 있음을 볼 때 토의 능력은 범교과 차원에서 필요조건으로 작동하고 있음을 알 수 있다. 이러한 토의 능력은 국어 교과 차원과 학습자 차원에서 볼 때 필요충분조건으로 그 교육적 필요성이 격상된다. 물론 여러 사회적 담화 양식 중 가장 많이 연구된 것은 '토론'이며, '토의'에 대한 연구는 비록 저조한 상태이지만, 실제로 토론과 토의 중 학습자들이 먼저 경험하게 되는 담화 양식은 토의이며, 2015 개정 국어과 교육과정 5~6학년 듣기·말하기에서도 토의 항목이 토론 항목보다 앞서 제시되는 점을 볼 때, 토의 능력은 토론 능력보다 국어 교육에서 더 본질적이고 기초가 되는 교육 내용임을 알 수 있다.

이러한 내용을 바탕으로 토의 교육의 목표를 범박하게 '토의 능력의 신장'으로 설정할 수 있다. 하지만 토의 능력이 구체적으로 무엇을 의미하는지 그 실체를 파악하는 것은 매우 중요하다. 토론 교육에서 논리적·비판적 사고력을 통해 토론 능력을 신장할 수 있듯이, 토의 교육에서 꼭 필요로 하는 사고력(능력)이 무엇인지 규명하여야 토의 능력을 신장할 수 있기 때문이다. 김성희(2007:145)는 토의 능력을 토의자가 협력적 사고를 바탕으로 토의 주제 및 토의 담화에 대하여 이해·분석·판단하면서 공동체의 문제를 해결하는 방안에 도달할 수 있는 능력이라고 보고 있다. 그렇다면 토의 능력을 이루는 가장 중요한 요소는 바로 '협력적 사고'와 '공동체의 문제 해결 능력'이라고 할 수 있다.

그런데 일반적으로 공동체의 문제와 그 해결 능력은 쉽게 이해할 수 있지만 협력적 사고가 무엇인지 이해하기 쉽지 않다. 임칠성(2008:163)에서는 이 협력적 사고를 다음과 같이 풀어 설명하고 있는데, 이는 결국 토의라는 담화 유형이 합의 지향성이라는 특성을 지니게 한다.

"토의는 이해 당사자나 전문가가 문제를 여러 가지로 검토하면서 잘잘못을 따지지만 검토와 따지는 것에 자체에 초점이 있지 않고 여러 가지 대안들 중에 가장 나은 대안을 모색하는 것에 초점이 있다. 따라서 가장 좋은 안에 합의하기 위하여 상대의 안을 인정하고, 내 안을 양보하게 된다. 토의는 문제 해결이 목적이므로 일방적으로 자기 안만 고집할 수 없다. 다른 안에 내 안을 조율하여 문제 해결의 장으로 나가고자 하는 양보와 배려의 정신이 필요하다."

2. 토의의 유형과 절차

가. 토의의 유형

토의는 그 유형에 따라 진행하는 방법과 준비 사항 등이 달라지기 때문에, 어떤 토의 유형이 있는지 그리고 그 특징이 무엇인지 잘 알아야 한다. 토의 유형에는 패널 토의, 심포지엄, 포럼, 일반 회의, 브레인스토밍, 버즈 집단 회의, 원탁 토의 등이 있는데, 공식적인 자리에서 일반적으로 가장 널리 사용되는 유형 4가지만을 여기서 다루고자 한다. 설명 방식은 먼저 유형의 성격을 간단히 소개하고 사례를 제시한 뒤, 사례에 나타난 토의 절차를 정리하는 형태이다. 그리고 이들 4가지 토의 유형을 종합하여 간단히 표로 제시하고자 한다.

1) 패널 토의

공적으로 문제를 토의하면서 동시에 사적 모임의 특성(비공식성)을 가지는 경우가 있다. 원탁에 앉는 대신 청중들 앞에서 앉아서 토의하는 이런 형태가 바로 패널(배심토의)이다. 이 토의는 특정 문제에 특별히 관심이 있거나 경험이 있는 사람을 배심원(패널리스트)으로 뽑아 서로 의견을 주고받으며, 그것을 바탕으로 공동 토의를 진행하는 방식이다. 새로운 것을 알기 위한 것이 아니라 이견(異見)을 조정하는 수단으로 자주 쓰이기 때문에, 정치적인 문제나 시사적인 문제를 해결하는 데 적당하다.

〈패널 토의 사례(조규일 외, 1996:187~188)〉

주제: 교통 체증의 해결 방안

배심원: 김 국장 (정부 대표), 윤 사장 (사업가 대표), 박 변호사(일반 시민 대표)

사회자: 우리나라의 교통 체증 문제는 매우 심각합니다. 이 문제에 대한 해결 방안을 마련하고자 여러 분야의 권위자를 모신 것입니다. 각자의 의견을 말씀해 주십시오.

김 국장: 교통 체증은, 도로는 그대로인데 자동차가 너무 빠른 속도로 늘어나기 때문에 일어나는 현상입니다. 승용차 십부제와 같은 방법을 생각해 볼 수 있습니다.

윤 사장: 그것은 사업하는 사람에게는 크게 불편한 일입니다. 돈이 많은 큰 회사는 번호판이 다른 차를 하나 더 구입하면 되겠지만, 영세한 사업자들에게는 여간 곤란한 문제가 아닙니다.

박 변호사: 버스 전용 차선제가 바람직합니다. 버스 전용 차선제가 잘 활용되면 승용차를 가진 사람도 출퇴근 시간에 대중교통 수단을 이용할 것입니다.

김 국장: 승용차 십부제가 실시되면 저절로 대중교통을 이용하는 사람이 늘게 될 것입니다. 승용차에 대해서 어느 정도 제한을 가하지 않고는 교통 체증의 해결은 어려울 것입니다.

윤 사장: 자본주의 국가에서 재산권의 침범이 바람직한 일인가도 생각해 보아야 합니다. 십부제에서 오는 손해를 보상해 주는 일도 없이 제한만 하는 것이 능사는 아닙니다.

사회자: 서로 주장을 조금씩 양보해 보면 어떻습니까? 예를 들어, 승용차 십부제 운행에서 상업용은 제외한다든지 하는 식으로 조정을 하는 것이지요.

윤 사장: 상업용 승용차가 따로 있는 것은 아니지요. 사업하는 사람이 타고 다니는 승용차는 어떤 의미에서 다 상업용이지요.

김 국장: 어려움을 같이 감수하여야 합니다. 모두 손해를 보지 않겠다고 들면 어떤 해결 방안도 찾기 어렵습니다.

박 변호사: 대중교통 이용이 승용차 이용보다 훨씬 편리하다는 것이 증명되면 군이 승용차를 이용하라고 해도 하지 않을 것입니다. 명절 귀성길에 시험적으로 시도한 고속버스 전용 차선제의 효과가 그것을 증명합니다.

사회자: 시내버스 전용 차선제에 대해서는 이의가 없군요. 승용차 십부제에 대해서는 앞으로 더 논의해 보아야 할 것 같습니다.

청중 ①: 박변호사님께 여쭙겠는데 승용차 함께 타기 같은 것을 추가하는 것은 어떻습니까?

박 변호사: 좋은 의견이라 생각합니다. 시민들 간의 우의를 돈독히 하는 데도 한 몫을 할 것입니다.

청중 ②: 김국장님께 여쭙겠습니다. 승용차 십부제 운행에 참여하는 사람에게는 주차장 할증료 면제나 세금 감면 혜택을 주는 방안은 어떻습니까?

김 국장: 그런 방안도 검토했습니다. 그러나 그것을 관리하여야 하는 인적 자원의 부족 등으로 실행하기가 그리 쉽지 않습니다.

사회자: 이번 토의는 구체적인 결론을 얻기보다는 이런 문제에 대하여 모두 함께 좋은 방안을 생각해 보자는 데 그 의의를 두었습니다. 그런 점에서 소기의 목적을 달성했다고 생각합니다. 승용차 십부제와 같이 미진한 안건에 대해서는 다음번에 다시 논의할 기회를 갖도록 하겠습니다. 감사합니다.

이 패널 토의를 분석해 보면, 다음과 같이 진행되었음을 알 수 있다.

(1) 토의 과제 설명하기

– 사회자: 교통 체증의 해결 방안 찾기

(2) 각각의 입장과 의견 제시하기

– 김 국장: 승용차 십부제 실시

– 윤 사장: 영세한 사업자는 곤란함

– 박 변호사: 버스 전용 차선제 실시

(3) 조정안 제시하고 타당성 논의하기

– 사회자: 승용차 십부제에서 상업용 제외

– 윤 사장: 상업용 승용차 구분하기 힘듦

(4) 토의 내용 요약하기

– 사회자: 버스 전용 차선제 실시 수용/ 승용차 십부제 추가 논의

(5) 청중의 질의와 토의자의 응답

– 청중 ①: 승용차 함께 타고 가기

– 박 변호사: 긍정적으로 수용

– 청중 ②: 승용차 십부제 참가 차량에게 혜택 주기(주차장 할증료 면제, 세금 감면)

– 김 국장: 인적 자원의 부족으로 실행상의 어려움

(6) 결론 찾고 정리하기

– 사회자: 소기의 목적 달성/ 추후 논의 기회 약속

2) 심포지엄

미리 3-5명의 발표자에게 미리 특정한 주체를 주고 강연식으로 발표하게 한 뒤, 청중도 질의응답 형식을 통해 참가하는 방식이다. 발표 시간을

다소 비슷하게 고정하여 배정하기 때문에, 연설자끼리 의견 교환이 거의 이루어지지 않으며, 의견 일치를 위한 상호 탐색도 드물다. 패널처럼 청중들이 참여들이 참여하는 시간이 있으나, 그것 때문에 패널과 심포지엄의 본래 구조가 변형되지 않는다. 어떤 주제에 대해 찬성과 반대를 가리고자 하는 것이 아니며 그 주제에 대해 여러 각도의 의견을 발표하는 것이 주목적이다.

〈심포지엄의 사례(이주행 외, 2003:174)〉

사회자: 먼저 한국대학교 최○○ 선생님께서 '한국어에 관한 인식의 깊이와 한국 문화'라는 제목으로 발표를 해 주시겠습니다.

발표자 ①: (발표한다.)

사회자: 지금까지 최○○ 선생님께서 발표를 해 주셨습니다. 최○○ 선생님의 요지는 민족 언어는 민족정신을 형성하는 작용을 하기 때문에 오늘날의 한국어의 사용 현실을 깊이 있게 성찰할 때, 그것이 한국 문화의 발전에 기여할 수 있을 것이라는 내용이었습니다. 그러면 다음에는 국어 교육 학자 한○○ 선생님께서 '간결하고 정확한 국어사용을 위하여'라는 제목으로 발표해 주시겠습니다.

발표자 ②: (발표한다.)

사회자: (발표자 ②의 발표 내용을 요약한다.)

(이상의 순서에 따라 발표자 ③, ④가 모두 발표를 마친다.)

사회자: 그러면 질의응답 시간을 갖도록 하겠습니다. 청중 여러분께서는 발표 내용에 대해서 궁금한 점이나 보태고 싶은 사항이 있으시면 손을 들어 주시고 사회자가 지명하면 간략하게 말씀해 주시기 바랍니다. 다만, 발언 시간은 1분이 넘지 않도록 해 주시기 바랍니다.

(청중 ①이 손을 든다. 사회자가 지명한다.)

청중 ①: 두 번째 발표자이신 국어 교육 학자 한○○ 선생님께 여쭙겠습니다. 간결하고 정확한 언어를 사용함으로써 언어생활의 효율성을 높여야 한다고 주장하셨는데, 실제로 사람들이 간결하고 정확한 언어를 사용하게 하려면 그것을 위한 교육이 강화되어야 한다고 생각합니다. 그러나 이미 중등 교육을 마친 많은 기성 세대들에 대한 교육은 사실상 한계가 있으리라고 생각됩니다. 이런 문제점을 해결할 수 있는 방안에 대해서는 어떻게 생각하십니까?

발표자 ②: (답변한다.)

(이상의 순서에 의해서 청중 ②, ③, ④가 모두 질의하고 발표자들은 응답을 마친다.)

사회자: 더욱 많은 토의가 이루어졌으면 좋겠지만, 이상으로 질의응답을 마치도록 하겠습니다. 지금까지 이루어진 토의 내용을 요약하자면 결국 문화의 발전과도 밀접한 관련을 갖는 국어를 간결하고 정확하게 사용하기 위하여 힘써야 한다는 것과 그에 대한 정부 차원의 사회 교육 강화가 수반되어야 한다는 것이었습니다. 또 국민 각자의 한국어에 대한 인식 심화와 순화 노력이 병행되어야 한다는 것입니다. 그럼, 이상으로 제3회 한국어 심포지엄 '오늘의 한국어 성찰과 모색'을 모두 마치도록 하겠습니다. 오랜 시간 토의에 참여해 주셔서 감사합니다.

이 심포지엄을 분석해 보면, 다음과 같이 진행되었음을 알 수 있다.

(1) 발표자와 발표 내용 소개하기
– 사회자: 한국대학교 최○○ 선생님의 '한국어에 ~ 한국 문화'

⇓

(2) 제1발표자의 발표하기와 발표 내용 요약하기

– 발표자 ①: (생략)

– 사회자: (간단하게 정리하기)

(3) 다음 발표자의 발표하기와 발표 내용 요약하기

– 발표자 ②~④: (생략)

– 사회자: (각각 간단하게 정리하기)

(4) 질의–응답 진행하기

– 사회자: 청중의 질의 방법 안내하기(질의 대상과 내용, 시간 등)

(5) 청중의 질의하기와 발표자의 답변하기

– 청중 ①~④의 질의하기

– 발표자 ①~④의 답변하기

⇓

(6) 토의 정리 및 마무리

– 사회자: 전체 토의 내용 간단히 요약하기와 참여자에게 감사 인사 전하기

3) 포럼

'포럼'이란 원래 재판이나 공적인 문제에 대하여 공개 토의를 하는 공공의 장소를 뜻한다. 어떤 문제에 대해 직접 관련 있는 사람들이 모여 공개적으로 토의하는 것으로, 다른 토의와는 달리 처음부터 청중의 참여로 이루어지는 토의이다. 이른바 '시민의 광장'과 같은 것인데, 사회자가

적당히 개입함으로써 주제에 대한 공동의 이해에 도달하게 한다. 첨예한 대립을 유발시킬 소지가 있는 내용 중재를 위해서 서면 질의를 받기도 한다.

<포럼의 사례>

사회자: 지금부터 '청주 산남3지구 택지 개발 계획 합리적인가'라는 주제로 청주시 담당 공무원과 시행사 대표를 모시고 시민들과 포럼 형식으로 토의를 하도록 하겠습니다. 그럼 왜 이러한 사업을 하게 되었는지 그 배경을 청주시 측에서 먼저 시민들에게 설명 좀 해 주시지요.

담당 공무원: 경부와 중부고속도로가 인접한 청주지역에 택지개발이 잇따르고 있는 것은 신행정수도 충청권 이전 등의 호재와 수도권과 교통 연계성이 뛰어나기 때문입니다. 특히 인근 오창 과학 산업단지와 오송 생명 과학 산업단지 조성으로 인구 유입이 계속될 것이 예상되기 때문입니다. 그리고 산남3지구를 포함해 이들 6곳의 택지개발 사업비가 총 1조 2000억여 원에 달해 지역 경제 활성화에 큰 영향을 줄 것입니다.

사회자: 그럼 산남3지구에는 어느 정도 규모로, 언제쯤 개발할 예정인지 시행사 측에서 설명 좀 해주시지요.

시행사 대표: 우리 한국토지공사의 계획에 따르면 약 33만 2000평 면적에 해당하는 산남3지구를 총 사업비 2301억을 투자하여 2003년 12월에 착공할 예정입니다. 이곳에 법원과 검찰청 등 6102가구가 들어서게 될 것입니다.

사회자: 물론 지역 경제 활성화와 주택난 해소에 많은 도움을 줄 사업으로 생각되지만, 시민들의 불만과 걱정도 많습니다. 원활한 진행을 위해 환경 문제 등 시민들의 의견을 먼저 들은 다음, 직접 참여하지 못한 시민들의 서면 질의 중 중요한 내용만을 골라 보도록 하겠습니다. 그럼 시민들의 의견을 직접 들어보도록 할까요?

청중 ①: 택지 개발도 좋지만 원흥이 방죽은 당연히 살려야 한다. 지역주민들 그리고 어린아이들조차도 원흥이 방죽 살려달라고,

두꺼비를 살려달라고 애원하고, 토공은 마치 너그러운 통치 권자인 양 '고려해보마, 한번 생각해보지'라고 하면서, 지역주 민의 기원을 기만하는 근시안적인 대처 방안을 자랑하고 있 다. 원흥이 방죽 살리는 것은 두꺼비로 부각된 자연 생태계 를 보존하자는 것인데, 방죽만 놔두고 빙 둘러 개발하면 뱀 이나 개구리 두꺼비 등은 방죽 안에만 갇혀 살고 알도 낳지 말고, 알아서 살라고 하는 말인가. 저수지를 가둬놓고 썩기만 을 기다렸다가 썩어서 민원이 올라오면 메워서 택지로 쓰려 는 속셈은 아닌지.

시행사 대표: 결코 그런 속셈은 없습니다. 청주 산남3지구를 택지 개 발하고 있는 우리토지공사는 두꺼비 집단서식지가 있는 원흥 이 방죽 인근 3만6천여㎡에 생태공원을 조성하고 지하 1층, 지상 1층(연면적 520㎡) 규모의 '두꺼비 생태문화관'을 지어 지난해 말 시에 기부하기로 약속했습니다.

청중 ②: L모씨가 살고 있는 집의 대지는 170여 평으로 1억원이 조금 넘는 보상금을 받았는데, 인근 35평 아파트는 2억 원대다. 그 렇다면 외지에서 온 투기꾼만 횡재를 만났지 정작 주민은 집 터를 빼앗기고 유랑민으로 전락한 것이 아닌가? 그리고 M모 씨는 땅 없이 형들 농사를 조금씩 도와주며 사는 무토지 영 세농인데, 그가 사는 집터는 정부 소유라 보상은 집에 대해 서만 받는다고 한다. 집도 크지 않아 그가 받은 정부 보상액 은 3천만 원에도 못 미치는데, 이 돈으로 임대 아파트에 들어 간다 해도 먹고사는 것이 문제다. 이들을 시에서 책임져야 하는 것이 아닌가?

담당 공무원: 토지 보상금을 통해 일부는 혜택을 입었지만 가족이 파 괴되거나 유랑민으로 전락하는 경우도 비일비재하게 나타나 며 토지보상금의 폐해가 심각한 실정은 잘 알고 있습니다. 다른 땅을 사서 집도 짓고 먹고살 길을 찾을 수 있는 보상금 의 적정 액수를 조사하여 가족 공동체와 농촌 공동체가 무너 지는 일을 방지하는 데 최선을 다하겠습니다.

사회자: 서면으로 들어온 질의 중 '원흥이 방죽 마을뿐만 아니라, 원흥사 터를 포함하여 이 지역 전체를 문화적으로 복원할 필요가 있다. 그러면, 개발 전 어릴 적 물장구치던 풋풋했던 옛 추억을 되살리게 됨은 물론 과거와 현재를 비교해 지역의 변천사를 후손들에게 알려줄 수 있다.'는 의견에 대해서는 어떻게 생각하는지요?

담당 공무원: 우리 청주시에서는 택지개발이 완료된 산남3지구, 봉명1·2택지개발사업지구, 봉명·신봉 토지구획정리사업지구 등 3곳에 대해 6월말까지 과거 모형도를 제작할 예정입니다. 이를 위해 모두 6천만 원을 들여 1976년 촬영된 항공사진을 기초로 1천대 1로 축소해 산남동, 봉명1동, 봉명2동, 송정동 주민 센터에 설치할 예정입니다.

사회자: 더 많은 토의가 이루어졌으면 좋겠지만, 이상으로 산남3지구 택지 개발 계획 합리적인가에 대한 시민들과의 1차 포럼을 마치도록 하겠습니다. 여러분의 의견으로 인해 산남3지구가 친환경 마을로 다시 태어나기를 바랍니다. 오랜 시간 토의에 참여해 주셔서 감사드립니다.

이 포럼을 분석해 보면, 다음과 같이 진행되었음을 알 수 있다.

(1) 토의 주제와 개발 관련 담당자 소개하기
- 사회자: 산남3지구 택지 개발 계획 합리적인가/ 청주시 담당 공무원과 시행사 대표

(2) 개발 관련 담당자의 발표하기
- 담당 공무원: 배경 설명하기(지역적 특성, 교통편과 인구 유입, 지역 경제 활성화 등)
- 시행사 대표: 개발 단지 청사진 설명하기(개발 규모, 사업비, 관공서, 아파트 가구 등)

(3) 청중의 질의-응답 진행하기
- 사회자: 청중의 질의 방법 안내하기(질의 순서와 방법, 시간 등)

(4) 청중의 질의하기와 담당자들의 답변하기
- 청중 ①~②: 공통의 문제(환경 문제, 보상금 문제)
- 담당자: 해결 방안(생태 공원과 문화관, 적정 보상금 산출)

(5) 청중의 서면 질의하기와 담당자의 답변하기
- 청중의 서면 질의: 공통의 문제(과거 생태 문화 복원과 교육 문제)
- 발표자 ①~④의 답변하기(과거 모형도 제작)

(6) 토의 정리 및 마무리
- 사회자: 전체 토의의 의의 및 참여자에게 인사 전하기

4) 회의

회의는 공동으로 당면한 문제를 해결하기 위하여 두 사람 이상이 모여서 협의하여 의제(議題)를 채택하고, 참석자들의 동의를 얻어 의제에 관련된 사항을 결정하는 과정을 말한다. 이러한 회의는 토의의 가장 흔한 형태이다. 회의의 종류에는 학급 회의를 비롯하여 국회의 정기 총회와 임시 총회, 각 기관의 임원회의 등이 있다.

〈회의의 사례〉

ㅇ 개회(회원들이 착석하고 분위기가 잡히면, 의장은 개회를 선언한다.)

○ 인원 확인(서기가 출석 인원을 의장에게 보고한다.)

○ 회의록 낭독(서기가 전 회의록을 낭독한다.)

('이의'가 없으면 통과시킨다. 오기가 있으면 정정한다.)

○ 임원 보고(회계 및 각부 임원들이 보고한다.)

○ 의안 심의

의장: 의안 심의에 들어가겠습니다. 의안을 제출해 주십시오.

회원 ①: 의장.

의장: 이승희 회원에게 발언권을 드리겠습니다.

회원 ①: 전남에 있는 해원 학교와 자매결연할 것을 동의합니다.

의장: 이승희 회원의 전남에 있는 해원 학교와의 자매결연 동의에 재청이 있습니까?

회원 ②: 재청합니다. (재청은 의장의 발언권을 얻지 않아도 된다.)

의장: 강미소 회원의 재청으로 성립되었습니다. 이승희 회원은 의안에 대하여 보충 설명을 해주십시오.

회원 ①: (단상으로 나가서 설명한다.)

의장: 이 의안에 대하여 질의를 받겠습니다.

회원 ③: (질의한다. 질의는 제안자에게 하는 것이 아니라 의장에게 한다. 제안자는 질의가 계속되는 동안 앞에 서서 답변한다. 질의가 종결되면 의장은 토의에 들어가도 좋은지의 여부를 묻고, 회원들이 찬성하면 토의에 들어간다.)

의장: 토의 순서입니다. 이 의안에 대하여 다른 의견을 지닌 회원은 손을 들어주십시오. (토의가 계속된다.)

의장: 이제 토의를 종결하는 것이 어떻겠습니까?

(의석에서 "좋습니다."라고 하든가, 토의 종결 동의가 가결되면 토의는 종결된다.)

의장: 표결에 들어가겠습니다. 전남에 있는 해원 학교와 자매결연하자는 의안에 찬성하는 회원은 손을 들어주십시오. (서기가 찬성자 수를 헤아려서 의장에게 보고한다. 표결 방법은 의안에 따라 회원들에게 물어서 결정, 시행한다.)

의장: 전남에 있는 해원 학교와 자매결연하자는 의안은 찬성 24표로
　　　과반수를 얻었으므로 가결되었습니다. 이제 다음 의안을 제출
　　　해 주십시오.
　　(같은 방식으로 동의, 재청, 의안 설명, 질의 등의 과정을 거친다.)
　　· 폐회 (의장이 폐회를 선언한다.)

이 회의를 분석해 보면, 다음과 같은 순서로 진행되었음을 알 수 있다.

(1) 도입 단계
ㅇ 개회 선언과 경과보고
- 의장: 개회 선언
- 서기와 회계: 인원 확인, 전 회의록 낭독, 임원 보고(회계 및 각부 임원)
ㅇ 의안 심의 시작하기
- 의장: 의안 제출 요구

(2) 정보 교환 단계
ㅇ 원동의(原動議)와 재청(再請)
- 회원 ①: 해원 학교와 자매결연할 것을 동의함.
- 회원 ②: 회원 ①의 원동의에 대한 재청
ㅇ 의안 설명과 질의
- 회원 ①: 의안에 대한 보충 설명
- 회원 ③: 의안에 대한 질의

(3) 의사 표시 단계
ㅇ 토의 개시와 토의 종결
- 의장: 토의를 개시하기와 토의 종결하기

(4) 결론 단계

O 표결과 의안의 가결

– 의장: 표결 방법 의논 후 표결/ 의안의 가결

(5) 정리 단계

O 폐회 선언

– 의장: 회의 결과 반복 설명하기/폐회 선언하기

이런 순서로 된 회의를 효과적으로 하기 위해서는 명확한 목적 확립, 면밀한 사전 준비, 참가자들의 적극적인 협조, 회의 규칙에 따른 원만한 운영 등이 전제되어야 한다. 회의의 10대 원칙을 간단히 소개하면 다음과 같다. 회의 공개의 원칙, 정족수(定足數)의 원칙, 일의제(一議題)의 원칙, 발언 자유의 원칙, 비폭력의 원칙, 평등의 원칙, 다수결의 원칙, 소수 존중의 원칙, 일사부재의(一事不再議)의 원칙, 회기 불계속의 원칙 등이 있다.

대부분 이해가 가능하나 조금 어려운 원칙을 설명하면 다음과 같다. 일의제(一議題)의 원칙이란 회의에서는 언제나 한번에 한 의제씩 차례로 다루어야 한다. 의장이 한 의제를 선포한 다음에는 토론과 수정 등을 거쳐서 그 채택 여부가 표결로 결정되기 전에는 다른 의제를 동시에 상정시킬 수 없다. 일사부재의(一事不再議)의 원칙이란 일단 부결이나 의결된 의안은 그 회기 중에는 다시 토의에 붙이지 않는다. 회기 불계속의 원칙이란 이번 회의에서 의결되지 못한 사항은 다음 회기에서 자동적으로 폐기된다. 이는 부결된 의안을 악용하여 회의를 공전시키려는 책동을 미연에 방지하려는 제도적 장치다.

한편 동의(動議: 회원이 예정된 의제 이외의 의제를 제출하는 것을 말한다)의 종류는 다음과 같다.

- 원동의(原動議): 제일 처음 나온 동의로서, 원안(原案)이라고도 한다.
- 보조 동의(補助動議): 원동의를 보조하는 동의로서, 수정 동의, 연기 동의, 토론 종결 동의 등이 이에 속한다.
- 부수 동의(附隨動議): 임시 동의라고도 한다. 원동의 처리 중 의장이 회의 규칙을 어기거나 정상적으로 회의를 진행시키지 않음으로 인해 생기는 동의이다. 동의의 철회, 심의 반대, 표결 방법, 의사 진행 등에 관한 동의가 이에 속한다.
- 우선 동의(優先動議): 원동의 심의 중 긴급한 사태가 발생하였을 경우의 동의로서, 일정 변경, 휴식, 폐회 등에 관한 동의를 말한다.
- 처리 순서: 우선(긴급) 동의 → 부수 동의 → 보조 동의 → 원동의

그리고 회의에서 나온 원동의 등에 대한 의결 방법으로는 만장일치제, 종다수결제, 다수결 등이 있다. 만장일치제는 회의 참가자 모두가 찬성하여야 되는 경우이다. 종다수결은 비율에 상관없이 많은 수의 의견에 따르는 것이다. 다수결은 구성원의 과반수로 결정할 것인가? 참가자의 과반수로 할 것인가? 구성원의 2/3로 결정할 것인가? 참가자의 2/3로 결정할 것인가? 한편 의사 표시 방법으로는 거수가결로 하는 경우와 투표로 하는 경우가 있다. 투표로 하는 경우에는 기명으로 할 것인지, 아니면 무기명으로 할 것인가로 나뉜다.

지금까지 논의한 토의의 유형과 그 사례, 절차 등을 다시 검토해 보면, 다음과 같이 유형별 차이점을 명확히 알 수 있다.

변별 항목 \ 토의 유형	패널토의 (배심토의)	심포지엄	포럼	(일반) 회의
① 토의 주제의 성격	다양한 결론이 예상되는 시사 문제	주로 학술적인 담론의 성격을 띤 주제	처음부터 청중이 참여가 능한 정책안이나 개발안	회원의 복지, 규칙, 친목 등의 문제
② 핵심 발언권자 (인원수)	집단의 대표자 (배심원 4~8명 정도)	사전에 토의 주제를 배당받은 발표자 (3~5명 정도)	청중(지역 주민, 지역 주민 대표), 정책입안자, 개발업자	회원 모두

③ 토의 진행 과정 (의사소통 방식)	배심원끼리 상호간 직접 토의	개별적인 발표나 강연	청중과 담당자 간의 직접 토의	회원끼리 상호간 직접 토의
④ 토의의 목적(문제 해결안의 채택 관련)	문제-해결(서로 다른 의견을 조정하는 안 채택)	문제에 대한 이해(특별한 결론 도출이 없음)	문제-해결(공동의 이익과 복지에 도달하는 안 채택)	의사결정(해결안과 실행 계획까지 결정)
⑤ 사회자의 역할	이견(異見)을 조정하는 안 도출해내기	발표 내용 요약하고 정리하기	청중과 발표자의 이해관계(利害關係) 조정하기	회의 규칙에 따라 회의 진행하기
⑥ 청중의 역할	포럼보다 소극적임(발표 뒤 의견 개진하기)	패널보다 소극적임(궁금한 점 질문하기)	매우 적극적임(공격적으로 질문함)	적극적인 편임(의견 개진하고 듣기)
⑦ 기타(시간, 규칙 등)	진행 순서 등이 일반적으로 고정되어 있음	발표 시간이 정해져 있음, 자료집이 비치되어 있음	청중으로 인해 진행 방식과 구조가 결정되기도 함	회칙이 별도로 존재함

나. 토의의 일반 과정

토의 참가자들은 토의의 일반적인 순서를 염두에 두고, 주제와 관련된 자료를 철저히 검토하여 발표할 의견을 정리한 후, 토의에 참석하여야 한다. 이런 철저한 준비를 하지 않고서는 어떤 문제에 대한 바람직한 해결 방안을 제시하기가 어렵기 때문이다. 토의는 대개 문제의 제시, 문제의 분석, 해결안 제시, 최선의 해결안 선택, 해결안 실시 방안 모색의 순서로 진행된다.

① **토의 문제 제시**: 우선 사회자는 토의하고자 하는 문제를 제시한다. 예를 들어, '졸업 후의 진로를 위해 무엇을 준비하여야 하는가?'라는 문제에 대하여 토의를 한다면, 이를 토의하는 이유를 참가자 전원에게 전달하여 논의할 문제에 대한 공감대를 형성하여야 한다.

② **토의 문제 분석**: 확정된 문제를 조사하고 분석하는 단계이다. 이 단계에서는 토의 주제가 발생하게 된 원인을 조사하고, 문제의 핵심이 무엇인지 살펴본다. 문제에 대한 의미를 좀 더 구체적이고 분석적인 시각으로 점검해 보아야 한다.

③ **해결안 제시**: 문제에 대한 조사와 분석이 끝나면 해결안을 제시하여야 한다. 토의에 참가한 사람들은 문제 해결과 관련된 모든 방안들을 제시하되 추상적이고 막연한 해결안을 제시할 것이 아니라, 합당한 근거와 필연적인 이유를 들어 구체적인 해결안을 제시하도록 한다.

④ **최선의 해결안 선택**: 제시된 해결안의 장단점, 실현 가능성 등을 세밀하게 따져 본 후, 최선의 해결안을 선택한다. 이 때에는 개인의 입장이나 이익을 버리고, 객관적인 입장에서 가장 바람직한 해결안을 선택하여야 한다.

⑤ **실행 방안 모색**: 해결안이 마련되었으면, 이를 실행하기 위한 구체적인 방법을 모색하여야 한다. 이상적인 해결안을 마련해 놓았어도 그것을 실행하지 못하면 토의의 의미는 없어진다. 또한 실행을 했는데도 기대했던 결과를 얻지 못했다면 그 역시 토의의 의의를 반감시키는 일이 될 것이다. 따라서 토의에서 얻어진 해결안을 실행하는 데에 필요한 구체적이고 현실적인 방법을 마련하여 실제 문제를 해결하는 것이 바람직하다.

이처럼 어떤 문제를 해결하려면 최소한 다섯 단계로 나누어 그 해결 방안과 실천 방안을 생각해야 한다. 이와 같은 체계적인 사고 과정을 반성적 사고하기(reflective thinking)라고 하는데, 토의의 준비나 실제의 토의에서도 대체로 이와 같은 사고 과정에 따라 해 나가면 된다. 또한 토의 평가는 이러한 준비 과정과 실제 토의 과정을 토의 사회자와 참가자, 청중들의 입장에서 다각도로 이루어진다.

다. 토의 준비하기

1) 토의 문제의 선정·서술

토의는 실제로 어떤 문제에 부딪혔을 때 그 해결을 위해 주로 하게 된다. 그러나 경우에 따라서는 미리 어떤 중요한 문제를 선정하여 그것에 대한 토의를 벌일 수도 있다. 이러한 경우는 토의 문제부터 선정해야 한다. 토의 문제는 시의적절(時宜適切)하며 토의할 가치가 있고 모든 참여자들에게 관심이 있는 것으로 선정한다.

토의 문제가 선정되면, 이를 정확히 분석·파악해서 모든 참여자들이 정확히 알 수 있도록 서술한다. 이 때 토의 문제는 '환경 문제'니 '공해 문제'니 하는 식으로 단어 형태로 서술해서도 안 되며, '모든 국민은 환경 문제에 더 많은 관심을 가져야 한다'는 식으로 결론이 이미 도출된 형태로 서술해서도 안 된다. 그 대신 '환경 문제는 어떻게 해결해야 하는가' 하는 식으로 해결 과제를 내포한 형태로 서술해야 한다. 그러나 '예' 또는 '아니오'라는 대답이 나오지 않도록 해야 한다. '예' 또는 '아니오'라는 두 가지 대답만이 나오는 것은 토의의 문제가 아니라 토론의 문제이기 때문이다.

토의 문제는 크게 세 가지 종류, 즉 사실적 문제, 가치적 문제 그리고 정책적 문제로 나눌 수 있다. 이들 각 토의 문제의 실례를 들어보면 다음과 같다.(이주행 외, 2004:301)

- 사실적 문제: 어떤 상황이 존재하는지, 그 상황이 어떤 환경 아래에서 존재하는지, 그것이 어떻게 정의될 수 있는지를 논의한다. '에너지 위기가 있느냐' 등이 여기에 해당한다.
- 가치적 문제: 사안이나 정책이 좋은지 나쁜지, 바람직한지 바람직하지 않은지, 기대되는지 희망이 없는지 등 어떤 문제에 대한 가치 평가를 요구한다. '한국에서 양당 제도가 최선의 정치 제도인가' 등이 여기에 해당한다.
- 정책적 문제: 어떤 사안이나 정책을 실천하거나 실행하는 과정을 유도하는 것으로, 일반적으로 토의 집단이 실천하거나 실행할 수 있는 영향력이나 권한을 지닌 경우에 해당한다. '샛강을 살리려면 어떻게 해야 하는가' 등이 여기에 해당한다.

2) 토의 문제에 대한 조사 연구

토의 문제의 서술이 끝나면, 이를 모든 토의 참여자에게 알려주어 그에 관한 사전 조사 연구를 하도록 해야 한다. 토의는 토의에 직접 참가할 사람들과 사회자만 하는 것이 아니다. 토의에 참여할 청중도 토의 문제를 미리 연구하여 그에 관한 충분한 사전 정보와 지식을 갖추어야 실제 토의에서 좋은 의견이나 제안을 제시할 수 있다.

토의 문제에 관한 사전 조사 연구에서는 먼저 무엇을 조사하고 연구할 것인지를 생각하는 한편, 이미 알고 있는 것은 무엇이며 더 조사, 연구해야 할 것은 무엇인지를 결정한다. 그리하여 조사한 자료와 그 출처는 카드 등에 정확히 기록하여 토의장에 가지고 나가도록 한다.

이 밖에도 토의를 하기 위해서는 여러 가지 준비가 필요하다. 토의의 구체적 목적과 방식을 결정하고 또한 구체적인 토의 사항들도 미리 생각해야 한다. 구체적인 토의 사항은 '의제(議題)'라고 하는데 토의를 효과적으로 진행하려면 우선 이러한 의제를 미리 구체적으로 작성해 놓아야 한다. 의제는 일반적으로 '해결할 문제 확인, 해결 방안 모색, 정보 수집과 관찰, 해결안 제시, 최선의 해결안 선택'의 순서로 논의한다. 그리고 이들 하나하나에 대하여 차례로 토의를 벌여 나가야 토의를 효과적으로 할 수 있다.

한편 패널 토의와 심포지엄 등을 할 경우는 며칠 전에 토의자들과 사전 모임을 갖고, 각자가 맡을 역할과 토의 사항들을 정확히 알려주고, 어떠한 순서로 토의를 진행할 것인지를 협의해야 한다.

끝으로 언제, 어디서, 얼마 동안 토의를 할 것이냐를 결정하여 모든 토의 참여자들에게 개별적으로 알려주는 동시에 공고도 해야 한다. 또한, 토의장도 마련하고 좌석들도 배치해야 하며, 마이크로폰을 사용할 경우는 이를 미리 준비하고 미리 점검을 해 두는 것이 좋다.

3. 토의 사회자와 참여자의 역할

실제로 토의를 하기 위해서는 그 진행 절차를 정확히 알아야 한다. 또한 토의에 참여한 사람들이 갖추어야 할 역할을 명확히 인지해야 한다. 토의는 집단적으로 이루어지기 때문에 주어진 역할을 제대로 소화하지 못하면 시간적인 막대한 손해를 초래할 뿐만 아니라, 문제 해결을 위한 생산적인 토의를 할 수 없기 때문이다. 그리고 토의 참여자가 토의에 대해 부정적인 생각이나 부담을 갖는 것도 이러한 역할을 제대로 수행하지 못하는 데서 발생할 수도 있다.

가. 토의 사회자의 역할

토의를 효과적으로 하려면 사회자의 역할이 매우 중요한데, 그의 임무는 크게 세 가지이다. 첫째는 토의의 계획과 준비요, 둘째는 토의의 실제적 진행이요, 셋째는 토의가 끝난 뒤 그 내용을 정리하여 보고하거나 다른 사람들이 활용하도록 제공하는 임무이다.

세 가지 중 실제 토의의 진행 임무가 가장 중요한데, 이는 다시 두 가지로 나눌 수 있다. 하나는 토의 참여자들로 하여금 주어진 토의 문제에 대한 어떤 해결 방법이나 결론을 이끌어 내도록 하는 과제 해결의 임무이다. 다른 하나는 모든 토의 참여자들이 만족할 수 있도록 토의 분위기를 만들고 유지시키는 임무이다.

과제 해결 임무를 수행하기 위해서 사회자는 토의 참여자들에게 토의 문제를 명확하게 규정해 주고, 토의 사항들을 순서대로 제시해 주면서 그에 대한 적극적이고 진지한 의견 교환을 장려하되, 토의가 빗나가지 않도록 해야 한다. 또한 때때로 토의 내용을 요약하고 종합해 주면서 토의 문제에 대해 어떤 결론을 얻는 방향으로 토의를 유도해 나가야 한다.

그러나 사회자가 이러한 과제 해결의 임무에만 치중하다 보면, 독재적이고 권위적인 사회자가 되기 쉽다. 그러므로 사회자는 자유롭고 편안하며 협조적인 분위기를 조성하고 유지시키려는 노력도 필요하다. 이를 위해서는 특정 토의자가 발언 기회를 독점하지 않도록 하면서 소극적 참여자들에게도 발언 기회를 균등하고 공정하게 배분하며, 토의자들 사이의 갈등과 의견 충돌 등을 조정하고 해결해 주어야 한다.

나. 토의 참여자의 역할

토의 참여자들이 토의 문제에 대한 사전 지식을 미리 갖추고 해결 방안 등도 미리 생각해 두어야 하는 것은 기본이다. 그리고 실제 토의에 임하여서는 적극적이고 열성적으로 참여하되 협동 정신을 발휘하여 다른 참여자들과 함께 토의 목적을 달성하도록 노력해야 한다. 또한 토의 절차를 숙지하고 사회자의 지시에 따라 질서를 지켜야 한다. 다른 사람의 이야기를 경청하면서 그들의 의사를 존중하고, 자기의 의사나 주장을 말할 때는 어법에 맞는 말로 분명하고 조리 있게 표현하되, 항상 예의 바른 태도로 이야기한다.

토의 문제에서 벗어나거나 불필요한 말, 확실한 증거가 없는 말, 남의 감정을 상하게 하는 말을 하거나, 다른 사람의 말을 가로막아서는 안 된다. 혼자 너무 오랫동안 이야기하는 것을 삼가고, 다른 참여자와의 의견 충돌을 피하면서 합의점을 찾도록 항상 노력해야 한다.

이처럼 토의 참여자들은 여러 가지 규칙들을 지켜야 한다. 그러나 무엇보다도 중요한 것은 훌륭한 듣는 이가 되어야 한다는 점이다. 다른 사람의 이야기 내용에 이의(異意)가 있더라도 그것에 즉각 이의를 제기하거나 비판이나 조소를 보내서는 안 되며, 그의 말이 완전히 끝날 때까지 조용히 기다렸다가 공손하고 예의 바르게 자기의 의견을 제시해야 한다. 훌륭한 그리고 건설적인 토의 참여자는 자기 의사를 적극적으로 발표하기보다는 다른 사람의 의사와 발언권을 존중할 줄 아는 사람이다.

2015 국어과 교육과정에서 '토의' 관련 내용은 다음과 같다.

[초등학교 5~6학년]
[6국01-02] 의견을 제시하고 함께 조정하며 토의한다.

(가) 학습 요소

토의하기(의견 조정)

(나) 성취 기준 해설

없음

(다) 교수·학습 방법 및 유의 사항

③ 발표, 토의, 토론 등 각각의 공식적 담화 상황의 특성에 초점을 맞추어 학습자가 공식적 말하기에 자신감을 가지도록 학습자의 수행에 대해 격려하고 칭찬하며 긍정적인 피드백을 한다.

⑤ 토의에 대해 지도할 때에는 학습자가 적극적으로 의견을 제시하도록 격려하되, 소수의 학습자가 발언권을 독점하지 않도록 유의한다.

(라) 평가 방법 및 유의 사항

[중학교 1~3학년]

[9국01-04] 토의에서 의견을 교환하여 합리적으로 문제를 해결한다.

(가) 학습 요소

토의하기(문제 해결)

(나) 성취 기준 해설

없음

(다) 교수·학습 방법 및 유의 사항

① 듣기·말하기에 대한 지식과 기능, 태도에 대하여 충분히 이해하고 이러한 지식과 기능, 태도를 면담, 발표, 토의, 토론, 대화의 수행에 능동적으로 적용하도록 지도한다.

② 대화뿐 아니라 면담, 발표, 토의, 토론의 수행에서도 화자가 청자를 존중하고 배려하는 언어적, 준언어적, 비언어적 표현을 사용할 수 있도록 지도한다.

(라) 평가 방법 및 유의 사항
② 학습자가 수행한 면담, 발표, 토의, 토론, 대화에 대하여 분석적 또는 총체적으로 평가할 수 있는 평가 기준을 세우고 이 평가 기준에 따라 교사 평가, 동료 평가를 한다. 평가 기준을 마련할 때에는 해당 학습에서 중점을 둔 부분에 대한 평가 항목을 반드시 포함하여 평가하고 피드백 하도록 한다.

▌참고문헌

김광해·박호영·신명선(2003), <고등학교 화법>, 형설출판사.

김성희(2007), '토의 능력 신장을 위한 토의 교육 내용 연구', <화법연구> 제11집, 한국화법학회.

김종택(1996), <고등학교 화법>, 동아서적.

박희숙(2007), '청자 반응 지도가 듣기 결과에 미치는 영향 연구', <화법연구> 제10집, 한국화법학회.

서현석(2005), '학생 소집단 대화의 협의 양상', <국어교육학연구> 제22집, 국어교육학회.

이인제 외(2005), <국어과 교육과정 개선 방안 연구>, 한국교육과정평가원.

이주행 외(2003), <고등학교 화법>, 금성출판사.

이주행 외(2004), <화법 교육의 이해>, 박이정.

이창덕·임칠성·심영택·원진숙(2000), <삶과 화법>, 박이정.

임칠성(2008), '화법 교육과정의 담화 유형에 대한 범주적 접근', <화법연구> 제12집, 한국화법학회.

임칠성·원진숙·심영택·이창덕(2004), <말꽝에서 말짱되기>, 태학사.

정재찬·이성영·서혁·박수자(1998), '국어과 토의·토론 학습의 수업 모형 개발 연구(I)', <선청어문> 제26집, 서울대국어교육과.

조규일·홍성암·조상기·박영순(1996), <고등학교 화법>, 천재교육.

최영인(2007), '토의 능력 신장을 위한 교육 내용 연구', 서울대학교 대학원 석사학위 논문.

제 11 장

토론 교육

1. 토론의 성격

가. 토론의 개념과 목적

토론은 논제에 대하여 찬성 측과 반대 측이 근거를 들어 자신의 주장이 옳음을 내세우고, 상대방의 주장이나 근거가 부당하다는 것을 명백하게 하는 화법의 한 형태이다. 토의와 토론의 차이점은 토의는 결론을 도출하기 위해서 진행되고, 토론은 이미 도출되었다고 주장되는 찬성 측의 결론과 반대 측의 결론 중 어느 것이 옳은가를 밝히기 위해서 진행된다는 데 있다. 즉, 토의가 문제의 해결을 위해 의견의 일치를 얻으려고 서로 협동하여 이야기하는 형식이라면, 토론은 의견의 일치를 구하려는 점에서 토의와 같지만, 쟁점에 대하여 찬성과 반대로 갈려서 대립을 전면에 드러내는 '대립성'이 다르다.

토론은 보통 토의 참석자들 간에 견해의 일치가 이루어지지 않을 경우에 시작된다. 토론의 참석자들이 서로 대립하거나 모순되는 결론에 도달하게 되면, 대립하는 양측은 어느 편이 옳은가를 가리기 위해서 제삼자의 판정을 구할 수밖에 없게 된다. 대립하는 양측이 어떤 논제를 '찬성 측'과 그 논제를 부정하는 '반대 측'으로 나뉘어, 권위와 전문성을 갖춘 공평한 심판 앞에서, 일정한 규칙에 따라 서로의 입장을 옹호하기 위한 논쟁을 벌이고, 심판이 정해진 규칙에 따라 승자와 패자를 가리게 되면, 대립하는 양측은 '토론'이라는 방법으로 문제를 해결하게 되는 것이다.

토론은 논제에 대한 면밀한 검토의 임무를 맡은 양측이 대립하여 진리를 밝히기 위한 경쟁이다. 이러한 대립성과 경쟁의 속성은 부정적인 것이 아니라 진리를 탐구하는 토론 참여자의 사고 능력과 의사소통 능력을 최대한으로 끌어올리기 위한 토론의 본질적 기제이다. 토론은 철저하게 내용적으로는 '논리'의 틀 안에서, 방법적으로는 '규칙'의 틀 안에서 행해져야 한다. 이러한 속성은 특정한 의사소통의 방식을 요구하게 되는데 이러한 의사소통의 방식이 토론에서 요구하는 기본적 형식에 부합하고, 문제 해결이라는 토론의 목적 달성에 효과적으로 기여할 때 '성공적인 토론 수행' 그리고 '바람직한 토론 문화'라고 말할 수 있을 것이다.

토론은 민주주의 사회에서 의견 대립을 해결하기 위해 반드시 필요한 의사소통의 한 형태이다. 대화나 토의를 통해서 합의를 이루지 못하고 양편의 주장이 대립되었을 때, 문제를 해결하고 합리적인 의사 결정을 행하기 위해서 토론의 역할은 매우 중요하다. 토론의 목적은 찬성 측과 반대 측의 승패를 결정지어 상대를 제압하는 것에서 그치는 것만이 아니다. 토론의 과정에서 대립하는 쟁점에 대하여 상대의 주장과 근거를 이해하게 되어 상호 이해의 폭을 넓히고 공감대의 기반을 확보하는 데도 그 목적이 있다. 논제에서 다루는 사안이 중대할수록 토론의 쟁점도 다각화되고 대립의 정도도 커지기 마련인데, 한 편에게 일방적인 승리를 부여하는 측면보다는, 토론을 통해 대립하는 쟁점의 수를 줄이고 대립의 심각한 정도를 완화하여 상대를 이해하고 존중하게 되는 것도 토론의 목적이 된다.

나. 토론의 형식과 절차

토론에는 다양한 형식이 있고, 그 나름의 절차가 있다. 여기서는 주로 교육 목적 위주로 사용되는 토론에 대해 알아보도록 하겠다.

1) 고전적 토론

고전적 토론은 '전통적 토론'이라고도 한다. 어떤 논제에 대해서 찬성 측 2명, 반대 측 2명이 각각 한 조가 되어 토론을 하게 된다. 토론 참여 자는 한 번씩 입론과 반론의 기회를 갖게 되며 다음과 같이 8번의 순서로 진행된다. 입론과 반론 후에는 배심원 또는 청자가 거수나 투표로 평결하게 된다.

고전적 토론의 절차

	찬성 측		반대 측	
	제1찬성자	제2찬성자	제1반대자	제2반대자
입론	① 입론		② 입론	
		③ 입론		④ 입론
반론	⑥ 반론		⑤ 반론	
		⑧ 반론		⑦ 반론

2) 반대 신문식 토론(CEDA 토론)

반대 신문식 토론(反對 訊問式 討論 the cross examination debate)은 어떤 논제에 대해 찬성 측과 반대 측이 상대방에게 질문을 하여 상대방의 논지를 반박함으로써 승부를 가리는 것이다. 이것은 고전적 토론의 입론 단계에서 바로 앞 토론자에 대한 반대 신문을 추가한 것으로, 질문에 해당하는 '반대 신문(cross examination)'이 특징적이므로 반대 신문 방식이라고 불리기도 한다.

논제를 긍정하거나 부정하는 각 팀은 2인으로 구성되며, 토론자 각 개인은 입론, 반대 신문, 반박의 세 번의 발언 기회를 갖는다. 각 팀은 토론 중 숙의시간을 사용할 수 있다. 발언의 성격과 순서는 다음과 같다.

반대신문식 토론의 절차

찬성 측		반대 측	
토론자1	토론자2	토론자1	토론자2
①입론			②반대 신문
④반대 신문		③입론	
	⑤입론	⑥반대 신문	
	⑧반대 신문		⑦입론
⑩반박		⑨반박	
	⑫반박		⑪반박

이 외에도 이 토론 형태에서는 세 명이 한 팀이 되어 각 팀이 한 번의 입론과 두 번의 반론을 하는 칼 포퍼(Karl Popper) 토론, 수상, 야당 당수, 여당 의원으로 역할을 구분해서 진행하는 의회식 토론, 가치 논제를 중점적으로 다루는 일대일 방식의 링컨 더글라스 토론, 공공 포럼 토론 등이 있다.

다. 토론의 방법과 규칙

토론은 앞서 살펴본 유형에 따라 그 절차와 방법이 약간 상이하지만, 여러 유형의 토론에 공통적으로 적용되는 방법은 다음과 같다. 우선 토론을 구성하기 위해서는 사회자, 토론자, 심사자, 청자의 구성원이 필요하다. 사회자는 토론의 논제와 토론 배경에 대해 설명하고, 토론의 절차와 규칙에 대해 간략히 소개한다. 그 다음 심사위원장이 심사 항목과 배점 등 심사 기준에 대해 설명한다.

토론의 참여자와 논제에 대한 소개와 절차 설명이 끝나면 본격적으로 토론을 시작하게 된다. 토론에서는 주어진 순서와 시간을 분명히 지켜야 하므로, 사회자 또는 시간 측정을 돕는 사람이 시간을 엄격하게 통제한다. 일반적인 경우 발언 마감 30초나 1분 전에 종을 치거나 남은 시간이 적힌 표지판을 토론자에게 보여 주어 시간을 알린다. 정해진 시간이 경과되었을 때 토론자는 발언을 중단해야 하며, 토론자가 발언 시간을 넘겨 계속 진행을 할 경우 사회자는 이를 제재해야 한다. 물론 지나친 시간 초과는 감점의 대상이 된다.

토론자는 입론, 반대 신문, 반박 등 단계별 특성에 맞게 발언을 해야 한다. 입론에서는 자신의 주장을 제시하고, 반대 신문에서는 상대의 논리적 오류를 지적하고, 반박에서는 입론에서 다룬 쟁점 중 자신에게 유리한 쟁점을 선택하여 상대보다 자신의 논리가 우위에 있음을 입증해야 한다. 발언은 찬성 측부터 하며 마지막 발언도 찬성 측이 한다. 이것은 처음 발언에서 쟁점을 드러내고 주장을 하는 것이 유리한 면보다 불리한 측면이 크기 때문에 마지막 발언의 기회를 찬성 측에게 주는 것이다.

토론의 유형에 따라 토론 과정에 숙의시간을 사용하는 경우도 있다. 숙의시간은 토론자가 사회자에게 요청하여 사회자의 승인을 얻어 이루어지며, 스포츠의 작전 시간처럼 같은 편끼리 토론 전략을 상의하게 된다. 상대가 숙의시간을 요청하면 이쪽 편에서도 상의를 하면 되는데, 토론의 맨 마지막 단계 바로 앞에서는 숙의시간을 사용할 수 없다. 왜냐하면 상대의 발언이 이미 종료되어, 숙의시간을 갖는 게 상대에게는 무의미하기 때문이다.

토론을 모두 마치면 심사자들이 토론 심사 기준에 의해 평가하게 된다. 평가 후 점수를 합산하여 찬성 측과 반대 측 중 승자를 결정하고 토론을 마무리하게 된다. 경우에 따라서는 토론 배심원에 의한 투표로 승패를 결정하기도 한다.

토론은 규칙이라는 속성 때문에 '게임'이나 '스포츠'에 비유되어 설명되기도 한다. 즉, 토론에는 명확한 규칙이 있고 이러한 규칙의 준수 여부는 토론의 승패를 판정하는 데 중요한 기준이 된다. 상대에 대한 인격적 비난 금지 등 예의 차원의 규칙도 있지만 토론에서 중시되는 것은 시간과 순서에 대한 엄수, 사회자의 진행과 심판의 판정에 승복하는 것 등 절차상의 규칙을 말한다. 토론에는 명백한 순서와 시간에 대한 합의가 존재한다. 주어진 시간에 입론을 하고 또 상대의 주장을 잘 듣고 논리의 오류를 지적하여 질문 및 반론을 하고 자신의 주장을 펼치는 이러한 일련의 절차는 토론에 질서를 부여하고 객관성과 공정성을 확보하는 데 필수적이다.

2015 국어과 교육과정에서 '토론의 절차와 규칙' 관련 내용은 다음과 같다.

[초등학교 5~6학년]
[6국01-03] 절차와 규칙을 지키고 근거를 제시하며 토론한다.

○ 학습 요소
토론하기(절차와 규칙, 근거와 주장)

○ 성취기준 해설
이 성취기준은 토론의 일반적 절차와 규칙에 대한 이해를 바탕으로 하여 토론에서 타당한 근거를 들며 논리적으로 주장을 펼치는 능력을 기르기 위해 설정하였다. 토론의 구성원은 사회자, 토론자, 판정관, 청중이며, 토론자는 찬성 측과 반대 측으로 나누어 논제에 대한 자신의 주장을 펼친다. 이때 토론의 단계와 정해진 시간을 지키고 타당한 근거를 들어 주장하며 토론에 참여하도록 하는 데 중점을 둔다.

○ 교수·학습 방법 및 유의 사항

토론에 대해 지도할 때에는 논제에 대한 입장을 정하고 주장을 뒷받침할 만한 논리적 근거를 찾아 상대방을 설득하는 방법을 익히도록 한다. 상대방의 의견을 존중하며 듣고 이를 통해 자기 주장의 문제점을 점검하면서 합리적으로 토론해 가는 과정을 익히도록 지도한다.

○ 평가 방법 및 유의 사항

토론의 절차와 규칙에 대한 지식의 수준을 확인하기보다는 학습자의 토론 수행을 관찰함으로써 토론의 절차와 규칙에 대한 이해 및 실제 사용 수준을 평가한다.

2. 토론의 논제와 쟁점

가. 논제의 특성 이해하기

1) 입증책임의 원리

논제의 특성과 쟁점을 이해하기 위해서는 토론의 기본 원리를 알 필요가 있다. 여기에서는 정책 논제를 중심으로 살펴보기로 한다. 정책 토론에서는 논제에서 진술한 바를 찬성 측이 주장하게 된다. 찬성 측은 현재 상태의 변화를 주장하는 논제에 대해 입증에 대한 책임을 져야 한다. 이를 토론 이론에서는 '입증책임(the burden of proof)'이라고 한다. '입증 책임'이란 본래 법률 용어로서 주장하는 측이 입증에 대한 책임을 지는 것을 의미한다. 즉, 무죄 추정의 원칙이 적용되는 법정에서는 검사 측이 피의자가 범죄 행위를 하였다는 것을 증거를 들어 입증해야 하는데 이 원리가 토론에도 그대로 적용된다. 그러므로 찬성 측이 입증 책임을 다하지 못하여 현재 상태의 변화에 대해 설득력 있게 주장하지 못하면 토론에서 패하게 된다. 이때 입증 책임을 지기 위해 첫 번째 입론에서 반드시 다루어야 할 쟁점이 존재하는데 이를 '필수 쟁점(stock issue)'라고 한다. 이러한 토론의 원리에 따라 논제가 결정되며 필수 쟁점이 설정된다.

2) 논제의 성격

토론의 논제는 찬성 측과 반대 측의 입장이 명확히 구분되어야 한다. '남 교사 할당제가 바람직한가?'와 같이 함께 논의해 보자는 식의 표현이 아니라, '남교사 할당제 도입해야 한다.'와 같이 결정의 방향이 분명하고 정확하게 표현되어야 한다. 즉, 토론의 논제는 '……한가?'와 같은 개방형 질문이 아니라, '……해야 한다(정책)' 또는 '……이다"(사실)의 진술문 형식으로 표현되어 찬성과 반대의 입장을 명확히 구분할 수 있어야 한다. 그리고 진술문에는 단 하나의 쟁점만 포함되어 있어야 한다.

3) 논제의 진술

토론 논제는 현상을 바꾸는 쪽으로 논제가 정의되어야 하며, '입증책임'이 찬성 측에 있는 것이어야 한다. 토론에서 찬성 측은 현재의 상태에 대한 변화를 주장하게 된다. 예를 들면 현재 여 교사의 비율이 높아 여러 문제가 제기되므로, 남 교사에 대한 할당제를 도입해야 한다는 논제라면, 찬성 측이 현 상태에 없는 '남 교사 할당제의 도입'에 대해 증명해야 할 책임을 맡게 된다. 반대로 반대 측은 찬성 측의 주장을 부인하는 '반박책임(the burden of rebuttal)'을 맡게 된다. 그러므로 현재 남 교사 할당제가 실행되고 있지 않다면 찬성 측이 현 상태에 대한 변화를 증명해야하는 '남 교사 할당제 도입해야 한다.'가 토론의 논제가 되는 것이다.

반박책임은 기본적으로 논제를 반대하는 측이 진다. 새로운 주장을 제기한 측은 자기주장에 대해 입증책임을 져야 하지만, 반대하거나 부정하는 측은 상대방의 주장 중 일부만 논파해도 그 새로운 쟁점을 효과적으로 논박한 것으로 간주할 수 있다. 주장에 대해 반박이 필요한 이유는 다음과 같다. 첫째, 사람들이 어떤 사태에 직면해서 직관적으로 판단한 내용은 그 가능한 대안을 충분히 고려하지 않은 판단일 가능성이 크다. 따라서 대안을 충분히 고려하지 않아서 설득력이 떨어지는 판단을 그대로 수용해야 할 이유는 없다. 둘째, 대부분 사람들의 사고나 경험은 가정에 근거해 있다. 무언가를 참이라고 간주하는 것에서부터 사고는 시작한다(한상철, 2006:23).

4) 논제의 표현

논제에 찬성 측과 반대 측의 어느 한 편에 유리하게 작용할 수 있는 감정적 표현이 담기면 안 된다. 논제에는 정서적인 가치 판단을 최소화하는 중립적인 단어를 선택하여 구성해야 한다. '전근대적인 국가보안법 철폐해야 한다.'라는 논제에서 '전근대적인'이라는 가치 판단이 담긴 표현은 토론 시작 전에 심판이나 청자에게 부정적인 인상을 줄 가능성이 있다. '백해무익한 흡연, 담뱃값 인상해야 한다.', '반인륜적 사형제도는 폐지해야 한다.' 등의 논제에서 '백해무익한', '반인륜적'이라는 표현도 마찬가지이다. 토론의 논제에는 가치 판단이 배제된, 중립적인 표현을 사용하여야 하며 논제에 사용된 용어 중에 개념이 명확하지 않아 오해를 초래할 소지가 있는 것은 토론 전에 합의를 통해 수정하거나 대체해야 한다.

5) 논제의 유형

논제는 일반적으로 정책(policy)에 대한 것, 가치(value)에 대한 것, 사실(fact)에 대한 것으로 구분한다. 교육 토론에서는 주로 정책에 관한 것이 많이 사용된다. 정책 논제의 경우 구체적인 사안에 대해 문제점과 실제적인 해결 방안을 중심으로 쟁점이 진행되어 토론 지도에 효과적이다. 경우에 따라서는 가치나 사실에 대한 논제도 사용되는데, 관점이나 시각을 중요시하는 철학적 문제인 경우는 가치에 관한 것으로, 증거를 통한 논리적인 사실 입증을 중시할 경우는 사실에 관한 논제를 사용할 수 있다.

나. 논제 결정하기

토론 수업의 성패를 결정짓는 데 논제의 결정은 매우 중요하다. 우선 학생들이 흥미롭게 여겨 열정을 갖고 토론할 수 있는 것이어야 하며, 너무 어렵지 않은 것이어야 한다. 토론에 익숙하지 않은 학생들의 경우 논제에 익숙하지 않으면 소극적인 모습을 보이기 쉽다. 이럴 경우 학생에게 관련 정도가 높은 논제를 택하면 상대의 주장을 비판적으로 듣고 자신의 주장을 적극적으로 펼칠 가능성이 높아진다.

또 중고생의 경우 자신보다 학업 성적이 뛰어난 학생에게 위축되어 토론에서 말을 잘 하지 않으려는 경향이 있을 수 있다. 이 경우는 의도적으로 '게임, 인터넷, 대중가요, 연예인' 등을 논제로 삼으면 오히려 토론이 활발해질 수 있다. 평소 책을 많이 읽고 신문을 정독하는 학생들에게만 유리한 딱딱하고 생소한 사회적 사안보다, 학생들이 실제 삶에서 경험하는 사안을 논제로 정하면 토론 교수학습 상황에서의 학생의 수준 차 문제를 어느 정도는 극복할 수 있다.

논제의 범위도 중요한데, 학생의 경우는 '군 작전통수권 환수해야 한다.'와 같이 외교·안보·국방·경제 등 광범위한 쟁점을 다루는 것보다는 범위를 약간 한정하는 것이 바람직하다. '인터넷에 사용되는 신조어를 국어사전에 등재해야 한다.'와 같은 것은 쟁점이 구체적이고 그 범위가 넓지 않아 학생들이 자료를 수집하고 쟁점에 대한 주장과 근거를 준비하는 데 용이하다. 특히 이와 같이 해당 교과의 주제와 밀접한 것이라면, 토론 능력뿐 아니라 교과에 대한 배경 지식을 길러 주는 데 도움이 되기도 한다.

다. 필수 쟁점 파악하기

논제의 성격과 유형을 이해하고, 논제를 결정하였다면 논제에 따라 토론의 기본 구조가 달라짐을 알고 그 방법을 익혀야 한다. 변화 방향을 명시한 토론 논제는 핵심적으로 다루어져야 할 기본적인 구조를 지니는데, 이를 토론의 쟁점이라고 한다. 찬성 측과 반대 측은 이 핵심 쟁점들을 기준으로 하여 양측에서 자신의 타당성을 주장하게 된다.

일반적인 토론 지도에서는 '논증'의 중요성만을 역설하여, 근거가 있는 주장을 하라고 지도하는 경우가 많은데, 세부 논증을 구성하기 전에 전체 토론의 거시 구조를 익히게 하는 것이 토론 지도에 효과적이다. 학생들은 토론 주제에 대해 신문이나 인터넷을 찾아 근거를 찾아 이를 나열하면 설득이 될 것이라고 생각하는 경향이 많고, 실제 토론에서는 누가 최신 통계 자료를 제시하였는가가 승패의 관건으로 작용하기도 한다. 이 경우 하나의 논제에 대해 찬성과 반대의 주장을 할 경우 필수적으로 다루어야 할 쟁점의 구조를 지도하면 훨씬 체계 있는 토론 내용을 마련하는 데 도움이 된다.

교육 토론에서 가장 많이 사용되는 '정책 논제'의 경우 다음과 같은 필수 쟁점으로 구성되어 있다. '……해야 한다.'와 같이 구체적인 정책 대안이 제시된 경우, 설득 담화의 전형적인 구조인 '문제-해결' 구조로 되어 있다. 즉, 찬성 측은 현재 상태에 문제가 존재하며, 이 문제가 심각하므로 찬성 측에서 제시한 대안으로 해결할 것을 주장하게 된다. 반대 측은 현재 문제가 심각하지 않으며, 찬성 측이 제시한 대안으로는 이 문제를 해결할 수 없음을 주장하게 된다. 이와 더불어 '문제-해결' 구조의 앞부분에서는 문제에 대한 개념을 정의하고, 뒷부분에서는 해결 방안의 이익과 부작용을 논의하게 된다.

'문제 정의 → 문제 제기 → 해결 방안 → 이익/비용'의 거시 구조와 그 하위 내용을 지도한 후, 세부 쟁점별로 근거를 찾아 논증을 완성하게 하여야 한다. 찬성 측과 반대 측은 입론을 통해 쟁점별로 논증을 하게 되는데, 필수 쟁점의 전체 흐름과 각각의 구성에 대한 지도(map)를 가지고 있어야 전체 토론에서 전략적으로 효과적인 주장을 할 수 있다.

3. 토론의 단계별 전략

토론의 논제를 정하고 핵심 쟁점에 대해 논증을 구성하였다면, 실제 토론에 대비한 단계별 전략을 익혀야 한다. 여기서는 토론의 다양한 유형 중 학교 교육에서 보편적으로 사용되는 반대 신문식 토론을 기준으로 각 단계별 전략에 대해 알아보도록 하겠다.

반대 신문식 토론의 경우 토론의 단계는 입론, 반대 신문, 반박으로 구분된다. 긍정과 부정의 양측 토론자는 이 세 단계를 각각 한 번씩 거치게 된다. 입론이란 찬성 측과 반대 측이 자신의 주장을 세우는 것이다. 반대 신문은 상대 논증의 문제점을 부각하여 공격할 틈새를 발견하여 자신의 주장을 강화하는 과정이다. 반박은 이미 상대의 입론과 반대 신문에서 제기한 주장을 반박하며 자신의 입론과 반대 신문에서 나타난 주장을 강화하는 것이다. 반박은 세부 쟁점에 초점을 맞추어 상대의 주장보다 자신의 주장이 더 타당하다고 설득하는 과정이다.

이러한 일련의 과정에 대해 이두원(2006)에서는 토론을 '성(城)을 공격하고 방어하는 전투'에 비유하여, '입론'을 튼튼한 방어용 성벽을 쌓는 '아성 쌓기'로, '반대 신문'을 '치열한 공방전'으로, '반박'을 논쟁의 마지막 단계에서 상대 팀을 향해 보내는 '최후의 폭격'으로 표현하였다. CEDA토론의 경우 다른 토론 유형에 비해, 상대의 입론 후 이를 비판적으로 듣고 실시간으로 상대 논리의 오류를 지적하는 '반대 신문'과 마지막으로 자신의 주장이 상대의 주장보다 나음을 주장하는 '반박'이 중요함을 인식하도록 지도해야 한다. 각 단계별 찬성 측과 반대 측의 토론 전략을 제시하면 다음과 같다.

가. 입론 단계

1) 찬성 측 입론 전략 익히기

가) 문제 정의 쟁점

토론에서는 논제에 나타난 용어의 개념이 쟁점의 성격을 결정하고 범위를 한정하는 데 매우 중요한 역할을 한다. 토론에서 찬성 측은 논제에서 언급된 주요 용어에 대한 정의를 입론 과정에 밝혀야 한다. 예를 들어 '정부는 불법 외국인 노동자 추방해야 한다.'라는 논제의 경우, '정부', '불법', '외국인'이라는 주요 개념에 대한 정의가 중요하다. 이때 '외국인'의 범위에 '재중 교포'도 포함하느냐 마느냐에 대한 논란이 있을 수 있으며 '노동자'라 하면 원어민 영어 강사들을 포함하느냐 하지 않느냐가 대립적 쟁점이 될 수 있다. '추방'은 강제 추방을 의미하는지 권고 추방을 의미하는지 명확히 제시해야 한다. 가치 문제가 많이 내포된 정책 논제에서는 용어와 개념에 관한 정의가 해결 방안이나 실효성보다 더 중요한 경우가 많다(이상철·백미숙·정현숙, 2006). 용어에 대한 정의는 사전적 정의, 사례에 의한 정의, 권위와 인용을 통한 정의, 조작적 정의 등의 방법을 이용하는데 찬성 측에서는 자신에게 유리한 방향으로 첫 번째 입론에서 용어를 정의해야 한다.

논제가 명시하고 있는 문제의 역사적·이념적·철학적 배경도 쟁점을 다루는 데 중요하다. '청소년 대상 성범죄자의 신상을 공개해야 한다.'라는 논제의 경우, 찬성 측은 성공 사례 등 제도의 역사적 배경에 대해 주장한다면, 반대 측은 신상 공개 제도의 헌법 정신 등 이념적 문제를 언급할 수 있다. 찬성 측에서는 입론의 도입부에서 단순한 개념 정의 차원에서 머무르는 것이 아니라, 사안의 역사적·이념적·철학적 배경을 깊이 있게 살폈음을 알리는 것이 설득에 도움이 된다.

나) 문제 제기 쟁점

문제 제기 단계에서는 문제의 중요성, 심각성, 즉시성, 지속성을 핵심 쟁점으로 주장해야 한다. 우선 중요성 차원에서 현재 문제가 명백히 존재하며 이 문제는 매우 중요한 것임을 강조해야 한다. 여기서 공감대를 형성하지 못하면 구체적인 해결 방안은 의미가 없게 된다. 이 문제가 매우 중요한 것임을 명확히 주장해야 한다. 둘째, 심각성 차원에서는 이 문제가 매우 심각한 것임을 주장한다. 통계 자료 등 구체적인 근거를 들어 논증하는 것이 심각성을 드러내는 데 효과적이다. 셋째, 즉시성 차원에서는 이 문제를 빠른 시일 내에 처리하지 않으면 문제가 심각하게 악화됨을 강조한다. 그러므로 찬성 측이 주장하는 대안을 조속히 실행해야 함을 주장한다. 넷째, 지속성 차원에서는 이 문제가 현재 상태로 두면 자연적으로 해결되는 것이 아니라 지속됨을 주장해야 한다. 찬성 측의 대안을 받아들이지 않을 경우 문제가 지속되어 공동체의 삶에 계속하여 어려움을 초래할 것을 강조한다.

다) 해결 방안 쟁점

문제 제기에 성공하였다면, 이에 대한 해결 방안을 명확하게 제시하여야 한다. 찬성 측의 해결 방안은 제기한 문제를 분명히 해결할 수 있으며 실행 가능하다는 것을 입증하여야 한다. 실행 가능성 차원에서는 인적 자원, 물적 자원, 자연 자원, 사회 제도, 사회적 인식 및 가치, 변화 대상의 의지 등을 사안의 성격에 따라 다뤄야 한다. 아무리 좋은 정책적 대안이라도 그것을 실행하는 데 필요한 자원과 사회적 공감대가 형성되어 있지 않으면 실행으로 옮기기 어렵기 때문이다. 찬성 측의 대안이 실행 가능하다는 것을 주장하였다면, 이 대안은 다른 대안과 비교하여 현재 문제에 대한 최선의 대안이라는 것과 문제를 확실히 해결할 수 있음을 주장해야 한다. 해결 방안을 제시할 경우는 마치 그림으로 묘사하듯 찬성 측이 제시한 대안을 수용하였을 경우 어떤 점이 어떻게 좋아지는지 시각화하여 표현해 주는 것이 설득에 유리하다.

경우에 따라서는 찬성 측의 대안을 수용하지 않았을 경우 초래될 문제점을 동시에 언급하는 전략도 사용할 수 있다. 설득 이론에 의하면 대안의 장점만을 제시하는 일면 메시지 전략과, 대안이 수용되었을 때의 장점과 그렇지 않을 경우의 단점을 동시에 제시하는 양면 메시지 전략이 있는데, 찬성 측의 주장에 대해 반대 논리를 충분히 준비한 반대 측에게는 양면 메시지 전략이 더욱 효과적이다.

라) 이익/비용 쟁점

문제를 제기하고 이에 대한 해결 방안을 제시하였다면, 그로 인한 이익과 부작용에 대해 언급해야 한다. 반대 측에서는 찬성 측의 대안이 이익을 가져올 수 있지만 부작용이 크다는 주장을 할 텐데, 찬성 측에서는 부작용이 있을 수 있지만 현 상태의 폐해보다 훨씬 개선되어 이익이 크다는 점을 강조해야 한다. 토론장의 심판이나 청자는 찬성 측과 반대 측 양쪽의 논의를 모두 듣고 이익과 부작용에 대해 모두 인식하게 될 것이다. 이때 부작용보다 이익이 크다고 여겨지면 찬성 측의 설득이 성공하게 되는 것이다.

2015 국어과 교육과정에서 '토론의 쟁점별 논증 구성' 관련 내용은 다음과 같다.

[고등학교 1학년]
[10국01-03] 논제에 따라 쟁점별로 논증을 구성하여 토론에 참여한다.

○ 학습 요소
토론하기(토론의 쟁점, 논증 구성)

○ 성취기준 해설

이 성취기준은 논제에 따라 쟁점을 선정하고 토론의 절차에 따라 논증하며 수준 높은 토론을 하는 능력을 기르기 위해 설정하였다. 쟁점이란 찬반 양 측이 각자 찬성하는 입장과 반대하는 입장에서 서로 치열하게 맞대결하는 세부 주장이며, 필수 쟁점은 논제와 관련해 반드시 짚어야 할 쟁점을 말한다. 이 성취기준의 학습에서는 정책 논제의 필수 쟁점별로 논증을 구성하여 입론 단계를 수행하는 데 중점을 두도록 한다. 정책 논제의 필수 쟁점으로는 문제의 심각성, 제시된 방안의 문제 해결 가능성 및 실행 가능성, 방안의 실행에 따른 효과 및 개선 이익 등을 들 수 있다. 찬성 측에서는 이를 입증할 수 있는 논증을 구성해야 하고, 반대 측은 찬성 측이 제기한 쟁점에 대해 반증할 수 있는 논증을 구성해야 함을 이해하도록 지도한다. 쟁점별로 논증을 구성하여 토론하기 위해서는 쟁점별 찬반 양측에서의 주장, 주장을 지지해주는 근거 자료, 근거 자료에 기반한 주장을 가능하게 해 주는 이유를 갖추어 타당함을 입증해야 한다.

○ 교수·학습 방법 및 유의 사항

토론 방법을 지도할 때에는 토론자는 제한된 발언 기회와 시간 내에 자신의 주장이 타당함을 입증해야 하므로 효과적으로 논증을 구성하여 주장해야 함을 이해하도록 한다.

○ 평가 방법 및 유의 사항

토론과 협상을 수행하는 장면을 녹화한 후 자기 평가를 해 보게 함으로써 공식적 말하기 상황에 맞게 언어적, 준언어적, 비언어적 표현을 사용하고 있는지, 개선해야 할 점은 무엇인지 등 학습자가 자신의 의사소통 과정을 점검해 보도록 할 수 있다.

토론 담화의 수행에 대한 평가에서는 동료 평가를 도입함으로써 평가자가 찬반 양측의 주장과 근거를 경청하고 비판하는 과정을 통해 논제에 대한 이해와 양측 입장에 대한 이해의 폭을 넓힐 수 있도록 한다.

2) 반대 측 입론 전략 익히기

가) 문제 정의 쟁점

반대 측은 찬성 측의 정의를 점검하여 필요하다고 판단되면 대체 정의를 내려서 논의를 자신에게 유리한 방향으로 유도해야 한다. 예를 들어, '남 교사 할당제 도입해야 한다.'라는 논제에 대해서는 찬성 측에서는 '양성 평등 임용제'라는 용어를 사용하여 새로운 대안의 균형성을 강조할 것이다. 반대 측에서는 '남 교사 할당제'라는 용어를 그대로 사용하여 새로운 대안이 한 쪽으로 편향되어 있음을 강조할 수 있다. 이와 비슷한 예로 '임신중절과 낙태', '기여입학제와 기부금입학제', '수도 이전과 행정수도 이전', '스크린 쿼터제와 한국 영화 상영 의무제', '원전수거물관리센터와 방폐장(방사선폐기물매립장)' 등을 들 수 있다. 동일한 개념을 가리키더라도 용어가 주는 어감을 점검하여 찬성 측의 주장에 반대하는 것이 효과적인 전략이다.

나) 문제 제기 쟁점

찬성 측에서는 문제의 중요성, 심각성, 즉시성, 지속성을 주장할 것이다. 반대 측에서는 이러한 핵심 쟁점에 대해 각각 반론을 주장해야 한다. 중요성 차원에는 문제가 중요하지 않음을, 심각성 차원에는 문제가 있지만 심각하지 않음을, 즉시성 차원에는 문제가 있지만 지금 조치를 취할 필요가 없음을, 지속성 차원에는 문제가 지속되지 않고 자연적으로 해결될 수 있음을 주장한다.

찬성 측에서는 이 문제 제기 단계에서 청자의 공감을 얻지 못하면 대안으로 제시할 해결 방안이 의미가 없게 되므로, 두 번째 단계인 문제 제기 단계에서 반대 측의 효과적인 방어가 중요하게 된다. 즉, 찬성 측에서 제기하는 문제의 심각성이 크지 않음을 인식시키는 것이 찬성 측의 해결 방안의 매력을 감소시켜 설득을 약화하는 방법이 된다. 이 단계에서는 찬성 측과 마찬가지로 문제가 되지 않음을 주장하는 것에 그치는 것이 아니라 이를 입증할 수 있는 구체적인 근거를 준비하여 쟁점별로 반박하는 것이 효과적이다.

다) 해결 방안 쟁점

해결 방안 단계에서 반대 측은 찬성 측이 제시한 대안이 실행되는 데 여러 어려움이 있음을 부각하여야 한다. 제시할 수 있는 어려움으로는 우선 대안을 실행하는 데 필요한 자원이 부족함을 들 수 있다. 인적·물적·자연 자원 등 사안별 실행에 필요한 자원의 부족을 강조하여 커다란 사회적 비용이 소요됨을 강조한다. 그 다음은 법적·사회적 제도가 미비하고, 사회적 인식이나 가치가 변화하기에는 아직 이르며, 변화 대상의 의지를 바꾸기 힘들다는 점을 강조할 수 있다. 즉, 찬성 측의 대안을 실행하기에는 아직 사회적 분위기가 무르익지 않았음을 주장하여야 한다. 이를 통해 찬성 측이 사안의 문제에만 주목하여 해결책을 제시하였지만 이 새로운 대안을 실행하기에는 의식과 제도 측면의 종합적인 고려가 필요함을 주장해야 한다.

라) 이익/비용 쟁점

비용 단계에서 찬성 측은 부작용이 있을 수 있지만 문제가 해결되면 현 상태의 폐해가 개선되어 이익이 크다는 점을 강조할 것이다. 반대 측에서는 이에 대해 찬성 측의 대안을 실행하면 이익이 있을 수 있지만 부작용이 있을 수 있으며, 이 부작용에 대한 비용이 찬성 측이 주장한 이익보다 크다는 것을 논증을 통해 주장해야 한다. 서머 타임제 도입에 대한 예를 들면, 찬성 측에서 여가 활용 시간의 증대나 에너지 절약이 주는 효용을 주장한다면, 반대 측에서는 시간 재설정으로 인한 사회적 비용이 매우 크다는 점을 주장해야 한다.

반대 측은 앞의 세 단계의 핵심 쟁점에 대한 개별적인 반대 표명도 중요하지만, 마지막 비용 단계에서 이익과 비용의 차이를 드러내어 비용이 크다는 것을 명시적으로 제시할 필요가 있다. 왜냐하면 찬성 측이 문제의 심각성을 명확히 제기하고, 이에 대한 매력적인 해결책을 제시했더라도 이것을 실행하는 데 드는 사회적 비용이나 새로운 대안으로 인한 예기치 못한 부작용이 크다는 사실이 드러난다면 청자나 심판은 찬성 측의 대안을 쉽게 받아들일 수 없기 때문이다.

2015 국어과 교육과정에서 '토론의 논박' 관련 내용은 다음과 같다.

[중학교 1~3학년]
[9국01-05] 토론에서 타당한 근거를 들어 논박한다.

○ 학습 요소
토론하기(논박)

○ 성취기준 해설
이 성취기준은 상대방의 주장을 비판적으로 듣고 논리적으로 반박하는 토론 능력을 기르기 위해 설정하였다. 논리적으로 반박한다는 것은 상대방의 주장과 근거의 신뢰성, 타당성, 공정성 등을 비판적으로 분석하여 논리적 허점 및 오류에 대해 근거를 들어 말하는 것이다. 주장과 논박을 중심으로 한 토론의 일반적 절차에 따라 논제에 대한 자신의 입장을 논리적으로 구성하여 설득력 있게 제시하는 데 중점을 둔다.

○ 교수·학습 방법 및 유의 사항
토론 방법을 지도할 때에는 토론의 종류나 원리, 특정 토론 모형에 대한 전문적인 지식은 가급적 배제하고, 찬성과 반대로 맞서는 논제를 선정하여 입장을 정하게 한 뒤, 자료를 수집·분석하여 상대방의 주장에 대해 논리적으로 반박할 수 있도록 하는 데 중점을 둔다.

○ 평가 방법 및 유의 사항
학습자가 수행한 면담, 발표, 토의, 토론, 대화에 대하여 분석적 또는 총체적으로 평가할 수 있는 평가 기준을 세우고 이 평가 기준에 따라 교사 평가, 동료 평가를 한다. 평가 기준을 마련할 때에는 해당 학습에서 중점을 둔 부분에 대한 평가 항목을 반드시 포함하여 평가하고 피드백 하도록 한다.

나. 반대 신문 단계

반대 신문은 상대의 주장과 근거의 적절성을 평가하기 위해, 상대 측 토론자가 입론을 마친 토론자에게 직접 질의하는 과정이다. 상대방 입론의 논증에 대해 타당성과 적절성을 판단하여 논리적 오류를 부각하는 반대 신문은 반대 신문식 토론의 핵심 단계이다. 자신이 준비한 입장을 일목요연하게 주고받는 다른 토론 유형에 비해 실시간으로 상대의 의견을 비판적으로 듣고 여기서 허점을 발견하여 역공의 발판으로 삼는 반대 신문은 토론을 훨씬 역동적이고 흥미롭게 만드는 기능을 한다. 말하기와 듣기 능력이 모두 중시되는 반대 신문으로 인해 반대 신문식 토론이 교육 토론에서 많이 이용된다.

반대 신문은 단순히 상대의 입론에 대해 질문을 하는 것이 아니라 다양한 전략적 기능을 한다. 첫째, 상대측 주장에서 제시한 개념에 대한 정의를 자신에게 유리하게 다시 정의할 수 있다. 상대측 정의의 적절성을 질문을 통해 확인하고, 자신에게 유리한 개념으로 재정의할 수 있다. 둘째, 상대가 제시한 자료의 출처나 신빙성 차원에서 치명적인 오류를 부각하여 추후의 입론이나 반박에서 유리한 입장을 선점할 수 있다. 셋째, 반대 신문을 통해 앞서 상대방이 공격한 자신의 쟁점을 보완하여 반박할 수 있다.

이렇듯 반대 신문은 토론의 입론 사이에서 전세를 바꾸는 중요한 기능을 하게 된다. 신뢰성과 타당성을 판단하며 듣는 비판적 이해에 대한 교육을 통해 반대 신문을 효과적으로 할 수 있도록 지도해야 한다. 반대 신문에 사용되는 세부 전략은 다음과 같다.

1) 반대 신문 질문 전략 익히기

가) 질문 내용

반대 신문에서 질문이라고 해서 상대의 입론 중 모르는 내용이나 이해가 안 되는 내용에 대해 묻는 것이 아니다. 반대 신문의 질문은 상대방의 주장과 근거에서 허약한 부분이나 논리적 오류를 지적하는 내용이어야 한다. 이때 상대의 주장이나 근거에 대한 피상적인 느낌으로 단순하게 공격하는 것이 아니라, 상대 주장의 전제, 권위, 사실, 인용 등의 허점을 명확히 짚어서 질문해야 한다. 이때 자신에게 유리하게 이끌어가기 위해서는 심사자들과 청자의 판단에도 도움이 되도록 질문의 내용을 고려하는 것이 좋다. 논제에 대해 내용 준비를 많이 한 양측보다 심사자와 청자의 이해를 돕는 질문이 좋다.

반대 신문은 시간이 짧기 때문에 질문의 흐름을 전략적으로 구성해야 한다. 질문의 수와 순서는 우선순위를 고려하여 안배해야 한다. 자신의 입장을 유리하게 하는 데 도움이 되는 가장 심각한 오류에 대해 우선적으로 질문해야 질의응답 과정에서 시간을 초과하여, 핵심적인 질문을 못하게 되는 경우를 피할 수 있다.

또한 반대 신문에서 이루어지는 개별 질문이 각각 독립적으로 나열되는 것이 아니라, 일련의 논리적 흐름을 갖도록 구성하는 것이 효과적이다. 핵심 쟁점에 대해 앞의 질문이 상대의 자료나 근거에 대한 사실 확인을 통해 허점을 지적하였다면, 다음 질문을 통해 그 허점이 핵심 쟁점에 어떻게 연관되는지를 지적하여, 상대의 논증이 해당 핵심 쟁점에서 논리성이 부족하다는 것을 명확히 드러내야 한다.

반대 신문의 내용을 구성할 때 주의할 점은 논제와 무관한 새로운 논증을 펼치면 안 된다는 것이다. 새로운 주장을 하는 것은 다음 입론이나 반박 단계에서 해야 한다. 반대 신문의 질문은 상대의 입론에 드러난 논리적 오류를 부각하는 데 집중해야 한다. 특히 논리적 오류 중 허약하다고 판단되는 부분을 공략해야 한다. 강한 부분을 공략할 경우 오히려 상대의 입장을 견고하게 해 줄 수 있다. 그리고 가능하면 상대의 대답을 예견할 수 있는 계산된 질문을 하는 것이 좋다. 상대의 질문을 예상하지 못하고 즉흥적인 질문을 할 경우 상대의 예상치 못한 답변에 역공을 당할 수 있는 위험성이 있기 때문이다.

나) 질문 방법

반대 신문의 질문은 간결하고 이해하기 쉬워야 한다. 상대 토론자가 질문을 이해하지 못해 엉뚱한 대답을 하거나, 질문을 다시 설명해 줄 것을 요청할 경우 시간을 낭비하게 된다. 더불어 심사자나 청자가 질문을 이해하지 못할 경우 상대의 논리적 오류를 부각하겠다는 목적이 달성될 수 없게 된다.

질문에는 개방형 질문이 아니라 폐쇄형으로 하는 것이 효과적이다. "…에 대해 어떻게 생각하느냐?"는 식의 개방형 질문은 상대방이 시간을 끌거나 자신의 입론을 강화하는 쪽으로 자유롭게 논의를 전개할 수 있어서 피하는 것이 좋다. 즉, 자신의 질문 시간이 오히려 상대에게 추가적인 설명을 할 수 있는 기회로 악용될 소지가 있기 때문에 사실 확인 등의 구체적이고 제한적인 질문을 사용해야 한다.

반대 신문 질문에 대해 상대가 답변 시간을 오래 끌 경우 단호하게 중단할 필요가 있다. 반대 신문은 상대의 논리적 오류를 짚어 발판으로 삼아, 다음 입론이나 반박에서 유리한 위치를 확보하기 위한 것임을 분명히 인식해야 한다. "네, 됐습니다.", "지금은 제 질문 시간입니다.", "다음 질문하겠습니다." 등 예의바르지만 단호하게 상대의 답변을 중단해야 한다. 상대에 따라서는 반대 신문 단계에서 질문에 대한 답변을 길게 하여 전략적으로 시간을 끌거나 자신의 입론을 보강하는 부연 설명을 하는 경우가 있다. 반대 신문의 질문자는 답변자가 그 시간을 악용하지 못하도록 반대 신문 시간을 주도해야 한다.

다) 질문 태도

반대 신문에서 질문을 통해 상대를 공격하되 예의를 지켜야 한다. 앞서 살펴본 것과 같이 토론에는 규칙이 있다. 날카로운 공격도 좋지만 토론에 필요한 태도를 견지할 필요가 있다. 지나치게 감정적으로 흥분하거나, 상대의 입론을 비아냥거리거나 하는 것은 옳지 않다. 특히 질문에 인신공격성 발언을 하는 것을 삼간다. 예를 들면, '아동 대상 성범죄자에게 전자 팔찌를 채워야 한다.'라는 논제에 대해 "당신의 누이가 피해자라면 어떻게 하겠습니까?"라는 질문은 이성과 논리로 공격과 방어를 해야 할 토론을 감정적으로 치우치게 할 위험성이 있다.

2) 반대 신문 답변 전략 익히기

반대 신문에서 상대의 질문에 대한 효과적인 답변도 심사의 대상이 된다. 입론 후 상대가 지적한 논리적 오류에 대해 얼마나 효과적으로 방어했는지는 자신의 주장을 강화하고 상대의 공격을 무력화하는 데 매우 중요한 역할을 하기 때문이다.

가) 답변 내용

반대 신문의 질문에 대해 답변을 할 경우 상대의 질문 의도를 잘 파악해야 한다. 해당 쟁점에 대해 질문자가 준비한 함정을 잘 파악하여 대답하여 한다. 오류를 바로 시인하거나, 핑계를 대는 것은 피해야 한다. 혹시 상대의 질문에 대해 답변할 수 없는 경우는 솔직하게 "모르겠습니다." 또는 "그 부분에 대해서는 조금 더 고려해야 합니다." 등으로 간략히 언급하고 다음 질문을 받는 것이 좋다. 근거 없는 즉흥적인 답변을 할 경우 오히려 자가당착에 빠질 위험이 있다. 마찬가지로 질문자가 자료나 근거에 대해 구체적인 정보를 요청할 경우, 준비가 안 되었다면 솔직하게 "다음 기회에 제시하겠습니다."라고 간략히 답변하는 것이 좋다.

나) 답변 방법

답변 과정에서 전략적으로 반대 신문에 할당된 시간을 끄는 경우가 있는데 이런 것은 피하는 것이 좋다. 상대의 질문에 대한 의도적인 회피나 지연은 감점 요인이 된다. 답변이 길어져 심사자에게 이러한 오해의 소지를 줄 경우에는 "다음 발언 기회에 구체적으로 말씀드리겠다."라고 하여 답변을 간략히 마무리한다.

답변 과정에서 질문자에게 오히려 역질문을 하는 경우가 있다. 질문자가 이 역질문에 제대로 답변을 하지 못해 반대 신문을 오히려 역공의 기회로 삼을 수도 있지만, 질문자가 "지금은 제가 질문하는 시간입니다."라고 답변 요구를 일축하거나, 다시 역공의 기회로 삼을 수 있기 때문에 조심해야 한다.

다) 답변 태도

반대 신문은 상대 입장에서는 이쪽의 논리적 허점을 공격하여 이득을 취하려는 목적으로 이루어진다. 그러므로 논리적 허점을 비난조로 공격하거나 이쪽의 주장을 터무니없는 것인 양 비아냥거려 감정적 대응을 유도할 수 있다. 답변을 할 때는 심리적 여유를 유지하고 감정을 조절해야 한다. 흥분하거나 당황해 하는 모습은 오히려 상대를 유리하게 한다. 상대의 합리적 질문에는 오히려 의연하게 인정하는 태도를 보이면, 무작정 감정적 대응을 하는 것보다는 도움이 될 수 있다. 경우에 따라서는 질문자가 감정이 담긴 질문을 하여 흥분한 모습이 보이면 오히려 안정된 어조로 사실에 근거하여 명확한 답변을 하여 질문자의 감정 상태를 부각할 수도 있다.

2015 국어과 교육과정에서 '토론의 반대 신문' 관련 내용은 다음과 같다.

[고등학교 선택 화법과 작문]
[12화작02-03] 상대측 입론과 반론의 논리적 타당성에 대해 반대 신문하며 토론한다.

○ 학습 요소
토론(반대 신문)

○ 성취기준 해설
이 성취기준은 반대 신문 단계를 운영하며 토론의 수준을 심화하는 데에 초점을 맞추어 설정하였다. 반대 신문 단계는 입론 및 반론 단계에서 상대측이 발언한 내용에 대해 논리적 허점이 드러나도록 묻고 상대측의 답변을 듣는 토론의 절차로, 질문을 통해 토론의 흐름을 주도할 수 있는 중요한 과정이다. 상대측 발언을 단순히 확인하는 수준에 머물지 않고 상대측 논증의 신뢰성, 타당성, 공정성을 비판적으로 검토하는 질의·응답으로 반대 신문 단계를 운영하면, 논제를 깊이 이해할 수 있고, 토론이 역동적으로 전개되고, 토론자 간 생각의 교환이 적극적으로 이루어져 논제에 대한 이해가 심화될 수 있다.

○ 교수·학습 방법 및 유의 사항
토론 방법을 지도할 때에는 반대 신문 단계의 수행 장면이 포함된 토론 영상을 보여 주며 반대 신문 단계의 특징과 수행 전략을 이해하도록 한다.

다. 반박 단계

토론의 마지막 단계인 반박은 찬성 측과 반대 측이 각각 두 번씩 하게 된다. 입론과 반대 신문을 통해 주장한 쟁점 중 자신의 편에 유리한 것들을 선별하여 마지막으로 심사자와 청자를 설득하게 된다. 반박에서 다룰 쟁점을 선택하는 것이 토론의 최종 승패를 결정하게 되므로 신중해야 한다. 그러므로 반박 단계의 지도는 비교 우위에 있는 쟁점을 선택하는 것과 이 쟁점을 효과적으로 공략하는 것에 주안점을 두어야 한다.

　반박 시 앞에서 다룬 모든 쟁점들을 언급하는 경우가 있는데, 핵심 쟁점에 대해 각각의 장단점을 비교하여 자신의 주장을 강화해야 한다. 반박에서는 이길 수 있는 쟁점을 중심으로 주장을 강화하고, 불리한 쟁점은 피해야 한다. 또한 반박 단계에서 새로운 주장을 하는 것을 원칙적으로 금하고 있다. 기존에 논의되었던 핵심 쟁점에 대해 정리하는 단계에서 새로운 주장이 나오면 이에 대해 양측에서 면밀히 논의할 시간이 없고, 최초의 논제에서 벗어날 가능성이 있기 때문이다.

　이상철·백미숙·정현숙(2006)에서는 반박 시 주의할 사항을 다음과 같이 제시하였다.

① 준비 과정에서 반박에 활용할 쟁점과 그에 대한 근거나 증거들을 요약해 두어야 한다.
② 모든 쟁점을 다 논하려 하지 않는다. 쟁점에 대한 자신들의 우위를 심사자에게 설득적으로 전달한다.
③ 단순히 증거 제시에서 끝나는 것이 아니라, 상대가 제시한 근거보다 더 신뢰성과 타당성이 있음을 입증한다.
④ 반박은 주장의 반복이 아니다. 입론 주장을 단순히 반복하지 말고, 타당한 근거를 제시한다.
⑤ 새로운 주장을 하지 않는다. 주장을 강화할 새로운 근거를 제시할 수는 있지만 새로운 주장을 해서는 안 된다.
⑥ 제한된 시간으로 인해 말이 빨라지는 것을 주의한다.
⑦ 주장에 대한 장황한 부연 설명보다, 쟁점을 사안별로 비교·분석하는 것이 효과적이다.
⑧ 팀원 간 쟁점 분담을 효과적으로 한다. 확실히 유리한 쟁점들은 두 토론자 모두 반복해서 하는 전략을 구사할 수 있겠지만 쟁점에 대한 역할을 분담하여 진행하는 것이 좋다.

▌ 참고문헌

김광수(1991), 민주주의와 토론문화, 철학과 현실, 8, 철학문화연구소, 291-312.

박재현(2004), 한국의 토론문화와 토론교육, 국어교육학연구, 19, 국어교육학회, 289-318.

숙명여자대학교 의사소통능력개발센터(2006), 세상을 바꾸는 발표와 토론, 숙명여대 출판부.

여희숙(2007), 토론하는 교실, 노브16.

이두원(2006), CEDA 찬반 논쟁의 커뮤니케이션 전략 연구: 효과적인 입론, 교차조사, 반박을 중심으로, 커뮤니케이션학연구, 14, 한국커뮤니케이션학회, 90-123.

이상철·백미숙·정현숙(2006), 스피치와 토론, 성균관대학교 출판부.

이정옥(2008), 토론의 전략: 합리적 의사소통을 위한 토론, 문학과지성사.

이주행 외(2004), 화법 교육의 이해, 박이정.

이창덕 외(2007), 삶과 화법, 박이정.

전남대학교 교육발전연구원 역(2008), 토론 수업을 위한 도구와 기법, Brookfield, S. D. & Preskill, S., *Discussion As a Way of Teaching*, 학이당.

정문성(2008), 토의·토론 수업방법 36, 교육과학사.

한상철(2006), 토론: 비판적 사고를 활용한 토론 분석과 응용, 커뮤니케이션북스

허경호 역(2005), 정책토론의 방법, 에모리대학전국토론연구소, *Policy debate manual*, 커뮤니케이션북스

제 12 장

협상 교육

1. 협상의 개념과 성격

가. 협상의 개념

협상(協商)의 사전적 의미는 다음과 같다(정민주, 2008:463).

협(協) : '十'은 수가 많은 것(衆)을, '劦'은 힘을 합친다는 뜻이므로, 여러 사람의 힘을 모으는 뜻을 나타낸다.

상(商) : 밖에서 관찰하여 내실을 탐색한다는 뜻이다. … 이익을 얻기 위해 물건을 팔고 사는 행위를 나타낸다.

bargaining : 상업적 거래, 물건 거래에서 사용하는 협상.

negotiation : 보다 복잡한 사회적 문제를 포함하는 협상.

이러한 사전적 의미는 누가, 무엇을 위해, 협상을 하는지 보여주지만, 협상을 협상답게 만드는 본질적인 요소가 무엇인지 알기 어렵다. 그래서 다음과 같은 개념 정의들을 비교하여 협상의 성격과 본질에 관한 실마리를 하나씩 풀어나가고자 한다.

① 협상이란 이익과 관련된 갈등을 인식한 둘 이상의 주체들이 이를

해결할 의사를 가지고 모여서 합의에 이르기 위해 대안들을 조정하고 구성하는 공동 의사 결정 과정을 말한다(노은희 외, 2008:197).

② 협상은 공유되고 상반된 이익을 가지고 합의에 도달하기 원하는 사람들이 해결을 하기 위해 노력하는 과정이다(박인우 외 공역, 2004:454).

③ 협상은 개인들, 집단들, 더 큰 사회 조직이 될 수도 있는 둘 혹은 그 이상의 당사자들이 그들의 미래 행동에 영향을 줄 잠재적 합의에 도달하기 위해 상호 작용하는 과정이다(정민주, 2008:464).

④ 협상이란 당신이 상대방과 공통된 이해(利害) 관계를 갖고 있으면서 동시에 상반된 이해 관계에 처했을 때 합의를 보기 위해 밀고 당기는 대화이다(박영환 역, 2009:7-8).

⑤ 협상이란 혼자서 목표를 이룰 수 없을 때, 상대방과 의사소통을 통해 내리는 의사결정과정이다(김성환 외 공역, 2005:21).

⑥ 협상이란 경쟁하는 다수의 이해 당사자들이 가능한 복수의 대안들 중에서 그들 전체가 갈등을 줄이면서, 수용할 수 있는 특정 대안을 찾아가는 동태적 의사결정과정이다(이달곤, 2005:16).

이러한 개념들을 비교해 보면, 협상에 대한 인식이 조금씩 다름을 알 수 있다. 어떤 학자들은 협상을 우리쪽 협상자와 상대편 협상자 모두에게 이득이 되는 합의안을 만들기 위한 문제 해결 과정으로 생각하는가 하면(정의 ①, ②), 다른 학자들은 협상 과정을 자신의 몫을 극대화하여 이른바 사자의 몫(lion's share)을 챙기기 위한 갈등과 투쟁으로 인식하기도 한다(정의 ④, ⑤). 또 어떤 학자들은 협상을 이익과 관련된 문제를 합의하거나 대안을 모색하는 실리(實利) 중심, 목표 중심으로 보기도 하지만(정의 ①, ②, ④, ⑥), 다른 학자들은 앞으로 상대쪽과의 지속적인 만남을 염두에 두고 그 관계를 개선하고 발전시켜나가는 명분 중심, 관계 중심으로 보기도 한다(정의 ③).

이러한 여러 가지 협상에 대한 단편적인 시각은 다음과 같은 협상의 재개념화로 극복할 수 있다.

> **[협상의 재개념화]**
>
> 협상은 당사자간의 근원적 이해(real interests)를 증진시키고자 하는 상호교섭적(transactional) 행위라고 정의할 수 있다.

나. 협상의 성격

협상의 재념화에서 말하는 '근원적 이해'란 협상이라는 상호교섭 행위를 통해 진정으로 얻고 싶거나 달성하고자 하는 사항을 의미한다(곽노성, 2006 : 9). 그것은 월급, 휴가, 비용, 이윤 등 객관적이고 가시적인 사항도 될 수 있지만, 불확실한 사건이나 위험에 대한 예측과 사고방식, 합의를 이행할 지원 인력이나 능력 등 주관적이고 추상적인 사항도 될 수 있다.

협상에서 문제가 되는 것은 상충되는 '입장(position)'에 있는 것이 아니라, 각각의 요구와 욕망, 관심, 두려움 등과 같은 근원적 이해의 차이에 있다(박영환 역, 2009 : 51, 77-79). 그래서 협상에서 발생하는 갈등이나 분쟁은 객관적인 현실에 있는 것이 아니라 사람들의 마음속에 있다고 보아, 근원적 이해를 떠들썩한 입장 뒤에 있는 '소리 없는 행위자'라고 부르기도 한다. 입장이 이미 결정한 어떤 것이라면, 근원적 이해란 그렇게 결정하도록 만든 동기가 되기 때문이다. 근원적 이해를 중층적인 위계 구조 속에 자리매김한 관점 역시 이와 맥락을 같이 한다. 즉 표면적인 입장의 근저에 보다 깊은 관심 사항이 있으며, 그 근저에 근원적인 관심 사항이 있다는 것이다.

그런데 문제는 우리쪽이나 상대쪽이 동일 의제(issue)로 협상을 하면서 서로 다른 근원적 이해를 가지고 있으며, 서로 다른 의미를 부여하고 있다는 것이다. 여기서 협상의 중요한 개념인 '의제'와 '입장'을 구분할 필요가 있다. 입장이란 상정된 사안, 즉 의제에 대한 협상 당사자의 태도를 의미한다. 예를 들어 대학졸업 예정자인 A군이 B회사에 입사하려고 하는데, A군이 연봉 1천 8백만 원을 요구하였다고 하자. 여기서 연봉 1천 8백만 원은 A군의 입장이고, 연봉은 의제가 된다. 그러나 A군이 진정으로 관심을 가지고 있는 것은 특정 연봉 수준으로 취득할 수 있는 구매력뿐만 아니라, 입사 후 장래성, 사회적 평판 등이 될 것이다. 여기서 구매력, 입사후 장래성, 사회적 평판 등이 A군의 근원적 이해가 된다. 이러한 개념 구분은 협상의 성격 즉 입장적 협상(positional bargaining)과 근원적 이해 협상(real interests bargaining)을 규명하는 중요한 기준이 된다(곽노성, 2006 : 9). 그런데 협상을 할 때는 입장이 아닌 근원적 이해에 초점을 맞추어야 하는데, 그 이유는 3절 협상의 절차와 방법 제2단계에서 소개하고자 한다.

한편 협상의 재개념화에서 말하는 상호교섭적(transactional) 행위란 최소한 두 사람 이상이 협상에 참여하기 때문에 서로의 행동 결정에 영향을 끼침을 의미한다(임칠성 역, 1997 : 143). 즉 상대쪽이 함께 하지 않으면 협상이 이루어질 수 없다. 협상은 상대쪽과 '더불어' 하는 것이지, 상대쪽을 '향해' 말하는 것이 아니다. 예를 들어, 우리쪽이 상대쪽에게 영향력을 행사할 수 있지만, 상대쪽이 따라 주지 않으면 근원적 이해를 증진시킬 수 없다. 즉 우리쪽이 자기가 원하는 바를 일방적으로 선언할 수 있지만 상대쪽이 따라주지 않으면 그 선언은 무의미하게 된다. 상호교섭적 행위는 우리쪽과 상대쪽의 관계성, 협상 목적의 달성과 우리쪽과 상대쪽의 관계 유지 및 관계 만족도 등의 요인에 영향을 미친다.

다. 협상의 본질

본질이란 어떤 사물이 다른 사물과는 구별되는 사물로서 성립하고 있는 그 고유의 존재를 일컬으며, 유(類)와 종(種)의 차이에 따라 정의된다. 예를 들어 인간의 본질은 '인간성'이며 그것은 '이성적 동물'로 정의된다.

그렇다면 협상의 본질은 무엇인가? 그것은 이러한 철학적인 개념과 정의를 토대로 접근하면 바로 '상호의존성'이라 할 수 있다. 이 상호의존성은 다시 참가자 상호의존성, 정보의 상호의존성, 결과의 상호의존성으로 세분할 수 있는데, 이 세 가지 특성이 바로 협상을 다른 담화 유형과 구별 짓는 잣대가 된다(박인우 외 공역, 2004:455-456).

1) 참가자 상호의존성과 욕구 딜레마

참가자 상호의존성은 협상의 주체가 적어도 둘 이상이 되어야 협상이 성립됨을 의미한다. 협상의 개념 정의에서 '둘 이상의 주체들', '사람들', '개인들, 집단들, 당사자들', '당신과 상대방', '상대방', '이해 당사자들' 등 단수가 아닌 복수 표지는 협상의 참가자 상호의존성을 보여준다. 즉 혼자서는 협상을 할 없으며, 반드시 다른 사람의 참여와 동의가 있어야 협상이 성립됨을 보여주는 본질적인 속성이다.

하지만 이 참가자 상호의존성으로 인해 '욕구 딜레마'가 발생하는데, 바로 협력적 욕구와 경쟁적 욕구이다. 합의에 도달하고자 하는 협력적 욕구와 가능한 한 자신에게 유리한 합의를 이끌어내고자 하는 경쟁적 욕구가 그러하다. '해결할 의사를 가지고', '합의에 도달하기 위해 노력하는', '밀고 당기는', '수용할 수 있는' 등의 표현에 이러한 욕구들이 은밀히 숨어 있다. 협상 참가자는 누구나 협력적 욕구와 경쟁적 욕구 사이에서 이 욕구 딜레마를 반드시 경험하게 될 것이다. 두 가지 욕구는 서로 심각하게 간섭할 뿐만 아니라, 협상 태도와 전략에 영향을 미치기에, 이 욕구 사이에 '경쟁적 협력자'와 같은 위치를 선정하고, 균형을 적절히 잡는 일이 매우 중요하다.

2) 정보 상호의존성과 신뢰 딜레마

정보 상호의존성이란 우리쪽과 상대쪽이 제공하는 정보에 따라 협상이 시작되며, 전개됨을 의미한다. 우리쪽과 상대쪽은 서로가 무엇에 대해 말하는지, 서로의 생각이 무엇인지, 서로의 요구가 무엇인지, 서로가 얻고자 혹은 버리고자 하는 것이 무엇인지에 대한 정보가 있어야 협상이 이루어진다. '대안', '해결책', '미래 행동과 그 영향', '복수의 대안', '특정 대안' 등의 표현은 명시적인 정보를 나타낸다. 우리쪽과 상대쪽이 서로 솔직하게 자신들의 선호와 욕구, 기대 등을 구두나 문서로 표현하면 이러한 명시적 정보는 쉽게 알 수 있다. 하지만 협상 중에 자연스럽게 노출되거나 감추고자 하는 상대쪽의 행동이나 분위기로 그러한 정보를 추론하고 해석하기도 한다. 중요한 것은 정보를 노출시킬지 여부가 아니라 무슨 정보를 노출시키느냐이다.

하지만 이 정보 상호의존성으로 인해 또 다른 딜레마가 발생하는데, 바로 '신뢰의 딜레마'이다. 이 딜레마는 상대쪽을 믿어야 할지에 대한 선택의 문제이다. 상대쪽을 무조건 믿는 행위는 언제든지 이용당할 잠재적인 위험을 가지고 있다. 하지만 상대쪽을 믿지 않으면, 합의에 도달할 가능성이 낮아지게 된다. Thomson(1991)에 의하면 자신의 우선순위 정보를 상대방에게 제공하는 사람은 통합적 합의(win-win)에 도달할 가능성이 높다고 한다(김성환 외 공역, 2006 : 138).

정보 제공하기를 거부하는 행위나 거짓 정보를 제공하는 행위 등은 협상에 심각한 손상을 입힐 수 있는 위험을 내재하고 있다. 반면 상대쪽에게 많은 양의 고급 정보를 빨리, 그리고 솔직하게 제공하려고 해도 협상이 잘 마무리되지 않는다. 상대쪽은 우리쪽의 그러한 행위를 진정성으로 받아들이기보다 또 다른 흑심(黑心)을 숨기고 있는 것으로 해석하기도 하기 때문이다. 그래서 오히려 협상이 지지부진하게 전개될 수도 있다. 결국 서로가 주고받는 정보의 양과 정보의 질에 대한 신뢰 여부는 협상 과정에서 풀어야 할 또 다른 숙제다. 서로의 협상 태도를 보아가며 필요한 정보를 '점진적으로 개방하는 태도'가 바람직하다.

Deutsch(1973)가 개발한 죄수의 딜레마 게임은 갈등 상황에서 신뢰의 문제를 잘 보여준다(박인우 공역, 2004:482-483). 즉 당신과 동료가 은행을 털고 돈을 숨긴 후 체포되었다고 상상한 경우이다. 증거를 찾지 못한 경찰관은 당신과 동료를 분리된 방에 넣고, 두 사람 모두에게 죄를 자백하거나 침묵을 지키는 것에 대해 다음과 같은 조건을 제시한다.

동료＼당신	고백한다	고백하지 않는다
고백한다	5년 / 5년	10년 / 석방
고백하지 않는다	석방 / 10년	1년 / 1년

3) 결과 상호의존성과 목표 딜레마

결과 상호의존성은 우리쪽과 상대쪽 모두 합의에 동의해야 협상이 끝나게 됨을 의미한다. 비록 서로가 바라는 목표가 아닐지라도 협상은 반드시 어떤 결과를 낳게 된다. 하지만 그 결과 역시 상대쪽이 동의할 때만 가능하다. 협상의 개념 정의에서 '합의에 이르기 위해', '합의에 도달하기 위해', '합의를 보기 위해', '수용할 수 있는 특정 대안'과 같은 표현에는 이러한 결과 상호의존성이 담겨져 있다. 우리쪽과 상대쪽 모두 최종 해결책이나 최종 대안에 합의를 한 경우, 흔히 '협상 타결(妥結)'이라고 한다. 반면 최종 해결책이나 최종 대안에 합의를 보지 못한 경우 '협상 결렬(決裂)'이라고 한다. 물론 협상 결렬이라고 하더라도, 재협상이나 추가 협상을 할 수 있기에 협상이 완전히 끝난 것은 아니다. 이처럼 협상은 상대쪽의 동의가 있어야 협상 결과가 인정되며 그 효력이 발생한다.

협상의 결과 상호의존성 역시 다른 상호의존성과 마찬가지로 딜레마가 발생하는 데 그것은 '목표 딜레마'이다. 즉 우리쪽에게 유리하지만 상대쪽이 동의를 거절할 정도로 너무 일방적이지 않은 협상에 어떻게 도달하느냐 하는 문제이다. 골동품 상인은 이익이 남는 거래를 원하는 동시에 그 손님을 단골로 삼고 싶어 한다. 단골까지는 아니더라도 가능하다면 양측에 이익이 되는 합의를 보기 위해 상대방과 좋은 관계를 유지하고 싶어 한다. 협상자들은 Curhan, Elfenbein & Xu(2004)에 의하면 골동품 상인처럼 '이익'과 같은 경제적인 결과도 중요하게 생각하지만, 인간 관계, 신뢰, 마음의 평화와 같은 심리적인 결과에 대한 느낌도 중요하게 생각한다(김성환 외 공역, 2006:209-210). 협상자들은 협상의 성과와 같은 '실리적인 목표'를 추구하지만 협상 과정에서 자신감, 공평성, 상대방과의 신뢰 구축과 같은 '명분적인 목표'도 추구한다. 단 한 차례, 실리적인 목표 추구만으로 끝나는 협상은 거의 없다. 골동품 상인이 실리와 명분이라는 두 마리 토끼를 다 잡은 것처럼 이러한 목표 딜레마를 해결하는 방법은 우리쪽과 상대쪽이 서로에게 최선의 제안을 제공할 뿐만 아니라, 절차적으로도 공정하고 공평한 선택을 할 수 있는 합리적인 제안을 하도록 노력해야 한다. 협상자들이 원하는 결과가 경제적인 결과든지 심리적인 결과든지 간에 그것을 극대화(極大化)하는 제안을 하고, 그 제안에 합의하는 것이다. 그 제안은 '명분을 수반한 실리'가 될 수도 있고, '실리를 수반한 명분'이 될 수도 있다.

협상시 고려해야 할 요인으로 유형의 요인과 무형의 요인이 있는데, 유형의 요인으로는 주제, 자료, 자원, 논쟁 방식이 있으며, 무형의 요인으로는 체면 욕구, 능력을 인정받고자 하는 욕구, 패배자로 인식되지 않고자 하는 욕구 등이 있다(임칠성 역, 1995 : 403). 이러한 요인은 서로 복합적으로 작용하여 '명분을 수반한 실리'를, 또는 '실리를 수반한 명분'을 요구하기도 한다.

2. 협상의 유형과 특징

가. 협상 참여 주체자의 수에 따른 유형과 내포적 의미

일반적으로 협상은 우리쪽과 상대쪽 양자가 하는 경우를 상정하지만,

사실 협상은 둘 이상의 협상 당사자가 관련되는 경우가 많다. 여러 협상 당사자가 협상 테이블에 함께 앉게 될 수도 있고, 또 각 협상 테이블에 모습을 드러내는 지역 주민이 있을 수 있고, 협상 테이블에 모습을 드러내지는 않지만 합의를 위해 협상 당사자가 승인을 받아야할 이사회, 위원회 등과 같은 고위층이 있을 수도 있다. 이처럼 협상 참여자 주체의 수에 따라 협상의 유형은 크게 두 가지로 구분되는데, 협상 당사자가 2인으로 구성되는 양자(兩者) 협상과 3인 이상으로 구성되는 다자(多者) 협상이 있다.

그런데 협상에 관련된 당사자가 많으면 많을수록 협상 과정이 순탄치 않을 가능성이 높다. 유엔의 회의에서 보듯이 거의 150개에 달하는 국가가 협상할 때 전부가 찬성하는데, 오직 한 나라만이 반대할 수도 있으며, 상호 양보 또한 대단히 어렵다. 도대체 누구에게 양보할 것인가? 그렇기 때문에 다자 협상은 여러 차례에 걸친 쌍무적 교섭에도 불구하고 성사되지 못하는 경우가 비일비재하다(박영환 역, 2009 : 30). 좀 더 구체적인 예를 들면, 합의 가능 영역은, 이후 협상의 절차 3단계인 제안과 맞교환에서 다시 설명하겠지만, 협상 과정에서 변할 수도 있는데, 단일 의제 양자 협상인 경우에는 상대쪽의 유보 가격과 양보 폭을 추정하기 용이하지만, 다수 의제 다자 협상인 경우, 당사자 간에 연합이 발생하게 되고, 의제 쟁점 간의 비중도 상이하게 되며, 쟁점 간 연계가 일어나 상대방의 양보 폭과 유보 가격을 추정하기가 쉽지 않다(이재기, 2007 : 96).

나. 협상 의제 수에 따른 유형과 내포적 의미

협상 의제는 명시적 합의를 위해 협상 테이블에 상정되는 사안을 말한다. 협상 의제는 대체로 판매 가격이나 월급 등 금전에 관한 것이 많다. 하지만 대부분의 협상에서 이런 금전적인 의제만이 중요한 것은 아니다. 예를 들면 자동차를 구매할 때, 지불 조건, 선불, 주요 부품에 대한 보증 문제 등이 모두 교섭 가능한 중요한 의제들이다. 협상의 유형은 이러한 의제의 수에 따라 단일 의제 협상과 2개 이상인 다수 의제 협상으로 구분된다.

그런데 대부분 협상자들은 가격과 같은 단일 의제에 집착하는 실수를 범한다. 협상이 오직 하나의 의제만을 다룬다면, 그것은 고정된 파이를 나누는 것이 된다. Lax & Sebenius(1986)에 의하면, 협상 가능한 의제를 늘리는 데 능숙한 노련한 협상자들은 의제들을 추가하거나 새로운 의제들을 만들어냄으로써 단일 의제의 고정 파이 협상을 윈-윈 가능성이 있는 복수 의제로 변형시키기도 한다(김성환 외 공역, 2006:139-140). 또한 대부분의 사람들은 윈-윈 협상을 파이를 균등하게 나누는 것으로 알고 있다. 그래서 우리쪽과 상대쪽 사이의 타협이나 균등 분할, 좋은 인간관계 형성을 윈-윈 협상으로 생각한다. 그러나 이는 잘못된 오해이다. 윈-윈 협상은 모든 창조적 기회를 철저히 활용하고, 협상 테이블에서 자원을 하나도 남기지 않는 통합적 합의를 의미한다(김성환 외 공역, 2006:122-123). 즉 두 가지 이상의 의제가 요구되는 통합적 합의를 할수록 모두가 더 즐거워질 수 있다.

다. 협상자의 힘에 의한 유형과 내포적 의미

한편 협상자의 힘에 의한 협상 유형으로는 대칭 협상과 비대칭 협상이 있다(김영환 역, 2007:558-559). 대칭 협상에서는 협상자의 힘이 대등하지만, 비대칭 협상에서는 어느 한쪽의 힘이 극단적으로 강한 경우이다. 부자지간의 협상이나 사장과 부하 직원가의 협상 등이 후자의 예에 해당한다. 비대칭 협상인 경우, 약자는 타협 가능한 하한선을 미리 준비해 둘 필요가 있다. 최악의 경우에 처하더라도 절대로 양보할 수 없는 부분을 미리 정해 두지 않으면 일방적으로 밀릴 수 있기 때문이다. 예를 들어 중고차 세일즈맨은 판매 차량에 관한 사고 및 고장 이력을 잘 알고 있지만 고객에게는 그러한 정보가 없다. 이 경우 고객은 타당한 중고차 가격을 판단할 수 없다. 정보가 약한 고객은 가격을 대폭 깎는 것보다는 품질이나 성능뿐만 아니라 고장에 대비한 책임 수리 등을 세일즈맨으로부터 미리 보증 받아야 한다.

라. 협상 의사 결정권에 의한 유형과 내포적 의미

협상의 유형은 협상 당사자가 최종적인 결론을 낼 수 있는 지위에 있는지 여부에 따라 단층적 협상과 복층적 협상으로 나누어지기도 한다. 단층적 협상은 협상 당사자가 협상 테이블에서 최종 결론을 내릴 수 있는데, 채소 가게 주인과 가격 흥정을 벌이는 주부가 적절한 예이다. 복층적 협상은 최종 결론을 내리기 위해서는 협상 당사자가 아닌 조직의 승인이 필요한 경우이다. 이 경우, 우리 쪽 대표는 상대 쪽의 입장을 자신의 조직에까지 이해시켜야 하기에 협상의 과정과 합의가 그만큼 더 어렵고 복잡해진다.

3. 협상의 절차와 방법

협상은 참여자와 상황, 의제에 대한 명시적인 조건이 없으며, 수많은 변화 가능성을 가지고 있기에 절차에 대한 왕도는 존재하지 않는다. 그럼에도 불구하고 우리 쪽과 상대 쪽이 서로 만족하는 통합적이고 완전한 합의 방안을 찾아내고 만들어내어야 한다. 톰슨(Thomson, 2001)은 다음과 같은 통합적 합의를 위한 협상 절차를 보여주고 있는데, 이것은 규범적 절차로 협상 당사자들이 합의에 도달하기 위해 실제로 하고 있는 것이 아니라, 해야 할 것에 초점을 맞추고 있다. 그 절차는 다섯 단계로 되어 있는데, 쌍방간 협상 의제와 대안 확인하기, 근원적 이해(real interests) 차이 분석하기, 제안과 맞교환의 추진하기, 현 상태에서 최선의 해결책 수락/거부하기, 그리고 합의 이행/재협상/협상 파국이 그 단계다.

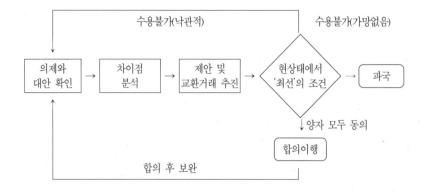

가. 1단계: 쌍방 간 협상 의제와 대안 확인

이미 협상의 유형에서 협상 의제가 무엇인지, 그 수가 어떤 의미를 지니고 있는지 설명한 바 있다. 이 단계에서 우리쪽과 상대쪽은 자신들에게 중요한 관심사가 무엇인지 확인할 수 있으며 각 의제별 대안을 명확하게 설정할 수 있다. 월급, 휴가, 기타 혜택 등이 협상 의제가 될 수 있으며, 실현 가능한 월급의 범위는 2천만 원에서 5천만 원 사이가 될 수 있고, 1년 휴가는 1주일에서 4주가 될 수 있으며, 기타 혜택은 아파트 제공이나 차량 제공 등은 대안이 될 수 있다. 이렇게 우리쪽과 상대쪽이 따로따로 자신들만의 협상 의제와 대안을 끌어 모으는 것을 협상 자원 평가라고 부른다.

우리쪽과 상대쪽이 각각 자신들의 협상 자원에 대한 평가가 끝나면, 그 자원을 상대방에게 풀어놓아야 한다. 이 과정에서 의제나 대안이 하나밖에 없는 상황이 발생할 수도 있는데, 이 때 새로운 협상 의제나 대안을 추가하여 협상 자원을 풍부하게 하는 것이 좋다. 협상 자원 '풀어놓기'나 '추가하기'는 쌍방에 대한 근원적 이해를 가능하게 하며, 나아가 서로 유익한 맞교환을 할 수 있게 한다.

나. 2단계: 근원적 이해 차이 분석하기

제1단계에서 상대쪽이 풀어놓은 또는 추가한 협상 자원을 우리쪽의 것과 꼼꼼히 비교·대조하면서 분석해 보면, 기본적인 관심사가 되는 근원적 이해에서 상당한 차이가 발생함을 알 수 있다. 하지만 이런 차이를 두려워 할 필요가 없다. 협상은 우리쪽과 상대쪽 모두에게 이런 근원적 이해를 증진시키는 과정이기 때문에 쌍방 간의 이런 근원적 이해 차이가 오히려 협상을 성공적으로 이끄는 중요한 요인이 되기도 한다.

1) 협상 의제 선호도 차이

우리쪽과 상대쪽은 의제별로 선호의 강도가 다르다(김성환 외 공역, 2006: 145-147 참조). 예를 들어 제한된 공간의 분할과 관련된 협상을 할 때, 예술 창작 활동을 하는 사람은 전망보다는 사무실 규모에 관심이 더 크고, 연구 저술 활동을 하는 사람은 추가 면적보다는 전망에 더 관심이 크다고 하자. 전자의 경우는 넓기는 하지만 방음이 잘 되는 지하 1층의 공간을, 후자의 경우는 좁기는 하지만 전망이 좋은 고층의 쾌적한 공간을 선택하면 합의에 도달할 수 있다. 공간 크기라는 협상 의제나 전망이라는 협상 의제에 대해 따로따로 타협하는 것보다 이렇게 협상 의제에 대한 선호도 차이를 분석하여 맞교환을 함으로써 더 많은 것을 얻을 수 있다. 이러한 전략을 '통나무 함께 굴리기'(log-rolling)이라고 한다(Froman & Cohen, 1970).

2) 불확실한 사건이나 위험에 대한 예측과 사고방식 차이

협상은 불확실한 사건이나 위험과 연관되는 경우가 많으며, 우리쪽이나 상대쪽 모두 그러한 사건이나 위험에 대한 예측에도 차이가 있다(김성환 외 공역, 2006:145-147 참조). 아버지로부터 공구 상점을 상속 받은 어느 남매의 예를 들어보자. 누나는 그 상점의 수익성이 꾸준히 내려갈 것이라고 예측했고, 남동생은 상점 운영이 성공적일 것으로 예측했다. 그래서 누나는 그 상점을 팔기를 원했고, 남동생은 유지하기를 원했다. 이런 예측 차이의 결과 그들은 조건부 계약을 작성했다. 즉 남동생은 상점에 대한 누나의 부정적 전망에 근거하여 상점 소유권 중 누나의 몫을 일정 기간에 걸쳐 사주기로 하고, 누나는 자기 몫이 매각될 때까지 일정한 수익을 보장받았는데, 그 수익이란 영업 실적에 대한 동생의 예측에 기초한 것이었다. 위험 회피적인 사고방식을 지닌 누나는 흔히 손실 구조 (loss-frame) 사고를 가지고 있다고 하는데, 이러한 협상자는 일반적으로 조건부 계약을 받아들이기가 쉽다. 반면 위험을 감수할 여유가 있는 동생은 이익 구조(gain-frame) 사고를 가지고 있는데, 이러한 협상자는 서로 돕거나 언제든지 맞교환을 할 준비가 되어 있기에 윈-윈 협상에 능숙하다 (Kray, Paddock & Galinsky, 2003).

3) 합의를 이행할 지원 인력이나 능력의 차이

해저 채굴 협상 사례에서 알 수 있듯이, 선진국의 민영 기업은 유엔 소유의 후진국 산업체인 '엔터프라이즈'에 비해 좋은 채굴 공구를 고를 수 있는 기술과 전문 인력을 갖추었다. 하지만 후진국은 상대적으로 저임금의 풍부한 노동 인력 자원으로 해저 구역에서 채굴한 여러 가지 자원을 운반하고 가공할 능력을 지니고 있기에 선진국의 민영 기업에도 도움을 줄 수 있다.

4) 근원적 이해 차이 분석하기의 내포적 의미

이처럼 협상 당사자들은 협상 의제에 대한 취향, 가능성에 대한 평가, 불확실한 사건이나 위험에 대한 예측이나 사고방식의 차이를 보일 뿐만 아니라, 합의를 이행할 지원 인력이나 능력에서도 차이를 보인다. '오렌지 하나를 놓고 다툰 아이들'이라는 속담이 그 효과를 잘 보여준다. 이 속담에 등장하는 두 아이는 오렌지를 어떻게 나눌지 다투다가 마침내 오렌지를 반으로 나누기로 합의하였다. 첫 번째 아이는 절반의 오렌지를 받은 뒤 오렌지 알맹이만 먹고, 껍질은 버렸다. 그런데 나머지 아이는 절반의 오렌지를 받은 뒤 오렌지 알맹이는 버리고, 껍질만 케이크 굽는 데 사용했다. 두 아이 모두에게 유리한 합의안, 즉 한쪽은 오렌지 알맹이를, 나머지 한쪽은 껍질을 통째로 갖는 이상적인 협상 대신 오렌지를 절반씩 나누어 갖고 협상을 끝낸 것이다.

입장보다는 근원적 이해 차이를 분석하는 것은 두 가지 이유로 인해 효과가 있다. 첫째, 상반된 입장들 뒤에 놓여 있는 근원적 이해와 그 동기를 찾는다면, 우리쪽은 자신의 근원적 이해뿐만 아니라 상대쪽의 근원적 이해를 충족시켜줄 대안을 발견할 수 있기 때문이다. 둘째, 종종 상반된 입장 뒤에는 밖으로 드러난 상치된 근원적 이해뿐만 아니라, 공유와 양립이 가능한 근원적 이해도 많음을 알 수 있게 해 주기 때문이다.

근원적 이해를 아는 방법은 바로 대화이다. Fisher, Ury & Patton(1991)은 그 방법으로 '우리쪽의 근원적 이해를 생생하게 드러내라', '상대쪽의 근원적 이해를 문제의 일부로 인정하라', '해결책을 제안하기 전에 우선 문제부터 설명하라', '과거를 보지 말고 미래를 보라', '옵션을 융통성 있게 그리고 구체적으로 대하라', '문제는 날카롭고 강경하게 공격하되, 사람은 부드럽고 적극적으로 지지하라' 등과 같은 기법을 제시하고 있다(박영환 역, 2009).

다. 3단계 : 제안과 맞교환 추진하기

우리쪽과 상대쪽 쌍방간 근원적 이해에 대한 차이를 분석하고 나면, 이제 본격적인 협상을 할 단계이다. 다음과 같은 역사적인 분쟁 사례는 이 단계를 이해하는 데 많은 도움을 줄 것이다.

북아일랜드 분쟁은 영국과 북아일랜드의 독립을 주장하는 북아일랜드 구교도 사이에서 발생한 분쟁이다. 17세기 아일랜드를 식민지화한 영국은 전통적인 가톨릭 국가인 아일랜드에 신교도들의 이주(移住) 정책을 감행했었고, 이후 많은 영국의 신교도들이 아일랜드에 정착하게 되었다. 이후 끊임없는 아일랜드인의 독립 운동과 저항으로 1920년 아일랜드가 영국으로부터 독립하게 되었으나, 신교도들이 많이 거주하고 있는 북아일랜드 지역은 여전히 영국의 관할 아래 남겨두었다. 그래서 가톨릭 구교도를 중심으로 하는 북아일랜드 민족주의자들은 영국의 지배에 저항한 반면, 신교도들은 계속해서 영국 잔류를 희망해 양민족간 갈등이 표출되었다.

1968년 이래 가톨릭 구교도에 대한 영국의 차별에 항의하는 가톨릭계의 민권 운동이 시작됐고, 1969년부터는 IRA(Irish Republican Army, 아일랜드 공화국군)의 활동이 본격화되었다. IRA의 활동이 본격화되자 북아일랜드 신교도계는 얼스터 민병대를 조직하여 IRA에 대항했고, 양측은 잦은 충돌을 벌였다.

영국은 1972년 북아일랜드의 자치권을 회수함으로써 아일랜드 인들의 유혈 폭력 운동을 고조시켰으며, 소위 '피의 일요일 사건'이라 불리는 유혈 사태가 발생하였다. 이 시위에서 영국 정부군은 시위대에 발포(發砲)하여 13명이 사망하는 결과를 가져왔고, 이후 양측의 테러로 29년간 약 3,200명에 이르는 사망자를 기록하게 되었다.

(출처: http://blog.naver.com/lhm9074)

1) 파이 나누기와 파이 부풀리기

이러한 역사적 배경을 지닌 북아일랜드 분쟁을 해결하기 위해 최근까지 서로가 많은 노력을 하였지만, 단기간에 획기적인 결론을 도출해내기 어려운 국면에 봉착해 있다. 그래서 양쪽 모두가 만족할 만큼 파이를 나눌 방법이 없는 것처럼 보인다. 양자택일(兩者擇一)의 상황, 이혼할 경우 누가 집을 차지하느냐, 누가 아이의 양육권을 가질 것인가 등 상황이 어떠하든지 선택은 한정되어 보인다. 창의적인 옵션(파이 부풀리기)은 이런 상황을 극복하는 대안이 된다. 예를 들면, 의뢰인과 상대방측 모두에게 유리한 해결책을 창안하는 능력 덕분에 곧바로 성공한 변호사가 있는데, 그는 파이를 나누기 전에 우선 파이를 크게 부풀린다. 이러한 창의적인 옵션을 창안해 내는 기술은 협상 당사자가 지녀야 할 가장 유용한 자산 중의 하나다. 이러한 옵션을 창안하는 단계는 다음과 같다(박영환 역, 2009 : 116).

	실제상으로 C	이론상으로 D
잘못된 것 A	제1단계 문제 • 무엇이 잘못됐나? • 드러난 상태는 무엇인가? • 희망하는 상황과 대조되는 바람직하지 않은 사실은 무엇인가? A+C	제2단계 분석 • 문제를 진단한다. • 상태별로 분류한다. • 원인을 파악한다. • 부족한 것이 무엇인지 살펴본다. • 문제 해결의 장들에 주목한다. A+D
해야 할 것 B	제4단계 행동에 관한 생각 • 무엇을 해야 하는가? • 문제해결을 위해 어떤 세부적 • 단계를 밟아야 하는가? B+C	제3단계 접근 • 가능한 전략 혹은 처방은 무엇인가? • 이론적 치유책은 무엇인가? • 해결책에 대한 폭넓은 아이디어를 창출한다. B+D

2) 파이 부풀리기 사례

북아일랜드 분쟁을 해결하는 데 있어, 상호 이득이 되는 옵션 하나는 가톨릭 구교도과 신교도 교사들이 초등학생 5~6학년을 대상으로 한, 북아일랜드 역사에 관한 교과서를 공동으로 제작하는 것이다. 그래서 북아일랜드 역사를 이제까지와는 다른 관점에서 조명해 주고, 학생들에게 처지를 바꾸어 역할을 수행하게 한 뒤 생각하는 기회를 주자는 것이다. 이 때 다음과 같은 제안을 덧붙이면 상대쪽의 동의를 이끌어내는 데 도움이 될 것이다. 제안① 두 학교 제도에 공통적인 교육 내용이 교과서에 포함되어야 한다. 제안② 양측 학교 선생님을 바꿔서 그 교과서를 가르치게 한다. 제안③ 양측 학교 초등학교 학생들이 함께 그 교과서로 수업을 받게 한다.

3) 제안과 맞교환 방법

이 사례는 협상에서 제안과 맞교환을 할 때 필요한 몇 가지 시사점을 제공해 준다. 첫째는 먼저 제안을 하라는 것이다. 일반적으로 상대쪽보다 우리쪽이 먼저 제안을 하는 것이 협상에서 유리하다고 한다. 북아일랜드 분쟁 사례에서 보듯이 역사 교과서를 공동 개발하자는 창의적인 옵션을 개발한 쪽이 협상을 주도할 가능성이 높다. 그리고 최초의 제안(initial offers)이 최종 합의 수준을 결정하는 데 중요한 변수가 되게 한다고 한다 (곽노성, 2006 : 43-45). 하지만 우리쪽도 먼저 어떤 창의적인 옵션을 준비하였는데, 상대쪽이 먼저 제안을 하는 수가 있다. 그러면, 즉시 그 제안이 옳지 않다는 것을 보여주는 정보에 초점을 맞추어 재착점(re-anchor)을 시도할 수도 있다.

둘째는 그러한 제안이 교섭 영역(bargaining zone) 또는 합의 가능 영역 (zone of possible agreement, ZOPA)을 벗어나서는 안 된다는 것이다. Lax & Sebenius(1986)에 의하면, 교섭 영역이란 협상 당사자 사이의 양보점을 말하는데, 다음과 같이 플러스 교섭 영역과 마이너스 교섭 영역이 있다(김성환 외 공역, 2006:75-77). 물론 북아일랜드 분쟁이 이러한 판매자와 구매자의 관계는 아니지만, 창의적인 옵션과 제안 ①~③이 이러한 플러스 교섭 영역에 속하는 것임을 알 수 있다.

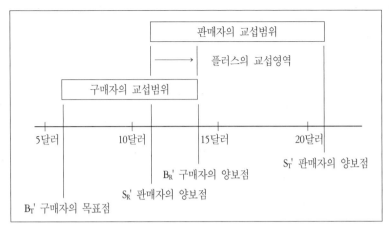

플러스 교섭 영역

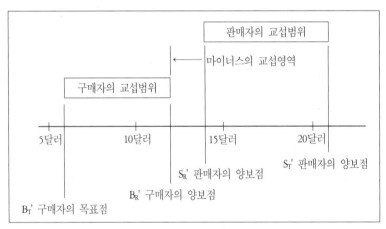

마이너스 교섭 영역

셋째는 동시 복수 제안(multiple simultaneous offers)을 하여 맞교환(tradeoff)하라는 것이다. 사람들은 협상을 마치 테니스 경기하듯이 단일 의제를 제시하고, 상대방이 답변할 때까지 기다린 후, 양보하는 과정을 반복한다. 하지만 이러한 협상이 실패하는 까닭은 의제들 간의 맞교환이 어렵기 때문이다. 2단계의 근원적 이해 차이 분석하기에서 이미 언급하였듯이, 교섭 영역이 좁은 경우에 단일 의제 협상을 하면 파국 가능성이 크다. 따라서 의제들에 대한 선호와 그 강도가 서로 다른 점을 활용하여 가능한 몇 가지 의제를 한꺼번에 묶어 복수 제안을 하여야 맞교환이 쉽게 이루어진다. 또한 단일 의제 협상에서는 우리쪽과 상대쪽이 쉽게 타협하는 경향이 있기에 최선책이 되는 윈-윈 협상에 이르지 못하는 경우가 많다. 동시 복수 제안은 이러한 상황을 극복하게 해 준다. 즉 동등한 가치를 지닌 두 가지 이상의 제안을 동시에 제시하여, 상대쪽에게 적절한 정보를 제공할 뿐만 아니라, 상대쪽으로부터 필요한 정보를 얻을 수 있다. 이러한 동시 복수 제안은 우리쪽으로 하여금 협상을 주도적으로 이끌어 나가게 할 뿐만 아니라, 상대쪽의 반응에 기초하여 그 선호도와 관심사가 무엇인지 알 수 있게 해 준다. Medvec & Galinsky(2004)에 의하면, 동시 복수 제안은 우리쪽이 제안한 가치를 상대쪽에게 자신 있게 설득할 수 있을 뿐만 아니라, 양보에 대한 반감을 누그러뜨릴 수 있게 해 준다는 장점을 지닌다고 한다(김성환 외 공역, 2006:91-92). 북아일랜드 분쟁 사례에서 제안①~③을 동시에 제안하는 것은 이러한 효과를 얻기 위함이다. 하지만 이 때 상대쪽이 원하는 제안만을 골라서 선택하는 '체리따기(cherry-picking)'는 결코 허용되지 않는다는 점을 상대쪽에게 주지시켜야 한다. Schatzki(1981)는 이 제안들이 '패키지 거래'임을 알려야 한다고 한다(김성환 외 공역, 2006:141-144).

넷째는 객관적인 기준을 제시하라는 것이다. 우리쪽의 제안이 '공정하다'거나, '균등하다'고 생각되는 기준을 제시하면 상대쪽이 그 제안을 받아들일 가능성이 훨씬 크다. 예를 들어 자신의 차가 완전히 망가져서 보험 사정인과 보험금을 놓고 협상할 때 원래의 가격, 그 차를 팔았다면 받을 수 있었던 가격, 중고차의 가격 시세표에 따른 그 모델의 가격, 비슷한 수준의 다른 차로 바꿀 때 드는 비용, 법원에서 판정할 그 차의 가격 등은 객관적으로 제시할 수 있는 기준들이다(박영환 역, 2009 : 140). 이러한 기준은 양측의 의지와는 무관하거나, 양측 모두에게 동일하게 적용되기에 객관성을 지니고 있다. 북아일랜드 분쟁 사례 역시 그러하다. 제안①은 양측 모두에게 동일하게 적용되며, 개발된 교과서와 관련된 제안②와 ③ 역시 절차상 공정하기에 객관성을 담보할 수 있다. 실험에 의하면 이론적 근거를 제시하지 않은 사람들의 성공률은 60%였지만, 객관적인 기준과 근거를 제시한 사람들의 성공률은 94%였다고 한다.

다섯째는 상대쪽이 결정을 쉽게 하도록 해 주라는 것이다. 상대쪽이 가능한 한 고민 없이 선택할 수 있도록 해 주라는 것이다. 우리쪽은 대개 근시안적인 태도로 자신의 즉각적인 이익만을 찾기에 상대쪽의 근원적 이해에 대해 별로 주의를 기울이지 않는다. 협상에서 성공하려면 상대쪽이 바라는 결정을 하도록 최대한 우리쪽에서 노력해야 한다. 상대쪽이 자기측 사람들을 설득하도록 상대쪽의 입지를 강화해 준다든지 상대쪽의 논리에 합의해 준다든지 하는 우리쪽의 역할이 그러하다. 문제를 던져주는 것이 아니라 답을 주는 행위나, 힘든 결정안을 주는 것이 아니라 쉬운 결정안을 주는 행위 역시 상대쪽으로 하여금 우리쪽의 제안을 쉽게 받아들이도록 한다. 북아일랜드 분쟁 사례에서의 제안①~③은 상대쪽의 근원적 이해를 잘 파악하고 있을 뿐만 아니라, 상대쪽으로 하여금 이 제안들을 쉽게 받아들이게끔 하는 잘 준비되고 계획된 행위라고 할 수 있다.

라. 4단계 : 현 상태에서 최선의 해결책 수락 / 거부하기

이 단계에서는 우리쪽과 상대쪽이 수용 가능한 최선의 해결책을 마련해 놓고 서로 마주보고 있음을 상정할 수 있다. 그러나 이 해결책이 반드시 가장 효율적이라거나 최종적이라는 것은 아니다. 서로 더 나은 해결책을 도출할 의지와 시간 등이 허락된다면 현 상태에서 해결책을 받아들이지 않을 수도 있다. 하지만 만약 이 해결책을 서로 수락하게 되면, 협상을 마칠 수도 있다. 그런데 문제는 무엇을 기준으로 이 해결책을 수락할지 여부이다.

이 해결책을 수락한다는 것은 협상 없이 얻을 수 있는 결과보다 더 나은 무엇을 얻었다는 것을 의미한다. 반면 이 해결책을 거부한다는 것은 협상 없이 얻을 수 있는 결과, 즉 협상이 파국되어도 손해를 보지 않을 대안이 있다는 것을 의미한다. 이러한 의미를 종합해 보면, 협상은 그 자체가 목적이 아니고 수단이기 때문에 협상 이외의 다른 수단(또는 대안)이 있다는 것이며, 그 대안이 협상에 의한 문제 해결 방법과 경쟁적인 관계이며 협상이 거부되었을 때 그 대안을 사용할 가능성이 크다는 것이다.

1) 복안(腹案)

그 대안이 바로 복안(BATNA : Best Alternative To a Negotiated Agreement)이다. 복안은 매우 불리한 조건을 받아들이거나 받아들일만한 유리한 조건을 거절하는 잘못을 막아줄 수 있는 유일한 기준이다(박영환 역, 2009 : 160). 복안은 이성적 판단에 따라 협상을 결렬시키고 회의장을 걸어 나오게 하는 한계선이다. 즉 복안보다 나은 제안은 수락하고, 그에 미치지 못하는 제안은 단호히 거부해야 한다는 의미이다(김성환 외 공역, 2006 : 39). 그렇다면 협상 당사자의 복안은 무엇이고, 그 복안은 어떻게 해서 만들어진 것인가? 일반적으로 복안은 다음과 같은 과정을 거쳐 개발된다(박영환 역, 2009 : 165-166).

첫째는 합의에 이르지 못할 경우 취할 수 있는 행동 목록을 작성하는 것이다. 노동조합의 경우 그들에게 협상된 합의 이외의 대안으로는 아마 파업 결의, 재계약 없이 계속하는 노동, 60일 간의 파업 통고, 중재 요청 그리고 조합원들에게 요구하는 준법 투쟁 등이 있을 것이다. 두 번째 단계는 자신의 아이디어 목록 가운데 가능성 있는 아이디어를 개선해서 실용적인 대안으로 전환시키는 것이다. 노동조합은 협상을 계속하고 있는 동안에도 중재자를 요청하거나 파업을 하겠다는 생각을 실행할 준비가 되어 있는 구체적인 작전상의 행동으로 바꿔야 한다. 만약 계약이 만기되는 시점까지 해결이 되지 않으면 파업 결정 여부를 조합원들의 투표에 부쳐야 한다. 세 번째 단계는 시험적으로 최고의 대안을 고르는 것이다.

만약 협상에서 합의에 이르지 못한다면 지금 갖고 있는 실현 가능한 대안들 중 어떤 것을 추구할 계획인가? 이러한 노력을 거친 후에 비로소 하나의 복안을 갖게 되는 것이다.

2) 양보점

자신의 이런 복안을 안다면 자신의 양보점(reservation point)도 정할 수 있다. 예를 들면 어느 대학생이 어떤 야구 선수가 A라는 구단으로부터 4천만 원이라는 연봉 이외에 아파트, 개인 승용차, 홈런 수당 등을 제안 받았다고 하자. 그 선수가 다른 B라는 구단으로부터 계약 조건을 기다리고 있다. 그렇다면 학생의 복안은 'A사 계약 조건'이 될 것이다. 그 선수가 B라는 구단이 제시하는 조건을 A라는 구단이 제시한 조건과 동일할지 비교해 볼 것이다. 연봉, 아파트, 개인 승용차, 홈런 수당 이외에 그의 가족이 살아야 할 도시 생활의 편리함 등도 포함될 것이다. 결국 그 선수는 A라는 구단이 제시한 조건과 B라는 구단이 제시한 조건을 비교하여 그 수치를 계량화해 볼 것이다. 양보점이란 바로 이와 같은 계약 조건들을 비교한 뒤 계량화하는 것이다.

마. 5단계 : 합의 이행 / 재협상 / 협상 파국

자신의 복안을 이용하여 현 상태에서 제시한 최선의 해결책을 수락했다면, 이제는 합의를 이행할 단계이다. 합의 이행은 주로 합의 계약서에 따르는데, 합의 계약서에는 우리쪽이나 상대쪽의 합리적인 요구가 충족되어야 하며, 이 계약서를 수행하는 데 포함된 모든 사람의 권리와 책임이 명확하게 명시되어야 한다(박인우 외 공역, 2004 : 492). 누가, 무엇을, 언제, 어디서, 어떻게 하는지에 대한 구체성이 드러나야 하며, 우리쪽과 상대쪽이 합의한 것을 수행한다는 현실성이 드러나야 하며, 우리쪽과 상대쪽이 서로 어떤 것을 하기로 동의한다는 공유성이 드러나야 한다. 그리고 만약 이 계약서대로 쌍방간에 합의한 내용이 제대로 이행되지 않는다면, 합의한 내용이 모두 무효가 되는지, 아니면 재협상(시기와 방법 포함)을 하게 되는지도 명시해야 한다. 합의 내용이 시행될 때까지는 합의 계약서가 제대로 작동하는지는 확신할 수 없다. 따라서 한동안 합의 내용을 시험 가동한 후에 어떻게 진행되고 있는지에 대해 서로 이야기할 수 있는 시간을 따로 정해두는 것도 좋은 방법이다. Raffia(1982)에 의하면, 이는 파이 늘리기를 위한 마지막 전략으로 이미 합의에 도달하기는 했으나, 각자의 관점에서 더 나은 방안을 찾기 위해 좀 더 시간을 갖는 합의 후 보완 전략이다(김성환 외 공역, 2006:148-150). 그러면 현재의 합의안이 우리쪽과 상대쪽에게는 새로운 복안이 된다.

4. 갈등 처리와 협상 전략

가. 협상과 갈등

협상이 다른 담화 유형과 달리 그 절차와 방법이 유달리 까다로운 까닭은 서로가 처한 상황과 조건이 다르며, 근원적 이해가 각기 다르기 때문이다. 이러한 다름은 갈등을 불러일으키며 협상을 필요로 한다. 우리쪽과 상대쪽 사이에 갈등이 없다면 서로가 함께 모여 합의를 모색할 이유도 없기에 갈등은 협상의 필수 전제 조건이자 협상을 성립시키는 상황적 조건이라 할 수 있다(정민주, 2008 : 464).

그런데 협상에서의 갈등은 전통적인 견해와 그 성격이 다소 다르다. 전통적인 견해에 의하면 갈등이란 나쁘고, 피해야 하며, 바람직하지 못한 사람들의 행위의 결과라는 본질적으로 부정적인 생각과 감정, 행위로 보고 있다. 하지만 최근의 견해에 의하면 갈등은 조직이나 집단의 구조 요인으로 말미암아 필연적으로 발생하는 것이며, 보통 예견될 수 있으며, 변화의 과정에 필수적이라는 관점을 택한다. 따라서 어느 정도의 갈등은 조직이나 집단의 발전에 도움을 줄 뿐만 아니라, 창조적이고 열정적인 사람들을 자극하는 데 필수적이라고 본다(임칠성 역, 1995 : 371-372). 전통적인 견해를 지닌 사람들을 갈등 부정 집단으로, 최근의 견해를 지닌 사람들을 갈등 긍정 집단이라고 규정할 때, 두 집단의 갈등에 관한 관점 차이는 다음과 같이 구체화하고 상세화할 수 있다(박인우 외 공역, 2004 : 442).

갈등 부정 집단	갈등 긍정 집단
갈등을 하나로 본다 갈등을 문제로 본다. 갈등을 회피하고, 억누르고, 참는다. 갈등은 본질적으로 파괴적이라고 믿는다. 갈등에서 아무런 가치도 찾지 못한다. 갈등은 불안과 방어를 생성한다. 개개인은 '승리'하기 위해 노력한다.	다양한 유형의 갈등을 인식한다. 갈등을 해결의 부분으로 본다. 갈등을 찾고 격려한다. 갈등은 잠재적으로 건설적이라고 믿는다. 갈등에서 많은 가치를 찾는다. 갈등은 흥분과 흥미, 집중을 생성한다. 개개인은 '문제를 해결'하기 위해 노력한다.

나. 협상에서 갈등 처리 전략

협상에서 발생하는 갈등은 우리쪽이나 상대쪽으로 하여금 두 가지 사항을 고려하게 만든다. 하나는 자신의 욕구를 만족시키고 이익을 충족시키는 방향으로 협상을 전개하고 마무리할 것인가이다. 이는 '목표 중심', '실리(實利) 중심'으로 협상의 방향을 고려하는 것을 의미한다. 다른 하나는 상대쪽과 적절한 관계를 유지하는 방향으로 협상을 전개하고 마무리할 것인가이다. 대부분의 협상은 일회성의 단일 의제로 끝나는 것이 없기에 상대쪽과 지속적인 만남 역시 중요하다. 이는 '관계 중심', '명분(名分) 중심'으로 협상의 방향을 고려하는 것을 의미한다. Johnson & Johnson(1995)에 의하면, 이 두 가지 사항을 고려하여 협상에서의 갈등을 처리하는 전략에는 다섯 가지가 있다(박인우 외 공역, 2004:450). 그리고 각 전략의 구체적인 내용은 임칠성 역(1995:387-396, 443-450)을 원용하여 설명하면 다음과 같다.

1) 회피 전략 스타일

회피 전략 스타일은 갈등을 일으키는 문제 상황이 발생하면 거북이처럼 자신의 껍질 안으로 숨는다. 그래서 "더 이상 그 문제 꺼내지 말자."거나, "그 문제는 별로 중요하지 않다."거나, "그 문제만 아니라면 서로 관계가 좋아질 거야."라고 하면서 어물쩍 넘어가거나 농담으로 처리해 버린다. 협상에서 '저자세'를 취하는 이런 스타일은 자기 자신의 권리, 욕구, 감정들을 배반하거나 간단히 무시해 버리며, 자신이 원하는 것을 솔직하게 직접 표현하지 못한다. 저자세를 취하는 이런 협상자의 기본적인 목표는 어떠한 희생을 치르더라도 갈등을 피하고 싶어 한다. 그러면서도 원하는 것을 챙기거나 얻을 수 있다고 생각한다. 물론 이런 저자세를 취함으로써 얻는 것도 있지만 잃는 것이 더 많을 수 있다. 예를 들면, 회피 전략을 쓰는 직장 상사는 원칙에 어긋나거나 무리한 요구를 하는 한두 명의 부하 직원에게 "안돼!"라는 말을 잘 하지 못한다. 그 직장 상사는 모든 부하 직원들을 만족시키고자 노력하나 결국에 가서는 아무도 만족시켜 주지 못한다. 회피 전략 스타일은 "안돼!"라고 말하거나 자신의 욕구를 주장하게 되면 상대쪽이 자신을 싫어하거나, 멍청하고 어리석고 이기적인 사람이라고 생각할까봐 걱정한다. 결국 이 전략은 좀 더 격렬하고 폭력적인 형태로 변한 갈등을 도출하게 만든다.

2) 힘의 전략 스타일

힘의 전략 스타일은 갈등 상황이 발생하면 상어처럼 날카로운 이빨로 무차별 공격을 한다. 그래서 "이 회사는 내 것이고, 나는 자네 사장이야."거나 "만약 그것을 지키지 않으면, 당신은 제3조 2항의 법을 위반하게 된다."거나 "올해 자네 스스로 계약한 이 목표를 달성하지 않으면, 당신은 계약서대로 해고야."라고 하면서 상대쪽의 단점이나 약점을 찾아 심문하면서 마침내 항복을 받아낸다. 협상에서 '공격적인 자세'를 취하는 이런 스타일은 상대쪽이 모두 어리석은 사람들이라는 메시지를 보내며, 상대쪽의 바람과 느낌을 간단히 무시해 버린다. 공격적인 자세를 취하는 이런 협상자의 기본 목표는 이겨서 지배하는 것이고, 상대쪽의 패배를 강요하는 것이다. 물론 이런 공격적인 자세는 상대쪽으로 하여금 자신이 원하는 것을 하게 하지만, 상대쪽에게 원망의 대상이 되고 마음의 상처를 입히게 된다. 예를 들면, 힘의 전략을 쓰는 사장은 끊임없이 힘없는 부하 직원을 책망한다. 그러면 그 사장은 부하 직원들과 친밀한 관계를 형성하는 데 실패하고, 부하 직원들로부터 따돌림을 당하게 된다. 부하 직원들이 짓눌리게 되면 점차 그 사장을 멀리하게 되고 그 사장은 결국 고독하게 될 것이다. 이 전략은 창의적인 옵션으로 문제를 해결하는 길을 막아버리고, 패자가 되는 상대쪽으로 하여금 원망과 불만을 지니게 하여 언젠가 보복이나 복수하고픈 마음을 불러일으킨다.

3) 타협 전략 스타일

타협 전략 스타일은 갈등 상황이 발생하면 교활한 여우처럼 자신의 목표와 다른 사람들의 관계를 적당히 걱정한다. 그래서 "만약 네가 반에서 3등 안에 들어가면, 네가 원하는 핸드폰을 사줄게."라거나, "점심에 네가 라면 먹자고 했으니, 저녁에는 내 마음대로 할 거야."라거나 "이번에 우리 회사 물건을 사 주면, 계속해서 당신네 하고만 거래를 하겠소."라고 하면서 상대쪽과의 관계나 상황을 다루면서 협상을 전개해 나간다. 협상에서 '계산적인 자세'를 취하는 이런 스타일은 외적으로 과묵하고, 냉정하고, 차분할 것을 요구하며, 논리와 이성을 강조한다. 그래서 이런 스타일에 의존하는 협상자는 감정이나 개인적인 정서를 전혀 믿지 않는다. 감정이나 정서가 오히려 협상을 방해한다고 생각하기 때문이다. 물론 이러한 계산적인 자세는 우리쪽과 상대쪽의 근원적인 이해를 둘러싼 협상을 성공적으로 그리고 효과적으로 풀어갈 열쇠임에는 틀림이 없다. 하지만 이 전략은 쉽게 타협해 버리거나 절충해 버리는 습관을 들게 하여, 우리쪽과 상대쪽의 차이점을 긍정적으로 취하는 협상으로 나아가지 못하게 하기도 한다. 그리고 감정 표현과 인식이 안 되면 문제 해결이 안 되기도 하는데, 이는 감정이 관계를 결합하는 시멘트 역할을 하기 때문이다. '농담'으로 제네바 회담을 성공적으로 이끈 로널드 레이건 전 미국 대통령의 사례는 협상에서 감성과 감정의 중요성을 잘 보여준다. 경험적인 조사에 의하면, 우호적인 감성 유형이 합리적인 감성 유형보다 합의의 질이 높았다고 한다.

4) 약화 전략 스타일

약화 전략 스타일은 갈등 상황이 발생하면 목표보다는 관계를 중시한다. 그래서 "이 문제는 자료를 좀 더 검토한 뒤 다시 논의하자."거나 "성급하게 이 문제를 처리하기보다는 전문가의 의견을 들어보는 것이 우선이다."거나 "금강산도 식후경이라. 커피나 샌드위치를 먹은 뒤에 협상을 계속하자."라고 하면서 목표를 둘러싼 갈등을 약화시키려 한다. 협상에서 '조정적인 자세'를 취하는 이런 스타일은 가능한 위협적인 갈등 상황을 피하려고 노력한다. 피할 수 없는 상황과 부딪히면, 곰 인형 쓰다듬기 하듯이, 다른 사람들의 감정을 조정하는 전략을 사용한다. 예를 들어 사장이 직원에게 시간 외 근무를 시키기 위해 "내가 자네에게 그렇게까지 해 주었는데, 설마 오늘은 나를 모른 척하지는 않겠지?"라고 하면서 심리적인 부채 의식에 호소한다. 하지만 이 전략은 사소한 문제 몇 가지를 유연하게 해결하거나 흥분한 상대쪽을 가라앉히는 데는 도움이 되겠지만, 갈등의 본질을 해결하는 데는 그다지 큰 효과가 없다.

5) 호혜(互惠) 전략 스타일

호혜 전략 스타일은 갈등 상황이 발생하면 그 문제를 공동으로 해결하기 위해 노력하며 서로의 목표와 관계를 우선 생각한다. 그래서 "자, 이제 이 문제를 같이 해결해 봅시다. 내가 당신의 근원적 이해를 충족시키려 하지 않는다면, 나 자신을 만족시킬 합의에도 이르기 어려울 것입니다. 그 반대도 마찬가지이지요. 우리 함께, 두 집단의 근원적 이해를 만족시킬 방안을 찾아봅시다."라고 말하거나, "당신 말을 제대로 제가 이해했는지 확인해 주세요. 당신 생각에는 상황이 이러저러하다는 말씀이시죠?"라고 적극적인 듣기 태도를 지니고 있음을 보여준다. 협상에서 '솔직하고 분명한 자세'를 취하는 이런 스타일은 자신을 존중하는 만큼 상대쪽도 존중하며, 개방적인 태도로 협상에 임하기에 지혜로운 올빼미에 비유하기도 한다. 이런 스타일은 상대쪽의 입장을 존중하면서도 우리쪽과 상대쪽의 근원적 이해 차이에 얽매이지 않는다. 솔직함의 목표는 서로 더 나은 의사소통을 하며, 공동으로 문제를 해결하는 것이다. 비록 이 스타일이 우리쪽이 원하는 것을 얻으리라는 보장을 해 줄 수는 없어도 협상 과정에서 자신감을 갖도록 도와주며, 자신이 믿고 있는 바를 두려움 없이 말할 수 있다는 뿌듯함을 준다. 상대쪽이 우리쪽의 생각에 동의하는지, 상대쪽이 우리쪽이 원하는 대로 하는지 등은 부수적인 문제다. 예를 들어, 자신이 호혜 전략 스타일이라면 봉급을 인상해 달라고 요구한 뒤에 봉급이 인상되지 않을 수도 있다. 그러나 사장에게 솔직하게 요구하고, 그 이유를 정직하게 직접적으로 설명했다면, 자기 자신의 믿음과 그 믿음을 표현했다는 점에서 자신감과 뿌듯함을 느낄 것이다. 사장이 봉급을 인상해 주지 않아도 적어도 그 문제에 대해 직접적으로 부딪쳤다는 것에 만족해 할 것이다.

다. 효과적인 갈등 처리 체제

일반적으로 협상에서 발생하는 갈등은 우리쪽이나 상대쪽의 근원적 이해(real interests)를 조화시키거나 누가 그 권리(right)를 사용하는 것이 옳은지 판단하거나 누가 더 권력(power)을 지니고 있는지 결정함으로써 해결이 된다. Ury, Brett & Goldberg(1988)에 의하면, 협상에서 이러한 근원적 이해와 권리, 권력은 갈등 해결의 수단이 되며 다음과 같이 중층적 관계를 형성한다(곽노성, 2006:82-85). 이 그림을 보면, 근원적 이해는 권리와 권력보다 중심에 놓여 있음을 알 수 있다. 이는 근원적 이해가 바로 협상의 핵심임을 보여준다. 즉 협상의 출발점이 근원적 이해이며, 협상의 종착점 역시 근원적 이해임을 보여준다. 협상에서 올빼미 스타일을 권장하는 이유도 바로 여기에 있다.

하지만 모든 협상이 올빼미 스타일의 호혜 전략에 따라, 그리고 근원적 이해를 토대로 하여 이루어지지는 않는다. 근원적 이해로 협상을 시작하였지만 서로 간에 의견 충돌과 갈등으로 인해 협상이 지지부진할 때가 많으며, 언제 끝날지 모르는 상태로 지속될 때도 많다. 협상이 근원적 이해라는 중심축으로 제대로 작동하지 않을 경우에 새로이 투입되는 수단이 바로 권리와 권력이다. 곰 인형 스타일의 조정 전략이나 여우 스타일의 타협 전략, 상어 스타일의 공격 전략과 거북이 스타일의 회피 전략 등이 등장하는 것도 이러한 시점이다. 그러나 문제는 이러한 권리와 권력에 의해 협상 절차가 뒤바뀌거나 권리와 권력이 남용되는 경우가 많다는 점이다. 따라서 이러한 비합리적이고 비정상적인 갈등 해결 체재를 다음과 같이 합리적이고 효과적인 체제로 전환할 필요가 있다. Ury, Brett & Goldberg(1988)에 의하면, 이는 근원적 이해에 입각하여 갈등을 해결함을 원칙으로 하되, 필요한 경우 권리에 입각한 해결 절차를, 그리고 가장 적은 경우 힘에 의한 해결 절차를 밟아나가야 함을 보여준다고 한다(곽노성, 2006:82-85).

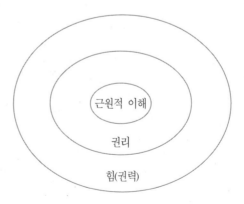

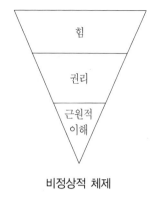

비정상적 체제

효과적 체제

2015 국어과 교육과정에서 '협상' 관련 내용은 다음과 같다.

[고등학교 1학년]

[10국01-04] 협상에서 서로 만족할 만한 대안을 탐색하여 의사 결정을 한다.

(가) 학습 요소

협상하기(대안 탐색, 의사 결정)

(나) 성취기준 해설

[10국01-04] 이 성취기준은 협상에 대한 이해와 실행을 통해 의견을 조율하고 함께 만족할 만한 대안을 모색하는 의사 결정 능력을 기르기 위해 설정하였다. 협상은 개인이나 집단 사이에서 이익과 주장이 달라 갈등이 생길 때, 문제를 해결하기 위해 서로 타협하고 조정하면서 해결 방법을 찾아가는 의사소통의 방법을 말한다. 협상은 시작 단계, 조정 단계, 해결 단계로 전개된다. 시작 단계에서는 갈등의 원인을 분석하고 문제를 해결할 수 있는 가능성이 있는지 확인한다. 조정 단계에서는 문제를 확인하여 상대의 처지와 관점을 이해하며 구체적인 제안이나 대안에 대하여 상호 검토하는 과정을 통해 서로 입장 차이를 좁혀 나간다. 해결 단계에서는 최선의 해결책을 제시하여 타협과 조정을 통해 문제를 해결하고 합의한다. 협상의 개념과 절차를 이해하고 적용하여 협상을 실행함으로써 양측이 모두 만족할 만한 결과를 이끌어 내는 경험을 해 보는 데 중점을 둔다.

(다) 교수·학습 방법 및 유의 사항

④ 협상 방법을 지도할 때에는 이익 문제로 발생하는 갈등 상황에서 갈등을 회피하거나 자신의 입장만 고수하기보다는 협상을 통하여 문제를 해결함으로써 상대방과의 관계를 유지하고 갈등 상황도 개선할 수 있음을 이해하도록 한다.

(라) 평가 방법 및 유의 사항

② 토론과 협상을 수행하는 장면을 녹화한 후 자기 평가를 해 보게 함으로써 공식적 말하기 상황에 맞게 언어적, 준언어적, 비언어적 표현을 사용하고 있는지, 개선해야 할 점은 무엇인지 등 학습자가 자신의 의사소통 과정을 점검해 보도록 할 수 있다.

[고등학교 선택 화법과 작문]
[12화작02-04] 협상 절차에 따라 상황에 맞는 전략을 사용하여 문제를 해결한다.

(가) 학습 요소
협상(절차와 전략)

(나) 성취기준 해설
없음

(다) 교수·학습 방법 및 유의 사항
없음

(라) 평가 방법 및 유의 사항

① 협상을 평가할 때에는 일상적 상황으로 협상 과제를 구성하도록 하여, 상대측 제안을 받아들이고 수정한 결과뿐 아니라 제안의 교환 과정도 평가하도록 한다.

참고문헌

곽노성(2006), 국제협상론, 경문사.

교육과학기술부(2008), 중학교 교육과정 해설 Ⅱ.

김성환·김중근·홍석우 공역(2006), 지성과 감성의 협상 기술, 한울아카데미. Thomson, L. L.(2001), *The Mind and Heart of the Negotiator*, Pearson Education, Inc.

김영환 역(2007), 경영전략, 21세기북스. 그로비스 매니지먼트 인스티튜트 지음.

노은희 외(2008), 고등학교 국어과 교육과정 해설 연구 개발, 한국교육과정평가원.

박영환 역(2009), Yes를 이끌어내는 협상법, 장락. Fisher, R., Ury, W. & Patton, B.(1991), *Getting to Yes : Negotiating Agreement Without Giving In*. Houghton Miffin Company.

박인우·최정임·이재경 공역(2004), 협동 학습을 위한 참여적 학습자, 아카데미프레스. Johnson, D. W. & Johnson, F. P.(2003), *Joining Together : Group Theory and Group Skills*, Pearson Education, Inc.

이재기(2007), 국제통상론, 시그마프레스.

임칠성 역(1995), 대인 관계와 의사소통, 집문당. Myers, G. E. & Myers, T. (1985), *The Dynamics of Human Communication : A Laboratory Approache*, McGraw-Hill, Inc.

임칠성 역(1997), 대인 의사소통, 한국문화사. Reardon, K. K.(1987), *Interpersonal Communication : Where Minds Meet*. Wadsworth Publishing Company.

임칠성(2008), 화법 교육과정의 담화 유형에 대한 범주적 접근, 화법연구 제12집, 한국화법학회, 170-174.

정민주(2008), 협상의 개념과 전략에 관한 국어교육적 고찰, 국어교육학연구 제31집, 국어교육학회, 459-485.

제 13 장

발표 교육

1. 발표의 내용 구성

발표란 여러 사람 앞에서 자신의 생각이나 의견 또는 어떤 사실에 대해서 진술하는 말하기를 가리킨다. 발표는 수업 시간에 조사한 내용을 설명하거나, 학회에서 연구 내용을 보고하거나, 기업체에서 새로운 아이디어를 제안하는 등 정보 공유의 효과적인 수단으로 널리 사용되고 있다.

발표의 내용 구성을 지도할 경우 유의할 점은 구두 의사소통의 특성이 잘 드러나도록 해야 한다는 것이다. 일반적인 설명문을 쓰는 것과는 달리 앞에 있는 청자에게 실시간으로 내용을 전달하고 그에 대한 반응을 직접적으로 느끼는 발표의 경우, 그 내용은 청자의 흥미를 유발하고 이를 지속적으로 유지할 수 있도록 구조화되어야 한다. 즉, 발표 내용의 요점을 체계적으로 배열하는 것과 동시에 내용 단계별로 청자와 상호 교감을 지속적으로 유지할 수 있는 장치들이 필요하다.

이와 더불어 발표의 내용 구성을 지도할 때 염두에 두어야 할 점은 발표 시간이 제한적인 경우가 많다는 것이다. 자신의 개인적 경험 등을 충분히 설명하면서 이야기 방식으로 전개하는 연설이나 강연과는 달리, 짧은 시간에 꼭 필요한 핵심적인 정보를 청자가 이해하도록 전달해야 하기 때문에, 내용 구성이 장황하면 안 되고 간결하고 체계적이어야 한다. 발표 시간이 부족하거나 남을 경우에 대비하여 예시 자료의 추가나 삭제, 청자에 대한 질문과 답변에 대한 시간 안배를 사전에 계획할 필요가 있다.

발표의 단계는 도입부, 전개부, 정리부로 구분된다. 도입부에서는 발표 내용의 화제나 주제, 목적, 배경을 다루고, 전개부에서는 구체적인 예시 등을 곁들여 핵심 내용을 진술하고, 정리부에서는 핵심 내용을 강조하고, 특별히 당부하고 싶은 말이나 덧붙이고 싶은 말들을 짤막하게 언급한다.

가. 도입부

도입부 내용 구성에서 고려해야 할 점은 발표 주제에 대해 청자가 느끼는 개인적 관련성의 정도이다. 주제에 대해 관련성이 높을 경우는, 청자의 흥미를 유발하거나 관련성을 상세하게 설명할 필요가 없다. 이 경우 도입부가 장황해지면, 전개부에서 시간에 쫓겨 급하게 말하게 되고 이로 인해 정작 하고자 하는 말을 못하게 되는 경우가 있다. 대부분의 참여자가 그 필요성을 인식하고 듣고자 하는 동기를 갖고 참석하기 때문에 도입부에 형식적인 인사말이나 흥미를 불러일으키기 위한 불필요한 신변 잡담은 피하는 것이 좋다. 오히려 이런 청자의 경우 결론부터 듣고 싶어 하는 경우가 많기 때문에, 도입부는 발표의 목적, 의의, 전체 개관 등 꼭 필요한 것만 선택하여 간략하게 제시하는 것이 바람직하다.

반면에 준비한 발표 주제에 대해 청자가 관련성을 느끼는 정도가 낮다고 판단될 경우에는 이를 높이기 위한 내용 구성이 필요하다. 로톤도(Rotondo & Rotondo(2000))에 의하면, '이것이 나와 무슨 관계가 있지?'라는 생각은 발표가 시작될 때 청자 대부분의 마음속에 떠오르는 질문이며, 이 질문에 대한 답이 발표의 서론을 측정하는 척도가 되어야 한다고 한다.

발표 상황에 따라서는 결론부터 제시하는 것이 효과적일 수 있다. 청자가 주제에 대해 배경 지식이 풍부하여 도입부에 구체적인 정황 설명이 필요하지 않은 경우에는 청자에게 제시하고자 하는 결론부터 언급한 후 그에 대한 이유를 중요한 것부터 순차적으로 언급하면 된다. 청자는 '저렇게 말하는 근거가 무엇일까?'라는 궁금증을 갖고 발표에 귀를 기울이게 된다(하영목·최은석, 2008).

나. 전개부

설명형 발표의 경우, 주제의 성격에 따라 시간적·공간적 구성, 비교·대조 구성, 원인·결과 구성 등을 적절히 사용한다. 이때 정보를 평면적으로 나열하는 데 그치는 것이 아니라, 설명의 흐름이 잘 드러나도록 내용을 구성해야 한다. 대상의 성격에 따라 설명이 가장 잘 되도록 내용을 구성해야 한다. 임태섭(2004:359-361)에서는 Lucas(1989)를 인용하여 설명의 대상을 다음과 같이 분류하고 있다.

객체 objects	눈에 보이거나 만질 수 있는 구체적인 형태를 가진 생명체나 사물	·김구 선생의 업적을 알려주기 위해 ·귀의 해부학적 구조를 알려주기 위해
과정 process	특정한 결과를 초래하기 위해 거쳐야 할 일련의 행위들	·스피치 준비 방법을 알려주기 위해 ·김치 담그는 법을 알려주기 위해
사건 event	이미 발생했거나 지금 발생하고 있는 일	·김구 선생의 암살 경위를 설명하기 위해 ·태풍 '나비'의 피해 현황을 알려주기 위해
개념 concept	추상적인 생각	·'언론의 자유'에 대해 알려주기 위해 ·체면의 구조를 알려주기 위해

설득형 발표의 경우 보편적으로 문제·해결 구성을 사용한다. 사안의 문제점을 분석하고, 문제의 원인을 규명한 후 이에 대한 대안으로 해결책을 제시하는 내용 구성 방식이다. 설득형의 경우 내용 구성이 문제 제기에서만 그치는 경우가 있는데, 문제에 대한 해결책까지 구체적으로 제시하는 것이 좋다.

또한 해결책을 제시할 경우, 가능하면 한 가지 대안보다는 실현 가능한 대안 두세 개를 준비하여 함께 제시하는 것도 효과적이다. 제한된 시간에 제한된 정보로 의사결정을 해야 하는 상황이라면, 한 가지 대안만을 고민하기보다는 여러 안을 두고 비교하여 의사결정을 하는 것이 효과적이기 때문이다. 이 경우는 각 대안에 대해 장단점 분석 방식을 사용하는 것이 좋다. 막연하게 여러 안을 늘어놓기보다는 각 대안에 대해 장단점을 면밀히 파악하여 제시하면, 의사결정을 더욱 용이하게 할 수 있기 때문이다.

전개부에는 핵심적인 정보를 설명형과 설득형의 논리 구조에 맞게 제시하고, 이를 뒷받침하는 근거를 함께 제시해야 한다. 근거를 제시할 경우도 수많은 정보를 나열하면 설득이 될 것이라고 생각하고 그렇게 하는 경우가 많은데, 주장을 뒷받침하는 데 반드시 필요한 핵심적인 근거로 설득력을 확보하는 것이 더욱 중요하다. 근거를 제시할 때는 발표의 성격상 가장 효과적으로 제시할 수 있는 방법을 선택하는 것이 좋다. 슬라이드를 텍스트로 잔뜩 메우기보다는, 비교할 때는 막대그래프, 추이를 드러낼 때는 꺾은선그래프를 사용하고, 복잡한 숫자 등은 도표를 사용하여 간략하게 정리하여 제시하는 것이 효과적이다. 예시, 인용, 사례 등을 제시할 경우는 사진, 인터뷰 영상, 소리 등 다양한 시청각 매체를 사용하여 현장의 생생한 장면과 목소리를 들려주는 것이 더욱 효과적이다.

다. 정리부

발표의 정리부에서는 본론에서 다룬 내용을 간략히 정리하고 핵심 사항을 강조한 후 마무리하는 것이 좋다. 제한된 시간에 이루어지는 발표의 경우 특별히 결말에서 본론의 내용을 다시 정리할 필요가 없기도 하다. 그런 경우는 요구하는 구체적인 행동을 직접 제시하거나, 의사결정이 필요한 사안에 대해 구체적으로 언급하고, 발표를 마무리하면 된다. 발표 후에는 청자와 질의응답을 통하여 이해가 덜 된 부분을 보충한다.

도입	전개	정리
청자 관심 유발 발표의 목적 발표할 목차 전체 개관 발표의 의의 내용 관련 일화 인상적인 질문	논리 전개 방식 1) 설명형 2) 설득형 　- 문제·해결 방식 　- 장단점 분석 방식 근거(통계, 예시, 인용 등) 제시	요점 정리 핵심 사항 반복 진술 구체적 행동 요구 인상적 진술로 마무리 인용구 활용 질의응답

　발표의 내용 구성을 지도할 때는 학습자가 도입, 전개, 정리부의 단계별 특성을 이해하고 이에 필요한 전략을 올바르게 선택하도록 한다. 발표의 주제와 목적, 청자의 특성에 따라 각 단계에 들어갈 내용을 올바르게 선택할 수 있도록 지도하며, 개별 전략을 선택할 때 영향을 미치는 다양한 변인을 고려하여 의사결정하는 학습 활동을 할 필요가 있다. 앞서 언급한 발표의 단계별 세부 내용은 다음과 같다.

　2015 국어과 교육과정에서 '발표의 내용 구성' 관련 내용은 다음과 같다.

[초등학교 5~6학년]
[6국01-04] 자료를 정리하여 말할 내용을 체계적으로 구성한다.

○ 학습 요소
발표할 내용 정리하기

2. 표현과 전달 방법

발표를 지도할 때 표현과 전달 차원에서 중요하게 다루어야 할 것은, 개별 표현 기법보다 청자와의 소통 방식이다. 일반적으로 학습자들은 발표한 내용을 적은 원고나 슬라이드 화면 등 자료를 읽는 행위를 하는 경우가 많다. 청자 앞에서 단지 자료를 읽어 주는 것이 아니라, 청자에게 자료의 내용을 가지고 서로 소통하는 과정을 중시하는, 구두 의사소통의 특성을 충분히 살리도록 지도해야 한다. 이 장에서는 언어적 표현과 비언어적 표현과 더불어 장면과 장면을 연결하는 데 필요한 내용 연결 표현에 대해서 다루었다.

가. 언어 표현

발표할 때 언어 표현의 특성 중 가장 중요한 것은 추상적이지 않고 구체적이어야 한다는 것이다. 발표를 통해 청자가 알고 싶어 하는 특정 정보를 제공하거나 문제의 대안을 살펴 특정 태도를 변화시켜야 하기 때문에, 언어 표현이 모호하면 안 된다. 추상적인 개념을 다루더라도 청자가 실제적으로 느낄 수 있도록 구체적으로 표현해야 한다. 개인의 경험 등 실제적인 사례를 들어 설명하는 것도 좋은 방법이다.

둘째는 단문을 사용하여 표현을 간명하게 하는 것이 효과적이라는 것이다. 문장을 복잡하게 이어서 길게 표현해야 격식 있고 고급스럽게 느꺼진다는 잘못된 생각을 하는 경우가 있다. 문장이 간명하지 않으면 청자 입장에서는 정확한 의미를 파악하기 힘들다. 이해가 잘 되는 발표의 특징은 단문이 유기적으로 연결되어 있다는 것이다. 주장이 분명히 담긴 단문을 사용하되, 문장과 문장 사이에 적절한 휴지(休止)를 두어 청자가 명확히 이해하며 내용을 따라 올 수 있도록 전달하는 것이 효과적이다. 간명한 표현이 되기 위해서는 발표자 자신이 내용에 대해 명확하게 이해하고 있어야 하며 전체 발표 내용이 체계적으로 조직되어 있어야 한다.

나. 내용 연결 표현

문장과 문장, 단락과 단락의 효과적인 표현과 더불어 중요한 것은, 이들 문장과 문장 또는 단락과 단락이 전환할 때 이를 연결해 주는 내용 연결 표현이다. 내용 연결 표현은 구두 의사소통의 전형적인 특징이다. 신문 사설과 같은 문어(文語)는 독자가 전체 내용 구조를 한눈으로 파악할 수 있다. 이와 더불어 들여쓰기 등은 단락의 전환을 시각적으로 드러내 준다. 하지만 발표와 같은 구두 의사소통에서는 이런 시각적 장치들이 없다. 구두 의사소통에서는 청자가 어디쯤 가고 있는지 다음에 나올 내용은 무엇인지 등을 수시로 알려 주어 길을 잃지 않게 도울 필요가 있는데, 이럴 때 필요한 것이 '내용 연결 표현'이다(박재현, 2006) 내용 연결 표현은 '지금까지', '마지막으로' 등과 같은 간단한 담화 표지부터 "우리는 첫 번째로 의사결정의 기준에 대해 살펴보았습니다. 자 그림, 의사결정의 구체적 방법들에 대해서 이야기 하겠습니다."와 같은 한 문장 이상의 표현까지 포함한다.

로톤도(Rotondo & Rotondo(2000))에서는 이러한 내용 연결 표현이 슬라이드를 이용한 발표에서 특히 효과적이라고 한다. 다음과 같은 표현은 현재의 슬라이드에서 새로운 슬라이드로 이동할 때 청자로 하여금 관심을 이끌어낼 수 있고 두 슬라이드 간의 관계에 집중하게 하는 효과가 있다고 한다.

> "마지막으로 우리는 다음 내용을 고려해야 합니다."
> "저희 회사 신상품의 특징들에 대해 알아보았으니, 이제 그것을 홍보할 전략들을 차례로 살펴보겠습니다."

다. 비언어 표현

비언어 표현은 발표 내용의 효과적 전달뿐 아니라 발표자의 첫인상을 결정한다. 발표자가 의도한 의사소통 목적을 달성하기 위해서는 발표 내용도 중요하지만 발표자의 말하는 태도나 방법도 중요하다는 것을 인식해야 한다.

하영목·최은석(2008:131)에서는 발표의 성공이 초반 2분에 달려 있다고 하며, 발표자의 첫인상은 소개를 받고 연단으로 나가서 첫 마디를 꺼내는 시간인 7초 만에 결정된다고 한다. 사전에 형성된 고정관념이 사후 평가에 반영되는 심리학 용어인 '맥락 효과'를 예로 들어, 첫인상을 좌우하는 외모와 몸동작, 음성에 각별히 신경 써야 한다고 주장한다. 즉, 발표 초반에 청자에게 긍정적인 인상과 신뢰감을 주는 데 실패하면 회복이 어려운 반면, 일단 처음에 신뢰감을 주거나 긍정적인 인상을 심어주는 데 성공하면 중간에 부정적인 정보가 들어오더라도 청자는 긍정적인 시각으로 보려고 노력한다는 것이다.

이러한 긍정적 인상과 신뢰감과 더불어 비언어 표현은 발표자의 진실한 감정과 주제에 대한 열정을 전달하기도 한다. 진실한 감정은 발표 내용 자체보다도 발표자의 목소리, 표정, 시선, 몸동작에 의해 드러난다. 이 것은 청자를 주제에 몰입하게 하고, 태도를 변화시키는 데 큰 영향을 미친다.

발표를 할 경우 주의할 대부분의 비언어 표현은 일반적인 화법과 크게 다르지 않다. 여기서는 발표에서 특별히 주의해야 할 점을 시선, 손동작과 자세, 지시봉 사용으로 나누어 다루도록 하겠다.

1) 시선

시선은 원고나 슬라이드 화면보다는 청자를 향해야 한다. 가장 좋지 않은 경우가, 청자는 슬라이드 화면을 보고, 발표자는 손에 든 원고를 보면서 진행되는 발표이다. 청자들이야 앞에 슬라이드 화면이 있으니 시선이 화면으로 향하지만, 발표자까지 자신이 준비한 원고만 주목한다면, 발표자와 청자의 상호 교감이 현저하게 떨어지게 된다. 슬라이드 화면에 전달할 내용이 담겨 있으므로 별도의 원고를 준비하지 않아도 되지만, 내용을 숙지하기 어려운 경우 등 필요한 경우는 원고를 사용하되, 원고를 너무 많이 보지 않도록 한다. 마찬가지로 청자가 보는 슬라이드를 발표자가 함께 너무 많이 보는 것도 좋지 않다. 발표자가 옆이나 뒤 쪽에 있는 슬라이드를 자주 보게 될 경우, 청자에게 뒷모습이나 옆모습을 너무 많이 보이게 되어 바람직하지 않다. 가능하면 발표 내용을 숙지하고, 슬라이드는 내용 전개 순서를 확인하는 정도로 가끔씩 확인만 하면서 발표를 하는 것이 좋다. 이런 경우 발표 내용에 대한 준비 정도가 높다는 생각을 갖게 하여, 내용뿐 아니라 발표자의 공신력을 높이는 데 도움이 된다.

2) 손동작/자세

발표를 할 때 손동작은 역동적인 것이 좋다. 발표자의 열정과 자신감을 드러내기 때문이다. 하지만 불필요하거나 과도한 손동작은 청자의 집중을 방해할 수 있으므로 적절하게 해야 한다. 자세는 편안하게 앞을 바라보며 서고, 지시봉을 사용할 할 경우에는 오른손잡이의 경우 스크린의 왼편에 서는 것이 좋다. 스크린의 오른편에 서게 되면, 지시봉을 사용하기 위해,

몸을 움직이는 각도가 커지며 청자에게 등을 많이 보이게 된다. 이보다는 스크린의 왼편에 서는 것이 몸의 전체적인 움직임을 줄일 수 있고, 청자 입장에서도 훨씬 편해 보이고 자연스럽게 보이는 효과가 있다.

지시봉, 발표 원고, 마이크 등 발표자가 손에 들어야 할 것이 많으면 발표에 방해가 될 수 있으므로 주의해야 한다. 한 손에는 마이크를 들고, 한 손으로는 원고를 들었다가 컴퓨터 마우스를 눌렀다가 하면서 자세를 흩트리는 것은 발표자와 청자 모두 발표 내용에 집중할 수 없게 한다. 이 경우는 무선 프레젠터를 사용하여 손을 자연스럽게 하고 앞을 보면서 안정된 자세로 차분히 발표하는 것이 신뢰감을 형성하는 데 훨씬 좋다.

발표 중 움직임이 많지 않다면 원고를 교탁 위에 보기 쉽도록 정돈해서 펼쳐 놓으면 좋고, 청자와의 교감을 위해 자연스럽게 연단 위를 움직여야 한다면, 손에 드는 것도 괜찮다. 손에 들 경우는 노트 크기의 커다란 형태로 묶이지도 않은 낱장을 이용하는 것보다는, 메모장 크기의 카드를 이용하고 고리 등을 사용하여, 낱장을 떨어뜨려 당황하는 실수를 줄이도록 하는 것이 좋다. 발표에 숙달될 경우에는 간단한 개요만 두고, 원고를 들지 않고 자연스러운 손동작을 사용하여 청자와 자연스럽게 교감하면서 발표하는 방법을 익히도록 지도한다.

3) 지시봉 사용

요즘 발표에는 레이저포인터나 지시봉을 사용하는 경우가 많은데, 이를 적절히 사용해야 한다. 지시봉은 가리킬 곳을 명확히 지시해야 한다. 빙빙 휘두르는 것은 좋지 않고, 보통 문장의 마지막 부분을 가볍게 가리켜 어디를 이야기하는지 인식시킨 후, 지시봉을 접고, 자연스러운 자세로 청자를 보며 이야기한다. 최근에는 지시봉보다 레이저포인터를 사용하는 경우가 많은데, 이때 빨간 불빛을 빙빙 돌리는 것은 청자의 눈을 피로하게 하고, 무례하게 여겨질 소지가 있으므로 이런 행동은 삼가는 것이 좋다. 발표자와 화면의 거리가 너무 멀고, 말하기 불안으로 손이 떨려 스크린 위의 빨간 불빛이 심하게 흔들리는 경우가 있다. 이때 발표자의 불안 감이 여실히 전달되어 준비가 덜 되어 있다는 느낌을 줄 수 있으므로, 몸 안 쪽에 팔을 붙여 떨림을 방지하는 방법도 있다.

또한 프레젠터를 효과적으로 사용해야 한다. 슬라이드를 무선으로 넘겨주는 프레젠터가 없을 경우, 보조자가 컴퓨터 옆에서 키보드나 마우스를 이용하여 슬라이드를 넘겨주어야 한다. 이때 발표자와 사인이 맞지 않아, 우왕좌왕하는 경우가 많은데, 중요한 발표의 경우 신뢰감을 떨어뜨리는 이유가 된다. 무선 프레젠터를 사용하면, 이런 실수를 방지할 수 있다. 더군다나 슬라이드 화면을 구성할 경우 애니메이션을 적절히 사용하면, 발표자의 발화와 애니메이션 효과를 맞출 수 있어서 더욱 효과적이고 생동감 있는 발표가 된다.

이 외에도 자세를 곧게 하는 것, 전문성이 돋보이는 의상을 입는 것, 발표장을 자연스럽게 이동하는 것, 자신감 있으면서도 겸손한 표정을 짓는 것 등에도 유의해야 효과적인 발표를 할 수 있다.

2015 국어과 교육과정에서 '발표의 전달 방법' 관련 내용은 다음과 같다.

[고등학교 선택 화법과 작문]
[12화작02-06] 청자의 특성에 맞게 내용을 구성하여 발표한다.
발표(청자 분석, 내용 구성)

○ 교수·학습 방법 및 유의 사항
발표 방법을 지도할 때에는 다양한 발표 영상을 자료로 활용하여 좋은 발표의 요건에 대해 생각해 보도록 한다. 이때 청자를 고려해 내용을 구성하는 것이 발표의 성패에 중요하게 작용함을 이해하도록 한다.

3. 매체 자료 활용

발표는 말하기로만 이루어지는 것이 아니라 매체 자료를 활용하는 경우가 많다. 매체 자료를 제대로 활용하면 발표 효과를 극대화할 수 있기 때문이다. 분과 블록과 커트(Boone, Block, & Kurts, 1994)의 연구 결과에 의하면 조사 대상의 75%가 청각적 자극보다 시각적 자극에 더 강하게 영향을 받는다고 한다. 한정선(1998)에서도 매체 자료를 활용하지 않을 경우의 이해도는 38%이지만, 매체 자료를 활용할 경우의 이해도는 67%로 이해 정도의 차이가 있음을 입증하였다.

이러한 이유로 매체 자료의 올바른 선택과 활용도 발표 교육에서 중요하게 다루어져야 할 부분이다. 학생들은 매체 자료를 무분별하게 사용하거나 자료의 특성에 맞지 않게 사용하는 경우가 있다. 또한 매체 자료에 나타난 의미를 제대로 해석하여 제공하지 못하고, 단순히 보여 주는 효과만으로 그치는 경우가 있다. 발표 교육에서 매체 자료의 활용을 지도할 경우, 발표 자료의 특성을 살려 청자에게 의미 있는 정보를 해석하여 이를 효과적으로 전달하도록 하는 데 역점을 둔다.

가. 매체 자료의 선택

매체 자료를 사용하는 데 있어서 가장 먼저 결정해야 할 것은 매체 자료가 말하기 목표를 달성하는 데 도움이 되는지에 대한 결정이다. 즉, 꼭 필요하여 사용해야만 하는지를 우선 결정해야 한다. 그 후에 가장 적합한 매체 자료의 유형을 결정하고, 효과적인 전달 방법을 결정하면 된다.

매체 자료를 사용하는 이유는 크게 두 가지로 구분할 수 있다. 첫째는 청자의 이해를 돕는 것이다. 복잡하고, 낯설고, 전문적인 개념을 설명할 경우는 시각 자료를 활용하는 것이 발표의 효과를 높이는 데 도움이 된다. 청자가 이해하기 어려운 개념을 쉽게 설명할 수 있는지, 청자가 한눈에 비교하기 어려운 복잡한 자료가 있는지 판단하여 이에 적절한 매체 자료를 선택해야 한다. 둘째는 청자에게 강렬한 인상을 주는 것이다. 이것은 주로 정서적인 측면을 강조하는 것과 관련이 있다. 발표 중에 청자에게 극적인 효과를 불러일으키거나, 발표 후에도 청자가 핵심 내용을 오래 기억하기 원할 경우 매체 자료를 사용하면 효과적이다(Sjodin, 2001, 어윤금 역, 2008:205).

매체 자료를 제대로 사용하면 발표의 효과를 높일 수 있지만, 잘못 사용하면 발표에 부정적인 영향을 미칠 수도 있기 때문에 주의해야 한다. 우선 발표자의 위상을 말을 하는 사람이 아니라 발표 개요를 서술해 주는 정도로 낮출 수 있다. 둘째, 매체 자료가 생각의 흐름을 방해하고 말의 속도를 늦출 수 있다. 매체 자료는 핵심적인 아이디어를 뒷받침하는 것이지 핵심적인 아이디어 그 자체는 아니다. 셋째, 매체 자료에 과도하게 의존하면 발표의 내용 분석과 내용 개발보다 매체 자료 준비에 더 많은 시간을 할애하게 된다. 즉, 말하기 준비보다 매체 자료 준비에 더 많은 시간을 사용하게 되는 수도 있다(Sprague & Stuart(2005, 이창덕 외 역, 2008:646~647). 그러므로 매체 자료의 활용은 그 필요성을 잘 따져야 하며, 발표 준비 단계에서 치밀한 계획에 의해 준비되어야 한다. 특히 발표 준비 시간을 핵심 아이디어 개발보다 시각 매체 자료 제작에 뺏기는 일이 없도록 유의해야 한다.

나. 매체 자료의 유형

슬라이드에는 장황한 문장보다는 핵심을 압축적으로 드러내는 문장이 적합하다. 슬라이드 한 장에 한 문단을 통째로 제시하는 경우가 있는데, 이는 청자의 가독성을 크게 떨어뜨리고, 발표자도 이것을 그대로 읽게 되어, 발표의 효과를 크게 떨어뜨린다. 그리고 가능하면 문장을 길게 제시하는 것보다는 그림, 사진, 도표, 그래프 등을 제시하는 것이 매체 자료의 효과를 높이는 데 훨씬 도움이 된다. 문장형 슬라이드의 경우는 텍스트 제시 순서대로 적당한 애니메이션 효과와 함께 차례대로 전달을 하는 게 효과적이다. 이때 슬라이드만 보면서 그 내용을 그대로 읽지 않도록 주의해야 한다.

자료 유형(Sprague & Stuart, 2005, 이창덕 외 역, 2008:654)

유형	주된 활용 방법과 사례
막대그래프	비교 특히, 양이나 빈도 비교하기 ● 은행별 이율 ● 컴퓨터 운영 체제별 사용자 수 ● 지역별 판매고
선 그래프	시간에 따른 추세나 변화를 보여주거나 또는 한 요소가 또 다른 요소에 의해 받는 영향을 보여주기 ● 5년 간 매년 신규 서비스 가입자 수 ● 운동 수준에 따른 심장 박동 수 ● 1년 간 매월 상해 사건 수
원 그래프	부분과 전체의 관계, 상대적 비율, 백분율 등을 보여주기 ● 부서별 프로젝트 비용 ● 정당 선호도별 유권자 수 ● 전 세계의 대륙별 헤로인 생산량
흐름도	과정 즉, 관련된 일련의 결정이나 행위를 보여주기 ● 문제의 원인을 조사하고 해결하는 단계들 ● 조직 내 정보의 흐름 ● 컴퓨터 조립하기

표	대량의 데이터를 한꺼번에 보여주거나(표), 분절된 요소를 병치하거나 비교하기(격자) ● 남녀 평균수명을 보여주는 보험 통계표 ● 연령 및 장소에 따른 풍진 감염률 ● 상품별 특징 비교 점검표

1) 도표

도표는 다른 값과의 상대적인 차이가 아니라 해당 자료의 구체적인 수치를 전달하는 것이 중요한 경우, 가공하지 않은 데이터를 제시하여 청자가 자유롭게 해석하게 할 경우, 조사의 철저함과 데이터의 풍부함을 보여주고자 할 경우에 주로 사용한다(김경태, 2008:153~154).

도표를 활용하여 발표할 경우 개별 정보를 나열해서 설명하는 것은 도표를 읽어주는 효과밖에 없다. 발표자는 도표와 차트를 해석하여 핵심적인 내용을 간추려 맥을 짚어 발표함으로써, 청자에게 의미 있는 내용으로 받아들여지도록 노력해야 한다. 예를 들어 다음의 도표에 담긴 내용을 전달할 경우, 가장 높은 퍼센트의 나라가 어디이며, 한국과 어느 정도 차이가 나는지를 대비하여 강조해야 한다. 제시된

OECD 주요국의 장애인 관련 지출

구 분	OECD 주요국						OECD 평균	한국
	스웨덴	독일	프랑스	이탈리아	영국	미국		
GDP대비 %	4.66	3.08	1.67	1.83	1.54	1.40	2.73	0.26

주 1. OECD 국가는 '00년 기준, 한국은 '06년 기준
　　2. OECD 평균은 한국, 멕시코, 터키를 제외한 OECD 19개국의 평균임
　　3. 우리나라의 지출에는 보건복지지출이 포함되나 OECD 지출에는 미포함
자료: OECD (2003), Transforming Disability into Ability.

〈도표형〉

OECD 평균도 잘 활용하여, 이 평균에도 한국의 지출 수준이 못 미치고 있음을 부각해야 한다. 같은 슬라이드라도 어떻게 전달하느냐에 따라서 전달 능력의 차이가 현저하게 드러나므로, 이 부분에 많은 신경을 써야 한다. 이를 위해서는 도표와 차트를 해석하는 능력이 필요하다.

2) 그래프

그래프는 발표 내용을 청자가 더 쉽게 이해하고 해석하도록 데이터를

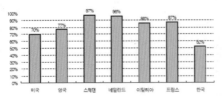

자료 :2003, 「Fact & Figures on Disability Welfare」, 한국은 「'05년 실태조사」

제시하는 데 도움이 된다. 막대그래프는 자료의 차이를 부각하여 제시할 경우에, 선그래프는 시간에 따른 추이를 보여 주거나 두 변수의 상호 관계를 나타낼 경우에, 원그래프는 상대적 비율을 보여줄 경우에 효과적이다.

이런 그래프들을 사용할 경우는 개별 특성을 고려하여 제시하고자 하는 정보에 맞는 것을 사용해야 한다. 뿐만 아니라 의미 있는 정보를 해석하여 청자에게 전달해야 한다. 예를 들면 다음 그림과 같은 경우에 왼쪽의 막대부터 차례대로 정보를 설명하는 것은 의미가 없다. 소득 수준이 가장 높은 나라를 언급하고 한국이 이에 비해 얼마나 적은가가 논의의 핵심이므로, 이것을 극명하게 대비하여 제시하는 것이 가장 중요하다. 다른 정보는 부차적인 것으로 시간적 여유가 있을 경우에 한하여 추가적으로 설명하면 된다.

3) 그림 · 사진

그림이나 사진은 우선 말로 표현하기 힘든 상세한 부분을 설명하는 데 유용하다. 또한 청자로 하여금 청각 지각뿐 아니라 시각 지각을 활용하도록 하여 뇌를 깨우고 활력을 불어 넣기도 한다. 이러한 점과 더불어 그림이나 사진은 감정적 반응을 유발해야 할 필요가 있는 대목에서 가장 효과적으로 사용될 수 있다.

| 〈 손이나 가방 등 들고 있는 것으로 머리를 보호합시다. 〉 | 〈 야외에서는 머리를 보호하고 위험물로부터 몸을 피합시다 〉 | 〈 안내자의 지시에 따라서 행동합시다! 큰 혼란을 일으키지 말고 휩쓸리지도 말자 〉 |

다. 자료의 구성

1) 슬라이드 구성

슬라이드의 수는 1분당 2장 정도가 적당하다. 발표 시간이 15분이라면, 슬라이드 수가 30개가 넘지 않도록 해야 한다(Rotondo & Rotondo, 2000, 고광모 역, 2006:77). 한 장의 슬라이드에 담는 정보의 양을 제한해야 한다.

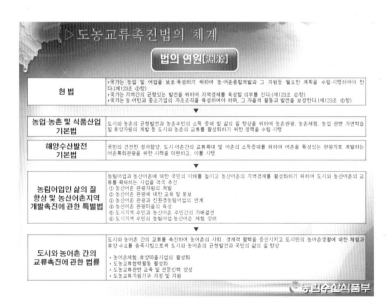

너무 많은 정보를 담은 슬라이드의 예

일반적으로 한 장의 슬라이드에 7개 이상의 요점이 담겨 있을 경우, 청자의 인지적 처리에 부담을 주는 것으로 알려져 있다. 가능하면 한 장의 슬라이드에 7개 이하의 요점만 제시하는 것이 효과적이다. 이것도 한꺼번에 여러 개를 제시하는 것이 아니라, 애니메이션 효과를 사용하여, 발표자의 발화 순서에 맞추어 차례로 제시하는 것이 청자의 시선을 분산시키지 않고, 발표 내용에 집중하게 하는 데 도움이 된다.

2015 국어과 교육과정에서 '매체 자료 활용' 관련 내용은 다음과 같다.

초등학교 5~6학년군
[6국01-05] 매체 자료를 활용하여 내용을 효과적으로 발표한다.

○ 학습 요소
발표할 내용 정리하기, 발표하기(매체 활용)

○ 성취기준 해설
이 성취기준은 매체의 특성에 따라 그림, 표, 그래프, 사진, 동영상 등 말할 내용을 구체적으로 형상화하거나 요약적으로 보여 주는 자료를 매체 자료로 활용하여 발표하는 능력을 기르기 위해 설정하였다. 화자의 생각을 형상화한 매체 자료를 매체 자료로 활용하면 청자의 흥미를 유발하고 정보를 효과적으로 전달할 수 있으며 설득력을 높일 수 있다. 말하기의 목적과 대상, 말할 내용의 특성에 알맞은 매체와 매체 자료를 활용하여 발표 내용을 구성하고 발표를 해 보도록 한다.

○ 교수·학습 방법 및 유의 사항
매체 자료의 활용에 대해 지도할 때에는 매체 자료를 양적으로 많이 활용하는 것보다 발표할 내용과 발표를 듣는 대상의 특성, 발표 상황을 고려하여 적절한 자료를 알맞게 활용하게 하여 발표의 효과를 높이도록 한다.

○ 평가 방법 및 유의 사항

매체 활용, 의견 제시, 자료 정리 등의 수행 여부를 기계적으로 평가하지 않도록 유의하고 말하기 효과를 고려하여 수행 수준을 평가하며, 학습자 스스로 칭찬할 점과 보완할 점을 찾아보게 한 후 수정 방향도 함께 논의하는 적극적인 피드백이 이루어지도록 한다.

[중학교 1~3학년]

[9국01-11] 매체 자료의 효과를 판단하며 듣는다.

○ 학습 요소

비판하며 듣기(설득 전략, 내용의 타당성, 매체 자료의 효과), 매체 활용하기

○ 교수·학습 방법 및 유의 사항

대화뿐 아니라 면담, 발표, 토의, 토론의 수행에서도 화자가 청자를 존중하고 배려하는 언어적, 준언어적, 비언어적 표현을 사용할 수 있도록 지도한다.

○ 평가 방법 및 유의 사항

학습자가 수행한 면담, 발표, 토의, 토론, 대화에 대하여 분석적 또는 총체적으로 평가할 수 있는 평가 기준을 세우고 이 평가 기준에 따라 교사 평가, 동료 평가를 한다. 평가 기준을 마련할 때에는 해당 학습에서 중점을 둔 부분에 대한 평가 항목을 반드시 포함하여 평가하고 피드백 하도록 한다.

4. 청중과 상호작용

발표는 화자의 일방적인 정보 전달 행위가 아니다. 처음부터 끝까지 청중과 교감하며 청중이 내용을 이해하고 자신의 목적에 맞게 내용을 재구성하도록 도와야 한다. 이렇듯 청중과 상호작용하는 부분을 지도할 때 세심하게 주의를 기울여야 한다. 발표자가 아나운서처럼 유창하게 내용을 전달했더라도, 청중의 흥미를 유발하고, 반응을 예상하여 자신의 발표 내용과 방법을 적절히 조정하며, 발표 후에 질의응답을 원활하게 하는 데 실패하였다면 잘된 발표라고 할 수 없다. 여기서는 청중과 상호작용하는 부분에서 발표를 지도할 때 유의해야 할 점들에 대해 살펴보도록 하겠다.

가. 흥미 유발

다른 일반 화법과 마찬가지로 발표에서도 청자와의 역동적인 상호작용은 매우 중요하다. 특히 발표의 경우 제한된 시간에 진행되므로, 짧은 도입부에서 청중의 흥미를 유발하지 못하면 전개부나 결말부의 내용을 효과적으로 전달할 수 없게 된다. 슬라이드를 사용하므로, 발표 주제와 관련된 사진·영상 등 시각 자료를 사용하는 것이 청중의 흥미를 유발하는 일반적인 방법으로 널리 사용된다. 이 경우 시각 자료가 본론에서 제시할 내용에 부합해야지, 흥미로운 내용일지라도 본론에서 다룰 주제와 거리가 먼 경우는, 오히려 청중의 관심을 다른 곳으로 분산시키는 악영향을 끼칠 소지가 있음에 유의해야 한다.

청중의 흥미는 도입부뿐만 아니라 전개부와 결말부에서도 지속적으로 유지되어야 한다. 청중 입장에서는 계속 넘어가는 슬라이드를 오래 쳐다보는 것이 매우 지루할 수 있다. 발표 내용의 구성뿐 아니라, 앞서 설명한 음성 표현, 비언어적 표현, 슬라이드 구성에서도 청중의 흥미를 지속적으로 유지하기 위한 노력이 필요하다.

나. 반응 대처

앞서 청자 분석 단계에서 간단히 살펴보았지만 청중의 상태에 따라 발표의 내용과 방법을 적절히 조절해야 한다. 대부분의 청중보다 발표자가 아는 것이 더 많아 전달할 내용이 풍부하고, 준비한 발표에 대해 청중이 호감을 가지고 있고, 듣고자 하는 의욕도 높다면 아주 이상적일 것이다. 그러나 대부분의 발표 자리에서는 이와 반대의 경우를 만나기 십상이다. 이런 어려운 상황에서 당황하지 않고 유연하게 대처하는 것도 발표 능력의 핵심이 된다.

① 발표 내용에 대해 많은 것을 알고 있거나 부분적인 주제에 대해 발표자보다 많이 아는 청중

이들과는 불필요한 신경전을 벌이거나 갈등을 일으키는 것은 바람직하지 않다. 이럴 경우는 발표에 그들을 자연스럽게 참여시켜 그들이 가지고 있는 전문성을 발표 내용에 적절히 기여하도록 유도하는 것이 효과적이다.

② 발표를 듣고자 하는 의욕이 없는 청중

이런 경우도 발표자 입장에서는 논의를 진행하기 쉽지 않다. 의욕이 없는 경우는 청중을 발표의 내용에 끌어들이기 위한 자극이 필요하다. 청중의 관심사와 직결된 질문을 던져, 손을 들게 하거나 답변을 요구할 수 있다. 또한 놀라운 사실이나 통계, 최신 뉴스를 전하여 관심을 유발할 수 있다. 이때 물론 그림이나 사진 같은 인상적인 시각 자료를 사용하면 효과적이다. 이와 더불어 발표자의 경험 등 간단한 이야기가 효과적일 수 있다. 정보를 얻고자 하는 의욕이 없는 청중은 딱딱한 발표 자료에 집중하기 어려운데, 흥미 있는 이야기를 통해 청중과 교감을 시도하는 게 필요하다.

③ 비우호적이거나 적대적인 청중

이런 경우 발표가 가장 어려운데, 다음과 같은 전략이 유용하다. 첫째, 청중에게 진심으로 감사한다. 발표할 기회를 갖게 돼서 감사하다는 간단하지만 진심이 담긴 말은 협조적이고 존중이 담긴 느낌을 준다. 둘째, 공통점을 만든다. 발표자가 동의하는 부분을 간략하게 강조한다. 예를 들어 "우리 모두 이 사안에 강한 의견을 가지고 있습니다." 또는 "우리 모두 최대한 많은 정보를 얻고 싶어 합니다. 이런 일이 다시 생기지 않도록 가능한 한 많은 내용을 알아둬야 합니다."라는 식으로 말하면 좋다. 셋째, 적당한 비언어적 전달 기술을 활용한다. 자신이 보내는 비언어적인 신호에 각별한 주의를 기울인다. 이런 상황에서는 초연하거나 거만하거나 저자세로 행동하고 말하면 안 된다(Fensholt, 2006, 신승미 역, 2008:179~180).

다. 질의응답

일반적인 경우 발표를 마친 후 질의응답을 하게 된다. 질의응답은 발표 내용 중 청중이 이해하지 못한 것을 추가적으로 설명할 수 있는 기회가 되는 것뿐만 아니라, 발표의 일방향성을 보완하여 발표자와 청중과의 양방향 의사소통을 가능하게 하는 선용해야 하는 좋은 기회이기도 하다. 중요한 의사결정의 경우, 발표 내용보다 질의응답을 통하여 논의가 전개되는 경우가 많으므로, 발표 후의 질의응답에도 계속 진지한 자세로 임해야 한다. 질의응답에서 활용할 수 있는 구체적인 전략은 다음과 같다.[11]

① 질의응답의 기능에서 벗어나는 질문은 아예 받지 않는다

개별 청자가 질의응답 시간을 자신만의 특수한 문제로 상세한 협의를 하려고 하거나 자신의 의견을 주장하려고 하면, 본궤도로 논의가 진척되도록 조정해야 한다. 특히 일장 연설을 하려는 자, 길게 대화를 나누려는 자, 싸우려는 자를 조심해야 한다.

② 질문에 확실하게 직접적으로 대답한다

불필요하게 답변을 확대하고 상세화하면, 논의 자체가 너무 산만해져 쟁점을 벗어날 수 있다. 질문에는 가급적 한 문장으로 명료하게 답하고, 이를 강조하기 위해서 다음과 같이 처음과 끝에 핵심 문장을 넣는다.

> 처음 : **예. 핵발전소 건립에 반대합니다.** 적어도 다수의 안전 문제가 충분히 해결되기 전까지는요. 그 이유는……
>
> 마지막 : ……그래서 제가 생각하는 이러한 심각한 문제들 때문에, 저의 답변은 예, **지금은 핵발전소 건립에 반대합니다.**

③ 마땅한 답변을 하기 힘들면 불필요한 속임수를 쓰지 않는다

그보다는 모르는 것을 인정하고, 답을 찾을 수 있는 방법을 안다면 그것을 알려 주어 최선을 다하는 태도를 보인다. 혹시 청중 가운데 질문에 대한 답을 아는 사람이 있으면 그들로부터 도움을 받을 수도 있다. 모든 질문에 대해 즉석에서 대답해야 한다고 생각하지 말고, "좋은 질문입니다. 지금 제가 생각 없이 대답을 하거나 그럴싸하게 이야기 하는 것보다는 이 문제에 대해 좀 더 깊이 생각한 후에 대답하는 것이 더 좋을 것 같습니다."라고 진솔하게 말하는 것이 좋다.

④ 좋지 않은 질문이라도 존중해야 한다

좋지 않은 질문이라도 존중하고 그것을 좋게 전환하는 방법을 모색해야 한다. 청중은 예민하고 혼동을 겪는 질문자에게 연민을 느끼기 마련

이다. 발표자가 그들을 편하게 대하면 청중의 호의를 얻을 수 있다. 우선 "질문해 주셔서 감사합니다.", "좋은 질문입니다.", "그건 흥미롭네요. 전 그렇게 생각하지 못했는데요." 등처럼 반응하며 성의를 보인 후, 자신이 논의하고 싶은 내용으로 적절하게 전환한다. 예를 들어, "당신은 분열과 융합을 완전히 혼동하고 있습니다."라고 면박을 하는 것보다는 "예, 많은 문제가 핵분열과 관련됩니다. 핵융합 반응은 다른 것입니다. 이것은 다음처럼……."과 같이 자연스럽게 답변하는 것이 좋다.

참고문헌

김경태(2007), 스티브 잡스의 프레젠테이션, 멘토르.

나은미(2007), 효과적인 발표의 조건 및 평가에 대한 고찰, 화법연구, 11, 한국화
      법학회, 35-66.

박재현(2006), 설득 담화의 내용 조직 교육 연구, 서울대학교 박사 학위 논문.

박재현(2006), 설득 화법 교육을 위한 텍스트 연결 표현의 의미 기능 연구, 텍스
      트언어학, 21, 239-258.

양혜련(2003), 모듈식 프레젠테이션 교육 프로그램 개발: 비서직을 중심으로, 비
      서학논총, 12-2, 한국비서학회, 73-92.

이창덕 외(2006), 삶과 화법, 박이정.

임영환 외(1996), 화법의 이론과 실제, 집문당.

임태섭(2004), 스피치 커뮤니케이션, 커뮤니케이션북스.

하영목·최은석(2008), 프레젠테이션의 정석, 팜파스

한정선(1999), 프레젠테이션 오! 프레젠테이션, 김영사.

황혜진·조계숙(1998), 효과적인 프레젠테이션에 관한 연구, 비서학논총, 7-1, 한
      국비석학회, 125-142.

Boone, L. E., Block, J. R. & Kurts, D. L.(1994), *Contemporary Business Communication*,
      Prentice Hall.

Fensholt, M. F.(2006), *The Francis Effect*, 신승미 역(2008), 경쟁자도 반하게 할 최강
      프레젠테이션 기술, 지훈출판사.

Kosslyn, S. M.(2007), *Presentation Psychology*, 김경태 편역(2008), 프레젠테이션 심리
      학, 멘토로출판사.

Rotondo, J. & Rotondo, M.(2000), *Presentation Skills for Managers*, 고광모 역(2006), 프
      레젠테이션의 기술, 지식공작소

Rotondo, J. & Rotondo, M.(2000), *Presentation Skills for Managers*, The McGrawHill.

Sjodin, T. L.(2001), *New Sales Speak*, 어윤금 역(2008), 프레젠테이션: 설득의 기술,
      아인북스

Sprague, J. & Stuart, D.(2005), *The Speaker's Handbook*, 7th., 이창덕 외 역(2008), 발표
      와 연설의 핵심 기법, 박이정.

제 14 장

연설 교육

1. 연설의 특성

가. 연설의 개념과 구성요소

연설이란 공적인 자리에서 다수의 청중을 대상으로 하여 정보를 전달하거나 설득하는 것을 목적으로 하는 공식적 말하기의 한 형태이다. 흔히들 연설이라고 하면 많은 사람들 앞에서 연사가 혼자서 일방적으로 미사여구와 진부한 표현을 나열하면서 과장된 동작과 목소리로 행하는 웅변을 떠올린다. 그러나 연설은 이러한 웅변과 다르게 특정 주제에 대한 진실된 내용을 청중들에게 자연스럽게 전달함으로써 생각과 정보를 공유하고, 문제에 대한 해결 방안을 함께 고민하는 공적(公的) 대화의 성격이 강하다. 또한 연설 능력은 말하는 사람의 전인격적인 됨됨이와 그 내용의 진실성을 바탕으로 사람들에게 감동을 주고 변화를 불러일으키는 놀라운 힘이다.

어떤 의미에서 오늘날과 같은 현대 사회에서 요구되는 가장 중요한 능력은 말을 다루는 능력, 즉 연설 능력이라고 해도 과언이 아니다. "어떻게 하면 말을 조리 있고 효과적으로 잘 하여서 사람들에게 좋은 인상을 줄 수 있을까?", "어떻게 하면 내 생각을 사람들에게 효과적으로 전달할 수 있을까?", "어떻게 하면 나와 생각이 다른 사람들이 수긍할 수 있도록 말할 수 있을까?", 사회생활을 하면서 누구나 겪고 있는 고민들이다. 아무리 아는 것이 많고 능력이 뛰어나도 이를 효과적으로 표현하고 전달하지 못하면 그 사람의 능력은 평가절하 되게 마련이다. 특히 오늘날과 같이 의사소통이 중시되는 사회에서 연설 능력은 그 사람의 전인적인 면모와 리더십, 능력을 가장 잘 드러내 주는 핵심 역량이 아닐 수 없다.

이러한 연설은 여러 사람을 대상으로 격식을 갖춰 말하는 화법 형태이기 때문에 특별한 교육과 훈련이 필요하다. 자신의 생각이나 의견을 논리적이면서도 창의적으로 구성하여 효과적으로 전달하는 연설을 잘하기 위해서는 기본적으로 익혀야 할 원리들이 있고, 집중적으로 훈련해야 할 부분들이 있다. 이러한 연설 능력은 대개 타고난 재주라기보다는 체계적인 교육과 남다른 훈련과 연습 과정을 통해서 얻어지는 것이다.

연설의 특성을 제대로 이해하기 위해서는 연설이 연사가 일방적으로 정보를 전달하는 행위가 아니라 청중과 함께 공통된 의미를 나누고 만들어 가는 상호 교섭적인 의사소통 과정임을 인식할 필요가 있다. 이러한 의사소통 과정으로서의 연설의 특성을 연사, 청중, 메시지 등 구성요소를 중심으로 살펴보기로 하자.

1) 연사

연사는 청중이 수신하는 메시지의 발신자로서 연설의 성공 여부는 전적으로 연사에게 달려있다고 해도 과언이 아니다. 연설을 할 때 연사는 항상 청중을 잘 이해시키고 있는가를 자문해 보아야 한다. 청중과 소통하기 위한 연설을 하기 위해서 연사는 항상 말할 주제에 대해 철저히 조사하고, 자료들을 조직하고, 청중의 요구와 특성을 잘 고려해야 한다.

또한 연사는 자신이 말할 주제에 대해 전문성을 지지고 있음을 말과 행동으로 청중에게 보여줄 필요가 있다. 자신이 전달하는 내용에 대해 잘 모른다는 인상을 주거나 자신감이 없어 보이는 연사의 말에 귀를 기울일 청중은 없기 때문이다.

연사는 또한 솔직하고 수용적이면서도 겸손한 태도를 견지하면서도 적극성과 자신감을 바탕으로 연설하는 것이 중요하다. 낭랑하고 또렷한 목소리, 당당한 자세, 편안하면서도 열정적인 얼굴 표정에서 드러나는 자신감이야말로 청중에게 가장 강력하게 어필하는 매력이기 때문이다.

2) 청중

청중은 연사가 보낸 메시지를 수신하는 역할을 한다. 연사가 아무리 좋은 내용을 이야기하더라도 청중이 듣지 않거나 의도한 메시지를 수신하지 못하면 그 연설은 성공적인 의사소통이라고 보기 어렵다. 따라서 연사는 준비 단계부터 실행 단계까지 청중의 기대와 요구, 반응 등을 민감하게 살피면서 필요하면 언제나 내용을 청중과 상황에 맞게 조정할 수 있는 융통성과 순발력을 갖추어야 한다. 또한 주제에 대한 청중의 태도와 지식 수준, 청중의 기대와 요구 등에 대한 인식과 함께 연설을 하게 될 시간이나 장소, 연설의 목적과 성격, 청중의 규모와 자리 배치, 청중이 중시하는 규칙이나 관습 등을 면밀하게 고려할 필요가 있다.

3) 메시지

메시지란 연사가 청중에게 전달하고자 하는 자신의 생각이나 느낌을 언어적 또는 비언어적인 행동으로 표현한 것이다. 연사는 상황과 청중을 최대한 고려하면서 말할 내용을 선정하고 이를 체계적인 내용으로 조직하여 표현하고 전달할 수 있어야 한다. 메시지는 정확한 어휘나 어법에 맞는 정확한 표현으로 상황에 맞게 적절하면서도 간결하고 명확하게 전달하면서도 청중의 관심을 이끌어낼 수 있도록 재치 있게 전달하는 것이 중요하다.

또한 연설의 메시지 못지않게 중요한 것으로 듣기 좋은 목소리와 분명하고 정확한 발음과 어조, 적절한 몸동작과 자연스러운 시선 처리, 바른 말하기 자세와 같은 비언어적 요소들을 들 수 있다. 청중은 사실 연사가 무슨 말을 하는가 하는 내용적인 메시지보다는 어떤 방식으로 말하는가 하는 메타 메시지(metamessage)에 훨씬 더 주목하고 영향받는다는 사실을 기억할 필요가 있다.

2015 국어과 교육과정에서 '청중 분석' 관련 내용은 다음과 같다.

[중학교 1~3학년]
[9국01-06] 청중의 관심과 요구를 고려하여 말한다.

○ 학습 요소
청중 분석하기

나. 연설의 유형

현대 사회에서 연설은 매우 다양한 형태를 띠고 있다. 정치인의 선거 연설이나 기업 CEO의 취임사로부터 동창회에서의 자기 소개, 학교 회장 선거 유세, 각종 연회에서의 유흥 연설과 축사 등 우리 주변에서 볼 수 있는 연설은 이렇게 다양하다. 연설은 그 목적에 따라 크게 정보 전달 연설, 설득 연설, 환담 연설 등으로 나뉜다.

정보 전달 연설은 청중에게 지식이나 정보를 전달하기 위한 것으로 강의나 강연, 보고 연설, 설명 연설, 시범 연설 등으로 나눌 수 있다. 설득 연설은 청중의 신념이나 태도, 행동을 변화시키기 위한 것으로 정치가들의 대중 연설이나 선거 연설 등을 들 수 있다. 환담 연설은 즐거운 분위기를 조성하고 청중을 유쾌하게 하기 위한 연설로 밝고 즐거운 화제가 주로 선정된다. 연설은 또한 준비하는 시간의 유무에 따라 즉석연설과 준비한 연설로 나누기도 한다.

1) 정보전달 연설

정보 전달 연설이란 강의나 강연 등과 같이 청중에게 유익한 지식과 정보를 제공하기 위한 목적으로 이루어지는 것이다. 따라서 정보 전달 연설은 연설의 주제를 체계적으로 조직하고, 적절한 용어를 선택하고, 명확한 개념을 효과적으로 제시하여 청중의 이해를 높일 수 있어야 한다. 추상적인 용어는 구체적인 사례에 의한 예시를 통해 청중의 이해를 쉽게 유도해야 하고, 난해한 내용에 대해서는 반복과 증거 자료를 통해 알기 쉽게 풀어가는 요령이 필요하다(김영임 1998: 186).

정보 전달 연설의 유형으로는 크게 어떤 사실을 정확하고 객관적으로 청중에게 알려주기 위한 보고식 연설, 어떤 사물의 생김새나 사건, 현상 등을 그림으로 보는 것처럼 언어적으로 자세히 표현하는 묘사식 연설, 어떤 사물·현상·절차·기능 등의 원리나 어떤 사건의 원인과 결과, 또는 어떤 개념이나 술어의 의미 등을 청중에게 명확하게 밝혀서 알려주는 설명식 연설, 행동이나 동작 또는 실물 등을 통해서 실제로 보여주면서 설명하는 시범식 연설을 들 수 있다.

2) 설득 연설

청중의 신념이나 태도, 행동을 변화시키기 위한 목적으로 행해지는 설득 연설은 청중을 잘 분석하여 적절하게 대처하는 것이 무엇보다 중요하다. 청중이 주제에 관심이 있고 연사에게 우호적이라고 판단되면, 청중이 이미 알고 있는 것은 간단히 하고 바로 구체적이고 자세한 내용으로 들어가면서 긍정적인 부분을 보다 강화하고 청중의 행동을 촉구하는 것이 효과적이다. 또 청중이 이야기하고자 하는 사안에 대해 중립적인 입장을 취하고 있다면 가능한 한 여러 가지 설득의 방법을 동원하여 충분한 정보들을 신중하면서도 적극적으로 제공해 주는 것이 좋다. 만일 청중이 적대적인 입장에 서 있다면 가급적 공격적인 태도를 피하고 청중과 공유할 수 있는 점들을 최대한 많이 찾아내고 우회적으로 접근하는 태도가 필요할 것이다.

청중에게 영향을 미칠 수 있는 연설을 하기 위해서는 다음의 세 가지 요건-에토스(ethos), 파토스(pathos), 로고스(logos)-을 갖추도록 해야 한다. 이 세 가지 요건은 일찍이 아리스토텔레스가 그의 저서 <수사학>에서 청중을 통제할 수 있는 요건으로 설파한 것으로 오늘날에도 여전히 중요한 의미를 지닌다.

첫째, 에토스(ethos)란 화자의 사람 됨됨이와 그가 전하는 메시지에 대한 신뢰로움을 바탕으로 청중을 설복시키는 인격적 설득 방법에 기반을 둔다. 똑같은 말이라도 누가 어떻게 말하는가에 따라 그 효과가 달라질 수 있다. 화자가 말할 주제에 대한 충분한 경험과 전문성, 신중한 언어 선택과 성실하고 진지한 자세로 이야기할 때 청중의 신뢰를 얻을 수 있다.

둘째, 파토스(pathos)란 청중의 욕망과 분노심, 자긍심, 동정심 등과 같은 감정에 호소하여 청중의 마음을 움직이는 감성적 설득 방법에 기초한다. 예컨대 흡연을 하지 말아야 한다는 취지의 연설을 하기 위해서는 폐암의 90%가 흡연과 직접적인 관련이 있다는 주장을 통한 위협적 소구 방법이, 실의에 빠진 청중들에게는 여러분들도 할 수 있다는 자신감을 강조하면서 호소하는 방법이 적절한 설득 방법이 될 수 있을 것이다.

셋째, 로고스(logos)란 논리적이고 이성적인 방법으로 화자의 주장을 뒷받침한다. 일반적인 대전제로부터 구체적인 사례를 들어 결론을 도출하는 연역적 주장, 구체적인 사례들로부터 일반적인 결론에 도달하는 귀납적 주장, 어떤 사례를 이와 유사한 상황과 비교하는 유추를 통한 주장, 전문가의 말을 인용하거나 공신력 있는 기관의 통계 자료를 이용하는 방법 등을 통해서 청중을 설득할 수 있을 것이다.

3) 환담 연설

환담 연설이란 만찬이나 연회에서 화자가 청중을 즐겁게 하기 위해 행하는 연설이다. 환담 연설은 딱딱한 분위기를 완화시켜 청중의 긴장감을 풀어주며, 청중과 우호적 분위기를 조성하여 말하기의 효과를 높여준다. 환담 연설은 무겁지 않은 가벼운 주제, 밝고 즐거운 화제를 다루는 것이 보편적이다.

환담 연설을 효과적으로 하기 위해서는 재치·익살·해학·풍자와 같은 유머적 요소, 은근한 미소를 자아내게 하거나 유쾌하게 만들어주는 흥미적 요소를 담아서 청중들이 이해하기 쉽고 재미있게 전달하는 것이 중요하다. 대개 10분을 넘지 않는 범위 안에서 적절한 유머나 위트를 사용하되 그 유머가 청중을 당황케 하거나 불편하게 하지 않도록 천박하거나 짓궂은 말, 특정인이 상처를 입을 만한 과장된 내용을 피하는 것이 좋다. 또한 알기 쉬운 말, 정확하고 분명한 어조와 알맞은 속도, 적절한 표정과 몸짓으로 연설을 하되, 시의성이 있으며 품위가 있는 내용을 다루는 것이 좋다. 이미 시기가 지나버린 유행어를 사용하거나 품위가 없는 유행어를 사용하면 청중들이 부정적인 반응을 보이기 쉽기 때문이다. 또한 청중이 일반적으로 겪을 수 있는 상황에서의 유머 표현을 찾아야지 그들과 동떨어진 화제나 어려운 내용에서 찾게 되면 오히려 분위기를 지루하거나 어색하게 만들 수 있으므로 주의해야 한다.

2. 연설 준비 과정과 절차

말재주가 있다고 해서 좋은 연설을 할 수 있는 것은 아니다. 연설은 다수의 청중을 대상으로 격식을 갖춰서 메시지를 전달하는 말하기 형태이기 때문에 사전에 철저한 준비가 필요하다. 연설의 목적과 상황에 따라 조금씩 차이는 있겠지만 대개의 경우 연설 준비는 주제 설정하기, 말하기 상황과 청자 분석하기, 자료 수집하기, 아이디어 조직하기, 연설문 작성하기, 예행 연습해 보기 등의 과정적 절차를 거친다(임칠성 외, 2004: 35).

가. 연설의 주제 설정하기

연설을 준비하는 과정에서 제일 먼저 해야 할 일은 무엇을 말할 것인가에 대한 주제를 설정하는 일이다. 주제는 미리 주어지는 경우도 있으나 대부분의 경우 화자 스스로가 자신이 말하고자 하는 목적과 내용의 전체를 핵심적으로 드러낼 수 있는 주제를 결정하는 것이 보다 일반적이다. 가급적 주제는 화자 자신, 청자, 상황이나 맥락 등을 두루 고려하여 신중하게 결정해야 한다.

주제 설정은 화자가 연설을 하고자 하는 목적과도 깊은 연관이 있다. 자신이 왜 이 연설을 하려고 하는지, 연설을 통해서 달성하고자 하는 목표는 무엇인지, 자신이 정말 하고 싶은 말이 무엇인지를 정확하게 인식할 필요가 있다. 연설의 목적이 청중에게 새로운 정보를 알려 주는 데 있는지, 청중을 설득시키는 데 있는지, 청중에게 즐거움을 주기 위한 것인지를 명확히 해야 구체적인 연설의 주제와 방향이 결정되기 때문이다. 이렇게 연설의 목적을 분명히 설정하고 나면 연설을 통해서 어떤 내용을 강조해야 할지가 명확해지고 자신이 청중으로부터 어떤 반응을 원하는지도 알게 된다.

주제를 선정할 때는 청중의 기대에 부합할 만한 흥미롭고 가치로운 주제인지, 말하기 상황과 분위기에 적절한 것인지, 주어진 시간 내에 다룰 만한 것인지를 충분히 고려하되, 특히 화자 자신이 직접 경험했거나 관심을 가지고 공부해 왔기 때문에 잘 아는 내용, 평소에 확고한 신념과 관심을 가지고 있던 내용 가운데서 고르는 것이 좋다. 그냥 관심이 있고 아는 수준의 내용만으로는 청자나 청중을 감동시키거나 공감을 불러일으키기가 어려울 뿐만 아니라 청중이 화자보다 더 많은 지식을 가지고 있을 경우 화자가 당황하거나 곤란한 처지에 처하는 경우가 생기기 십상이기 때문이다.

대체적인 주제의 선정이 이루어지면 말하고자 하는 바를 요약해서 명확하고 간결하게 하나의 문장으로 표현하는 핵심 메시지(백미숙 2007:46)를 작성하도록 한다. 핵심 메시지는 앞으로의 내용 전개 방향을 분명하게 제시할 수 있을 뿐만 아니라 연설이 주제에서 벗어나지 않도록 해 준다.

나. 상황과 청자 분석하기

모든 의사소통 행위는 진공 상태에서가 아니라 구체적인 상황 또는 맥락 안에서 이루어진다. 따라서 효과적인 연설을 하기 위해서는 무엇보다 발화 상황 및 발화 맥락을 충분히 고려하여 통제할 필요가 있다. 즉, 언제, 어디에서 이루어지는 연설인가, 어떠한 목적으로 연설을 해야 하는가, 청중의 성향은 어떠한가, 청중의 요구와 기대는 무엇인가 등의 요인들이 복합적으로 작용하는 발화 상황을 고려해야 한다. 연설 역시 청중과 협력적으로 의미를 구성해 가는 의사소통 과정이기 때문에 충분한 시간을 두고 말하기 상황과 청중을 분석할 필요가 있다.

다. 자료 수집하기

연설의 구체적인 목적과 주제가 설정되면 화제에 관한 여러 가지 관련 자료들을 수집하고 이들을 취사선택해야 한다. 자료를 수집하고 정리하는 과정은 좋은 연설을 준비하는 데 있어서 가장 중요하고도 어려운 부분이다. 무엇을, 언제, 어디에서, 누구에게 말할 것인가를 고려하면서 가능한 모든 경로를 통해서 이와 관련된 자료를 수집한다. 자료를 수집할 때는 화자 자신의 지식과 경험, 문헌 조사와 현장 조사, 각종 방송 자료 및 인터넷 조사 등을 활용할 수 있다.

자료들을 수집 또는 선정할 때는 첫째, 이야기할 주제를 생생하게 뒷받침할 수 있으면서도 메시지의 핵심적 내용을 청중이 쉽게 이해하고 기억할 수 있도록 그것을 뒷받침하는 자료들을 선정한다. 그러한 자료로는 구체적 사실, 통계 자료, 정의, 비유, 유명한 사람의 말, 속담 등을 들 수 있다. 둘째, 이러한 자료 중에서도 청중의 지적 수준에 알맞으면서도 청중의 흥미와 주목을 끌 수 있는 것들을 수집, 선정한다. 이러한 자료들로는 새로운 것, 신기한 것, 현실적인 것, 구체적인 것, 유머러스한 것, 청중에게 친숙한 것, 청중에게 중요한 것, 청중의 욕구와 호기심을 유발시키거나 충족시킬 수 있는 것 등이 좋다.

라. 아이디어 조직하기

자료 수집 과정을 거쳐 많은 아이디어들을 얻게 된 다음에는 이 아이디어들을 개요 작성 작업을 통해 조직화한다. 개요란 건축물의 설계도면과 같은 것으로 연설의 전체적인 흐름을 한 눈에 파악할 수 있도록 얼개를 짜놓은 것을 말한다. 화자는 개요를 작성해 보는 과정을 통해 머릿속에서 맴도는 생각들을 구체화하여 논리적인 순서로 배열하고, 자신이 전달하고자 하는 내용의 핵심이 무엇인지 분명히 알게 되고, 청중들도 이러한 과정을 거친 연설을 듣게 될 때 비로소 화자가 전달하고 싶어하는 요점을 잘 파악할 수 있게 된다.

개요는 전체 연설의 구성과 주요 아이디어들 간의 관계, 주요 아이디어와 세부 아이디어와의 관계뿐만 아니라 각각의 아이디어들이 전체 주제와 잘 부합되는지, 핵심 메시지가 잘 반영되어 있는지 등을 염두에 두면서 작성해야 한다.

전통적으로 아이디어를 배열하는 방식은 주제에 따라서 다르겠지만 대개 시간적 순서에 의한 방법, 공간적 순서에 의한 방법, 논리적 방법, 문제 해결식 조직 방법 등이 있다. 일단 메시지의 조직 방법이 결정되면, 이에 따라 메시지 원고를 작성하되 메시지의 요점을 먼저 명확히 제시한 다음, 이들을 구체적인 사실이나 사례 등으로 뒷받침하거나 설명해 줄 수 있어야 한다.

연설 내용을 구성할 때는 대개 <그림 1>과 같은 구성 방식을 취하는 것이 효과적이다.

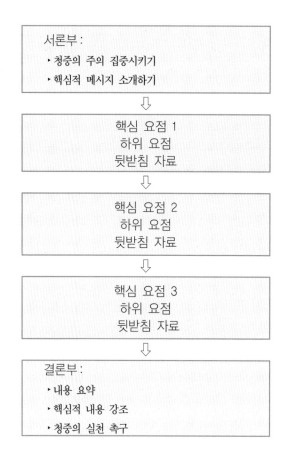

서론부 :
‣ 청중의 주의 집중시키기
‣ 핵심적 메시지 소개하기

⇩

핵심 요점 1
하위 요점
뒷받침 자료

⇩

핵심 요점 2
하위 요점
뒷받침 자료

⇩

핵심 요점 3
하위 요점
뒷받침 자료

⇩

결론부 :
‣ 내용 요약
‣ 핵심적 내용 강조
‣ 청중의 실천 촉구

〈그림 1〉 스피치의 구성 방식(임칠성·원진숙·심영택·이창덕 2004:39)

연설 내용을 구성할 때는 위의 <그림 1>에서와 같이 청중의 관심을 불러 일으키는 서론부와 각별히 깊은 인상을 심어주는 본론부, 청중이 무엇인가를 실천할 수 있도록 촉구하는 결론부로 구성하되, '절정-긴장감 조성-설득'의 요소는 물론이고 '청중이 숨을 돌릴 수 있는 단계'까지도 면밀히 고려해야 한다.

마. 연설문 작성하기

개요를 작성한 뒤에는 이것을 토대로 실제로 연설할 원고를 작성한다. 좋은 연설은 좋은 연설문에서 시작된다고 해도 과언이 아닐 만큼 실제로 연설문을 작성해 봄으로써 화자는 정해진 시간을 준수하면서도 장황하지 않게 중요한 내용을 빠뜨리지 않을 수 있게 되고 의미 없는 표현의 남용을 사전에 방지할 수 있게 된다.

연설문 원고에는 연설의 내용을 모두 써서 완성한 전문(全文) 원고와 표제어로 된 원고가 있다. 일반적으로 전문 원고를 준비해서 연설을 하는 것이 보통이지만, 전문 원고에 의지해서 연설을 하다 보면 화자가 자칫 원고만 보고 읽게 되어 단조로워질 우려가 있다. 화자 입장에서는 전문 원고를 준비해서 연설을 하게 되면 다수의 청중들 앞에서 무슨 말을 해야 할지 고민하지 않고 준비된 원고를 읽는 방식으로 대처하게 되므로 심리적으로는 편안하지만 전문 원고가 한눈에 들어오지도 않고 자칫 보고 읽기만 하느라 청중들과의 눈맞춤을 하기도 어려워 단조롭고 따분한 연설을 하게 될 가능성이 높다.

반면에 표제어로 된 원고는 가장 중요한 정보들을 한눈에 알아볼 수 있도록 구성되어 있어 중요한 내용을 빠뜨릴 위험도 없고 현장에서 청중의 반응에 따라 자유롭게 의미 있는 내용들을 보충할 수도 있는 유연성이 있어 청중과 소통하기에 수월하다. 능숙한 화자들이 전문 원고보다는 표제어로 된 원고를 선호하는 이유는 바로 이 때문이다.

연설문을 작성할 때는 문어체가 아닌 구어체를 사용하여 짧고 간결하게, 명료하면서도 생동감을 주는 문장으로 작성하는 것이 중요하다. 또한 실제 연설 상황을 고려하여 연설 중간중간에 청중들로부터 나타날 것이라고 예상되는 반응까지 염두에 두어야 하며, 원고 중간중간에 내용 전개에 부수적으로 필요한 사항들-음성의 높낮이, 강조점, 포즈를 두어야 할 곳, 제스처, 유머, 에피소드 등-을 전략적으로 알아보기 쉽게 표시해 두는 것도 실제 스피치를 할 때 매우 도움이 된다.

바. 예행연습

좋은 연설은 남다른 연습과 훈련 과정을 통해 이루어지는 것이다. 화자는 충분한 연습을 통해서만이 말하기 불안을 극복하고 자신이 준비한 내용을 자신 있게 전달할 수 있는 것이다. 연설문을 작성하고 난 뒤에는 가능하다면 실제 연설을 해야 할 장소에서 자신의 말하기에 대하여 협조적인 조언을 해 줄 수 있는 친구를 대동하고 실전에 대비해 예행 연습을 해 보는 것이 좋다. 예행 연습 과정을 미리 캠코더 등으로 촬영한 다음 자신의 말하기 장면을 촬영된 자료를 중심으로 점검해 보고 보완해야 할 점을 집중적으로 공략해 보는 것도 자신의 말하기 능력을 개선하는 데 근본적인 해법이 될 수 있을 것이다.

충분한 시간을 내어 준비된 연설문을 중심으로 소리의 길이, 강약, 띄어 읽기, 쉼, 속도, 성량, 표준 발음 등에 유의하면서 실제 스피치를 하는 것처럼 소리 내어 읽는 연습을 한 뒤, 거울을 보고 실제 청중 앞에서 연설을 하듯이 내용 전달에 알맞은 시선, 표정, 몸짓 등을 구사하면서 연습해 본다.

3. 연설의 실행 과정

가. 도입부

모든 연설은 시작을 어떻게 하느냐에 따라 성패가 좌우된다. 도입부는 전체 연설 시간의 10-15% 정도밖엔 되지 않지만, 청중과의 첫 만남이 이루어지는 지점이며 연설 전체에 대한 첫 인상을 갖게 해 준다는 점에서 특히 중요하다. 화자가 특히 염두에 두어야 할 것은 연설의 첫 문장을 어떻게 시작하는가 하는 것이 연사에 대한 인상과 함께 성공적인 연설을 보장해 주는 교두보가 된다는 점이다.

청중이 화자에게 주목하는 순간 화자는 청중과 공감대를 마련할 수 있도록 편안하면서도 자신감 있는 태도로 단상에 올라가 청중과 눈을 맞추고 청중에게 말을 건네듯이 연설을 시작할 수 있어야 한다. 화자는 청중들과 유사한 배경이나 경험, 흥미, 목적을 공유하고 있음을 보여주거나 "바쁜 토요일 오전 시간을 포기하고 이 시간에 앉아 계신 여러분은 이미 보통 분들이 아니십니다."와 같은 언급으로 청중을 존중하는 말로 연설을 시작함으로써 청중과 긍정적인 유대감을 갖도록 하는 것이 도입부에서 화자가 해야 할 가장 중요한 과업이다.

도입부가 흥미로우면 청중은 시종 화자의 말에 귀를 기울이게 된다. 편안하면서도 자연스럽게 청중에게 말을 건네듯이 연설을 시작하되 절대로 "준비가 소홀해서 죄송합니다", "제가 말이 어둔해서요." 와 같이 변명하는 말로 시작하지 않아야 한다. 어떤 경우든 청중은 이렇게 변명하는 말로 시작하는 연설을 경청하지 않을 것이기 때문이다. 화자는 청중들에게 자신이 충분히 자격이 있는 사람이라는 것과 주제에 대해 누구보다 잘 이야기할 수 있는 준비된 연사라는 점을 자신감이 넘치면서도 겸손한 태도로 언급함으로써 공신력을 확보할 필요가 있다. 이러한 자신감은 화자가 자신이 무엇을 말해야 할지를 잘 알고 있으며 말하기를 통해 달성하고자 하는 목표가 무엇인지를 명확히 인식할 때 생기는 것이다.

일반적으로 연설의 도입부에서는 청중의 관심을 불러일으키고, 화자가 주어진 주제에 대해 말할 자격이 있는 사람이라는 것을 언급함으로써 공신력을 확보하고, 청중에게 연설에서 다루게 될 주요 내용을 미리 알리는 기능을 수행해야 한다. 이러한 도입부의 기능을 원활하게 수행하기 위해서는 편안하면서도 유쾌한 유머로 시작해서 청중을 웃게 만드는 방법, 생생한 일화나 흥미진진한 이야기로부터 시작하는 방법, "만약 여러

분에게 한 달이라는 시간밖에 남아 있지 않다면 여러분은 무엇을 하시겠습니까?"와 같은 질문 기법으로 시작하는 방법, 유명한 사람의 말이나 글을 인용하는 방법, 의외의 소도구를 활용하는 방법 등을 활용하되, 도입부가 너무 길게 늘어지지 않도록 유의한다.

나. 전개부

전개부에서는 바로 문제의 핵심으로 들어가서 본격적으로 주제를 다루는 것이 좋다. 하지만 한꺼번에 너무 많은 이야기를 함으로써 청중을 지루하게 만들지 않도록 유의하도록 한다. 연설이 15분 내외의 길이일 경우라면 별 문제가 없겠지만 20분이 넘을 때는 아무리 능숙하고 경험 많은 화자라도 청중이 계속 집중을 하기 어렵다. 대개 20분이 지나면서 청중의 집중력이 급격히 저하되다 다시 10분이 지나면서 집중력이 오르기 때문에(한정선 2002:90) 연설이 시작된 후 20분과 30분 사이에는 지금까지 해 오던 이야기의 흐름이나 억양을 바꾸어 재미있는 이야기를 들려준다든지, 흥미 있는 사례를 덜어서 청중의 주의를 환기시킬 필요가 있다.

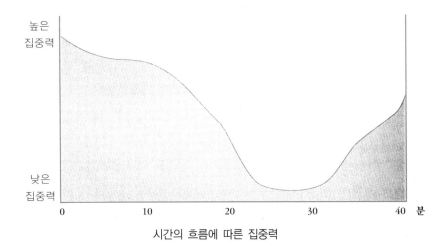

시간의 흐름에 따른 집중력

또한 요점과 요점 사이에는 잠깐씩 숨을 고를 여유를 제공함으로써 청중으로 하여금 내용을 정리하면서 생각할 수 있는 시간을 갖게 해 주는 것도 중요하다.

다. 결론부

도입부 못지않게 중요한 것이 결론부다. 대개 많은 화자들이 시간에 쫓겨 제대로 결론부를 매듭짓지도 못한 채 "벌써 시간이 다 되었군요. 이젠 마쳐야겠습니다." "감사합니다"와 같이 맥없는 마무리로 허둥지둥 연설을 마치는 실수를 범하게 된다. 그러나 결론부는 도입부에서와 같이 면밀한 계획을 세워 이제까지 논의되어 왔던 내용을 정리해 주고 논리적이면서도 청중의 심금을 울리는 결론으로 연설이 완결되었음을 확인시켜 줄 수 있어야 한다.

결론부는 연설이 종료되었음을 알리고, 주요 내용을 요약해서 다시 강조하고, 청중에게 긍정적 전망을 제시하고 실천을 독려함으로써 깊은 여운을 남기는 기능을 감당해야 한다. 이를 위해서는 전개부의 내용과 구별되도록 음색이나 어조를 바꾸거나 청중과 시선을 맞추거나 일부러 포즈를 두거나 하는 방법을 사용하여 연설이 결론부에 도달했음을 알리고 청중들에게 핵심적인 메시지를 다시 명확하게 정리해 주도록 한다.

인상적인 결론부가 되기 위해서는 단순히 논의된 핵심 사항을 정리해 주는 것만으로는 부족하다. 청중들에게 연설의 핵심적인 주제가 청중들의 삶에 어떤 의미를 갖고 어떤 영향을 미칠 수 있는지에 대해서 환기시켜 주고 청중의 마음을 자극하는 한 마디로 미래 상황과 관련된 긍정적인 전망을 제시하거나 청중의 실천적 행동을 촉구하는 말로 결론부를 확실히 매듭지을 수 있어야 한다.

4. 연설의 표현 및 전달 방법

가. 언어적 표현

안정감 있고 울림이 있는 목소리로 자연스럽게 메시지를 전달할 수 있는 음성 표현은 사실 연설의 가장 핵심이 되는 부분이다. 좋은 목소리는 좋은 화자가 갖춰야 할 가장 큰 자산임에 분명하지만 이러한 음성을 타고나지 못한 경우라도 자신의 목소리의 단점을 극복하면서 목소리를 효율적으로 사용하는 방법을 익혀 나가는 노력을 기울일 필요가 있다. 목소리가 너무 작거나 우물거리는 말투는 자신감이 없어 보이므로 크고 분명한 목소리로 말할 수 있도록 평소 복식 호흡을 연습하는 것이 좋다. 효과적인 음성 전달을 위해서는 무엇보다 분명한 발음, 고저 장단과 강약의 조절, 적절한 말하기 속도, 포즈 등의 변화를 통해 음성을 효과적으로 표현하는 방법을 익히는 것이 중요하다.

1) 발음

공식적인 말하기 상황에서는 특히 정확한 표준 발음으로 크고 분명하게 또박또박 정확하게 발음하는 것이 중요하다. 일상적인 대화 상황에서는 아는 사람을 상대로 가까운 거리에서 말을 하기 때문에 발음이 불분명해도 별 문제가 되지 않는다. 하지만 대중 연설의 경우는 청중과 상당한 거리를 두고서 말을 해야 하기 때문에 발음을 분명히 해 주어야 한다. 말끝을 흐리거나 입속에서 웅얼거리거나 지나치게 콧소리를 내는 현상은 대개 호흡 조절이나 평소 부정확한 발음 습관과 관련되어 있는 경우가 많다. 그러나 이러한 문제는 평소에 의식적인 주의 집중과 호흡 조절 훈련, 발음 훈련 등의 방법으로 상당 부분 교정이 가능하다. 표준 발음의 정확한 음가와 발음 원리에 따라 정확하게 발음하도록 노력하고 가끔씩 자신의 말을 녹음해서 들어보면서 스스로 문제를 발견하고 교정해 나가려는 노력을 할 필요가 있다.

우리말의 표준발음을 바르게 구사하려면 홀소리의 소리값, 닿소리의 소리값, 홀소리의 길이, 표준말의 리듬과 억양 등을 익혀야 한다. 이 중에서도 특히 홀소리의 소리값과 홀소리의 길이는 표준발음의 핵심을 이루기 때문에 특히 주의를 기울여 익혀야 할 것이다. 대개 홀소리는 닿소리에 비하여 음량이 크며 음성 언어의 기본 단위인 음절의 핵을 이루기 때문에 소리말을 전달하는 데 중추적인 구실을 한다.

발음 훈련시 홀소리의 소리값은 조음 작용이 확실하지 않기 때문에 국제 음성학 협회에서 제정한 기본 모음을 기준으로 하여 그 상대적인 조음 위치나 방법을 확인해 보고 자음의 경우는 입술이나 혀의 운동을 통해서 음운 결합에 유의해서 발음 연습을 해 보는 것도 효과적이다.

발음에 있어서 말의 빠르기나 크기도 중요하게 고려되어야 할 요소다. 말의 빠르기나 크기는 청자가 자연스럽게 들을 수 있는 정도로 적당한 변화를 주면서 조절해 갈 필요가 있다. 한편 음성을 다양하게 표현하려면 음의 고저와 강약 및 단어, 어구, 문장 사이의 휴지(休止)를 조절해야 한다.

2) 변화 있는 목소리

아무리 목소리가 좋더라도 억양, 속도, 성량 등의 변화가 없다면 단조롭고 따분한 말하기가 되어 청중들이 집중하기 어렵다. 음성은 단순히 메시지를 전달하는 데 그치지 않고 의미를 강화하거나 약화시키는 데 크게 기여한다. 화자가 연설을 하면서 전달하는 내용의 의미를 명확하게 전달하기 위해서 음의 높낮이에 변화를 줄 때 청중은 화자의 열의와 자신감, 신뢰감을 느끼게 된다. 또한 적절한 말하기 속도를 유지하는 것이 좋다고 하지만 시종일관 한결같은 빠르기로 말을 하면 청중은 지루함을 느낄 수밖에 없다(이상철 외 2007:161). 내용의 난이도, 분위기 등에 따라 말의 속도에 변화를 주어 연설의 생동감이 느껴지도록 하는 것이 중요하다. 천천히 말하는 것은 화자가 사려 깊고, 심사숙고하고 있다는 이미지를 연출해 주며, 문장의 끝부분에서 잠시 말을 멈추게 되면 화자가 중요한 말을 하려고 준비하고 있음을 알려주는 기능을 한다. 그러다 말을 빨리 하게 되면 극적인 효과가 생겨나 활력을 느끼게 해 준다.

목소리와 어조의 변화는 청중이 화자의 감정 상태, 주제에 몰입하는 정도, 청중에 대한 태도, 화제에 대한 관심과 열정 정도 등을 해석하는 데 있어서 주요한 단서로 작용한다. 화자는 연설을 할 때 의도적으로 말하는 속도, 발음, 목소리와 어조 등을 통제하고 조절함으로써 청중들에게 좀 더 명료하고 효과적으로 소통할 수 있으며, 청중 또한 화자가 내용과 상황에 맞게 음성에 적절한 변화를 줄 때 화자의 연설에 집중할 수 있게 된다.

나. 신체적 표현

성공적인 연설이 되기 위해서는 내용의 준비 못지않게 그 내용을 효과적으로 잘 전달할 수 있어야 한다. 사람들은 대개 연설을 할 때 무슨 말을 할 것인지에 대한 언어적 메시지에만 신경 쓸 뿐 어떻게 말할 것인가에 대해서는 별로 고려하지 않는다. 그러나 청중들은 화자가 연설을 통해서 전하고자 하는 언어적 메시지보다는 화자의 목소리, 어조, 말하기 속도와 크기 등의 준언어적 측면(paralinguistic feature)이나 얼굴 표정, 자세, 몸동작, 시선 처리와 같은 비언어적인 몸짓 언어를 통해서 전달되는 메타메시지(meta-message)에 주목한다. 실제로 몸짓 언어는 말을 통해 전달되는 내용을 강조하거나 부연하여 설명해 주기도 하고, 화자의 감정 상태를 드러내 주기도 하기 때문에 어떤 표정, 자세, 몸동작을 하느냐에 따라 청중에게 많은 영향을 미치게 된다. 당당하게 가슴을 펴고 환한 얼굴로 말하는 화자에게 열정과 자신감을 느끼고 집중하게 되는 것은 너무도 당연한 이치다.

사실 훌륭한 연설을 하는 화자들은 대개 온몸으로 말하고 청중과 하나가 되는 사람들이라 해도 과언이 아니다. 다수의 청중을 대상으로 하는 공적 말하기인 연설에서 이러한 준언어와 몸짓언어는 매우 중요한 비중을 차지하기 때문에 화자는 전달하고자 하는 내용에 알맞은 신체 언어를 적절하게 활용하여 표현하는 방법을 익힐 필요가 있다.

1) 표정

얼굴 표정은 화자의 감정 상태와 태도를 드러내 주기 때문에 표정 관리에 특히 신경을 써야 한다. 화자가 표정이 굳어 있거나 찡그린 표정을 지으면 불안하고 불편해 보이는 반면 편안한 표정으로 미소를 지으면 여유와 자신감이 있어 보여서 청중에게 호감을 준다. 열정적이고 확신에 찬 표정으로 연설할 때 설득력도 높아지고 청중의 집중력이 높아지게 마련이다.

2) 시선

연설 또한 청중과의 의사소통 행위이고 보면 연설을 할 때 청중 개개인을 똑바로 쳐다보면서 말하는 것이 무엇보다 중요하다. 청중에게 시선을 주어야 청중과의 교감이 이루어지기 때문이다. 화자가 청중을 바라보지 않은 상태에서 연설을 한다면 청중은 화자가 정직하지 않거나 진실성이 결여된 사람이라고 느끼게 된다.

화자는 청중과 눈을 맞추면서 연설을 함으로써 청중과 활발한 교감을 나눌 수 있을 뿐만 아니라 청중의 반응에 적절하게 대응하면서 자신의 말하기를 조절할 수 있게 된다. 시선 처리를 효과적으로 하기 위해서는 청중들에게 골고루 시선을 배분하면서 자연스럽고 따뜻한 눈빛으로 청중 개개인의 눈을 응시해야 한다. 말하기 불안증 때문에 청중을 직접 바라보는 것이 부담스럽다면 청중의 머리 바로 윗부분을 쳐다보거나 자신에게 특히 호의적인 태도를 보여주는 청중을 응시하면서 천천히 상체와 함께 고개도 같이 돌리면서 시선을 옮겨 가도록 한다.

3) 제스처

연설을 할 때는 목소리의 변화에 맞는 적절한 제스처가 함께 이루어져야 한다. 제스처는 음성을 통해 전달되는 내용의 의미를 더욱 명확하게 해 주기도 하고, 특정 단어나 구절을 강조하면서 청중의 시선을 사로잡음으로써 집중력을 높여주는 역할을 한다.

제스처는 다른 몸짓 언어와 마찬가지로 자연스럽고 역동적이어야 한다. 제스처가 자연스럽고 역동적이려면 어깨에 힘을 빼고 긴장을 푼 상태로 손을 자유롭게 놔두어야 한다. 탁자를 꽉 붙들고 있거나 호주머니에 손을 넣는 자세와 같이 손을 고정시키면 뻣뻣하고 어색한 느낌을 주게 되기 때문에 피해야 한다. 일상적인 대화를 할 때 손을 자연스럽게 무의식적으로 움직이는 것처럼 스피치를 할 때도 내용에 맞춰서 자연스럽게 움직이면 된다. 말하는 내용과 청중들의 반응에 몰두하다 보면 제스처는 적절한 타이밍에 맞춰 자연스럽게 나올 것이다.

4) 자세

단상에서 연설을 할 때뿐만 아니라 단상을 향하여 걸어나가는 순간부터 퇴장할 때까지의 동작과 자세는 청중에게 특별한 의미로 해석되기 때문에 연사는 동작과 자세에 신경을 써야 한다. 자신감 있고 품위 있고 침착함이 느껴지는 동작과 자세로 연설을 할 때 청중으로부터 신뢰감을 얻게 되기 때문이다.

연설할 때 가장 좋은 자세는 똑바로 서서 양팔을 옆에 붙이고 다리를 어깨 넓이로 벌린 다음 몸무게를 두 발에 똑같이 싣고 고개를 정면을 향하게 서는 것이다. 쉼 없이 앞뒤로 왔다 갔다 하거나 장승처럼 부동자세로 서 있거나 구부정한 자세로 서 있는 것은 청중에게 불편한 느낌을 준다. 또 머리를 긁적이거나 혀를 불쑥 내미는 동작을 하는 경우가 있는데 이런 행동은 화자의 이미지를 훼손할 수 있기 때문에 피해야 한다.

마이크를 사용하게 될 경우라면 한 손으로 가볍게 들어서 가슴 부근에 두는 것이 좋다. 너무 입 가까이 대면 소리가 웅웅거려서 듣기에 어려움을 주기 때문이다. 내용이나 분위기의 흐름이 바뀔 경우에는 의도적으로 청중 쪽으로 가까이 다가서거나 오른쪽이나 왼쪽으로 몇 걸음 오가면서 동작에 변화를 주는 것도 주의를 환기시키는 차원에서 효과가 있다.

　연설을 마친 후에는 서둘러 단상에서 내려오기보다는 세심하게 잠시 청중을 둘러본 후에 천천히 여유 있게 퇴장하는 것이 좋다.

5) 복장

　청중들은 화자가 말을 시작하기도 전에 먼저 화자의 복장이나 용모부터 보면서 첫 인상을 결정하기 때문에 깔끔하고 단정한 인상을 주도록 세심한 주의가 필요하다. 특히 공식적이고 격식을 차려야 하는 자리라면 청중에 대한 예의 차원에서 반드시 정장을 해야 한다. 상황에 어울리지 않는 복장은 청중들에게 좋지 않은 인상을 줄 뿐만 아니라 화자의 공신력을 훼손시킬 수 있기 때문이다. 또 화자 자신도 상황에 맞는 적절한 옷차림을 해야 심리적으로 자신감을 가질 수 있게 된다.

　2015 국어과 교육과정에서 '연설의 설득 전략' 관련 내용은 다음과 같다.

[선택과목 화법과 작문]
[12 화작 02-07] 화자의 공신력을 이해하고 적절한 설득 전략을 사용하여 연설한다.

○ 학습 요소
연설(이성적 · 감성적 · 인성적 설득 전략)

○ 성취 기준 해설
이 성취기준은 연설에서 화자의 공신력을 높이기 위한 전략을 이해하고 효과적으로 연설하는 능력을 기르기 위해 설정하였다. 연설은 공식적 상황에서 청중에게 자신의 견해를 말로 전달하는 의도적이며 목표 지향적인 의사소통 방법이다. 연설 능력은 말하는 사람의 전인격적인 됨됨이와 그 내용의 진실성을 바탕으로 하여 청중에게 감동을 주고 변화를 불러일으키는 힘을 말한다. 그러므로 성공적으로 연설하기 위해서는 연설자가 청중에게 신뢰를 주는 공신력 있는 화자가 되어야 한다. 설득 전략에는 이성적·감성적·인성적 설득 전략이 있음을 알고, 다양한 설득 전략을 활용할 수 있도록 지도한다.

○ 교수·학습 방법 및 유의 사항

연설을 지도할 때에는 대중에게 영향을 미친 훌륭한 연설 영상을 자료로 활용하여 연설의 힘을 이해하도록 함으로써 동기를 유발한다. 또한 화자의 솔직하고 수용적인 태도, 적극성과 자신감이 드러나는 태도 또한 화자의 공신력에 영향을 미친다는 점을 이해하도록 한다.

○ 평가 방법 및 유의 사항

연설을 평가할 때에는 청중을 설득할 수 있는 설득 전략의 세 유형을 이해하고 연설에 적용하는 수행 수준을 평가한다.

▌참고문헌

김상준(2007), 스피치 커뮤니케이션, 역락.

김영임(1998), 스피치 커뮤니케이션, 나남출판.

구현정(2005), 의사소통의 기법, 박이정.

박경현(2001), 리더의 화법, 삼영사.

백미숙 역(2000), 스피치 핸드북, 일빛.

백미숙(2007), 스피치 특강, 커뮤니케이션북스

이상철·백미숙·정현숙(2007), 스피치와 토론, 성균관대학교 출판부.

이창덕 외(2000), 삶과 화법, 박이정.

이창덕 외 공역(2008), 발표와 연설의 핵심 기법, 박이정.

임영환 외(2003), 화법의 이론과 실제, 집문당.

임칠성·원진숙·심영택·이창덕(2004), 말꽝에서 말짱되기, 태학사.

임태섭(2003), 스피치커뮤니케이션, 커뮤니케이션북스

한정선(2002), 프레젠테이션 오! 프레젠테이션, 김영사.

허경호 역(2002), 스피치에 강한 리더가 성공한다, 삼진기획.

제 15 장

스토리텔링 교육

"사람의 마음을 움직이는 것은 화려한 언변도, 논리적인 설득도 아니다.
그것은 '이야기'라는 옷을 입은 '진실'이다."

— 아네트 시몬스

 아동들이 학교 입학 전에 듣는 이야기 경험은 아동들의 언어 발달에 많은 영향을 주며, 상상력이나 창의력 발달에 도움이 되는 것으로 여러 연구에서 확인되고 있다. 중·고등 학생들의 경우도 학교 선생님으로부터 이야기 듣는 것을 좋아하고, 선생님이나 가족을 통해서 들은 이야기는 학생들의 학습과 사고력 향상에 많은 도움이 된다는 보고들이 선진 각국에서 나오고 있다. 강의를 들은 내용은 한 달이 지나면 학생들은 그 내용을 대부분 잊어버려 10%도 기억을 못하지만 이야기로 들은 내용은 50% 이상 기억한다는 연구 보고도 있다. 또 학생들은 이야기를 들으면서 구조적으로 듣고, 이해하는 서사 이해 기능이 좋아지고, 복잡한 이야기 전개 과정을 이해하기 위해 필요한 통사 구조에 대한 이해와 사용 능력도 좋아진다는 것을 입증하는 연구 결과들이 나오고 있다. 학생들이 이야기를 듣는 것은 말하기 뿐 아니라 나중에 책을 읽고 싶어 하고, 실제로 책을 사서 읽는 데 좋은 안내 역할을 한다는 연구 결과도 있다. 학생들이 선생님이나 다른 어른들로부터 들은 이야기를 친구들이나 자신보다 더 어린 아이들에게 다시 말할 수 있는 기회가 주어진다면 그 교육적 효과는 더 확실하다는 것이 밝혀졌다. 학생들이 어른들로부터 들은 이야기뿐만 아니라 컴퓨터 게임, 텔레비전이나 영화 등의 이야기도 학생들의 말하기 능력 발달에 긍정적 영향이 있다는 것이다.

교사나 교사가 될 사람들은 스토리텔링의 이런 언어 발달과 사고력 발달에 미치는 효과를 이해하고, 자신들의 이야기 경험을 서로 나누는 것은 중요한 의미가 있다. 이 장에서는 학생들이 특별히 좋아할 뿐 아니라 교육적으로도 중요한 의미를 지닌 서사(이야기하기, narrative)나 스토리텔링에 대해서 다루기로 한다.

개정 2015 교육과정은 듣기·말하기 영역에서 구체적으로 '스토리텔링 교육'에 대해서 명시적으로 다루도록 하고 있지는 않지만 듣기, 말하기 영역의 정보를 전달하는 말 듣기/말하기, 설득하는 말 듣기/말하기, 친교·정서표현의 말 듣기/말하기의 전 기능 영역에서 '스토리텔링(이야기)' 관련한 요소가 포함되어 있다. 듣기·말하기 기능 영역에 '맥락 이해와 활용, 청자 분석, 내용 생성/조직, 내용 확인, 추론, 평가·감상, 경청·공감, 상호 교섭, 점검·조정하기'는 이야기 요소와 관련이 깊다. 각 교과 내용의 이해와 실제 학습 활동에서도 '-에 대해 이야기해 보자.'의 '이야기'도 넓은 의미의 이야기이다. 문학 영역에서 초등학교부터 고등학교 1학년까지 국민 공통 교육과정에서 일상 이야기, 동화, 동극, 이야기, 소설, 서사, 극을 갈래로 다루고, 기능 영역에서 몰입, 감상·비평, 성찰·향유, 모방·창작, 공유·소통하기를 내세운 것은 문학 장르로서 소설뿐만 아니라 국어생활 전반에서 이야기의 중요성과 힘을 강조하고 있다고 보아야 한다. 어느 한 영역에서 특정 담화 유형의 지식과 기능이 아니라 상황과 맥락을 강조하는 여러 담화의 실제 사용에서 이야기의 활용 가능성은 무한정으로 열려있다고 해도 과언이 아니다. 사람들은 설교나 일방적 훈시를 듣고 싶어하지 않는다. 재미있고 감동 있는 이야기는 설교나 훈시 이상의 교육적 효과를 낳는다.

1. 스토리텔링의 개념과 힘

'스토리텔링'의 '스토리(story)'는 일반적으로 이야기를 말한다. '이야기'는 사전적으로 '어떤 사물이나 사실, 현상에 대하여 일정한 줄거리를 가지고 하는 말이나 글, 자신이 경험한 지난 일이나 마음속에 있는 생각을 남에게 일러 주는 말, 어떤 사실에 관하여, 또는 있지 않은 일을 사실처럼 꾸며 재미있게 하는 말'을 의미한다. 학문적으로 '서사(敍事)', 영어로는 'narrative'라는 용어를 사용하기도 한다. 다시 말해, '스토리텔링(story-telling)'은 '화자가 구체적 상황에서 특정 대상 인물(들)에게 이야기를 구어로 실현하는 행위'를 말한다. 스토리텔링은 특정한 문학 형식으로 전문 작가에 의해서만 이루어지는 것이 아니라 우리의 일상생활에서 다양한 목적으로 언제나 어디서나 누구를 통해서도 이루어질 수 있다.

의사소통 상황에서 스토리텔링이 중요한 것은 상대와 이야기하는 내가 생각은 서로 다르더라도 무엇을 말하려 하는지, 어떤 의도로 말을 하는지 이야기 방식으로 소통할 때 이해가 효과적으로 이루어진다는 점이다. 상대방과 내가 서로 이야기를 통해 소통하는 과정에 긍정적 영향을 끼쳐서 그 이야기는 서로에게 의미를 더해주고 관계를 좋게 해 줄 수 있는 힘이 있다. 즉, 이야기는 그저 말소리를 통해 정보만 주고받는 것이 아니라 삶의 의미를 주고받으면서 의미를 공유하는 것이 될 때 중요한 가치를 지니게 된다. 말하는 사람의 입장에서 상대와 의미를 주고받는다는 것은 말하는 사람이 자신의 결론대로 상대방이 움직여 줄 때 가장 성공적이다. 그러나 상대방이 내 결론대로 따라오지 않는다고 협박을 할 수는 없다. 상대방이 내 이야기에 공감하고, 마음에 감동을 받아 자신의 생각을 바꾸도록 하는 것이 최선이다. 그 방법 가운데 가장 좋은 방법이 '진솔한 이야기'를 하는 것이다. 듣는 사람이 말하는 사람을 신뢰하고, 말하는 사람의 이야기를 자신의 이야기로 받아들이면 말하는 사람은 그 사람에게 강력한 힘을 발휘하게 된다. 일단 감화를 받아 당신의 이야기를 자신의 이야기로 저장하게 되면 그 사람은 그 이야기를 다른 사람들에게 연쇄적으로 전달하게 됨으로써 당신의 영향력은 기하급수적으로 커지게 된다.

상대와 나누는 이야기는 삶의 의미를 공유하는 것이며 진실한 것이어야 한다. 일시적으로 거짓말을 해서 상대를 속이려고 하는 것은 금세 상대방이 거짓이라는 것을 눈치 채게 되어 있다. 한번 거짓말을 하면 끝까지 거짓 내용의 일관성을 유지하기 위해서 엄청난 노력을 해야 하고, 그것은 정신적으로 괴롭고 피곤한 일이 되어 화자 자신이 견딜 수 없다. 이기적 목적 달성을 위해 거짓이나 조작된 내용을 이야기 하는 것은 상대에게 해를 끼치는 비열하고 열등한 방법이며 우리 삶을 황폐화하는 해악이라는 것을 잊어서는 안 된다.

2. 효과적으로 이야기하는 방법

어떤 사람이 이야기하는 방식은 전혀 재미없고 기억도 안 되는 데 비해서 어떤 사람이 이야기하는 방식은 인상적이고, 교훈적이며, 마음에 감동을 주기까지 한다. 이야기를 잘하는 것은 타고나는 것이 아니라 삶의 과정에서 다양한 이야기 경험을 통해서 누구나 향상시킬 수 있는 능력이다. 진솔하고, 꿈이 있고, 마음을 움직이며, 생각과 느낌이 통하는 이야기는 몇 가지 조건이 있다. 상대를 움직이는 효과적인 이야기 방법을 익혀보자.

첫째, '나는 누구인가'를 보여주어라.

최근에 나는 『중역의 EQ』의 저자인 로버트 쿠퍼의 강연을 들을 기회가 있었다. 그의 책을 읽은 나는 강연을 기다리는 동안 책에서 받은 감동을 강연장에서도 동일하게 받을 기대감에 사로잡혀 있었다. 책에서 얻을 수 없는 생생한 감동을 기다리고 있었다. 그런데 그가 팔짱을 끼고 냉소적인 표정으로 강연장에 들어섰을 때 나는 적잖이 실망했다. 그러나 강연이 시작된 지 10분도 지나지 않아 그에 대한 실망은 감탄으로 바뀌었다. 그는 '그가 어떤 사람이며, 무엇을, 왜 믿는지'에 대해서 청중들의 마음 속 깊이 심어주었다. 그는 그가 16살 때 돌아가신 할아버지에 관한 이야기로 시작을 했다. 그의 할아버지는 다섯 번의 심장 발작을 일으켰고 다섯 번째 돌아가셨다. 그 시절 그의 할아버지는 자신의 지혜를 손자에게 가르치는 데 온 신경을 집중했다. 둘은 오랜 시간 동안 대화를 나누었고, 아주 친밀한 시간을 가졌다. 그는 그의 할아버지가 마지막 남긴 말을 꺼내놓았다. "할아버지는 제게 말했습니다. 네가 가진 것 중에 최고라고 생각하는 것을 세상에 던져주어라. 그러면 최상의 것이 너에게 돌아올 것이다. 나는 매일 나 자신에게 이렇게 묻고는 했단다. '내가 절대 받아들이기 싫었던 어제가 내 생애의 최고의 날이었으면 어떻게 하지?'하고 말이다. 난 그렇게 평생을 살았단다. 그렇게 하루하루를 반성하면서. 그 결과 아주 많은 것들이 나와 네 아버지 그리고 너에게 돌아왔단다. 하지만 세상은 이제 더 이상 나에게 무언가를 주지 않는다. 왜냐구? 그건 내가 스스로에게 묻는 걸 그만두었기 때문이지. 나는 다시 묻기에는 너무 늦었지만 너는 절대 조금도 늦지 않았다. 지금 당장 시작하거라." 로버트는 더도 덜도 하지 않고 솔직하게 자신 이야기를 했고, 그의 이야기는 청중들에게 강한 신뢰감을 주었다. 청중들은 자신들도 그의 할아버지처럼 언젠가 삶을 후회하며 죽을 거라는 것을 언뜻 깨달았다.

둘째, '나는 왜 여기 있는가.'를 보여주어라.

13살 때 고향 레바논에서 미국으로 건너와 자수성가한 톰은 틈만 나면 주변 사람들에게 자신이 부자가 되고 싶었던 이유에 관한 이야기를 꺼내곤 했다. 영어 한 마디 못하고, 돈 1달러도 없었던 그는 레스토랑에서 보조로 처음 일을 시작했다. 그는 매일 영어 몇 마디를 익혀가며 식사하러 오는 사람들을 구경하기 시작했는데, 특히 멋진 옷을 입고 좋은 차를 타고 단란한 가정을 이루고 있는 사람들을 넋을 잃고 바라보곤 했다. 나는 그들을 바라보면서 '나도 열심히 일하면 언젠가 저들처럼 될 수 있을 거야'라고 생각했다. 그리고 그는 실제로 자신의 꿈꾸었던 것 이상을 이루어냈다.

그는 눈을 반짝이면서 지금은 과거보다 좀 더 새롭고 원대한 꿈을 가지고 있노라고 말한다. 그의 이야기를 들은 고객(또는 동업자들)은 긴장을 풀었다. 왜냐하면 그가 누구이며, 왜 이곳에 있는지 알고 있다고 느꼈기 때문이다. 그의 목표는 이기적이었지만 용인되는 범위의 이기적 목표였다. 그는 아무 것도 숨기지 않았다. 그는 자기가 이익을 추구하는 사람이라는 것을 숨김없이 드러냈다. 결국 이기적인 이유를 솔직하게 밝힌 것이 그를 믿을 만한 사람으로 만든 것이다.

셋째, '나의 비전은 무엇인가'를 보여주어라.

세 명의 인부가 일하는 건설현장에 한 사람이 다가가 물었다. 첫 번째 인부에게 물었다. "지금 무슨 일을 하고 계시죠?" "보면 모르시오. 벽돌을 쌓고 있잖소?" 무안해진 그 사람이 둘째 인부에게 물었다. "지금 무엇을 하고 계시죠?" "아니, 이 사람이 날도 더워 죽겠는데 장난하나? 벽돌 쌓고 있잖아!" 그런데 세 번째 인부는 다른 사람과 달라 보였다. 콧노래를 부르며 신나게 벽돌을 쌓고 있었다. 그는 세 번째 인부에게 물었다. 그러자 그 일꾼은 허리를 곧게 펴고 일어나더니 미소를 지으며 대답했다. "저는 지금 성당을 짓고 있습니다." 비전을 심어주는 이야기는 노고와 좌절이라는 조각들을 잘 끼워맞춰서 하나의 의미 있는 그림으로 만든다. 비전 이야기는 무엇보다 무의미한 좌절이 안겨다 주는 독을 해독하는 역할을 한다.

넷째, '감동적인 교훈'을 담은 이야기를 하라.

어느 새시 공장 사장실에 전화가 잘못 걸려왔다. "주문한 철근은 출고가 되었는가? 왜 아직 도착하지 않는가?" 상대방은 이쪽을 확인하지도 않고 화를 내고 있었다. 비서는 예를 갖춘 목소리로 전화가 잘못 걸렸다고 말했다. 그리고 전화를 끊자마자 또 전화가 걸려왔다. 전화가 잘못 걸렸다고 말했다. 그리고 나서 전화가 걸려왔다. 좀 전에 전화 걸었던 그 사람이었다. 그제야 저쪽에서 "어? ○○ 제철 번호가 맞는데? 미안합니다." 성미 급한 그 사람이 전화를 끊기 전에 이 비서가 말했다. "괜찮습니다. 저희 회사는 철근이 아니고 창호를 전문으로 제작하는 회사입니다. 혹시 다음에 새시가 필요하시면 꼭 저희 회사 제품을 이용해 주시기 바랍니다."

상대방은 큰 건설회사 자재 부장이었다. 다음 대단지 아파트 건설회의가 열렸을 때 그는 새시 선정과정에서 그 상냥한 아가씨를 떠올렸고, 사장단 회의에 그 사실을 말하고 회사의 신용도 등을 조사한 후에 그 새시회사 제품을 쓰기로 결정하였다. 작은 새시 회사는 그 전화 한 통 덕분에 대량의 제품을 장기적으로 공급하게 되었다.

다섯째, 실천할 수 있는 가치를 담은 이야기를 하라.

실천할 수 있는 가치를 사람들에게 가르쳐 줄 수 있는 최선의 방법은 직접 보여주는 것이다. 그것이 어려울 때 차선책은 '실제 사례가 될 만한 이야기'를 들려주는 것이다.

게일 크리스토퍼 박사는 대학 혁신 프로그램 책임자로서 대학 당국이 작은 조직, 큰 업적을 강조하면서 사람들이 스트레스를 받고, 그렇다고 작은 조직으로는 큰 업적을 낼 수 없다고 아무도 이야기를 하지 못할 때 대학 이사회에서 다음과 같은 이야기를 해 주었다. 자신이 정부 조직 재구성 위원장을 맡고 있을 때, 어느 날 45세의 흑인 남성이 면접을 보러 왔다. 그 사람은 평생 정부에서 성실하게 일해 온 사람이었다. 그는 오랜 시간, 심지어 주말에도 일했다고 했다. 그의 업적이 대단하거나 헌신적이어서가 아니라 그가 흑인이고 팀의 다양성을 위해서 같이 일하면 좋겠다고 생각하고 있는데, 그가 갑자기 가슴을 움켜쥐면서 쓰러졌다. 모두가 깜짝 놀라 911(응급구조대)에 전화를 걸었다. 구조대가 도착하기도 전에 그는 숨을 거두었다. 작은 조직에서 수많은 일을 하면서 인생의 반을 허비한 그가 이제 그 일보다 훨씬 많은 스트레스를 줄 일자리를 위한 면접을 보는 동안에 심장마비로 죽었다는 것이다.

그의 이야기는 관리자가 조직을 재구성할 때 어떤 점을 중시해야 하는지 극명하게 보여주었고, '작은 조직, 큰 업적'을 지나치게 강조해서는 안 되겠다는 각성을 불러 일으켰다.

여섯째, '당신의 마음을 읽고 있다'라고 느끼게 해주는 이야기를 하라.

'어, 내 마음을 다 읽고 있잖아!'라는 기분이 들게 하는 이야기를 들려주면 누구나 흥미를 갖게 될 것이다. 다른 사람이 흥미를 갖게 하는 이야기를 하는 비법은 이야기를 하기 전에 목표 대상에 대해 미리 연구해 두어야 한다. 당신의 메시지에 대한 상대의 반박들을 미리 예견해 두면 그들을 무장해제하는 것은 쉽다.

　최근에 합병이 이루어진 한 회사의 CEO가 나를 고용했다. 그는 사장단과 회의를 주선해 달라는 내 의견에 동의하는 척했지만 그의 행동은 전혀 다르게 나왔다. "자, 오늘은 어떤 심리학적인 싸구려 속임수를, 아니 미안해요. 우리를 위해 어떤 방안을 준비하셨나요?" 그의 말에는 내 자문에 대한 불신과 반감이 깔려있었다. 그는 그동안 내 자문에 대해서 드러내놓고 의문을 제기하지 않았고, 따라서 솔직하게 대답할 기회도 없었다. 그러면서 간접적으로 불신을 드러낸 것이다. 그에 대한 나의 전략은 '그의 말 멋지게 맞받아치기'였다. 나는 그가 쓴 용어 '싸구려 심리학적 속임수'를 보여드리겠다고 말하면서 자문 과정의 모든 단계와 그 단계들의 심리학적 근거를 설명했다. 관리자들은 스스로 심리학적 싸구려 속임수를 쓰고 싶어질 테지만, 그들이 무슨 일을 왜 하고 있는지 항상 솔직하고 정직해야 된다고 말했다. 이제 싸구려 속임수라는 용어는 새로운 의미로 다가오기 시작했고, 그 용어를 쓰면서 서로 미소를 짓는 신뢰를 구축하게 되었다.

　이야기를 할 때 일반적으로 주의할 사항은 다음과 같다. 첫째, 이야기 상황(시간, 장소, 맥락)을 점검하고, 청중의 관심과 수준을 파악해 주제와 내용을 정해야 한다. 둘째, 이야기의 주제와 줄거리를 이야기하기 전에 미리 요약·정리하고 있어야 한다. 머릿속으로 생각을 정리하거나 간단한 메모를 이용하는 것도 좋다. 셋째, 먼저 메타 발화(이야기에 대한 설명이나 해석)를 길게 하지 않아야 한다. 넷째, 화자가 먼저 웃거나 울거나 해서는 안 된다. 뛰어난 이야기꾼들은 청중이 배꼽이 빠질 정도로 웃어도 표정도 변하지 않고 이야기를 이어간다. 다섯째, 언어적, 비언어적 표현을 적절히 활용하고, 청중과 상황의 변화에 적절하게 대처하며 이야기를 전개하고 마무리한다.

3. 뛰어난 이야기꾼(스토리텔러)의 조건

　뛰어난 이야기꾼은 태어나는 것인가, 훈련에 의해서 만들어지는 것인가? 여러 사람들 사이에서 분위기를 휘어잡고, 흥미 있는 주제를 가지고 사람들을 감동시키는 일은 누구나 원하지만 쉬운 일이 아니다. 한 마디로 뛰어난 이야기꾼은 아무나 될 수 있는 것이 아니다. 그러나 이야기 전문가들이 말하는 훌륭한 이야기꾼(스토리텔러)이 되는 조건들은 우리에게 많은 것을 시사해 준다.

- 분위기 만들어라
- 몸으로 이야기하라
- 타이밍을 잡아라
- 진실에 감정을 실어라
- 상대의 힘을 내 힘으로 만들어라
- 인간적 다양함을 인정하라
- 반대를 인정하고, 반대에서 출발하라
- 거짓을 이야기 속 진실로 살려내라
- 이성과 논리의 함정에 빠지지 마라
- 모든 사람을 내 이야기의 협력자로 만들어라
- 보이지 않는 이야기를 들어라
- 판도라 상자의 비밀을 지켜라
  (이야기 상자가 가진 어두운 면을 조심하라)
- 끊임없는 이야기 연습과 훈련을 하라

남들이 재미있어 한다고 약한 사람들을 약점이나 다른 사람이 실수한 것을 희화화하지 않도록 조심해야 한다. 이야기의 목적이 화자의 이익이나 자랑이 되지 않도록 조심해야 한다. 뛰어난 이야기꾼은 재미있고 유익한 이야기로 모두를 기쁘고 흡족하게 하면서도, 그 자리에 없는 사람, 자기와 이해관계가 다른 사람에 대해서도 험담하지 않는다. 오히려 자신의 실수나 어처구니없는 행동에 대해서 거리낌없이 말하고 다른 사람의 훌륭한 점을 유머 있게 그려낸다. 그리고 어떤 내용의 이야기를 어떤 방식으로 하는 것이 모두에게 유익하고 재미있는 이야기가 되는지 끊임없이 성찰하고 연습하면서 시간이 지날수록 더 훌륭한 이야기꾼이 된다.

4. 학교에서 이야기하기 교육

삶이 모두 이야기이지만 학교 현장에서 이루어지는 말하기·듣기 교육에서는 활동으로 스토리텔링은 다양한 유형의 담화를 생산하고 수용하는 '실제 및 허구 이야기하기'를 모두 포함해야 한다. 2015 개정 교육과정의 내용 체계에서 요구하는 각 듣기·말하기의 '핵심 개념, 듣기·말하기의 일반화된 지식, 기능 영역의 전략, 태도' 영역에는 많은 교육 내용 요소들이 스토리텔링 교육과 관련된다. '화자와 청자가 구어로 상호교섭하며 의미를 공유하는 과정'이 듣기·말하기의 본질로 규정하고 있는데 이는 이야기의 본질과 상통하고, '집중, 요약, 추론, 비판, 공감, 점검과 조정하며 듣기, 배려하며 말하기, 담화 관습 성찰하기' 등과, '기능 영역의 ' 맥락 이해·활용하기, 내용 생성, 조직, 표현, 전달, 추론, 평가, 감상, 경청, 공감, 상호교섭, 점검과 조정' 등 또한 스토리텔링 교육을 통해서 효과적으로 교육이 이루어질 수 있는 내용들이다. 국어교육 전략에서 문학교육과 듣기·말하기 교육의 통합 교육으로서 스토리텔링 교육을 강화할 필요가 있다. 초등학교 저학년에서는 이야기 구조에 대한 이해를 발달시키는 데에 강조점을 두는 것이 좋다. 이야기는 역할극이나 인형 사용하기 등을 통해 시연될 수 있다. 다시 말하기는 전개, 인물, 대화와 이야기 언어의 특징 등에 관한 이해를 발달시킬 수 있다. 역할극과 개인적인 다시 말하기는 학생들의 쓰기의 발달에 점점 중요하게 될 이러한 이해력을 지속적으로 향상시킬 수 있다. 스토리텔링 교육은 사전 준비와 훈련이 필요하다. 스토리텔링의 교육적 힘을 고려할 때 교사가 될 사람에게 스토리텔링 교육은 절대적으로 필요하다고 해도 과언이 아니다. 교사는 아이들이 이야기하도록 가르치고, 그 이야기하기의 모범이 되고 교사 자신이 자신 있고 뛰어난 이야기꾼(storyteller)이 되어야 한다.

교사가 학생과 함께 활동하면서 이야기 능력을 발달시키는 방법에 대해 논의하기로 한다.

가. 학교 이야기의 반성하기

교생 실습 마지막 날, 나는 내 학창시절 이야기로 수업을 시작하기로 했다. 학생들 앞에서 내 이야기를 한다는 것이 조금 쑥스럽기도 하고 긴장되긴 했지만 어쨌든 이야기꾼으로서 나의 첫 모험이 시작됐다. 이야기를 시작하기 전에 아이들이 재미없어 하고 분위기 썰렁해지면 어떻게 하나, 중간에 실수하지는 않을까 걱정되기도 했지만 지나고 생각해 보면 처음 치고는 잘 한 것 같다.

놀라운 것은 학생들에게 이야기를 해 주는 동안 이야기하는 나 자신이 그 이야기에 푹 빠지면서 이야기하는 그 시간이 즐겁고 신이 났다는 점이다. 내가 이야기를 어느 정도 진행했을 때 시끌벅적하던 학급 분위기가 조용해지고 긴장이 흐르는 침묵을 경험하면, 정말 아이들이 내가 해주는 이야기에 빠져들고 있다는 것을 느낄 수 있었다. 아이들은 내 목소리뿐만 아니라 표정, 손짓, 동작 하나하나에 집중하면서 이야기에 빠져 들었다. 나는 교과서나 다른 교구 없이도 내 이야기만으로 아이들을 집중하게 할 수 있고, 의미 있는 내용들을 전달할 수 있다는 것을 알았다. 이야기를 해 나가면서 나는 이야기의 세부 사항들이 내가 미리 준비한 것과 조금씩 달라졌지만 전혀 문제가 되지 않았다. 때로 그것이 더 효과적이라는 것을 직감으로 느꼈다.

중요한 것은 전체적인 이야기의 흐름이지 세부 사항들이 아니었다. 세부적인 이야기는 중요하지 않았고, 그때그때 상황에 맞추어 이야기할 수 있었다. 평소에 수업에 집중하지 않던 아이들도 이야기 속에 완전히 빠져들었으며, 이야기하는 나도 그 이야기를 즐겼다. 아이들의 얼굴에 나타난 기쁨을 보았고 이야기해 준 나 자신도 그 경험을 정말 좋았다.

더 놀라운 것은 그 아이들이 집에 가서 자기 동생이나 다른 친구에게 나한테서 들은 이야기를 신이 나서 해 주었고, 그 이야기를 듣고 다들 재미있어 했다는 것이다. 나 자신도 준비한 내용대로 다 이야기하지 못했는데 어떻게 나한테 들은 이야기를 상대방이 재미있게, 실감 나게 했을까 생각하면서 스토리텔링의 여러 가지 교육적 의미와 중요성을 다시 생각하게 되었다.

(-교육실습생 서○○)

이 내용을 살펴보면 교사들이 아동들이 이미 가지고 있는 다른 능력을 인식하고 그것에 반응하고 또 발달시키는 방식을 알 수 있다.

나. 이야기하기(스토리텔링)에 대해 토의하기

학생들에게 이야기하기의 교육적 효과에 대해 토의한 후, 토의한 내용 발췌문을 조별로 나와 읽게 하고 다음 사항에 대해 토의하게 해 보는 것은 교육적 효과가 크다.

- 아동들은 스토리텔링에 대하여 무엇을 발견한다고 생각하는가?
- 교사는 교사로서 아동들의 이야기 전략에 대하여 무엇을 배우는가?
- 스토리텔링 활동은 아동들의 문식력 발달에 어떠한 기여를 하는가?

다. 실제 이야기 경험 나누기와 논평하기

어린 아동들에게 있어서 이야기를 통한 경험과 의견 나누기, 어떤 사건이나 책 내용에 대해서 비평적 의견 나누기는 교육적 효과가 강력하다. 다음은 지금까지 연구에서 교사들이 발견한 스토리텔링의 교육적 효과와 교육적 수단으로 이용 가능한 목록을 보인 것이다.

- 의사소통과 통제의 수단
- 경험을 공유하는 수단
- 다른 활동들의 자극제
- 언어를 자세히 들여다보게 되는 자극제
- 이야기를 말하는 이 그리고 다시 말하는 이로서의 전문적인 기능을 발달시키는 수단
- 문제에 대해 질문하고 토의하는 수단

동시에 실습 교사들은 말하는 이로서 자신의 이야깃거리를 확장하고 이야기의 범위를 시험하고 학생들이 스스로 듣고 말할 수 있는 자료를 제공하는 것이 필요하다.

학생들이 자신이 경험한 것을 이야기하게 하고, 이야기한 경험을 나누게 하면, 교사는 실제 아동들이 이미 가지고 있는 이야기 자료를 어떻게 인식하기 시작하는지 알 수 있고, 그것에 어떻게 반응할 수 있는지 살펴볼 수 있다.

5. 실제 이야기꾼 되어보기

현장에서 학생들을 가르치는 교사나 장차 학생을 가르칠 교사가 될 사람들은 학생들 앞에서 이야기를 하는 경험을 쌓는 것이 중요하다. 또한 교사나 예비 교사가 그 이야기 경험을 서로 나누는 것은 교육적으로 중요한 의미를 갖는다.

- 실습 4주 동안의 실습 기간 동안에 있었던 이야기를 미리 준비하여 이러한 경험을 과제로 수행하고, 사용했던 전략을 다른 학생들에게 설명하기
- 교사로서 앞으로 가르치는 데 있어서 언어와 문식력 교수법의 기초를 보강할 이론적 지식과 이해력 발전시키기
- 화자로서 자신이 수행했던 스토리텔링의 과정과 결과를 설명하고 분석하기. 실습 교사로서 스스로 이야기 구연가가 되어 아동들에게 이러한 기능을 도입하고 정리하기, 수행해 왔던 수업의 비판적 분석을 뒷받침할 이론을 정리하고 경험 나누기
- 사람들에게 이야기할 때의 어려운 점에 대해서 의견 나누기

실제 사범대학이나 교육대학에서 교사가 될 사람들이 이야기꾼으로서 참고할 수 있는 모델이 현실적으로 부족하고 그런 경험을 쌓기가 쉽지 않다. 입시 준비를 위한 학교 수업에서 스토리텔링의 비중은 상당히 낮

고, 초등학교 어린 아동들을 제외하고는 교사가 주기적으로 스토리텔링을 하는 예는 찾아보기 어렵다. 스토리텔링이 특정 학년의 교육과정으로 편성되지 않는 한 충분한 스토리텔링은 이루어지기 어려울 수밖에 없다. 서구 학교에서도 십대들의 이야기하기에 대해 연구한 전문가들은 고학년 아동들에게 적당한 이야기 전통이 있다거나, 고학년 아동들을 위한 스토리텔링이 가치 있다고 여기는 교사들을 만나기 어렵다고 토로한다. '전설, 민담, 신화, 우스꽝스런 이야기, 미신들, 개인적인 특별한 경험들'과 같은 이야기 자료를 수집하는 활동을 한 사람들은 교사들의 이야기에 대한 회의적인 태도를 바꿀 수 있다고 한다. 스토리텔링을 연구한 학자들은 선생님으로서 학생들에게 이야기하는 것은 어렵게 느껴질 수 있지만, 학생들과 눈을 맞추고 학생들의 반응을 직접 확인하면서 이야기하는 동안 학생들의 느낌과 필요에 따라 이야기를 첨가하거나 변형하는 자유가 있으며 그것을 통하여서 훨씬 효과적인 교육적 목적을 달성할 수 있음을 강조한다.

가. 이야기 구연가로서 자신감 갖기

이야기를 해야만 한다는 의무감과 초기의 긴장을 극복하면 교사들은 이야기를 엮어나가는 자신의 말투와 학생들의 반응을 반성하면서 점차 자신감을 가질 수 있다. 처음에는 학생들에게 이야기하기가 어색하고 부자연스러운 부분이 있겠지만 학생들 앞에서 이야기를 실감 나게 하는 경험을 쌓고, 성공적인 사례가 많아지면 점점 더 이야기꾼으로서 재미와 자신감을 가질 수 있다. 전문 구연가나 이야기꾼의 이야기 녹음이나 녹화한 것을 보고 들으면서 따라해 보고, 자신의 이야기부터, 짧은 이야기부터, 생활 주변의 이야기부터 경험을 쌓아가면 자신감이 생기게 된다. 이야기하기에서도 가장 좋은 스승은 현장의 이야기 경험이다.

나. 이야기하기를 위한 준비하기

효과적인 스토리텔링을 위한 준비의 필요성을 강조하는 교사들은 '이야기를 선택하는 가장 중요한 기준은 자신이 이야기를 즐기고 그 안에 흠뻑 빠질 수 있도록 이야기를 준비했는가?'하는 것이라고 말한다. 학생들 앞에서 이야기를 할 때 처음에는 긴장이 되고 떨릴 수도 있지만, 이야기의 내용을 충분히 숙지하고, 이야기꾼으로서 자신이 그 이야기의 줄거리를 기억하는 데 신경 쓰지 않고, 내용에 흠뻑 빠질 수 있을 정도로 준비할 것을 강조한다. 책이나 줄거리를 요약한 글에서 완전히 자유로워져서 표정과 제스처를 자유롭게 사용하면서 청중인 학생들과 눈을 마주치면서 그들의 느낌과 반응을 확인할 수 있을 정도로 준비해야 한다고 말한다. 처음에는 이야기하는 자신에 신경이 쓰이지만, 차츰 자신의 이야기에 몰입하고 있는 학생들의 표정, 그들이 느끼고 공감하는 것을 이야기하는 자신이 즐기는 것을 확인할 수도 있다고 말한다.

교사는 교과와 관련해서 재미있는 일화 이야기나 교훈적인 이야기를 학생들에게 들려줄 수 있도록 교사가 협의를 통해 준비할 수 있고, 교육실습생들은 실습 학교에 나가서 스토리텔링을 학생들을 대상으로 이야기하기 전에 실습생끼리 서로 이야기꾼과 청중이 되어 서로의 경험을 나누는 것은 좋은 연습이 될 수 있다.

다. 이야기 말하기와 다시 말하기

학생들이 선생님이 들려주는 이야기를 듣는 청자로 그치지 않고, 들은 이야기를 다시 다른 사람에게 해 보는 경험을 갖도록 하는 것은 중요한 의미가 있다. 실제로 어떤 학생은 다른 사람으로부터 들은 이야기를 아주 재미있게 다른 사람에게 다시 이야기하는 반면, 어떤 학생은 전혀 그 내용이나 분위기를 되살리지 못하는 경우도 있다. 이야기하기도 전에 먼저 웃거나, 중요한 내용을 빠뜨리거나 지엽적인 내용에 치중하는 사례도 있다.

원래의 이야기와 들은 이야기를 다시 이야기한 것을 들으면서 학생들이 어떻게 이야기와 관련된 복잡한 줄거리를 기억하고, 어떤 부분에서 감동을 받는가 등을 확인할 수 있다. 이야기 다시 말하기는 단순히 이야기 내용을 전달하는 것이 아니라 새로운 이야기의 창조 활동이기도 하다. 원래 이야기에서 내용이 덧붙이기도 하고, 생략하기도 하며, 이야기하는 사람의 감상이 첨가되기도 한다. 완전히 새로운 이야기를 하기보다 했던 이야기를 다시하고, 기존의 이야기를 다시 하는 것이 능숙한 이야기꾼이 되는 데 훨씬 쉽고도 효과적인 방법이 될 수 있다.

라. 상호텍스트성 활용한 이야기하기

학생들에게 친구들 앞에서 재미있는 이야기를 하도록 하면 전혀 새로운 이야기를 하기보다는 전에 읽거나 들은 이야기에 의존하는 경우가 많다. 성인들의 경우에도 그렇지만 발달단계에 있는 학생들은 완전히 창작한 이야기보다는 기존의 이야기들을 필요로 한다. 그런 의미에서 기존의 전래 동화나 고전 이야기를 교사가 들려주고, 그것을 변용해서 아동들이 다시 이야기하도록 하는 것은 이야기하기 지도의 좋은 방법이 될 수 있다. 문학 작품 패러디하기 등이 좋은 예이다.

기존의 이야기나 중요 텍스트의 줄거리를 일부 바꾸도록 하거나, 일부분만 들려주고 나머지는 창의적으로 꾸며 마무리하기, 주인공 바꾸기, 중요 장면에서 사건이나 등장인물 바꾸어 이야기 만들기, 돌발 퀴즈 등은 기존의 이야기를 활용한 중요한 교육 방법이 될 수 있다.

마. 이야기를 통한 말하기 학습

사람은 현재의 경험과 과거의 기억을 통해 정체성을 확인하고, 삶의 의미를 발견한다. 또 자신의 경험을 이야기함으로써 자신을 확인하고, 또 다른 사람에게 자신을 알리기도 한다. 홀린달(P. Hollindale 1997)은 "우리 인간은 음식을 필요로 하는 것처럼, 이야기를 필요로 한다. 특히 성장하는 어린 시절에 많은 음식이 필요한 것과 같이 학생들은 성장 시기에 많은 이야기를 필요로 한다."고 말한다. 웰스(Wells 1987)는 아동이 경험의 의미를 구성하기 위해서는 많은 이야기와 반성하기가 필요하다고 강조하였다. 그는 경험의 의미를 잘 구성하는 아동은 이야기를 구성하는 능력도 뛰어나는 것을 밝히고, 아동의 이야기 경험과 이야기 능력이 아동이 삶의 의미를 구성하는 데 관련이 깊음을 강조하였다. 경험의 의미를 형성할 수 없기 때문에 이야기를 구성할 수 없는지, 반대로 이야기를 구성할 수 없기 때문에 의미를 형성할 수 없는지 분명하지 않지만 이야기를 잘 구성하지 못하는 아동은 경험의 가치와 의미를 형성하지 못하는 것을 밝혔다.

학교 운동장에서 친구들과 어울리거나 컴퓨터 게임이나 놀이 등을 통해 공유한 경험들은 아동들의 구술력(oracy) 발달에 중요한 영향을 미친다는 것이 드러나고 있다. 특히 글자를 익히는 초등학교 저학년 아동들의 경우 문자를 익히는 것 못지않게 다양한 이야기 경험이 언어발달에 지대한 영향을 끼친다. 이미 밝혀진 바와 같이 문식성은 구술력이 뒷받침되어야 그 성장 속도가 빨라지고, 폭도 넓어진다. 이야기를 통해 모든 것을 학생들의 언어적 학습을 모두 해결할 수 없지만, 이야기는 언어 학습의 여러 유익한 효과를 내는 수단임에 틀림없다. 학습자들이 단순히 경험하는 것은 '지금', '여기'의 문제이지만 그것을 바탕으로 이야기를 구성하고, 다른 사람 앞에서 스토리텔링 한다는 것은 훨씬 더 넓고, 고차원적 세계로 사고를 확장하는 것이다. 단순히 경험하는 것을 넘어, 이야기로 듣고, 이야기하고, 그것을 다시 다른 사람들에게 다시 이야기하는 과정을 통해 여러 차원의 학습이 이루어진다는 점을 잊지 말아야 한다. 어떤 의미에서 모든 학습은 그 주제에 대한 이야기를 알아듣고, 그 주제를 의미 있게 이야기로 풀어내는 능력을 거르는 것이다.

2015개정 국어과 교육과정에서 스토리텔링이 구체적으로 담화 유형으로 다루어지지 않았지만, 국어교육의 성격과 목표 전반에 스토리텔링 교육과 연관되는 부분이 들어있다. 국어과 교육의 목표인 "국어로 이루어지는 이해·표현 활동 및 문법과 문학의 본질을 이해하고, 의사소통이 이루어지는 맥락의 다양한 요소를 고려하여 품위 있고 개성 있는 국어를 사용하며, 국어문화를 향유하면서 국어의 발전과 국어문화 창조에 이바지하는 능력과 태도를 기른다."를 보면 스토리텔링이 얼마나 다양한 측면에서 관련이 있는지 확인할 수 있다.

듣기·말하기 영역에서는 '일반화된 지식'에서 "듣기·말하기는 화자와 청자가 구어로 상호교섭하며 의미를 공유하는 과정이다."라고 정한 것이 일상 속의 스토리텔링과 관련된다고 볼 수 있다. 학년(군)별 내용 요소에서도 '구어 의사소통, 의미 공유 과정, 사회·문화성, 대화의 즐거움, 집중하며 듣기, 요약하며 듣기, 추론하며 듣기, 비판하며 듣기, 공감하며 듣기, 담화 관습의 성찰, 의사소통 과정의 점검과 조정' 등이 스토리텔링과 직간접으로 관련되고, 기능 영역에서도 '맥락 이해, 내용 생성과 조직, 표현·전달하기, 내용확인하기, 추론하기, 평가 감상하기. 경청·공감하기, 점검·조정하기' 등이 스토리텔링 교육을 통해서 이루어질 수 있다. 전통적으로 문학 영역에서 다루어진 내용 또한 스토리텔링과 밀접한 관련이 있음은 말할 것도 없다. 문학 영역의 본질의 '일반화된 지식' 영역의 "인간 삶을 언어로 형상화한 작품을 통해 즐거움과 깨달음을 얻고 타자와 소통하는 행위"라는 것도 스토리텔링의 본질과 다르지 않다. 학년(군)별 내용 요소에서도 "그림책, 동화, 동극, 이야기, 소설, 서사, 극, 일상생활에서 겪은 일의 표현, 이어질 내용의 상상, 작품에 대한 생각과 느낌의 표현, 일상 경험의 극화, 개성적 발상과 표현, 문학을 통한 성찰, 문학의 주체적 수용과 생활화"가 스토리텔링과 밀접하게 이어지고, 기능 영역에서도 "몰입하기, 이해·해석하기, 감상·비평하기, 성찰·향유하기, 모방·창작하기, 공유·소통하기, 점검·조정하기" 등도 스토리텔링 교육을 통하여서 효과적인 교육이 이루어질 수 있는 내용들이라고 볼 수 있다.

결론적으로, 스토리텔링은 학습자들이 일상의 다양한 체험을 가장 자연스럽게 내면화하고 삶의 의미를 성찰할 수 있는 가장 효과적 방법 중의 하나이다. 스토리텔링이 일상화되면 아이들은 자신과 주변 사람들의 삶을 성찰하는 관점에서 바라보고 재현하며, 앎과 삶을 통합하고 재해석하는 능력이 향상되게 된다. 스토리텔링 교육이 제대로 이루어지면 국어과 모든 영역뿐 아니라 모든 교과를 아우르는 통합적 교육 효과를 얻을 수 있다.

▌참고문헌

김정태(2010), 스토리가 스펙을 이긴다, 갤리온.
류수열 외(2007), 스토리텔링의 이해, 글누림.
마이클 티어노 지음, 김윤철 옮김(2008), 스토리텔링의 비밀, 아우라.
박인기 외(2013), 스토리텔링과 수업 기술. 사회평론 교유총서 10. 사회평론.
송정란(2006), 스토리텔링의 이해와 실제, 문학아카데미.
엘리자베스 그루건 외 지음, 이창덕 외 옮김(2007), 말하기 듣기 교육의 이론과
　　　　실제, 박이정.
아네트 시몬스(2001), 김수현 옮김(2001), 스토리텔링-대화와 협상의 마이더스,
　　　　한언.
클라우스 포그 외 지음, 황신웅 옮김(2008), 스토리텔링의 비밀, 멘토르.

찾아보기

| 저자소개 |

이창덕 | 경인교육대학교 국어교육과 교수
　　　　『삶과 화법』(공저),
　　　　『말하기 듣기 교육의 이론과 실제』(공역)
　　　　『수업을 살리는 교사화법』(공저)
　　　　『발표와 연설의 핵심 기법』(공역) 외.
　　　　leechang@ginue.ac.kr

임칠성 | 전남대학교 사범대학 국어교육과 교수
　　　　『삶과 화법』(공저)
　　　　『공공화법』(공저)
　　　　「화법교육의 방향」(논문) 외.
　　　　csim@chonnam.ac.kr

심영택 | 청주교육대학교 국어교육과 교수
　　　　『말꽝에서 말짱되기』(공저)
　　　　『국어교과학의 기초 개념 연구』
　　　　『국어 교육 목표의 재조명』(논문) 외.
　　　　shimyt@cje.ac.kr

원진숙 | 서울교육대학교 국어교육과 교수
　　　　『삶과 화법』(공저)
　　　　『국어교육의 이해』(공저)
　　　　「교사 화법 교육의 내용과 방법」(논문) 외.
　　　　jinsook@snue.ac.kr

박재현 | 상명대학교 사범대학 국어교육과 교수
　　　　『인간관계와 의사소통』(역저)
　　　　『수업의 완성 교실 토론』(공역)
　　　　『국어교육을 위한 의사소통 이론』외.
　　　　parkjh@smu.ac.kr

역락 국어교육학 총서 ▌2

개정판 화법 교육론

초판 1쇄 발행	2010년 2월 26일
초판 2쇄 발행	2011년 2월 22일
초판 3쇄 발행	2012년 2월 15일
초판 4쇄 발행	2013년 2월 14일
초판 5쇄 발행	2014년 8월 18일
초판 6쇄 발행	2015년 8월 28일
개정판 1쇄 발행	2017년 8월 28일
개정판 2쇄 발행	2018년 2월 22일
개정판 3쇄 발행	2019년 2월 15일
개정판 4쇄 발행	2019년 8월 14일
개정판 5쇄 발행	2021년 3월 18일
개정판 6쇄 발행	2023년 3월 31일
개정판 7쇄 발행	2024년 2월 16일

도서출판 역락

지은이 이창덕 · 임칠성 · 심영택 · 원진숙 · 박재현

펴낸이 이대현 | 책임편집 이태곤 | 편집 권분옥 · 임애정 · 강윤경

표지디자인 안혜진 · 최선주 · 이경진 | 마케팅 박태훈 한주영

펴낸곳 도서출판 역락 | 등록 제303-2002-000014호(등록일 1999년 4월 19일)

주소 서울시 서초구 동광로46길 6-6 문창빌딩 2층(우06589)

전화 02-3409-2058 | 팩시밀리 02-3409-2059

전자우편 youkrack@hanmail.net

홈페이지 www.youkrackbooks.com

ISBN 979-11-5686-930-6 94370

    978-89-5556-757-1(세트)